八闽英烈故事（第一辑）

福建省退役军人事务厅 编著

海峡出版发行集团 | 福建教育出版社

图书在版编目（CIP）数据

八闽英烈故事. 第一辑 / 福建省退役军人事务厅编著. —福州：福建教育出版社，2024.12. —ISBN 978-7-5758-0345-8

Ⅰ.K820.857

中国国家版本馆CIP数据核字第2024L9A877号

Bamin Yinglie Gushi（Di-yi Ji）

八闽英烈故事（第一辑）
福建省退役军人事务厅　编著

出版发行　福建教育出版社
　　　　　（福州市梦山路27号　邮编：350025　网址：www.fep.com.cn
　　　　　编辑部电话：0591-83786469
　　　　　发行部电话：0591-83721876　87115073　010-62024258）
出 版 人　江金辉
印　　刷　福建东南彩色印刷有限公司
　　　　　（福州市金山工业区　邮编：350002）
开　　本　787毫米×1092毫米　1/16
印　　张　24.75
字　　数　391千字
插　　页　2
版　　次　2024年12月第1版　2024年12月第1次印刷
书　　号　ISBN 978-7-5758-0345-8
定　　价　60.00元

如发现本书印装质量问题，请向本社出版科（电话：0591-83726019）调换。

前 言

缓缓展开中国共产党百余年史诗画卷，每一幅都书写着党团结领导人民筚路蓝缕、艰苦创业的光辉篇章，每一幅也都镌刻着无数仁人志士牺牲奋斗、慷慨赴死的悲壮身影。"祖国是人民最坚实的依靠，英雄是民族最闪亮的坐标。"历史巨流中的革命英烈，恰似高悬天际的耀眼星辰、茫茫大海中的不灭灯塔，指引着新时代人民不忘初心，砥砺奋进。

福建是一片有着光荣革命历史的红色热土，在这里，召开了彪炳史册的古田会议，留下了《星星之火，可以燎原》《才溪乡调查》等光辉篇章，组建了红九军等十余支主力红军部队，十万福建子弟兵参加红军，近三万人踏上长征路，最终仅有两千余人到达陕北，深刻诠释了"寸土千滴红军血，一步一尊英雄躯"的福建荣光。福建人民为中国革命作出了永载史册的巨大贡献。

习近平总书记历来高度重视烈士褒扬纪念工作，在闽工作期间就强调"学习先烈，艰苦创业"。党的十八以来，习近平总书记的足迹遍布祖国大江南北。每到一个革命纪念地，他都会敬献花篮，追思忠魂，缅怀先烈。在历次莅闽考察中，习近平总书记指出，"福建是革命老区，党史事件多、红色资源多、革命先辈多"，强调要"传承弘扬红色文化""深化革命史料和革命文物研究阐释"。习近平总书记率先垂范致敬先烈的实际行动和关于烈士褒扬纪念工作的重要指示批示精神，都表达着对千千万万革命先烈的深切缅怀和尊崇，对中国共产党人初心使命的坚守和传承。

历览古今英雄事，长向先烈借火薪。为进一步讲好党的故事、革命的故事、烈士的故事，福建省退役军人事务厅立足独特的红色基因、独特的政治优势、独特的历史使命，勇担传承英烈精神、弘扬红色文化时代重任，创新推进"烈士亲友讲烈士故事""为烈士寻亲、为烈士立传"等专项工作。同时，委托福建省烈士纪念设施保护中心和福建省退役军人关爱协会，特邀何英、黄河清、杨国栋、张茜等知名作家前往闽西、闽东等地开展英烈故事采风活动，深入挖掘整理烈士事迹，编写形成《八闽英烈故事（第一辑）》。

本辑采取史实记载、口述实录等形式，重点收录了一百多位出生于或牺牲于龙岩、宁德一带的英雄烈士故事，包括闽西地区红军创建人之一陈正，闽东苏区的重要创建人之一范铁民，为革命牺牲的陈庆重一门两代六忠烈，刘亚楼、罗斌、梁思久等革命生涯的主要引路人刘克模，金丰大山里走出的张茂煌、张茂春、张茂荣三兄弟，陈泉木与陈美地、吴基现与李然妹、余鲤家与吴美秀烈士夫妻等，全面、生动、多角度地展现英烈生平故事和壮烈牺牲的英勇事迹，旨在激励八闽儿女不忘初心、接续奋斗。

理想之光不灭，信念之光不灭。"对为国牺牲、为民牺牲的英雄烈士，我们要永远怀念他们，给予他们极大的荣誉和敬仰。"今后，我们将持续开展《八闽英烈故事》编撰工作，把英烈的精神一代代传承发扬下去，激励全省退役军人和广大干部群众在中国式现代化建设中奋勇争先，贡献力量。

目 录

曹顺兰：贫苦人家开出的巾帼之花 ……………………………………… 1

陈炳春：遭受"抽纸烟"酷刑 ……………………………………………… 5

陈炳寿：红军部队是我的"大家" ………………………………………… 10

陈春法：坂头村的骄子 …………………………………………………… 13

陈德金：血染湘江的"铁侠"战士 ………………………………………… 17

陈凤英：继承夫志的碧血红花 …………………………………………… 19

陈福庆：富商家庭走出的革命战士 ……………………………………… 21

陈康容：宁死不屈的女豪杰 ……………………………………………… 24

陈连城：英勇不屈的支部书记 …………………………………………… 27

陈美地：追随丈夫当红军 ………………………………………………… 31

陈奶兰：机智勇敢的小脚英雄 …………………………………………… 34

陈庆重：一门两代六忠烈 ………………………………………………… 37

陈泉木：没有大家，哪有小家 …………………………………………… 41

陈寿生：赤胆忠心为革命 ………………………………………………… 45

陈铁民：以笔为武器 ……………………………………………………… 48

陈炎秀：身先士卒好排长 …………………………………… 52

陈永兴：为革命献身的虎胆英雄 …………………………… 55

陈振荣：目睹闪电划破夜空 ………………………………… 59

陈　正："陈正村"里说陈正 ………………………………… 62

池陈旺：为信仰而奋斗的革命战士 ………………………… 65

池石头弟：坚如磐石革命志 ………………………………… 69

董成南：群众的贴心人 ……………………………………… 72

范江富：弃暗投明闹革命 …………………………………… 76

范　浚：打响寿宁革命第一枪 ……………………………… 79

范铁民：出生入死斩顽敌 …………………………………… 82

范义生：威震闽东的独立师纵队长 ………………………… 86

范振辉：从贫苦农民到县委书记 …………………………… 90

冯宗江：弃医从军干革命 …………………………………… 94

傅铁人：投身革命，意志如钢 ……………………………… 97

官　鳌、郭素英：并肩战斗的"夫妻树" ………………… 100

郭金菊：迎风傲霜的金菊花 ………………………………… 108

郭文焕：战胜敌人的伟大因素 ……………………………… 112

红色三兄弟：一村两家六英烈 ……………………………… 116

胡辉昌：为革命而生，为理想而死 ………………………… 124

黄垂财：机智的游击队员 …………………………………… 127

黄河林：英勇不屈，献身革命 ……………………………… 131

黄家祥：留给自己一颗手榴弹 ……………………………… 136

黄进兴：一双筷子引发的回忆 ……………………………… 142

黄克勋：铁骨丹心的区苏主席	147
江观赞：全心全意为人民	150
江修儒：宁死不屈，奋斗到底	154
李富东：骁勇善战的山地战神	157
李利芹：情深义迥两相牵	161
李明辉：血洒湘江的红军将士	166
李然妹：闽东双枪女侠	170
李长明：丹心一片写春秋	173
练宝桢：满腔热血铸英魂	177
林　爱：将革命火种播撒于柘荣沃土	181
林　铎：忠义奋勇的黄埔四期学员	184
林秋光：大义凛然的政工干部	189
林顺佺：骁勇善战的"智多星"	193
林心尧：英雄气节贯长虹	197
林营妹：视死如归的女英杰	201
刘克模：富家子弟闹革命	203
刘明福：忠心耿耿的革命战士	207
卢肇西：开辟秘密交通线	210
马步周：智勇双全的优秀战士	214
缪阿养：披肝沥胆，坚贞不屈	217
缪洪记：木匠师傅闹革命	221
缪明长：革命信仰永不变	224
聂祖唐：男儿热血洒战场	227

欧阳宽：一腔热血染征衣 ⋯⋯⋯⋯⋯⋯⋯⋯⋯⋯⋯⋯⋯⋯⋯⋯ 231

彭马城：赤胆忠心的领导者、战斗员 ⋯⋯⋯⋯⋯⋯⋯⋯⋯ 235

阙凤英：满腔热血的地下交通员 ⋯⋯⋯⋯⋯⋯⋯⋯⋯⋯⋯ 238

阮伯淇：投笔从戎干革命 ⋯⋯⋯⋯⋯⋯⋯⋯⋯⋯⋯⋯⋯⋯ 241

阮朝兴：青春热血洒征程 ⋯⋯⋯⋯⋯⋯⋯⋯⋯⋯⋯⋯⋯⋯ 244

阮　山：能文能武的革命英烈 ⋯⋯⋯⋯⋯⋯⋯⋯⋯⋯⋯⋯ 247

沈冠国：英勇的"和尚" ⋯⋯⋯⋯⋯⋯⋯⋯⋯⋯⋯⋯⋯⋯⋯ 251

施　霖：曙光照得心里亮 ⋯⋯⋯⋯⋯⋯⋯⋯⋯⋯⋯⋯⋯⋯ 254

施脓禄：闽东的"刘胡兰" ⋯⋯⋯⋯⋯⋯⋯⋯⋯⋯⋯⋯⋯⋯ 257

施月姿：革命洪流中的红衣仙女 ⋯⋯⋯⋯⋯⋯⋯⋯⋯⋯⋯ 260

汤万益：青春在战火中绽放 ⋯⋯⋯⋯⋯⋯⋯⋯⋯⋯⋯⋯⋯ 263

温昌檀：血雨腥风的记忆 ⋯⋯⋯⋯⋯⋯⋯⋯⋯⋯⋯⋯⋯⋯ 266

吴　成：铁骨铮铮的战场英豪 ⋯⋯⋯⋯⋯⋯⋯⋯⋯⋯⋯⋯ 270

吴基现：走出大宅闹革命 ⋯⋯⋯⋯⋯⋯⋯⋯⋯⋯⋯⋯⋯⋯ 273

吴南启：忠诚守信的游击战士 ⋯⋯⋯⋯⋯⋯⋯⋯⋯⋯⋯⋯ 277

吴　胜：军政委员的常胜秘诀 ⋯⋯⋯⋯⋯⋯⋯⋯⋯⋯⋯⋯ 282

吴显淮：英勇就义不屈服 ⋯⋯⋯⋯⋯⋯⋯⋯⋯⋯⋯⋯⋯⋯ 286

项振隆：甘洒热血的黑牛娃 ⋯⋯⋯⋯⋯⋯⋯⋯⋯⋯⋯⋯⋯ 289

谢佑莲：信仰坚定的女英烈 ⋯⋯⋯⋯⋯⋯⋯⋯⋯⋯⋯⋯⋯ 292

颜阿兰：青春无悔的霍童书记 ⋯⋯⋯⋯⋯⋯⋯⋯⋯⋯⋯⋯ 295

杨雅欣：赤胆忠心映日月 ⋯⋯⋯⋯⋯⋯⋯⋯⋯⋯⋯⋯⋯⋯ 300

叶步兴：奋战在斗争一线 ⋯⋯⋯⋯⋯⋯⋯⋯⋯⋯⋯⋯⋯⋯ 306

叶家笃：奋力抗争为革命 ⋯⋯⋯⋯⋯⋯⋯⋯⋯⋯⋯⋯⋯⋯ 310

叶茂迁：独当一面的革命者 ········· 313

叶少琴：寿宁县女中豪杰 ············ 316

叶秀蕃：寿宁早期领导人 ············ 320

叶允宝：身先士卒，冲锋陷阵 ········ 324

余鲤家、吴美秀：革命路上手牵手 ···· 327

俞炳荣：连城热血好男儿 ············ 331

张宝田：闽东的革命土龙 ············ 335

张涤心：革命重心在农村 ············ 338

张华山：威震敌胆的游击英豪 ········ 341

张茂煌、张茂春、张茂荣：泽东楼的诉说 ···· 345

张瑞明：富商家庭出身的革命者 ······ 349

张生仔：随儿奔向革命路 ············ 353

张思垣：福建省首任工会委员长 ······ 356

张希铭：年过半百走上革命路 ········ 360

章登黄："皇狮"的碧血丹心 ········· 363

钟树敬：铁骨铮铮的"山哈"战士 ···· 366

周继英：生来属于天下人 ············ 369

朱发古：红心向党，矢志不渝 ········ 374

邹裕坤：能文能武的勇士 ············ 378

邹作仁：奉献者不畏艰险 ············ 381

参考资料 ······························ 384

后记 ·································· 385

曹顺兰：
贫苦人家开出的巾帼之花

曹顺兰，女，1907年出生，中共党员，福建省长汀县河源区曹坊乡（1956年划归连城管辖）人，1931年参加革命，1935年被敌人杀害。

曹顺兰生在一个贫苦农民家庭。10岁那年，因家境贫寒，父母将她卖给连城县一户吴姓人家为婢女。1925年又被卖与本县坑子堡仓下门罗启胜为妻。罗启胜耿直忠厚，除耕田外兼做屠宰生意，也是到处受人欺负、吃尽人间疾苦的人。家中除祖上留下的两间旧房外，别无长物。婚后，夫妻俩含辛茹苦，辛勤劳作，希望能过上好点的生活。

1927年，在坑子堡仓下门发生了一起民团纵火事件，以汤学铭为团长的民团驻在该村后梁山。有一天，一青年人在山上抢走了岗哨一支枪，汤部迅即派兵追捕，青年人随即逃往仓下门，不知进了哪一家，追兵追不着踪影，恼羞成怒，放火烧房。这一带人口稠密，大多是木屋，一场大火足足烧了全村100多户人家。曹顺兰夫妻的两间旧木屋也化为乌有。此后，夫妻俩栖身在罗氏公共祠堂里。这年冬天，顺兰生下一男孩，但不幸夭亡，随后从邻村抱养一女婴哺乳。1930年冬，顺兰在祠堂里又生下一男孩，一家四口，加重了夫妻俩肩上的负担。他们只能精打细算，艰辛度日。

1930年8月15日，胡少海率红二十一军攻克连城。不久，在县城成立了县革命委员会，相继在各乡村建立苏维埃政权。1931年春，省委为了帮助指导连城县的政权建设，派了以李坚真为书记的连城临时工作委员会进入连城。

之后，他们和县干部开赴各乡，李坚真和县苏妇女部长黄富群一起来到反动势力最猖獗的文亨区。文亨区苏维埃政府成立后，这里的妇女还没有发动起来，一时无法选出合适的妇女干部。李坚真和黄富群等人深入群众，宣传革命道理，做耐心细致的思想工作，发动妇女起来闹革命。

李坚真和黄富群等人也住在仓下门罗氏祠堂内，见在这里栖身的曹顺兰身材高大、处事稳重，村里邻居都非常尊重她，有很好的群众基础，是培养的好对象。黄富群便积极靠近她，帮她带孩子、做家务，陪着她上山担柴，渐渐地与曹顺兰成为知己。罗启胜外出打工时，李坚真干脆和她睡在一铺床上。通过耐心的开导和启发，曹顺兰逐渐看清了穷人为什么穷，富人为什么富，富人为什么总是欺压穷人等社会不公平现象的本质。在革命思想熏陶下，这个沉默寡言的妇女，话语逐渐增多，思想不断进步。慢慢地，越来越多的妇女经常到她家串门聊天。在黄富群等革命干部的心目中，这位贫穷妇女实在是女辈中的佼佼者，便提名推举她为文亨区苏维埃政府妇女部长。自此，曹顺兰走上了革命道路。

曹顺兰担任区苏维埃政府妇女部长以后，第一项任务就是动员广大妇女特别是青年妇女剪掉发髻，参加赤卫队，参军参战，使妇女翻身得到解放。曹顺兰首先请黄富群为自己剪掉了发髻，成为文亨区第一个短发妇女。妇女剪发在那个年代是破天荒的大事件，尤其在这人口众多、封建势力强大、旧思想顽固、历代县官都不愿意接管的县区。至于在坑子堡开展妇女解放运动，更是阻力重重。曹顺兰带头剪发之后，好长时间无人响应，到处都是辱骂和非议，来她家串门的也少了。

万事开头难，何况是干革命。曹顺兰铁了心。为了放开手脚干，她想到堂嫂早年守寡，身边无儿无女，便打算把两个孩子托付给她。堂嫂见她无暇顾及子女，便接受重托，让曹顺兰放下牵挂走出家门，参加革命。此后，曹顺兰每天都融入乡里青年妇女们的生活，耐心开导她们。在她耐心细致的劝导下，有一些青年妇女终于觉悟了，秋莲、菊云等5人剪掉了发髻，其中有3人参加苏维埃工作。她们以"滚雪球"的方法动员了一大批妇女剪掉发髻，取得了斗争的初步胜利。

文亨区苏维埃政府、区游击队成立后，狡猾的罗藻民团把团丁"解散归家"，充当暗探特务，暗中伤害革命干部和群众。他仗着卢新铭的势力，恶言污辱共产党和苏维埃政权为"赤匪"，并且以秽言羞辱曹顺兰："'女赤匪'面上虽赤，不知身上赤不赤，有本事给我看看。"面对人身攻击，曹顺兰毫不畏惧。一天，她吩咐游击队长去活捉罗藻的侄儿。曹顺兰边为他松绑，边说："女人的度量也大，今天不杀你。请你转告你罗藻叔一句话，就说共产党人不但面是赤的，心也是赤的，因为血是红的。有朝一日曹顺兰倒想见见罗藻的黑心肝。"

在曹顺兰等同志的领导下，文亨成了全县的先进模范区。1931年10月，县苏组织各乡苏前往文亨参观，受到各乡苏同志的高度赞扬，尤其是文亨的妇女工作更为出色，各乡的妇女代表一到文亨参观后，就纷纷找当地妇女同志谈话，了解妇女工作情况。她们都非常敬佩曹顺兰，表示一定要把文亨的经验带回去生根开花。

1931年10月底，曹顺兰被选为连城县苏维埃政府副主席。1933年9月25日至1934年10月10日，国民党对我中央苏区发动第五次反革命"围剿"。1934年春，龙岩、上杭相继失陷，连城成为省苏和红都瑞金的东线门户。"保卫连城！""保卫中央苏区！"曹顺兰带领各区赤卫队、少先队，夜以继日地削竹钉、埋竹钉，阻止敌人进攻，并且帮助红军挖战壕，构筑防御工事。连城一带的春天时常大雨滂沱，道路泥泞，队员们毫不退却，决心为守卫东大门献出一切。

由于王明"左"倾路线的危害，我工农红军步步失利，苏区一天天缩小。1934年5月底，连城落入国民党手中。曹顺兰同县苏的同志一起转移到长汀边界的虎芒山，坚持游击斗争。不久，由于敌人的进攻，他们又转移至长汀十里铺，最后在十里铺被敌人包围，一部分撤退到宁化方向，一部分进入长汀、江西。这时，曹顺兰怀有身孕，跟不上队伍，在长汀一位群众家安顿下来。为了不给群众增添困难，曹顺兰在城里卖油炸饼维持生活。有一天，曹顺兰被一个坑子堡到长汀卖牛肉的反动屠夫发现并抓回乡里。曹顺兰受尽百般凌辱和严刑拷打，之后又被押送县城入狱。

曹顺兰入狱后，正是连城县国民党当局抓捕到大批革命群众和"嫌疑分子"，大造政治攻势，要他们"自首"出狱的时候。曹顺兰的一位叔公多处活动,要求为曹顺兰"自首"保释;忠厚老实的丈夫每次送饭到狱中探望妻子时,总是泪眼汪汪地劝她:子女还小,要念及亲子之情,画个押自首回家算了。曹顺兰身虽入狱,心中却还在时时想念参加革命斗争的同志们。她坚信,失败是暂时的,革命总有一天会成功。曹顺兰劝丈夫要把眼光放长远点,她说:"我如果贪生怕死,怎么对得起那些为了苏维埃出生入死、抛家弃室的同志?我是豁出去的人,除了一死,别无他想!"丈夫屡劝无用也就不敢再劝她了。

1935年5月,曹顺兰和连城的一批革命同志,惨遭国民党反动派的毒手,被杀害于县城南门大桥下。为了革命事业,曹顺兰献出了宝贵青春,年仅28岁。

曹顺兰从一个婢女走上了革命道路,并在革命战争的锻炼中成为一位优秀的妇女领导干部。她在参加革命的几个年头里,舍生忘死,把自己的一切都献给了人民解放事业。她对党的事业忠心耿耿,对阶级姐妹满腔热忱,在敌人面前毫不畏惧,坚持革命利益高于一切。她宁死不屈,充分体现了一个无产阶级革命者的崇高品质,她的光辉形象将永远铭刻在中国人民的心中。

(黄河清)

陈炳春：
遭受"抽纸烟"酷刑

陈炳春，男，1901年出生，中共党员，福建省上杭县南阳镇官余村上背自然村人，1928年参加革命，1934年在官连坑丘坑被捕后，被国民党反动派杀害。

（一）

陈炳春出生在贫苦农民家庭，世代以租种地主的田地维持生计。

1928年罗化成在南阳秘密发动群众闹革命后，陈炳春是官连坑第一批参加革命的年轻人。

1927年春天，陈炳春家乡遭遇罕见的旱灾，租种的稻田产量减半，但是交给地主的租金却一点都不能少，家里把能变卖的东西全部卖了，才勉强凑足了田租送到地主家。可是，地主却嫌"成色不足"，要陈炳春的父亲补做半年的"长工"。

陈炳春双手握拳，恨不得一拳砸烂地主的家门。但是，在那吃人的旧社会，哪有穷人说理的地方。

1928年春天，秧苗刚插下，陈炳春家就断粮了。全家只得靠野菜度日，盼望着"今年的老天爷"能开恩，带给全家好收成。

清明节后的一天，陈炳春的父亲一大早就上山去为地主家采春笋。

此时是山上春笋生长的最佳时节。有钱人家将长工挖来的春笋，或当新鲜的菜，或晒干备用。没有山地的穷人，只能替别人干活换一口饭吃。

有一天，乌云笼罩着天空，山上的翠竹虽然已经郁郁葱葱，但是炳春的父亲因早上只吃了一碗野菜汤就去劳动，上山后不久就晕倒在竹林里。罗化成组织的共产党秘密工作者"春哥子"和"邱石佬"正巧路过这里。他俩一看有人晕倒在地，凭感觉就知道是饥饿造成的。春哥子抱起他，邱石佬掐他的"人中"。慢慢地，陈炳春的父亲苏醒了，春哥子找来可以充饥的野菜，就着山泉水冲一下，塞进他的嘴里。俗话说"嘴动三分力"。陈炳春的父亲奇迹般地清醒过来。春哥子和邱石佬轮流背着他，把他送回家。

（二）

晚上，家人要陈炳春上门去感谢春哥子和邱石佬。炳春带着自家采摘的一点点"清明茶"去了春哥子家。

春哥子热情地对炳春说："你来得正好，我们一起到村口边坐坐。"春哥子领着炳春路过邱石佬的家门口时，还特地模仿小狗的叫声，"汪，汪汪……"一短两长，叫了三声。

一会儿工夫，邱石佬就从屋后的边门走了出来。

三人来到村口边的一棵大树下并排坐下。炳春说："感谢你俩救了家父！要不，家父肯定会有生命危险的。"

春哥子拍着炳春的肩膀说："哎，我们都是贫苦农家的兄弟，天下穷人是一家，哪来什么感谢！"

邱石佬也说："如果一定要感谢，就感谢'共产党'。"

"噢……'共产党'？'共产党'是哪个村的人，我没有听说过啊。"

"'共产党'，是中国人。在我们南阳，许多村里都有她的'合伙人'。"

"那么，我们官连坑有吗？"

"有！她就在你身边。"

炳春左看看，右看看，这里就我们三个人呀。莫非……

春哥子看炳春有点疑惑，就双手紧握着他的手，认真地给他讲了穷苦农民为什么一年到头，天天从日出干到日落，还没有饱饭吃。没有吃饭，还要上山去劳动，当然就会晕倒在山上，春哥子说自己的父亲就是这样离世的。

说到这里,春哥子抹了抹眼泪。邱石佬接着说:你看,那地主老财不劳动,却过着酒足饭饱、衣食无忧的日子,这就是"朱门酒肉臭,路有冻死骨"。

说到这里,炳春腾地站起来,左手紧握着春哥子的手,右手紧握着邱石佬的手,激动地说:"莫非你俩都是'共产党'?我也要加入共产党。"

春哥子和邱石佬也紧握着炳春的手说:"好,我们一起带领穷苦农民打土豪、分田地。只有参加革命,才有我们穷苦农民的好光景!"

(三)

这一夜,炳春失眠了。春哥子和邱石佬的话,一直在他耳边回响。他下决心走出家门,参加革命。

从此,炳春隔三差五就去春哥子和邱石佬那里,听他们讲革命道理。1928年6月的一天晚上,春哥子和邱石佬在村口边的大树下,正式介绍炳春加入中国共产党。之后,炳春积极参加乡苏维埃组织的农民协会活动。

1930年6月,毛泽东在长汀县南阳(今属上杭县)主持召开红四军前委和闽西特委联席会议。南阳各乡苏维埃领导贫苦农民参加革命活动,陈炳春等人在南阳官连坑村共产党组织的领导下,投身到轰轰烈烈的土地革命之中。陈炳春后来担任了南阳区石联乡苏维埃主席和石联乡党支部书记。

1934年10月,由于党内"左"倾路线的错误,中央红军被迫实行战略大转移。当时根据工作需要,一部分红军游击队留在地方并转移到山上,继续领导群众与国民党反动派进行斗争。党组织要求陈炳春留下来,开展发动群众的革命斗争。

红军北上后,国民党发动了对中央苏区报复性的大扫荡。

一天下午,根据上级的要求,陈炳春召集村里的几名共产党员在官连坑村的丘坑碰头,紧急传达上级的指示:国民党有可能马上进村扫荡,我们要作好准备,同时要重点保护红军家属和农民协会的会员。突然间,村里传来狗吠声,陈炳春马上警觉地说:"可能是'白狗'进村了,我们已经来不及转移了。你们几个人快往山坳里跑,翻过山坳去'崖下山'找游击队!我来掩护。"几个人你推我让,都说自己要留下来掩护。陈炳春只得以命令的口气说:"我是主席,我是书记,快,一切听从我的!"

说完双手推他们快走，还不停地嘱咐他们："记住，翻过山坳，去'崖下山'找游击队，千万不能回村！"

陈炳春送走参加会议的党员，马上挽起袖子和裤管，操起锄头，下田去劳动。

不一会儿，一群国民党的民团荷枪实弹地向他冲来。为首的民团头目发出窃笑："怎么，你这'主席'，只你一个在这'活动'？其他人呢？"

陈炳春继续劳动，头也不抬。

民团头目挥手指着陈炳春："上，把他给我抓起来。"几个狗腿子担心炳春身上有武器，持枪的持枪，操绳索的操绳索，一哄而上冲向田里，把陈炳春五花大绑。

（四）

陈炳春被捕后，民团头目如获至宝，用手枪顶着陈炳春的头嚎叫着："还有人，他们往哪儿跑了？说！"在民团头目看来，抓到一个"赤匪头子"，正是自己邀功请赏、飞黄腾达的好机会。

民团头目想通过抓捕陈炳春，把其他共产党员一并抓捕押回伪乡公所。但是坚强的陈炳春高昂着头，一声不吭。民团头目发出阵阵冷笑后，假惺惺地说："都是抬头不见低头见的本地人，只要你写几个字，不动你一根毫毛，我替你往'上面'说说，给你个差事干干。"他要陈炳春投降招供写下"悔过书"，如果能公开表示脱离党组织并指认村里参加革命的人也可以。

陈炳春高声怒骂："你们这群狗奴才！"

民团头目看引诱不行，就恶狠狠地说："不投降，马上给你'好看的'！"

陈炳春"呸"的一声将口水吐到民团头目的脸上。陈炳春从参加革命的那一天起，就下定决心：为了革命，随时准备贡献自己的一切！

气急败坏的民团头目，凶残地指挥着："来狠的，老子不信你不招！"

炳春反而开怀大笑，大吼一声："怕死的，不是共产党员！"

民团头目把手中的烟头往地上恶狠狠地一扔，说："来人！就在这丘坑，让他尝尝'抽纸烟'的味道！"

几个狗腿子一拥而上，一个强扭陈炳春的左肩，一个强扭陈炳春的右肩，再伸出脚一勾，陈炳春一个趔趄，被迫屈跪在地。这时，又一个狗腿子右手拿着篱笆木桩，左手揪住陈炳春的头发使劲往后一拉，"咯吱"一声，炳春的颈椎被折断了！接着，他用魔爪将篱笆木桩往炳春的嘴里使劲一插，嚎叫道："让你尝尝这'抽纸烟'的味道！"大口的鲜血从陈炳春的口中喷出来，陈炳春昏死在地。

残忍的民团头目，指使狗腿子："拿桶水来，让他清醒清醒。"

半桶污水往炳春的身上泼了过去。接着，狗腿子又举起锄头对准陈炳春口中那篱笆木桩，使劲地"打顶"。

陈炳春被残忍地折磨死之后，万恶的民团头目还放话"不让收尸"，说是"要示众"。

几天后，族亲陈荣喜等人被允许前往丘坑收尸。几个族亲找到炳春的尸体后，痛哭着从炳春口中拔出篱笆木桩，悲愤地将他简单地掩埋。

新中国成立后，人民政府追认陈炳春同志为革命烈士。

(何　英)

陈炳寿：
红军部队是我的"大家"

陈炳寿，男，1913年出生，福建省龙岩市新罗区曹溪街道石粉村人，1929年参加革命，1934年在湘江战役中牺牲。

1913年夏天，陈炳寿出生在石粉村。家族亲人口口相传，那个夏天很奇怪地下了一场大雪，山垄里的庄稼颗粒无收，全村人被逼无奈，只能放下脸面求生存，拖儿带女外出逃荒。陈炳寿的母亲妊娠已经足月，挺着大肚子，扛着铺盖卷，拿着讨饭棍，艰难地走到村口时，一个小男婴降生在村口石粉地上。男婴后来取名炳寿，跟他出生的特殊性有关，父母希望他健康长寿。

陈炳寿的父母一共生了六个孩子，活下来的只有陈炳寿和他的妹妹，这跟石粉村寸草不生的恶劣环境有着极大关系。小小村庄，位于天马山、翠屏山、奇迈山之间的袖珍三角地带，距离龙岩城两三公里。消息灵通，村人做些小生意也还便利。陈炳寿家的大堂屋，为同姓本家族集体居住，虽然黄土薄瓦，极其简陋，但毕竟能遮风挡雨。堂屋颇像土楼，内围大小房间36个，当院有一口水井。

陈炳寿和贫苦农民的大多数孩子一样，上不起学，目不识丁。但小炳寿天性聪明，听人说书能记住，听人讲戏能领会，听到动情处，常常泪流满面。他渴望知识，渴望了解所生存的环境为何如此贫穷，为什么土地和财富掌握在欺压民众的地主豪绅手里。村子近邻龙岩城，1926年前后，农民讲习所成立、进步思想传播、北伐革命军入闽，一个个新消息，像一缕缕春风吹拂着少年陈炳寿渴望长大成熟的心。

北伐军入驻龙岩城，陈炳寿跟随进步人士，进城支援北伐军。他们给部队带路、送纸条、侦察敌情，回家动员父母一起用挑担箩筐为北伐军运送物资。在支援部队的过程中，他们深深领略、感受到了高涨的革命热情。很快，有进步领导人秘密来到村里，指导、组织农民成立农会。渴望进步的陈炳寿仿佛看到了一座指路的灯塔，他积极加入农会，白天打工，晚上去农会学习，参加农会行动。他拿起父亲的鸟铳，参加农民革命运动——打土豪，分田地。在冲向地主恶霸坚固的土楼时，少年陈炳寿英勇无惧，手持鸟铳，每次都行进在第一排。

陈炳寿从参加农会斗争，到加入赤卫队，迅速成长起来。

1929年3月，毛泽东、朱德率领红四军，翻过重重大山挺进闽西，攻占长汀城。胜利的消息插上翅膀，飞遍闽西红土地沟沟壑壑、村村寨寨。陈炳寿拿起大刀长矛，跟随赤卫队支援红军三打龙岩城，取得接二连三的胜利。打完龙岩城，他正式加入了中国工农红军，成为一名头戴八角帽、身穿灰军装、打着利索绑腿的红军战士。穿上新军装，他回家结了婚。

陈炳寿完婚后，将新娘交给母亲，归队入编红十二军，转战闽赣。1932年秋天，家中老母闻讯儿子陈炳寿所在部队回到了龙岩城，便带上儿媳妇，一起进城寻找。天遂人愿，母亲见到了日思夜想的儿子，新媳妇见到了想念的丈夫。陈炳寿对赶来的母亲和妻子说："吃人的旧社会必须推翻，中国革命一定能胜利，穷人一定要过上人人平等的好日子。你们守好咱们小家，我守好红军部队大家。"

红军部队的士气、氛围如磁石般吸引了母亲。四十五岁的母亲，朝气未减，找到部队领导，坚决要求当红军。"我年龄大，有经验，能帮助红军带路、煮饭、洗补衣服、送信。"她一口气列举了自己一大堆优势，但最终因为腿疾而没有参加红军。母亲和媳妇在部队待了三天，返回村庄。没承想，这一返回，竟成永别。

陈炳寿跟随红十二军，征战沙场，历经五次反"围剿"，参加二万五千里长征，汇入湘江战役滚滚铁流。红军要渡江，缺少船只，陈炳寿所在连队奉命进村寻找船只。历经战场数年，陈炳寿积累了丰富的作战经验。国民党围追堵截，红军必须尽快过江，没有船只，陈炳寿心急如焚。第一天寻找船只时，村里老百姓受了国民党军队的反动宣传，跑了个精光。陈炳寿和战友只找到一只被刻意损坏的小船。他不甘心，夜深了，依然在镇上村里四处寻找，突然遭遇一小支潜伏的国民党军队袭击，陈炳寿光荣牺牲，时年21岁。

（张　茜）

陈春法：
坂头村的骄子

陈世康，男，1910年出生，中共党员，福建省宁德市蕉城区洋中镇清潭村坂头自然村人。1937年参加革命后改名陈春法，1948年在淮海战役中牺牲。

（一）

陈世康的祖辈世代以务农为生。父母生了几个孩子，因生活条件和医疗条件差，生存下来的仅有他和一个哥哥。

20岁那年的一个春日，陈世康步行十几里路去亲戚家帮忙插秧。傍晚，亲戚要留他过夜，他想想正是穷苦人家闹春荒的时期，粮食非常紧张，便执意回家。亲戚担心他空腹走夜路，就顺手塞了几个熟地瓜让他带着充饥。

那时各村相连的路都是山间的崎岖小道，有时几乎要从茅草棚下钻过，难免遇到野兽挡道。陈世康手持一根木棍，边走边四下观望，时刻警惕着。

他虽然饥肠辘辘，但还是想留着那几个熟地瓜。因为家里也缺粮，年老的父母都在家里等着自己呢。一路上，他时不时地摸摸衣服口袋，生怕一不小心，地瓜从破衣口袋里"逃跑"。

天色逐渐暗下来，经过一个弯道时，陈世康忽然看到路上有一团黑影，以为遇到了野猪，于是紧握着手中的木棍，大声咳嗽了几声。

见那黑影没有任何反应，他便大着胆子放慢脚步走过去，发现竟是一位老人倒在地上。老人微微张着嘴，他伸手探探老人的鼻息，意识到老人可能因为饥饿而昏倒，犹豫片刻，便摸出口袋里的地瓜，自己咬下一口细细咀嚼后，像喂婴儿一样，轻轻塞进老人的口中。

老人的味蕾被一点一点唤醒，意识也逐渐清醒，陈世康开心地笑了。

老人睁开眼睛，看到是身边这位不认识的年轻人救了自己，想起身感谢。陈世康让老人不要见外，随后又问老人家住何处，说要背他回家。

原来，老人是邻村坂围坳人，家里有一养女。大约半个小时后，陈世康把老人平安送到家里。他的养女正眼泪汪汪地等在门口，看到父亲被人背回来，一颗悬着的心才放下。

放下老人后，陈世康转身欲离开。老人拉着他的手，问明他是什么地方的人，家里都有谁，才依依不舍地目送他离开。

两天后，老人在养女的搀扶下，拄着拐杖来到陈世康家答谢。

一进门，老人就叫养女下跪，感谢陈世康的救命之恩。陈家人马上阻拦，诚恳地表示大家都是穷苦人家，路遇有难者伸手相救是本分。

没想到，老人却说：我今天特地来，一来感谢救命之恩，二来如果不嫌弃，愿意将养女许配给年轻人，以谢救命之恩。

陈家的人听后面面相觑，不知该怎么回话才好。陈世康更是大惑不解，他觉得自己仅仅是路遇老人伸手相救，没有别的企图，便扶着老人请他坐定后慢慢地说。

老人简单地介绍了自己的家史。因为家里穷，娶不起老婆，这养女是在路上捡来养大的。现在自己年纪大了，能把养女委托给自己的救命恩人，也算了却自己的一桩心愿。自己看中的是陈家后生的为人。

就这样，陈家收留了这对父女。

第二年，陈世康的妻子生下一个男孩。没几天，老人在陈家去世。

（二）

1934年9月，叶飞带领闽东工农红军独立第十三团到霍童桃花溪一带开展革命活动，坂头是他们活动的重要区域。随后，福安的闽东工农红军独立第二团和寿宁的闽东红军独立营到达桃花溪，与红军独立第十三团会合。

9月30日,这三支闽东工农红军在支提寺会师,正式合编为中国工农红军闽东独立师。

10月,闽东特委将闽东红军独立师和各县游击队及新入伍的战士1300多人陆续集结在桃花溪整训,改编为国民革命军福建抗日游击第二支队。一时间,闽东各地的革命烈火熊熊燃烧,工农红军独立师在宁德各地的秘密活动如火如荼。

一天,陈世康带着柴刀和竹筐准备上山砍柴。像往常一样,出门时他先准备一点作午餐的杂粮,然后再到农田干农活。

陈世康从山上砍了一担柴火走到山坡田边,放下担子准备干农活时,遇到邻村村民张四和两个年纪稍大的陌生人路过这里。

张四的父母没有文化,家庭贫困,生下孩子后,凡是活下来的就按排行取名。张四主动和陈世康打过招呼后,说他要跟着村里人出门去做一件非常有意义的事,建议他一起去。

那两个陌生人看张四与陈世康打招呼,便停留在不远的拐弯处等候。

陈世康早就听说坂头这一带有"革命人",但从没有接触过,根本就不知道怎么一回事。听了张四说的话,心中了然,但又不便细问,毕竟有传言,说与"革命人"接触是要杀头的。

张四看陈世康没有反对的意思,便进一步动员陈世康说,守在家里不仅穷苦一辈子,还受人欺压,只有走出去,干大事,打倒那些欺压穷人的人,劳苦人民才能翻身。

陈世康心里一动,但又转念一想:自己的儿子出生才六个月,不能这么鲁莽,应当回家安排一下。

张四觉得有道理,约好在村头等陈世康。

陈世康在路上就想好了,回家后只看家人一眼,不说任何事,以免家人担心。他把肩上的柴火往家门口一放,还特意抱了捆柴到灶堂旁,看到家人正准备吃午饭,便说:"我还砍了一担柴火,已经放在路上了,这就去挑回来。"说完,他伸手逗了一下六个月大的儿子,迈着坚定的步伐走出家门。

后来,家人收到陈世康捎回的口信,说外出做生意。家人心知肚明,只是不捅破这层纸。

（三）

1937年，陈世康参加革命后，任中国工农红军闽东独立师某部的战士。领导告诉他，参加革命的一些人都改了名，建议他改名为陈春法，他欣然接受。

接着，陈春法参加了闽东苏区三年艰苦的游击战争。

艰难困苦的三年游击战争结束后，根据中央的命令，闽东独立师由叶飞带队北上。

1938年1月，闽东独立师编入新四军，于1938年2月北上参加抗日战争。陈春法历任新四军第三支队六团一营战士，江南抗日义勇军班长、排长，新四军一师某部连长。

在抗战中，陈春法所在的部队根据上级指示，东进江南开辟苏南抗日根据地，北渡长江创建苏中抗日根据地。

陈春法在军旅生涯中，英勇作战，认真学习文化知识，将对家人的思念化成一纸家书，但一直没有回过家。

1945年春，陈春法随部队南下浙西，编入苏浙军区，参加了天目山"反顽"作战和解放浙赣线的作战。

抗日战争胜利后，按照《双十协定》和中央部署，陈春法所在的部队于1945年10月北上山东，参加解放战争中著名的淮海战役。陈春法先后任华东野战军第一纵队一师某部连长、一营营长，参加了鲁南、莱芜、泰安、孟良崮等战役。

1948年，在即将结束的淮海战役中，陈春法英勇牺牲，时年38岁。

如今，陈春法的家人仍然保存着抗日战争时期陈春法寄回的那封信，这便是陈春法在那个战火硝烟的岁月留给后人的遗书。

（何 英）

陈德金：
血染湘江的"铁侠"战士

陈德金，男，1907年出生，共青团员，福建省龙岩市新罗区曹溪街道石粉村人，1929年参加革命，1934年在湘江战役中牺牲。

陈德金是农民的儿子，祖祖辈辈务农。1907年，陈德金出生时瘦弱得如同一根火柴棍儿。家里吃糠咽菜喝稀粥，仍是有上顿没下顿，有时接连几天揭不开锅。父亲看着奄奄一息的儿子，狠着心说："扔了吧，又多一张嘴，看样子也活不了。"儿是母亲身上掉下的肉，又黑又瘦的母亲看着怀中舞动小手的儿子，她无声地摇着头，长泪直流，苦涩的泪水滴在儿子嗷嗷待哺的小嘴里，他咂巴着小嘴，品尝着……

一代代耕种土地的贫苦农民，却没有属于自己的土地。好在陈德金"命硬"，在四面漏风的破房子里，在忍饥挨饿的岁月中顽强成长。

1926年10月，中国工农红军东路军收复闽西。闽西革命先驱郭滴人、陈庆隆等领导龙岩、漳州、宁洋三县农民，发起革命运动，秘密发展中共党员；组织各区、乡建立工会，成立农民协会以及中学学生会。这一年，陈德金19岁，身高1.75米，体重却只有90斤，两只眼睛在瘦弱苍白的脸上显得大而有神，流露出青春的朝气和力量。听说乡里要秘密成立农会，陈德金主动找到负责人，成为农会一员。他积极投入农会工作中，带领村里的年轻人，实行"二五"减租，宣传婚姻自主，反对封建迷信，禁止算命卜卦，严禁吸食鸦片、赌博、嫖娼等。

1928年，陈德金成为一名赤卫队员，并加入了中国共产主义青年团。他勇敢地拿起枪矛刺刀，积极参加农民暴动，冲进地主恶霸大宅，斗地主，毁田契和借条，打开粮仓、衣橱，把粮食和衣服分给忍饥挨饿、衣衫褴褛的乡亲。陈德金明白了一个道理：农民阶级，只有团结起来，拿起武器进行革命斗争，才能过上好日子，才能有人人平等的机会。陈德金满怀激情地参与到火热的农民革命运动中。

　　1929年3月，毛泽东、朱德率领红四军首次入闽，一举消灭欺压百姓的反动军阀郭凤鸣旅，占领长汀城，闽西百姓闻讯无不欢欣鼓舞。5月23日，红四军兵分两路攻打龙岩。陈德金跟随乡赤卫队，奔赴龙岩前线，第一次见到日思夜想的红军革命队伍，第一次投入炮火连天的战斗中。陈德金跟随红四军三打龙岩城，取得三连胜，并积累了宝贵的一线作战经验。他为之兴奋而自豪。

　　1930年3月，闽西工农兵第一次代表大会决定，将闽西各县赤卫团改编为红九军。4月，根据中央指示，红九军改称为红十二军，下辖三个师，伍中豪任军长，邓子恢任政治委员。1930年6月，红十二军随红一军团进军江西，留在闽西的红军和地方武装合编为红二十军、红二十一军。同年11月，根据中央指示，将红二十军、红二十一军改编为新红十二军。从1930年3月起，赤卫队员陈德金正式成为红十二军战士，随着部队一步步调整，战斗在保卫闽赣的战斗中，经历了五次反"围剿"炮火洗礼，成长为一名训练有素、作战有力的红军战士。

　　1933年3月，陈德金跟随部队入编红军第三十四师，1934年10月踏上举世闻名的二万五千里长征，参加了血染江水的湘江战役。陈德金所在的红三十四师担任了"绝命后卫师"。在湘江之滨，红三十四师的指战员用自己的鲜血和生命谱写了悲壮的一页。

　　据陈德金出生的石粉村陈厝堂屋后人、1974年出生的陈文云口述，陈德金在湘江战役的第二天牺牲。他和队友们执行命令，隐蔽在一片草丛中，敌人侦察兵试探性地扔过来一颗手榴弹。陈德金为了整个团队的安全，为了不暴露目标，光荣牺牲，时年27岁。

（张　茜）

陈凤英：

继承夫志的碧血红花

陈凤英，女，1901年出生，中共党员，福建省连城县新泉乡岭下村人，1929年参加革命，1935年被敌人杀害。

陈凤英幼时由于家庭贫困，父母无力抚养，被卖给良福村一户善良人家作童养媳。婆家也是贫穷人家，公公婆婆对她爱护关心，小小年纪的陈凤英把家里的事情做得井井有条，挑柴、拔猪草、洗碗……样样事情从不偷懒。穷人的孩子早当家，陈凤英在贫困、劳累中成长起来，担起了家庭的主要责任。

1929年3月，毛泽东和朱德率领红军入闽，在连城开展了轰轰烈烈的打土豪分田地运动。良福村是受影响较大的村庄，当时青壮年几乎全部参加了赤卫队，没有参加赤卫队的妇女大多参加了妇女会。陈凤英耐心做好公公婆婆的思想工作，和许多妇女一样加入了妇女会，在妇女会的领导下努力开展革命工作，筹措大米蔬菜，动员妇女做草鞋，把粮食、草鞋源源不断地送到部队，并为红军送信、当向导等等。在这些革命工作中，陈凤英表现得非常出色。

引导陈凤英走上革命道路的是她的丈夫杨如新。杨如新是村子里的进步青年，他不但自己参加了赤卫队，还做父母亲的思想工作，让陈凤英也参加革命斗争。后来，杨如新调到苔溪梅村头苏维埃政府任文书，尽管公务繁忙，但仍然抽出时间教陈凤英识字，给她讲革命道理，经常安排她从梅村头到新泉之间往返送信、送情报。新泉到梅村头有一百多里路，陈凤英硬是一个人冒着生命危险，往返在崇山峻岭、人烟稀少的羊肠小道上。1931年冬天，杨如新在梅村头被土匪头子周焕文杀害。她强忍悲痛，继承丈夫遗志，忘我地投入到革命工作中。

1932年秋，陈凤英被选为良福村妇女主任。她没日没夜地工作，办起了妇女夜校，宣传革命道理。她发动妇女学犁田、耙田，努力发展农业生产，支援前线。在革命风暴中，她练就了一般女同志所不及的勇敢和胆识，积累了丰富的工作经验。不久，她调任中共儒畲区委宣传委员。儒畲区是当时的模范区，支前、扩红、发展生产样样工作走在前，多次上红榜。陈凤英到儒畲区之后，担子更重，工作更繁忙了。她经常深入各村，走家串户向群众宣传革命道理，宣传婚姻自由，反对包办买卖婚姻，反对封建迷信，动员妇女参加革命，为提高自己的社会地位而斗争。她把《连城县苏维埃政府妇女问题草案》中的"妇女要求纲领"二十一条，编写成许多简单明了的宣传标语到处散发和张贴，使广大妇女都能熟记。由于她工作耐心细致，对群众关怀备至，儒畲区广大青少年都把她当作自己的姐妹和知心人。她深受群众的爱戴和好评。

三年游击战争时期，陈凤英随儒畲区游击队转入连城与上杭交界的山区活动。1935年春，游击队转回莒溪山区，在一次与匪作战中，陈凤英不幸被捕。她被带回莒溪民团局，受尽折磨和凌辱，但她坚定从容，视死如归。为了革命事业，陈凤英献出了宝贵的生命，时年34岁。

（黄河清）

陈福庆：
富商家庭走出的革命战士

陈福庆，男，1903年出生，福建省漳平县人，1925年加入中国共产党，1929年牺牲。

1903年夏天，瓜果蔬菜上市季节，陈福庆出生了。父亲正在自家稻田里巡视。此时，已经泛黄的稻穗儿沉甸甸的，稻浪从他脚下向四周蔓延……"丰收年啊，儿子就叫福庆！"父亲喜滋滋地说。陈福庆家境比较富裕，祖父、父亲皆做茶叶生意，拥有茶山、茶叶作坊和一个接待茶商的客栈。

陈福庆衣食无忧，五岁开蒙，先是入读私塾，学习《三字经》《百家姓》《千字文》等，后进入正规小学读书。他热爱学习，成绩突出，深得老师和家长喜爱。那时穷人多，读不起书的孩子比比皆是，陈福庆不明白这是怎么回事。他常常拿了米饭、点心，送给沿街乞讨的老人和孩子。私塾里、小学里，也有家庭比较困难的，借了钱来读书，这些同学经常吃不饱饭，陈福庆话语不多，时常将自己的饭菜匀给他们一些；有的同学缺少笔墨本子，陈福庆就送一些给他们。陈福庆的好学、善良，为他赢得了极好的人缘。他的动手能力很强，课前课后帮着老师做这做那，是一个好帮手。

1919年，陈福庆16岁，一举考取福建漳州龙溪师范学校。到了父亲常说的大地方漳州，陈福庆的眼界一下子开阔起来。市里有公园、有书店，学校里有很大的图书馆、运动场，重要的是各种图书如山如海。陈福庆海绵汲水般孜孜不倦地学习，开始接触近代进步思想文化，为他后来成为革命志士打下了思想基础。陈福庆思维活跃，具有交际能力，为了寻求新知识，他在节假日常去厦门集美学校，与那里的学生进步团体接触、交往。这个时期，在孙中山的亲自指导和帮助下，以"护法"为旗帜的"援闽"粤军在闽西南地区建立了以漳州为首府、下辖17个县的闽南护法区。护法区创办了《闽星》半周刊和日报，公开介绍苏俄革命和马克思主义学说。进步学生争相阅读，陈福庆每期必买，仿佛发现了"新大陆"，读了一遍又一遍，读完之后拿给同学们传阅。他组织"周末学习角"。进步学生相聚一起，讨论、演讲、发表自己的看法和体会。陈福庆口才流利，每一次都是发言主角，极具号召力。

1920年5月1日，中国工人阶级首次大规模地开展纪念"五一"国际劳动节活动。漳州工人总工会，代表福建省积极响应，组织工人、进步学生，加入这场全国性的活动中。陈福庆联络各个"周末学习角"，积极参加活动。"五一"当天，北京、上海、广州、九江、唐山等各工业城市的工人群众，浩浩荡荡地走上街头，举行了声势浩大的游行集会。中国最早的马克思主义传播者李大钊在《新青年》上发表《"五一"May Day 运动史》，号召中国工人把这一年的"五一"作为觉醒的日期。漳州这边，游行队伍长达100多米，陈福庆带领进步学生50多人走在队伍最前面，挥舞右臂，呼喊口号："我们是人，不是机器！""打倒剥削阶级！""反对压榨工人血汗！""八小时！八小时！八小时工作制！"

游行结束后，陈福庆仿佛经历了一场革命洗礼，思想面貌焕然一新。他得到了一本《新青年》杂志，封面上有罗丹名画《劳工神圣》，有革命先行者孙中山先生题词"天下为公"，扉页上有北京大学校长蔡元培题词"劳工神圣"。陈福庆抱着杂志，如获至宝，"劳工神圣"将他引入深深的思考：工人要晒晒太阳，工人要闻闻花香；马克思主义；工人阶级争取解放……犹如黑暗里突然透出的一道道光芒。

1920年5月，列宁信使波达波夫来到漳州访问，漳州的革命运动更加高涨。俄共西伯利亚负责人威廉斯基于1920年12月撰文《中国共产党成立前夜》，刊发于共产国际机关刊物《共产国际》上，称赞漳州是"中国南部革命的中心""中国革命青年和社会主义者的朝圣地"。陈福庆在轰轰烈烈的革命氛围中从师范学校毕业，投入教书育人事业——任教于县城第二小学，继续追求革命真理。不久，漳平县中国共产党地方组织建立。

　　1925年底，陈福庆在漳平县永福加入中国共产党。1926年春，中共漳平县小组改组成立中共漳平县支部，陈福庆被选为支部宣传委员，积极投入到革命洪流之中。他协同领导成立了漳平城区工会与农会，深入工人、农民群体，宣传马列主义；号召工人、农民团结起来，拿起武器，推翻这落后挨打的旧中国，建立人人平等的新中国。10月间，在永福墩仔头埔召开漳平县农民协会成立大会，他参与其中。本次会议的声势影响全县，开创了漳平县工农运动的新局面。

　　1925年10月，国民革命军东路军入龙岩，陈福庆连夜组织散发传单，张贴宣传品。不久，他被推选为漳平县中共党组织领导成员，担负宣传工作。1927年4月12日，蒋介石在上海发动四一二反革命政变。4月15日，龙岩军阀陈国辉操纵龙岩县反动县长，大肆搜捕革命党，陈福庆遭到抓捕。牢狱之灾并没有磨灭他的革命意志，出狱后他继续为党工作。1929年七八月间，陈福庆再度遭到国民党反动派逮捕，之后牺牲于漳平城关北山脚下，时年26岁。

（张　茜）

陈康容：
宁死不屈的女豪杰

陈康容，又名陈亚莹，女，中共党员，福建省龙岩市永定区岐岭镇下山村人，1915年出生于缅甸，1930年回国，1935年参加革命，1940年9月被敌人杀害。

（一）

陈康容1915年出生于缅甸，15岁那年，跟随父亲回到永定探亲，留在了故乡。随后，陈康容因学习成绩优秀，先后考入集美中学和厦门大学。为避免当局注意，陈康容于1934年到缅甸仰光华侨女子初级中学任教。该校是爱国华侨陈嘉庚捐资创办的，校长思想开明。

几年后，日军大举入侵中国，陈康容在学校里满腔热情地向学生传播抗日救国进步思想。上语文课时，她不采用国民党政府编印的语文教材，而代之以高尔基、法捷耶夫、鲁迅、丁玲等人的名著；上音乐课时，她教学生们高唱抗日救亡歌曲，并在课余时间排练抗战话剧。在校外，陈康容是仰光进步妇女运动、青年运动和进步文化运动的活跃人物。她参加了宣传抗日的文艺团体"椰风社"，在《仰光日报》副刊"椰风"栏发表诗歌和散文。1935年，陈康容发起组织缅华妇女联合会，团结一批进步妇女，宣传俄国十月革命、民族解放运动和妇女解放运动。同年8月，她参加了缅甸华侨进步青年组织的仰光青年学会，坚定地进行爱国、反蒋、抗日活动。

随着国内团结抗日的形势日益显著，陈康容毅然重返厦门大学就读。1936年春天，由于表现优异，陈康容在就读的厦门大学，光荣地加入了中国共产党。她后来担任中共厦门工委妇女支部委员，是厦门妇女抗日救亡运动的领导人之一，也是"厦门诗歌会"领导成员。陈康容以手中犀利的笔为武器进行战斗。她积极发动各界妇女参加抗日救亡歌咏活动，让飞扬的歌声喷射出心中怒火，形成抗日雷鸣。陈康容经常上街宣传和教唱救亡歌曲，遇有敌机轰炸，就奔上前去救护伤员。陈康容还组织力量慰问灾民，做了很多爱国、爱民的工作。

（二）

1937年初，陈康容到厦门与中共厦门工委取得联系后，积极投身抗日救亡运动，走上厦门街头教唱抗日歌曲，撰文呼吁妇女解放，组织女青年成立诗歌读书会，给《星光日报》副刊投稿，参加地下党妇女支部，参与了慰劳抗战将士团体的种种活动。11月，陈康容受党组织的委派，参加了中共闽粤赣省委第一期抗日救亡干部班学习，同时结识了从苏联学习回来的后来成为丈夫的黄会斋。当时，她的父亲频频来函催她到缅甸去，她拒绝并说道："国家兴亡，匹夫有责，我一定坚持革命到底。"

1937年7月全面抗战爆发后，忧国忧民的陈康容毅然中止学业，从学校走向社会，全身心投入抗日救亡运动，先后加入中国妇女慰劳前方抗战将士总会厦门分会、厦门文化界抗敌后援会、厦门各界抗敌后援会慰劳工作团，并担任宣传股长，用手中犀利的笔进行战斗。她积极发动各界妇女参加抗日救亡歌咏运动，用歌声喷射出心中怒火，形成抗日主旋律。她倾力于厦门妇女夜校，宣传爱国思想，号召她们加入抗战救国的行列。她兴奋地撰文《厦门妇女怒吼起来了！》。文中写道："起来吧！全中国被压迫的妇女们，斗争的时候已到，我们要扫除敌人的侵略，消灭法西斯匪徒疯狂侵略的阵地！""全厦门妇女，不愿做奴隶的吼声响起来了，这就是抗战的力量，这就是解放的武器！"她以这些脍炙人口的口号似的不朽诗篇向日寇宣战，收到了极好的社会宣传效果。

1938年春，当厦门的抗日救亡运动开展得热火朝天的时候，陈康容接受党的派遣，到闽西开展农村工作，参加中共闽西南特委训练班。激烈的斗争、艰苦的环境，丝毫没有磨损她的革命意志。训练班结束后，她被派到家乡任党支部宣教委员，其公开身份是乡小学教员。陈康容以岐岭小学为阵地，在校内外建立了抗敌后援会，开展形式多样的抗日救亡活动。她利用课堂、墙报、集会、演讲等形式，号召群众参加抗日斗争，宣传党的抗战路线、方针和政策，宣传抗战必胜的道理，发动群众为支援前线捐钱；组织抗日救亡剧团，演出《打倒卖国贼》《抓汉奸》《放下你的鞭子》《大刀曲》等街头剧和舞蹈；演唱《九一八》《松花江上》等抗日歌曲……方圆几十里的抗日救亡运动轰轰烈烈地开展起来。

（三）

1938年下半年，陈康容与黄会斋结婚，婚后在闽西南特委机关工作。1940年夏，黄会斋调任漳州中心县委组织部长。陈康容则仍然回到岐岭以教书为掩护，坚持地下工作。

1940年8月的一天，陈康容在收拾行装准备撤离时，突然敌人包围了她的住处。她见情况紧急，立即回房吞下准备向县委汇报情况的纸片，取下挂在窗口下作信号的衬衣，吻别了亲人。敌人为了从她口中获得党组织的情况，先派营长张耀生以厦门大学同学的关系向她劝降，遭到她的严厉谴责和拒绝。敌人不甘心失败，又接连三个晚上拷问陈康容。气急败坏的敌人疯狂地叫嚣说："你这个女共党如果拒绝配合，就剥了你的皮！"陈康容怒斥敌人说："你们休想！在我这儿，你们什么东西也别想得到！"

陈康容坚定地表示："要杀要剐由你们，要我依顺你们这些破坏抗战的狐群狗党，万难办到！"她还在"自首书"上写道："青春价无比，团聚何须提。为了伸正义，何惧剥重皮！"

1940年9月，一身正气、大义凛然的陈康容被残忍地活埋在抚市的山坳里。为了纪念陈康容烈士对敌斗争、勇于奉献的精神，中共闽西南特委决定建立"康容支队"。

1959年，福建人民出版社出版发行了关于陈康容革命事迹的连环画《岐岭女英烈》。陈康容烈士的革命精神永远闪耀着光辉。

（杨国栋）

陈连城：
英勇不屈的支部书记

陈麟呈，男，1902年出生，中共党员，曾任中共九都扶摇中心支部书记，福建省宁德市蕉城区九都镇扶摇村人，1932年参加革命后改名陈连城，1948年3月在霍童被敌人杀害。

（一）

陈麟呈的祖上世代靠传统农业为生，父亲陈养树为人勤劳诚实，家里生活过得非常艰辛。

陈麟呈继承了父亲勤劳做事、诚实做人的秉性，凡是遇到村里人需要帮忙，都不惜体力，因此人缘极好。有一次，他挑着两筐收获的地瓜走在回家的路上，遇到一位到外地挑盐的长者。长者在路上不小心扭伤了脚，走路非常困难。他将自己的担子往路边一搁，问清长者是什么地方的人，找来一根棍子给他当拐杖并嘱咐他慢慢地走，自己则帮他把盐担子挑到了他家。等他回头挑自己的东西再返家时，已经是深夜了。

陈麟呈20岁时娶了本村黄家一位勤劳善良的女子。这个女子是村里一对老夫妇的养女，只身照顾年迈的养父母，经常得到陈麟呈的帮助。两人婚后，生了三男两女。孩子出生后，陈麟呈开了间小小的杂货店，卖些油盐之类的日用品。善良本分的陈麟呈经常让那些家庭贫穷和身体虚弱的长者来"赊盐"，完全不计较本钱。与其说是"赊"，不如说他是尽量在"帮"村里的长者。他总觉得，自己哪怕是做这么一点点小事，也是在行善。他知道，在这黑暗的社会，仅凭个人的能力只能帮助少数穷苦百姓。他相信行善积德会有善报，但又不求回报。

（二）

1932年，闽东地区发动群众闹革命的形势如火如荼。

春节前的一天，邻村一个人称"阿三地霸"的地痞以陈麟呈在村里开店想造反为由，花大钱收买国民党的地方民团进扶摇村来抓他。一位经常得到陈麟呈资助的老人在山上看到民团进村，悄悄抄近路找到陈麟呈，叫他快躲起来。

陈麟呈马上从后门躲进山里。刚翻过屋后山崟（在福建山区常用"崟"来表示隆起的山丘、山脊），他就遇到一支五六人的小分队，其中一人是他堂婶的娘家人，大家叫他"启五"。启五见到陈麟呈神色紧张，就主动与他搭话。了解了事情经过，启五便动员他："你不要回去了，跟着我们一起走，闹革命去。"

"闹革命？什么叫'革命'？"

与启五同行的一位瘦高个子停下脚步，招呼大家坐下歇息一会儿。那位瘦高个子一一解答：穷人为什么都起来闹革命；参加革命能给穷苦农民带来什么好处；参加革命后，路要怎么走。

陈麟呈听得特别投入，腾地一下站起来说："我早听人说过，但苦于没有人指点。你今天这番话，我听明白了。我跟着大家走。"说完，他脱下上衣就地一扔："我早想上山了！"

瘦高个子捡起陈麟呈的上衣，拍了拍他的肩膀说："看你这样子，家里有妻有小吧？这两天你先跟着我们避避风头，过一段时间，或许还让你回村里去。"

启五马上告诉陈麟呈说："他是我们的头，大家叫他'阿董主席'。"

瘦高个子接话说："我叫阿董，是我奶奶给我取的名，说是长大后会'什么都懂'，就这样一直叫着。"

接着，阿董主席建议陈麟呈改名"陈连城"，将来挣得"连城的钱"，得到你帮助的人也会是全"连城"。

陈麟呈高兴地答应了。从此，在闽东的革命队伍里多了一个工作非常积极、名叫"陈连城"的同志。

大约半年后，阿董主席特地派人化装成过路人悄悄地去扶摇村看看，想让陈连城回村发动群众闹革命。阿董主席还了解到，上次带民团去扶摇欲抓他的"阿三地霸"暴病死了。阿董主席吩咐陈连城，他回村后的主要任务是以小杂货铺作掩护，发动群众闹革命，同时秘密发展党员，设立党支部，要他担任党支部书记，还给他两块银圆作本钱。

陈连城欣然受命。

（三）

陈连城根据组织的安排，选择了一个晴朗的下午回到扶摇村。他告诉家人说，这半年在外面东躲西藏，帮助别人打理店铺，主要是负责进货。最近打探得知"阿三地霸"死了，就回家来再也不出门了。家人听后非常高兴。

陈连城清理出房子边门的一间小屋，又开始经营小店铺，仍旧是卖些本村群众日常生活物品。

他白天基本都在经营店铺，偶尔往山上跑跑，晚上以约人喝茶聊天为由传播革命思想，同时秘密地把靠得住的人发展为地下党员。

1934年，中央主力红军北上后，闽东地区的叶飞、阮英平等领导根据上级的指示，在闽东地区继续开展革命活动。叶飞带领闽东工农红军独立第十三团到桃花溪，随后福安的闽东工农红军独立第二团和寿宁的闽东红军独立营到达桃花溪，9月30日，在支提寺会师，正式合编为中国工农红军闽东独立师。

陈连城的小杂货铺想方设法进货，将游击队奇缺的物品送上山。这时，他被村里的秘密地下党员和山上的游击队亲切地称为"店老连"。

自小在扶摇村长大的陈连城对村周边的山头和水洞都非常熟悉。在革命形势最为艰难的关头，他告诉山上的游击队，扶摇村往北走十几公里有座被当地人称为"大坑顶"的大山崬，山崬下面有一个石岩洞，洞口的顶部正好凸出去一块，是一个天然的"大石屋"，有几十平方米，可以住20人左右。那地方少有人去。本地人称："上一趟大坑山，九曲十八弯，爬一趟大坑顶，累得脚酸背腰弯。"以前曾有人在石岩洞下开荒种田，但后来都荒废了。

游击队按他的指点，果真找到了这个石岩洞。他们甚至还能在荒废的那块田里种点粮食充饥。

陈连城以自己的小杂货店为秘密工作点，在山下把党的工作开展得有声有色，同时以山上的石岩洞为联系点，秘密地为游击队提供紧缺物资。

（四）

扶摇村地下秘密党支部成员进行过多次调整，陈连城得到上级和群众的信任，连续14年担任扶摇村地下党支部书记。领导们称他是"红旗不倒的党支部书记"。

陈连城领导的扶摇联络站是宁德县委的秘密联系点，全县一共设有9个联络点，每个联络点配有秘密联络员1至3名。

由于长期紧张的秘密工作，陈连城患上了严重的胃病，上级指示他安心养病。

1948年2月，国民党保五团连长带兵来到扶摇。由于叛徒陈文勤出卖，病中的陈连城不幸被捕。

民团将被捕后的陈连城带到霍童后扔进监狱。敌人对他严刑逼供，他没透露半点消息。民团在确认了他的身份后，又对他软硬兼施，妄图从他口中获得闽东革命党人的信息。但陈连城始终守口如瓶，坚贞不屈，视死如归。

敌人无计可施，在将陈连城关押一个月后，下令将其活埋于荒山野岭之中。

陈连城的牺牲，给他的家庭带来极大的打击。不久，妻子悲伤过度病逝，家里的重担落在了长女的身上。两个月后，长女因过度劳累和饥饿不幸逝世，族亲只好将十来岁的次女陈秀英送人。长子陈克昌被送给华镜村一户穷苦人家当儿子，三子陈克普因为发高烧没条件医治而终身残疾。只有次子陈克赐在地下党组织的照顾下成家立业。

但是，陈连城的家人和陈连城一样，始终坚信共产党必胜！

（何　英）

陈美地：
追随丈夫当红军

陈美地，女，1911 年出生，福建省龙岩市新罗区东肖镇洋潭村人，1931 年参加革命，1937 年牺牲。

陈美地生于贫苦农民家庭。家人说话和气，与人为善，家风良好。陈美地从小喜欢大自然，读书是不敢奢望的事情。她四五岁开始在奶奶调教下干家务活，如做针线、打扫卫生等。幼小年纪学得吃力，做得也很吃力，但她决不放弃，直到有一天得到奶奶的表扬，她才露出甜甜的笑容。有时候，陈美地一个人走向山野，独自行走在崎岖小道上，有时手里捧着一束野菊花，有时坐在野花丛中。她喜欢看山的姿势，听流水的声音，辨认草木的特征。陈美地努力记住奶奶教她的每一种药材的选取部位，有的需要果实，有的需要叶片，有的需要花朵，有的需要整棵株苗。不知不觉地，她掌握了许多草药知识。采药售卖，是家徒四壁的山里娃唯一的来钱方法。

1924 年，反动军阀赖世璜占据龙岩，欺骗蛊惑农民种植所谓药材（罂粟），为其牟取暴利。许多农民不明就里，纷纷染上毒瘾，有的卖儿卖女，有的跳崖自杀。湖洋小学教师郭滴人见状，愤慨不已，便组织各校老师、学生，发动农民兄弟，手持"种烟必拔，包捐必杀"的白纸旗子，举行游行示威。游行队伍浩浩荡荡，挥舞白旗，呼喊口号："反对军阀赖世璜坑害农民获取毒害暴利！"这大大震撼了赖世璜，农民迅速清除田里罂粟，斗争取得胜利。

"种植罂粟—游行斗争—拔除罂粟—农民胜利"给了陈美地极大震撼，她开始思考"穷人为什么总这么穷，世世代代穷"，并有意识地接触进步人士、学习新知识。

两年后，陈美地接受了本村进步青年陈泉木的追求，翌年结婚。陈美地和陈泉木为同村人，比陈泉木整整小了10周岁，但这并不妨碍两人结为夫妻。陈泉木家里贫寒，穷得娶不起媳妇，可陈泉木长相儒雅，高个子，白皮肤，大眼睛，识文断字，说话轻声细语、有条有理，为人善良有礼貌。他俩受进步思想影响，是洋潭村第一对自由恋爱结婚的青年。婚后第三年生下女儿陈菊花。几个月后，丈夫陈泉木参加中国工农红军，奔赴炮火连天的革命前线。丈夫离开她和几个月大的女儿去当红军，陈美地虽然很痛苦，但她知道国家的事情更大、更重要。她把丈夫送到了村口，叮嘱他革命胜利了，回家好好过日子。

1931年，福建军区四都医院来到乡里招收女护士，年方二十的陈美地闻讯赶去报名，经过一番自我介绍，且脱口背出一连串草药名字和功效，当场被录取。她喜出望外，心想自己不能落后，要像丈夫一样，去当兵，为建立新中国出力。她一边往家返，一边流泪，舍不得刚满两岁的女儿，这是她的第一个孩子。

回到家里，陈美地跪在婆婆面前，泣不成声。婆婆通情达理，扶起媳妇，说："你们都去吧，家里有我，我会拼了老命把你们的孩子抚养大，放心去吧。"

陈美地到了红军医院，才知道战争是多么残酷。

每一场战斗结束，都有伤员被抬下来，红军医院刚刚成立，经费不足，缺医少药，伤员流血，陈美地流泪。她主动找到领导，要求回村组织村民上山采草药。陈美地懂得，草药有外敷的、内服的和熏蒸的。领导批准后，陈美地返回村里，挨家挨户找乡邻，做宣传，做动员，带领大家采挖草药，支援红军。半个多月后，陈美地和乡亲们挑着几十担中药材回到医院。她每天四点多起床，烧热水，给伤员们擦洗清洁。她负责照顾20多名伤员。她先给伤员擦洗完伤口，然后将夜里捣碎的草药糊敷在伤口上。在配合医生给重伤员换药的过程中，有的伤员痛得浑身发抖，却紧握拳头一声不吭；有的伤员认为自己伤重难以医治，舍不得用药，主动要求把药留给能治好的战友。陈美地的世界观、人生观、价值观，在战士们生与死的抉择中得到了升华。她如同烈火重生，焕发出革命战士的坚强意志。

陈美地跟随四都医院，经历了五次反"围剿"斗争，但始终没有遇见自己的丈夫陈泉木。她坚定地相信丈夫还活着，和她共同战斗在同一块红色土地上。

1934年10月，中央主力红军踏上二万五千里长征路，陈美地的丈夫陈泉木是其中一员。经过几年的炮火洗礼，陈美地成熟了，理解了丈夫离家时对她说的"舍小家，为大家，要给孩子建设一个和平幸福的新中国"。她服从组织分配，随福建军区红军游击队转移到闽赣边界山区坚持游击斗争。1937年，在江西瑞金山区反"清剿"战斗中，陈美地光荣牺牲，时年26岁。

（张　茜）

陈奶兰：

机智勇敢的小脚英雄

陈奶兰，女，1893年出生，福建省周宁县紫云村人，1933年参加革命，1936年被敌人杀害。

陈奶兰出生在一个贫苦农民家庭，很小的时候就承担起家庭重担。小小年纪的陈奶兰把家里的事情做得井井有条，挑柴、拔猪草、洗碗……穷人的孩子早当家，陈奶兰在贫困、劳累中成长起来。

1933年，闽东掀起了轰轰烈烈的打土豪分田地的农民革命斗争。陈奶兰所在的紫云村成立了苏维埃政府，村里的青壮年几乎全部参加了赤卫队，没有参加赤卫队的妇女大多参加了妇女会。陈奶兰加入了妇女会，并担任妇女会主任。在陈奶兰的领导下，妇女会努力开展革命工作，筹措大米和蔬菜，动员妇女做草鞋，把粮菜和草鞋源源不断地送到部队。

由于陈奶兰工作勤奋，办事踏实，她被党组织安排担任交通员。此后，一个穿长衫、阔腿裤、裹足的女性，常常风雨无阻地来往于周墩（周宁）、政和、屏南、寿宁等地执行联络任务。

陈奶兰虽是"三寸金莲"，却行动敏捷；虽生在农村，长在农村，却能说会道，胆大心细，机智勇敢。任交通员之后，她多次把信件藏在发髻、袖袋和裹脚里，挎着篮子装作出门走亲戚，或扮成乞讨的婆子，巧妙地瞒过敌人，把信件及时安全地送到目的地。她不仅出色地完成了交通员的任务，还积极组织妇女，经常帮助游击队洗衣服、做饭、送水和放哨。

当时，周墩楼坪有个恶霸张景钟，组织民团，欺压百姓，丧心病狂地捕杀游击队员和革命同志，人们对他恨之入骨，乡亲们决定请闽北红军独立师来消灭这股反动武装，让陈奶兰送信联络。

有一天，天还没亮，陈奶兰就起床了，她把信件塞到裹脚带里，就匆匆上路了。寒冬腊月，冷风刺骨，她摸黑行走在羊肠小道上，不时地搓揉冻僵的双手，警觉地观察着周围的动静。一个小时后，陈奶兰已经顺利到达距楼坪十多里路的闽北红军独立师驻地——政和洞宫禾坪村。黄立贵师长看到风尘仆仆、满脸倦容的陈奶兰，边给她搬凳子、倒茶，边问："出了什么事？"陈奶兰一五一十地诉说了反动民团的种种罪行后，从裹脚带里抽出信，递给黄立贵师长。是可忍，孰不可忍！黄立贵师长听了汇报，看完信，按捺不住心中的怒火，命令队伍紧急集合，整装待发，去铲除反动堡垒。100多名红军战士扛着枪，在黄师长的率领下，迅速向楼坪逼近……这一仗，打死打伤团丁18人，烧掉反动地主房屋6栋，俘虏土豪劣绅5人，可惜作恶多端的张景钟从暗道里逃走了。

1936年3月的一天，陈奶兰奉命到政和送信，她将信藏在袖管里，挎着篮子，装作挖野菜的样子向村外走去。不料，张景钟带着十几个团丁来到紫云，正准备到各家各户逼租逼债。回避已来不及了，陈奶兰仍然若无其事地走着。

"哪里去？"疑神疑鬼的张景钟厉声喝道。

"上山挖野菜，你没长眼睛吗？"陈奶兰没好气地回答。

"搜！"狗腿子们一拥而上，夺下陈奶兰手中的篮子，里外翻看，什么也没找到，篮子被甩到路边。陈奶兰捡起篮子，强压满腔怒火继续不慌不忙地向前走。

"回来！"狡猾的张景钟又起了疑心，冲着陈奶兰的背影猛喝一声。

几个团丁立刻追上去，抓住陈奶兰的衣领把她推回来。

"你是不是给红军送信？"张景钟恶狠狠地问道。

"可惜我是个缠脚女人呀。"

张景钟碰了钉子，恼羞成怒，命令团丁用皮带抽打陈奶兰，陈奶兰本能地用手臂一挡，信从袖管里掉出来。张景钟拾起信一看，气得脸变成了猪肝色。

陈奶兰被押到楼坪时，全身五花大绑，被关进了一个黑暗的房间里。

过了一会儿，房门被打开，张景钟带来了几个团丁。他满脸堆笑地对陈奶兰说："对不起，委屈你了。不过，你只要回答几个问题，马上就可以回家。"

"这封信是谁写的？"张景钟拿着信凑近陈奶兰问道。

"不知道。"

"红军和游击队在哪里？"

"不知道！"陈奶兰目视前方，斩钉截铁。

张景钟见软的办法不行，就凶相毕露："你说不说？不说别怪我不客气了！"

"要砍要杀随你便，让我出卖好人，白日做梦！"

"好！你敬酒不吃吃罚酒。"团丁用皮带把陈奶兰打得皮开肉绽，遍体鳞伤，可她咬紧牙关，一声不吭。

张景钟以为这下目的一定能达到，就问："痛吗？现在该说出红军游击队在哪里了吧？"

"呸！"陈奶兰骂道，"你们这些狼心狗肺的东西，作恶多端，红军是饶不了你们的！"

陈奶兰又遭一顿毒打。张景钟见从陈奶兰嘴里实在得不到什么东西，就把她交给县城的保安队去邀功了。

敌连长见了陈奶兰，顿生邪念，趁审问的机会，对她动手动脚。陈奶兰怒火中烧，顺手给敌连长一记耳光，打得他眼冒金星，连续后退好几步。

敌连长恼羞成怒，对陈奶兰进行惨无人道的折磨，使陈奶兰昏厥过去。一瓢冷水，又使她苏醒过来。敌连长还不死心，再次逼她招供："这是最后一次机会，你要是再不说，马上送你见阎王爷。"陈奶兰怒视敌人，双唇紧闭。

敌人知道从她嘴里得不到半点情报，就把她拖到城外溪边残忍地杀害了。

陈奶兰同志为了革命事业忘我工作，不怕敌人严刑拷打，为了保护革命战士，不惜牺牲生命。她的英雄事迹，人们永远不会忘记。

（黄河清）

陈庆重：
一门两代六忠烈

陈庆重，又名陈庆洞、陈星、陈荣，男，1886年出生，福建省寿宁县坑底乡榅当洋村（原榅垱洋村）人，其兄弟和儿子两代人，先后有6人为了革命事业献出了宝贵的生命，堪称一门忠烈。

（一）

这是一个一门两代六忠烈的红色革命故事。主角是陈庆重、他的兄弟、他的儿子，共6人。

陈庆重又名陈庆洞、陈星、陈荣，1886年生于福建省寿宁县坑底乡榅垱洋村的一个武术世家。他的父亲陈昌云是坑底乡的拳师。陈庆重身怀绝技，为人豪爽，力大无比，能敌数人，曾经一掌击倒一头水牛。为了养家糊口，陈庆重年轻的时候在村里开设武馆授拳，十里八乡的百姓慕名前来习武。陈家拳术代代相传，但是清规戒律也不少，主要是告诫前来习武的后生，必须懂得江湖规则。为防万一，陈家人在习武期间，还要精研岐黄之术。同时，陈家祖传的刀、剑、拳和医术医药等，在寿宁县乃至闽东地区也很有名。

陈庆重兄弟6人，他是家中老大，弟弟依次为陈祥进、陈祥庆、陈祥库、陈祥谷、陈祥和。其中陈祥庆和陈祥谷为革命烈士。陈庆重深受父亲豪放性格的影响，又深得父亲陈家拳术的真传，加上自己勤奋好学，诚心帮人，在一大批年轻人中留下了非常响亮的名声。

男大当婚，女大当嫁。到了一定年龄，陈庆重听从父母的意见，娶妻生子。他所生孩子的名字依次为：陈元顺、陈元利、陈必利，意在能够顺顺利利过上好日子。可是，陈庆重所看见的社会极其黑暗，官匪一家，民不聊生，苛捐杂税多如牛毛，穷苦农民天天生活在水深火热之中。即便像陈庆重这样有着特别的技艺，又肯干活做事的年轻大汉，也处在极为贫困的生存状态。为了了解社会，开阔视野，陈庆重一度走南闯北，广结良友，更多地教授弟子们学习武艺。这期间，陈庆重接触了社会上各色人物，目睹了人世间的种种疾苦，为他后来参加红色革命斗争奠定了良好的基础。

1932年，寿宁县革命运动在叶秀蕃、范浚的领导下得到迅速发展，大安一带的秘密农会组织普遍建立起来。1933年3月，中共寿宁特别支部决定建立红色革命武装力量红带会，陈庆重由金灿清介绍加入了革命队伍。其后，为了革命需要，陈庆重还将自己的两个弟弟和三个儿子，全部送进革命队伍，成为当时寿宁乃至闽东参加革命队伍人数最多的一家。

（二）

楒垱洋村参加红带会的青壮年男子共40多人，在五湾丘设置"法"坛，由大安碳山派来的一个法师教"法"。红带会成立后，陈庆重担任队长，叶藩任两区红带会总队长。陈庆重一心向着共产党，能力强，胆子大，被闽东特委派往庆元一带发展新区。他以探望住在庆元官塘乡荷洋村的姑妈的名义，经常往来于闽浙边界的乡村，开展秘密的革命活动，组建秘密农会。经过陈庆重和张立贵的积极努力，1933年11月，庆元县第一个村级苏维埃政府在白拓洋村成立。

1933年8月中旬，寿宁红带会领导人总结了第一次攻打南阳的经验后，又发起进攻西门坑底的战斗。坑底的土豪劣绅非常反动。他们组织民团，又请来浙江的国民党军队，构筑很多碉堡和炮楼，企图阻止红带会向闽浙边区发展。为了打击敌人的嚣张气焰，叶藩、陈庆重、张佬一所率领的红带会被围困在林山。双方形成对峙。陈庆重等趁着敌人慌乱之际发起冲锋，快速突围，撤出林山，奔向周围的制高点。天亮之后，叶藩、陈庆重等率领的西路红带会与范义生的东路红带会会合，提出了速战速决的方案。他们的第一次冲锋因敌人火力太猛而受阻，一些同志英勇牺牲。陈庆重的兄弟陈祥庆、陈祥谷就在这次冲锋中献出了宝贵的生命。坑底战斗持续到几天后的中午，红带会会员又进行数次冲锋，消灭了部分敌人，缴获了一批武器弹药，然而自己的部队也遭受较大伤亡。

（三）

1934年初期，红色革命主力部队奉命南撤福安，陈庆重被安排留守寿、景、庆地区，担任北区游击队队长，领导北区人民继续革命。次年8月，中共寿景庆县委在寿宁的地洋村成立，很早就是共产党员的陈庆重，被任命为官塘区委书记。上任后，陈庆重领导大家开展打土豪、分田地、做财政等斗争，积极筹措资金，支援前线红军，做出了很大贡献。

1936年11月13日，范式人率领闽东红军第二纵队到官塘村与陈庆重会合。之后，陈庆重又与叶藩等率领的游击队400多人在官塘会合，形成了较大的革命斗争力量。他们分别深入横坑、荷洋、左溪等地宣传党的主张，发动群众参加革命，组织赤色农会，向土豪劣绅筹集款项支援红军。

1937年1月，叶飞在"南阳事件"中负伤，被榀垱洋游击队救回，安置在陈庆重厝的后楼阁疗伤。一个多月后，叶飞转移到上垄等地疗伤。这时，阮英平、范式人等也赶到榀垱洋与叶飞会合。闽东特委、独立师领导欢聚一堂，继而又与群众共度春节。身为游击队长的陈庆重深感责任重大，忙前忙后，做好服务工作，一刻也停不下来。

春节过后，负责官塘区委工作的陈庆重前往官塘开展秘密活动，部署区委工作之后返回榀垱洋，途中遭遇敌军袭击，战斗中不幸脚部负伤。凭借固有的武术底子，陈庆重巧妙地打退了进攻的敌人，回到榀垱洋一边疗伤一边工作。数天之后的1月16日，浩溪民团包围了陈庆重的家，企图捕捉陈庆重父子，因陈庆重反应敏捷，敌人扑了个空，便放火烧毁陈庆重的房屋，导致陈庆重无家可归，长时间住在山里，与青绿树木为伴。

主力部队北上时，陈庆重因为伤势未愈被留在寿宁地方工作。他的儿子陈必利作为叶飞的警卫员，跟随叶飞北上抗日，在作战中为保护首长安全，勇敢地对敌反击，光荣牺牲。

（四）

1937年5月，浩溪民团包围了楒垱洋村，企图捕捉陈庆重父子。由于陈庆重早就隐藏在山中，敌人毫无收获。灭绝人性的反动民团恼羞成怒，将村里11名群众押到操场，逼迫群众交出陈庆重父子，扬言抓不到陈庆重就杀光全村人，烧光全村房。

长时间隐藏在山中的陈庆重父子得知敌人这个阴谋之后，心急如焚。陈庆重觉得自己不能连累乡亲，便连夜下山，赶到敌人乡公所和民团驻地，要求敌人放了所有被抓群众。敌人将陈庆重扣留了。隐藏在山间的陈元顺、陈元利兄弟，听到父亲被敌人抓去，就连夜摸到楒垱洋村，想办法搭救村里的群众和父亲。不料，兄弟两人的行动被土豪发现，报告了浩溪保安团，导致陈元顺、陈元利兄弟被捕。陈庆重父子三人被关押在敌人的监狱，受到了严刑拷打，却没有向敌人做出任何屈服。凶残的国民党反动派便将陈家父子三人扎上棉花，浇上煤油，用惨无人道的"点天灯"酷刑将他们活活烧死。陈庆重牺牲时，年仅51岁。

陈庆重兄弟和儿子两代人，一门忠烈，先后6人为了革命事业献出了宝贵的生命！

新中国成立后，人民政府追认陈庆重同志为革命烈士。老百姓称赞他和他的家人是永远的英烈。

（杨国栋）

陈泉木：
没有大家，哪有小家

陈泉木，男，1901年出生，中共党员，福建省龙岩市新罗区东肖镇洋潭村人，1929年参加革命，1935年在湘江战役中牺牲。

陈泉木与陈美地是一对革命烈士夫妻，同为今龙岩市新罗区东肖镇洋潭村人。两人结婚后生下女儿陈菊花，这是1929年，土地革命热潮席卷闽西红土地，一浪高过一浪。革命，推翻半殖民地半封建社会，建立新中国，成为千万热血男儿的梦想。陈泉木初为人父，喜忧交集，更多的是担忧和惧怕，他要为新中国奋斗，给亲爱的女儿创造美好的生活。几个月后的一天，他看看年轻的妻子，抱抱在襁褓中熟睡的女儿，说："我舍不得你们，但没大家哪有小家。"翌日，他毅然决然离开家乡，参加了革命。

1949年后，陈泉木的白发老母常常流泪念叨："女儿才几个月呀，泉木就去当兵打仗了，第二年老婆也参加了红军，他们干的是革命，为的是今天的新中国，年纪轻轻就牺牲了。"

陈泉木是母亲唯一的儿子，夫妻双双当红军，留下母亲独自替他们抚养两岁的孩子。作为红军家属，祖孙俩的生存环境极为恶劣，为了避免遭到反动势力的迫害，陈泉木的母亲带着孙女整天东躲西藏，生怕被斩草除根。幸得地下党组织和当地革命群众暗中保护，祖孙俩才免遭劫难。为了能给小孙女喂上几顿米糊，花甲之年的老人不顾年高体弱帮别人打零工，换取一点粮食。漫漫长夜，祖孙俩经常相拥流泪，苦苦等待亲人回家。

陈泉木出生在一个贫苦农民家庭里，但从小喜欢读书，到了开蒙年龄，经常在私塾门口转悠，倾听里面的孩子念书。他小小年纪，经常帮助私塾先生打水、扫地、倒垃圾。先生爱怜这个穷孩子，允许他免费读了几个月书。他如饥似渴地掌握了粗浅的阅读和计算。

1927年10月底，龙岩县成立了后田党支部，陈锦辉任书记。陈泉木的母亲对后人说，"陈泉木读过几个月私塾，会写字记账。因为宗亲关系，与陈品三、陈锦辉等人来往密切，悄悄加入了农会"。

陈泉木与陈锦辉有着宗亲关系，打小就熟稔。陈锦辉受党组织委派，来到后田领导农民闹革命。宗亲陈泉木识文断字，农会非常需要，陈锦辉积极吸纳他加入农会，负责内务工作。在"后田暴动""抗租抗税"等一系列斗争中，看似文弱的陈泉木表现出超常的勇气和力量。陈泉木白天手持大刀长矛，站岗放哨、巡逻、传递消息，暴动时冲锋在队伍最前面，分田地、分衣物、分农具牲畜……样样工作都干得出色。夜晚回到农会，做文案、记账目、写报告，点灯熬夜，不知疲倦。

1929年五六月间，毛泽东、朱德率领红四军三打龙岩城，陈泉木跟随龙岩县农民暴动队伍，按照上级命令，抬担架、送物资、打外围……日夜配合红军作战，在烽火硝烟里迅速成长。打完龙岩城，陈泉木随农民赤卫队，正式加入中国工农红军，进入下一阶段的五次反"围剿"战斗。在红十二军，陈泉木还是干老本行——后勤保障工作，当然作战时也需要拿起武器战斗。

陈泉木的后人打开一层层包裹的红布，露出1963年颁发的泛黄的龙岩县革命烈士登记卡，卡上记载：陈泉木"1929年3月参加土地革命，进攻岩城陈国辉部，后在龙岩游击队任事务长。1932年任红十二军一〇一团事务长"。据《龙岩革命史资料》（第二辑）记载：1930年4月，龙岩县赤卫军编为闽西红军独立第一团，随后升编为红十二军第一团。5月底，红十二军出征广东东江受挫，返回龙岩整训扩编，龙岩县的武装队伍编入红十二军三十四师一〇一团。这是陈泉木作为龙岩籍红军与红三十四师渊源最直接的史料证据。

1930年10月起，蒋介石调集10多万人，对中央革命根据地发动第一次"围剿"，企图将中央革命根据地的红军主力一举歼灭。陈泉木跟随部队，马不停蹄，昼夜行军，奔赴前线。这次他被分配到连炊事班，负责钱粮账务管理，一手拿枪打仗，一手拿笔做账。每天采购员买回全连伙食，就把记录的白条账单交给陈泉木。陈泉木特地准备了一个账务记录簿，白天参加作战，夜晚点起煤油灯，躲在战壕里认真记账。登录完当天账目，他就用防水油纸包好账簿，小心地放入贴身土布背包里。"人在背包在"，他常对自己和领导战友表态。那天傍晚，他刚记完日记账目，敌人偷袭上来了。连长大喊：拿枪战斗！陈泉木条件反射般右手抓起身旁的步枪，账本还拿在左手里。敌人一组手榴弹扔过来，陈泉木低头卧倒，突起的沙石风暴般扑向他，几乎将他掩埋。这时冲锋号吹响了，他拼命地从沙石堆里爬出来，却发现账本不在手里，不行啊！他借着作战火光，棕熊般拼命刨挖，找回账簿。连队已经不见了，他不敢挪动，像块石头般静坐着。秋霜与露水，一寸寸将他浸润，他一动不动，到了拂晓日出，几乎成了一个湿答答的"潮"人。重要的是，他凭着机智和缜密思维，竟然安全地返回了连队。这在当时，成为不是新闻的新闻，流传很久。

陈泉木经历了四次反"围剿"的节节胜利，也经历了第五次反"围剿"的惨痛失败。

1934年10月，中央红军被迫踏上二万五千里长征，陈泉木所在的红三十四师担任铁流后卫。陈泉木个人担任红三十四师一〇一团事务长，负责全团的钱粮账目和后勤保障。为此，陈泉木要携带的账本更多了，当然团里也给他配备了助手。依照陈泉木的工作习惯，重要账簿，他一定要自己随身携带，不管战事有多紧，不管处境有多危险。

红军部队日夜兼程，国民党反动派围追堵截，红军边行军边作战。到了湘江岸边，部队进行整合，红三十四师掩护大部队渡江。时至霜降季节，一批批红军指战员在冰冷的江水中前行，敌人的飞机像蝗虫般盘旋于头顶，机枪疯狂地扫射着渡江红军，一颗颗炮弹不停地投下来。后卫红三十四师，任务艰巨，责任重大。红三十四师一〇一团，在湘江沿线来回突围战斗。

1934年12月3日晚，陈泉木所在的红三十四师一〇一团，利用夜色掩护，急行军转移阵地，行至安和镇文塘村（现属四所村）遭受桂军夹击。一〇一团一边迎战，一边突围，相继甩掉敌人。后勤部负荷较重，光陈泉木就背着两个大箱子，还有一支步枪和7颗手榴弹。根据战术部署，在佯装作战过程中，能撤多快就撤多快，这对于后勤部就很难了。果然后勤部落在了最后面，被强敌死死咬住，伤亡严重，陈泉木英勇牺牲。

陈泉木的孙子陈根辉，退休后多次到广西、湖南境内的湘江战役烈士纪念馆追寻祖父的足迹。他动情地说："在湘江边寻找祖辈的战斗足迹，没有一个烈士后代不落泪。纪念馆资料显示，当时红三十四师606位闽西将士只有29位是党员，我爷爷就是其中一位。看到烈士陵园墓碑上爷爷的姓名，撕心裂肺的悲痛过后，心里涌起的是骄傲和自豪。"

"英雄血染湘江渡，江底尽埋英烈骨。三年不饮湘江水，十年不食湘江鱼。"这首悲壮诗篇，从湘江两岸，吟诵到闽西红土地，吟诵到全中国，永载中国革命史册。

（张　茜）

陈寿生：
赤胆忠心为革命

陈寿生，又名陈绍生，男，1919年出生，中共党员，福建省连城县庙前镇昌坊村人，1933年参加革命，1941年牺牲。

陈寿生出生在一个贫苦农民家庭，由于家境贫寒，小时候就挑起养家糊口的重担。生活的磨炼使他养成智略深沉、处事果敢的性格，深得村中同伴的赞赏和信任。

1933年夏，彭德怀率领东方军在连城打败了国民党十九路军，恢复了连城苏区，连南一带青少年再度掀起了扩大武装的热潮。陈寿生参加了新泉独立营吕坊游击小组，不久加入共产党并担任游击小组组长。此后，在第五次反"围剿"中，他带领吕坊游击小组配合红军、游击队活跃于连南的山山水水，作出了不可磨灭的贡献。

红军长征以后，连南武装力量奉命留在地方执行拖住围追长征红军的任务，进入了艰苦卓绝的三年游击战争时期。其间，吕坊游击小组和水北等地游击小组合并为连南游击小组，陈寿生为组长。该武装先后隶属于新杭县独立营、新杭县游击司令部、新汀杭游击司令部。部队活动于新泉与上杭交界的南岭、茶树下、樟树坑、鱼鳞坑、寨子角、金竹园等地。这期间，陈寿生带领连南游击小组参加了攻打岩下、官庄、涂坑、池溪、邱坊等地民团的战斗，取得了一连串的胜利。不久，在几十倍于我的国民党"清剿"部队的围困下，陈寿生带领这支游击队暗中对敌斗争，有效地保存了革命力量，度过了艰难的岁月。

1937年国共合作以后，连南游击小组隶属贴长游击队领导。1938年，中共连南县委在坪头李阁建立，重新任命陈寿生为连南游击小组组长，同时任命其为连南县委军事组副组长。由于对党忠诚、胆识过人，他被县委指定为赴新四军二支队白土留守处领取军饷、物资的负责人。当时设在贴长的连南县委、贴长总支及游击队共四五十人的军需给养自组建之日起都是由新四军军部汇至白土留守处，再由留守处不定期地通知派员去白土领取，一直领取到"皖南事变"之后才终止。陈寿生不但要将军饷从白土领出来，而且由于抗战以后通货膨胀，法币逐日贬值，还要在龙岩城设法将法币兑换成银圆再带回贴长。他负责这项工作三年多来从未有过闪失。当时连南县委的杨球梅，除了担任连南县委吕坊片的交通员、县委的军需出纳员之外，还担任了朗东保的伪保长。陈寿生帮他出了许多点子，暗中还派游击队员保护这个"白皮红心"保长的安全。

1941年6月8日晚上，联络员杨福蛟和他的侄子杨初畴，奉命送机密文件给上江畲的黄孟伊书记。杨福蛟路上感染疾病，留宿在杨土生家，文件和防卫手枪交给杨初畴，由他去完成任务。不料，杨福蛟的行踪被民团杨元达发觉，当晚就到庙前街伪联保办事处告密。下半夜，驻新泉的伪保安队、便衣队20余人，围搜杨土生住屋，杨福蛟被当场枪杀。

此讯传开，连南区委（此时连南县委又改称连南区委，隶属岩西北县委管辖）、连南游南小组共同商讨对策，一致认为：敌我力量悬殊，尤其我游击小组人员虽有发展，但枪支不够分配，特别是手枪实在太少。联系李斯元、杨福蛟两人遇害的实况，都是无枪防卫的结果，这是血的教训。鉴于这种情况，陈寿生当即提议把仅存的军饷350块银圆全部用来购买枪支，以便壮大自己，打击敌人，为亲人讨还血债，保护群众安宁。恰好此时连南区委的黄春生说，旧县有人从厦门购来一打德制全新驳壳枪，因近来经济拮据，拟拿一半来出卖。陈寿生闻讯喜出望外，带上唯一的一支手枪和经费，立即与陈佛发、陈火孜、黄春生前往旧县购买。

一路经芷溪、丰图，行至隘寮路亭时，黄春生提出要歇一会儿。陈寿生认为此处人稀路僻，遂同意歇息。黄春生先向陈寿生说，"我们进亭子里歇歇凉吸口烟"，然后则煞有介事地对陈佛发、陈火孜两人严肃地说："此处是连杭交界的地盘，保安队、便衣队虽然不会有，但是，个别零星散匪不可不防，组长在此歇凉，你们应在两头外围负责警戒。"因为这话在理，两人不假思索，立即去执行外围警戒任务。待把两人支开后，黄春生返回凉亭，假惺惺地将身上香烟递给陈寿生。在陈寿生擦拭火柴点烟的刹那之间，黄春生一侧身，抽出七寸多长的尖刀，直刺陈寿生的胸膛，陈寿生只"噢"了一声便倒地。黄春生随即夺去陈寿生的手枪并连击两枪，陈寿生当场身亡。陈佛发、陈火孜闻声奔到凉亭门口时，黄春生一手握枪，一手携钱，边走出凉亭，边挥舞着枪，恶狠狠地向他二人说："你们都是活见鬼，旧县有什么驳壳枪等你们去买，旧县乡公所倒有脚镣和手铐等你们去戴。"说完便扬长而去。

经过多方核查，黄春生是敌人打入我部的内奸、特务。陈寿生同志不是牺牲在血战的沙场上，而是死在混进革命阵营里的内奸、特务手里，令人极为惋惜、格外痛心。

（黄河清）

陈铁民：
以笔为武器

陈铁民，男，1903年出生，福建省福安市韩阳镇上杭咸和堂人，1929年加入中国共产党，1935年牺牲。

1903年10月19日，陈铁民出生于韩阳镇上杭咸和堂一个贫儒之家。父亲给儿取乳名家锵，希望儿子能够振兴家业。铁民在家排行老四，共有7个兄弟姐妹。父亲是个乡村私塾的教书先生，虽然家徒四壁，但铁民却在浓浓书香里成长。铁民三岁背诗，四岁习字，到了十岁光景，可背100余首唐诗宋词，深得父亲喜爱和重视。父亲常指着铁民对乡亲说，"他日必为吾家之千里驹也"。

少年铁民胸怀大志，自然不会满足于父亲的之乎者也，12岁考入紫阳高等小学。扎实功底，诗书积累，令其脱颖而出，成为彼时学霸，深得同窗青睐、家长羡慕、老师宠爱。陈铁民以优异成绩从高小毕业，父亲虽然对他寄予厚望，但囿于家庭经济拮据，无力送他继续求学。亲戚朋友闻讯，解囊相助，陈铁民得以入学省立霞浦三中，但第二个学期还是辍学了。陈铁民决定不再拖累别人，努力自学。他谢绝交友，博览群书，尤其刻苦钻研《古文笔法百篇》，深得作文要领，写出一手好诗文。就这样，陈铁民很快闻名全县，但凡诗文论坛，必请他去。家庭条件略有好转后，陈铁民决定报考福州乌石山师范学校，但父亲不幸去世。一波三折，陈铁民只好留在家中，协助母亲分担八口之家的生活重担。陈铁民才华声名在外，很快谋得一职，进入一所乡村小学教书。他教的学生德智体美全面发展，赢得学生、家长爱戴。闲暇时光，陈铁民深入乡间观察走访。彼时农民生活贫困，地主富农欺压百姓。陈铁民陷入深深思考：如此社会局面从何而来？怎样打破？

1919年五四运动爆发，像一声春雷炸响在混沌的九州大地上。反帝反封建，新文化新思想，使深陷思索的陈铁民耳目一新，震撼不已。五卅运动爆发后，他积极投入抵制日货、反帝爱国斗争的洪流之中。时值国共首次合作，共同发起北伐。青年陈铁民意气风发，萌生弃笔从戎念头，向往广州黄埔军校。然而路途遥远，一介书生，身无分文，不知怎样才能前去。他心中烦闷，挥笔写下诗篇："我歌乘风振羽翰，但无双翼任纵横。山河重整回天力，挥剑悲歌泪暗弹。"

1927年1月，在京、沪、杭等地求学的福安县学生返回，建立农民协会，陈铁民积极加入筹建工作，投身于打土豪反污吏的工农革命运动。2月，北伐军曹万顺部途经福安县，举行联欢会。陈铁民参加了讽刺贪官污吏的话剧《乌先生》的演出，把乌先生演得惟妙惟肖，博得全场阵阵掌声。他的本家叔父、福安大豪绅头领陈王基得知后，气愤不已，大骂陈铁民是"陈家逆子"。

在同北伐军中共党代表蔡衡（岳平）的短暂接触中，陈铁民受到很大影响。他开始接受革命思想，对共产党有了初步了解。

1927年4月12日，蒋介石在上海发动四一二反革命政变，福安县土豪劣绅在国民党右派支持下，疯狂抓捕、迫害进步青年。陈铁民为免遭迫害，离家出走，寓居福州。他寄宿在同乡、时为省建设厅公路局科员郭宣宪家中，暂避风头。郭宣宪为郭沫若主持的创造社影响的进步青年，他颇为欣赏陈铁民的才华和胆略，视其为同胞兄弟，给他讲述了许多革命道理。陈铁民如饥似渴地饱览进步书刊，受到革命思想熏陶，同时也结识了福州地区及福宁府属各县在省城求学的众多志同道合的进步青年。

1929年春，陈铁民在福州加入中国共产党。同年5月，为了开辟福安地区党的工作，在福州市委派员主持下，陈铁民和其他几位福安籍党员在福州西湖召开会议，成立了"福安党小组"，陈铁民担任负责人。会后，陈铁民和郭文焕奉命回到福安开展革命活动。他们白天继续深入到城关和附近农村，在亲戚朋友和贫苦工农群众中，秘密发展革命互济会和反帝大同盟成员；晚上带领各活动小组，穿行街头巷尾张贴标语，往各商家店号门缝里塞传单。翌日早晨，陈铁民上街观察效果，许多商人早上开启店门后，见到这些传单，有的留下暗中传阅，有的送呈官府警察，二者都起到很好的宣传效应。

1932年5月，"黄澜惨案"发生后，福安县委决定通过这一惨案揭露敌人的凶残嘴脸，教育广大人民群众，坚定斗争信念，从而把"五抗"斗争引向深入。陈铁民和郑眠石、郭文焕等人在紫阳小学成立了"福安县民众黄澜惨案后援会"，公开发动全县各界人士从道义上声援黄澜农民，支持全县各地农民反抗鸦片捐的斗争。在社会各界的努力下，最终迫使黄澜惨案凶手之一的高而山低头认罪，向遇难家属赔偿抚恤，声援斗争取得较大胜利。是年9月，当"九一八事变"周年纪念日临近时，陈铁民根据县委部署，首先在紫阳小学校内展开各种纪念活动。12日上午，他集合全校学生作"九一八事变"专题演讲。他那饱含对祖国热爱、对日本侵略者仇恨的慷慨激昂的演讲，深深地震撼了每一个学生，激发起他们的反帝爱国热情。国民党福安当局为了镇压广大民众的反日爱国活动，贴出布告禁止集会和示威游行。9月18日，大批全副武装的军警在大街上站岗巡逻，阻挠集会游行。陈铁民不畏敌人淫威，按照城区委部署要求，准时带领紫阳小学学生前往北坛广场集合，会后举行游行。陈铁民走在队伍最前面，振臂呼喊抗日口号，带领学生沿途高唱抗日救亡歌曲。当游行队伍经过国民党县党部门口时，学生们高喊"打倒出卖中国的国民党"等口号，冲进县党部。由是，陈铁民引起了国民党特务的高度注意。

国民党福安当局立即成立"清乡委员会"，疯狂镇压城乡革命斗争，捕杀共产党人和革命志士。陈铁民和县委宣传部长郑眠石、城中区区委书记郭沅等五人同时被捕，押送三都海军陆战队第二旅旅部审理。陈铁民在狱中受尽刑讯逼供，但他意志坚强，不发一言。敌人找不到证据，只好判他无罪，于翌年5月将他释放。出狱后，陈铁民很快与地下党重新取得联系，继续投入新的斗争。1933年冬的一天，他和几位同志在王绍祖家开会，不料，县民团突然包围了王家。他镇静自若，从左边门进入另一座大院内，和岩湖迁到城关的一户地主的兄弟俩攀亲，把酒叙家常。当团兵闯入院内检查时，他们谈笑风生。敌人恶狠狠地问他："你来这里做什么？"陈铁民不慌不忙地答道："我是这家主人的表弟，无事来此聊聊天。"敌人见他们也不像开会的样子，只好作罢，又不甘愿扑空，恶狠狠地砸了王家锅灶。

之后，陈铁民担任闽东特委机关报《红旗报》主编。为了安全，报社设在柏柱洋半山腰的细日山畲村里。那里交通不便，工作和生活条件异常艰苦。陈铁民秉灯伏案通宵乃家常便饭，一双眼睛熬得通红。《红旗报》刊发的每一篇文章他都亲自过目，重要社论文章必由自己动手撰写。他以犀利的笔锋深刻揭露敌人的反共反人民本质，以优美的文辞热情讴歌苏区军民的战斗业绩。在陈铁民和报社一批朝气蓬勃的青年的努力下，《红旗报》办得生动活泼，成为闽东党的喉舌和重要宣传工具，为反击敌人的"围剿"作出了重大贡献。

1935年初，敌人对苏区的进攻逐步升级，官洋村被敌新十师三团顾宏杨部攻陷，报社随党政机关撤往雷柏洋村。不久，雷柏洋又被三团一个营攻陷，陈铁民等被迫退往洋面山。随后，中共闽东特委在此召开紧急会议。会后，闽东红军给敌新十师沉重打击后撤出苏区。《红旗报》的工作人员在敌人的围追下已无法正常工作，他们辗转于深山密林之中，忍饥挨冻，处境危难。2月9日，隐藏在葛藤坪一带的陈铁民等人不幸被敌便衣队抓走，押往县城。

陈铁民在狱中被敌人打得皮开肉绽，鲜血淋漓。但他志坚如铁，破口大骂敌人，一口咬定自己无罪。敌人打得越凶，他骂得越烈。穷凶极恶的敌人，给他戴上十几斤重的镣铐。1935年6月，陈铁民被押赴南门郊外刑场。他神情自若、正气凛然，昂首走在生养自己的热土上，沿途高呼："中国共产党万岁！""打倒国民党反动派！"至南门郊外，一阵罪恶的枪声响过，陈铁民英勇就义，时年32岁。

（张　茜）

陈炎秀：
身先士卒好排长

陈炎秀，男，1914年出生，共青团员，红十二军排长，福建省龙岩市新罗区曹溪街道石粉村人，1929年参加革命，1934年在湘江战役中牺牲。

陈炎秀与陈德金、陈炳寿都出生在石粉村陈厝大堂屋里，为本家叔侄。1929年，三人一起由赤卫队员转为红十二军战士。1934年在湘江战役中，他们三人为中国革命事业献出了年轻生命。

在他们出生的半殖民地半封建社会，石粉村一如其名，坐落在一片风化岩石丛中。土地极为贫瘠，抓起一把石头，手指一捻就成粉末。即使你再有力气，再勤劳，也无济于事。当地流传谚语："石粉村，石粉村，只有石头没有村；石粉村，石粉村，石头成粉不能食，饿死儿郎和婆娘。"当地人传说，那时候石粉村没有男丁，但能养女儿，面如石粉一样细柔洁白，外村姓罗的男丁多，陆续前来入赘，改后代姓氏为罗陈。

石粉村是革命基点村，一个小小村子，土地革命时期涌现57位英烈，其中8位是红十二军烈士，4位是湘江战役烈士。

陈炎秀15岁参加红军，之前和堂弟陈炳寿跟着堂叔陈德金，参加乡村农会，接受先进思想，担任了乡儿童团小队长。他人小主意大，脑子灵活，动手能力极强。革命需要武装，没有武器自己造，他拿上锋利砍柴刀，钻进山林，砍下一根根坚硬如铁的硬木，背下山，制作出一杆杆红缨枪，涂上黑亮桐油，系上红布条，分发给队员。有了武器的小分队，士气高昂，白天进山砍柴烧炭谋生，夜里集合列队操练，并请来乡里善武功的挑夫传授，喊声杀声如怒涛阵阵，回荡于山野。初生牛犊不怕虎，强力威慑了周边地主恶霸。

农会组织被压迫的农民阶级，拿起武器，进行暴动。陈炎秀组织儿童团小分队，跟着赤卫队，手持大刀、菜刀、棍棒、红缨枪、鸟铳等农家武器，带领农民奋起暴动，与地主劣绅家丁狗仔展开作战。他们打土豪，分田地，分粮仓，分农具，分牲口……使深受剥削压迫的农民，终于拥有了少许土地和生存用品；使苦难深重、卖儿卖女的农民，看到了一丝希望，对革命的信心更加坚定。

哪里有压迫，哪里就有反抗。穷苦工农群众，只有在中国共产党领导下，拿起武器，勇敢斗争，才能争取到人格平等、婚姻自由等权利。陈炎秀带领儿童团，侦察敌情，站岗放哨，检查路条，紧密配合赤卫队作战。

1928年，14岁的陈炎秀光荣地加入了中国共产主义青年团。

1929年3月，朱毛红军来到闽西，14日凌晨向位于长汀城南的长岭寨发起进攻。方圆十里可闻枪炮阵阵。红军一举击毙国民党福建省防军第二混成旅旅长郭凤鸣，一举消灭欺压百姓的反动军阀郭凤鸣旅2000余人，取得自下井冈山以来最大的一次胜利。随后，红四军乘胜解放汀州城。闽西百姓敲锣打鼓，鸣放鞭炮，庆祝红军胜利。陈炎秀闻讯激动万分，鼓动几个哥哥一起秘密前去长汀，亲身感受了红军的胜利和百姓扬眉吐气、精神振奋的喜悦。他推翻旧社会、建立新中国的决心更加坚定，斗志更加昂扬。

1929年5月23日拂晓，红四军攻打龙岩战斗正式打响。陈炎秀所在赤卫队加入红军队伍，以迅雷不及掩耳之势向龙岩城合围，上午7时许，红四军一、三纵队攻占敌前哨阵地龙门，敌人带着残兵向城里仓皇逃窜。陈炎秀带领小分队，与红军指战员一起，随即奋起追击，冲过西桥经五彩巷突破西门，进入城区一条小巷，展开肉搏战，活捉十几个敌人。红军第一次攻打龙岩城取得胜利。

陈炎秀参加了"三打龙岩城"，在烽火连天中积累了战斗经验。

1930年3月，陈炎秀所在的赤卫队，入编红九军（后称红十二军），之后参加了五次反"围剿"。陈炎秀由一名普通战士，成长为红军排长。

1934年10月，在闽西红土地沙场上摸爬滚打、奋力作战的陈炎秀，全然褪去稚气与怯气，变为一名虎气生生、智勇兼备的红军排长。中央红军实行战略大转移时，陈炎秀带领全排，离开家乡闽西，汇入滚滚铁流——红军二万五千里长征队伍，于11月投入湘江战役。

湘江战役是中央红军突围以来最壮烈、最关键的一战，是关乎中央红军生死存亡的一战。在湘南，一个深夜，大地漆黑如墨，伸手不见五指，陈炎秀奉命率领全排摸近敌营进行火力侦察，在可能情况下趁机消灭这股敌人。颇具作战经验的陈炎秀，将排分为三个班，呈扇形包抄过去。敌人蔑视红军部队，在昏暗的汽灯下，岗哨抱着枪，迷迷糊糊打瞌睡。陈炎秀率先一个箭步上前，拿下敌哨，战斗打响。他指挥得力、身先士卒，15分钟结束战斗，歼灭敌人一个连，缴获全部武器。但在返回途中，经过一个木桩小桥时，走在最前面的陈炎秀一脚踏空，坠下深不见底的山涧，光荣牺牲，时年20岁。

（张　茜）

陈永兴：

为革命献身的虎胆英雄

陈永兴，男，1909 年出生，中共党员，福建省宁德市蕉城区洋中镇凤田村人，1937 年参加革命，1944 年 3 月在车桥战役中牺牲。

（一）

陈永兴少年时，因为家境贫穷遭财主欺压。

陈永兴 10 岁那年闹春荒，家里无米下锅。望着全家饥饿的眼神，父亲狠了狠心通过亲戚担保，向邻村的黄家大财主借了两斗谷子，并立下借据，秋后还两担。写借据时，父亲因不识字，由财主自己写，他摁下手印。

之后，这两斗谷子被连壳一起碓成粉，每天取一小碗煮成糊给老幼度日，大人只能在起糊后的锅里加一把野菜煮成汤充饥。

父亲在秋收后的第一件事，就是挑了两担谷子还给财主。

财主收到粮后，从屋里拿出一张纸在父亲面前晃了晃说："这是你摁了手印的借据，反正你也不识字，这就给你撕了。"说完便当场撕给永兴的父亲看。

又过了一阵也就是大年前夕，财主找到当时给父亲借粮作担保的亲戚说："这过大年的，你带亲戚来借的粮不想还了？你这摁着手印的借据还在我这呢。"

亲戚马上来找父亲。尽管父亲一再解释真的挑了两担粮去还了，可是没有文化的父亲不知道财主当时耍花招，撕掉的根本不是父亲那张摁了手印的借据。父亲只好忍气吞声再挑去两担谷子。第二年，全家又迎来一个更为艰难的春荒。

春节后，父亲咬着牙，下决心让陈永兴去读了一年私塾。

1937年10月，闽东革命烈火熊熊燃起。闽东特委将闽东红军独立师和各县游击队集结在桃花溪整训，同时招募一批有志青年参加红军。

这一年秋天，陈永兴一大早从小路翻过琴岗山去山坳里砍柴。他在山上遇到了和平村青年王三。当地人都传说王三离开家已经两年，跟着亲戚出门去"做生意"没有回来。

陈永兴看到传说中去做生意的王三还是一身粗布衣打扮，有点好奇，正想问他做的是什么生意时，王三主动打开了话匣子："我们穷苦人家做牛做马一样拼死干活还没饭吃。那些财主天天坐在家里，却三餐酒肉。穷苦人只有'出门去'才有出路。"

陈永兴听了有点好奇，问："出门去哪里？"

王三又道："周边村里的年轻人都跟着红军去闹革命了，你还待在家里干什么？这么苦。"

陈永兴也想谋一谋出路："我这就跟你去，怎么样？"

王三答应了，但还是劝他先回家看一眼，因为一旦出门去，有可能几年都回不来。

陈永兴挑着柴回了家，细心地把柴火在家门前码成堆，又抱着一捆柴放到炉灶前，最后转身看了一眼家人说："我还有事，出去一会儿，你们吃饭不要等我。"说完，便跟着王三"出门"去了。

（二）

1937年，陈永兴参加工农红军后，在桃花溪整训被编入中国工农红军闽东独立师。10月，这支独立师改编为国民革命军福建抗日游击第二支队。陈永兴由于机智灵活、身体素质好，被调到团部当侦察员。

后来，根据党中央的指示，陈永兴所在的部队北上参加抗日，改编为新四军，他任新四军第三支队六团一营一连三排战士。在连队里，他多次出色地完成了侦察、战斗任务，后来又担任了一团二营六连三排的排长。

1941年2月13日，驻江苏省泰州地区的国民党鲁苏皖边区游击副总指挥李长江率6个纵队1万余人向日军投降。为此，新四军立即发布《讨伐李逆长江命令》，随即，命令各部发起讨李战役。李部拼死挣扎，企图等待日军赶来增援。我军攻势凌厉，两路大军攻入泰州城内，直逼李长江的司令部，李长江本人鼠窜。

此役持续进行了40个小时，共歼灭李部官兵近5000人，俘虏5000多人。

在这场著名的车桥战斗中涌现了一名虎胆英雄，此人便是陈永兴。

当时，讨李战役正进行中，那天深夜，侦察员陈永兴接到侦察的命令。他化装成老乡，骑着刚从日寇处缴获的自行车，在姜堰到泰州的公路上侦察敌情。

夜深人静，周围不见人影，也没有动静，村庄的路口没有哨兵。陈永兴骑车在村口转了个弯，感觉一切都似乎正常，便径直冲进了一个叫"苏陈庄"的村子。

谁知陈永兴刚进入村内，便看到远方暮色中扎堆的军队正在空地上集合。他匆忙闪躲到一堆杂物旁。

真是不看不知道，看后心猛跳：原来是李长江所属部队的一个团，这里几百号人在你呼我喊，乱糟糟地挤来挤去。

此时的陈永兴猛然意识到，自己单枪匹马闯到敌人堆里来了！怎么办？现在的情况是，他一旦避开，就会引起敌人的追赶。

陈永兴头脑里飞速地盘算着：现在这些伪军正是败阵逃窜的时候，肯定是为了保命。他急中生智，趁着夜色瞅到一个穿军官制服的人正在指手画脚地发号施令，凭着老到的侦察经验，陈永兴断定这是个军官。

陈永兴跳下自行车，悄悄掏出手榴弹，在夜色隐蔽下三步两步冲到那个军官的背后，左手腕使劲扼制他的脖子，右手举起手榴弹，大声喊道："我是游击队长！快下命令叫部队缴枪投降！否则，这手榴弹一响，大家一起死！"

这个军官被突如其来的喊声吓坏了，乖乖下令把枪堆在空地上，集结队伍听指挥。就这样，500多人乖乖地举手当了俘虏，按照陈永兴的指令往几百米外的新四军集结地走去。

从此，陈永兴被首长和战友们称为"虎胆英雄"。

（三）

1944年3月5日凌晨，车桥战役打响。新四军一师与苏中军区为扩大解放区，进一步粉碎日军"打通苏中与苏北、淮南、淮北解放区之间通道"的计划，发动车桥战役。

陈永兴所在的部队作为一线阻击战突击队，担任阻击打援任务，地点就在淮城与车桥之间的必经之地芦家滩、小李庄。

车桥战役打响后，新四军以迅雷不及掩耳之势突进外壕，占领碉堡，接着又占领街道，将日军压缩围困到中心碉堡内，开展火线喊话，加强政治攻势。这时，驻守淮阴、淮安一带的日军72旅团大佐山泽大队，得知车桥据点被围，即刻派千人乘汽车向车桥增援。

敌军的卡车进入芦家滩伏击阵地，我军突然猛烈开火，迫使敌人进入预设的地雷阵中。地雷连声爆炸，将日寇炸得血肉横飞。

亲临前线指挥的日军大佐山泽见正面前进受阻，果然按照我军战前设想，欲偷越芦家滩苇荡迂回向车桥靠近。

这时，陈永兴接到命令："突击排出击！"早就憋足力气、弯弓待发的陈永兴带领突击排，如离弦之箭，跃过田坎，越过柴沟，直扑芦家滩，与敌展开近距离白刃格斗。

陈永兴冲在最前面，突击队员们用刺刀刺、挑、拨，拼力杀敌，日军成了刀下之鬼。战斗中，一名日兵从侧面向陈永兴刺来一刀，陈永兴躲闪不及，左手被刺穿，顿时血流如注，枪也失手落地。他忍住钻心的疼痛，双手从腰间抽出手榴弹，向敌人扔去。突然间，一名躺在地上装死的日军拼死站了起来，明晃晃的刺刀向我突击队员刺去。陈永兴一个箭步冲上前推开战友，用自己的身体挡住了刺刀。

年仅35岁的陈永兴慢慢地倒下了，再也没有站起来。

（何　英）

陈振荣：

目睹闪电划破夜空

陈振荣，男，1912年出生，福建省漳平县永福乡龙车村人，1929年9月参加革命，1931年牺牲。

1912年冬天，陈振荣生在漳平县永福乡龙车村一户贫苦农民家庭。村子地处漳平、龙岩、南靖交会处，交通位置十分重要。漳平县的第一个党支部、第一次革命暴动、第一个区苏维埃政府，都诞生在这里，它曾被人们誉为闽西红色革命的"小莫斯科"。

陈振荣出生、成长的时代，是中国落后挨打的时代。帝国主义入侵，清政府软弱无能，各路军阀混战，国民政府盘剥百姓，劳动人民苦不堪言，挣扎在死亡线上。陈振荣家祖祖辈辈均是农民，却没有田地，村里田地掌握在一两户地主手里。父母租田来种，辛苦一年下来，交完租粮，所剩无几。遇到年景歉收，还会欠债。地主家丁手持武器，凶神恶煞般带着一只狼狗踢门逼债。父母亲可怜兮兮，哀求讨饶，末了还要挨拳打脚踢。少年陈振荣哭着躲在墙角，目睹一幕幕这样的场景，在惊吓与恐惧中顽强长大。15岁时，他不相信勤劳肯干吃不饱肚子，就和父母一起下地种田，这一年天遂人愿，粮食大丰收。一家三口的脸上绽出笑容。父亲说交完租，会剩下粮食，卖了钱，把两间漏雨的茅屋修缮一下，因为儿子该娶媳妇了。年底交租时，地主竟然说年景好，水涨船高，要提高租粮。狗腿子账房跟在身后，算盘珠子噼里啪啦一阵乱打，结果是所有粮食都要上交。陈振荣初生牛犊不怕虎，与地主争执起来，地主家丁不由分说围上来就打。陈振荣急忙冲出去，跑向山野，家丁追打不放。远处一棵巨大板栗树，在向陈振荣招手，他情急之下嗖嗖爬上树顶。家丁追了上来，准备放枪，陈振荣父母及时赶到，双双跪在地上磕头求情。家丁才悻悻走掉，父母二人顿时瘫软在树下。

这吃人的世道！不公平的世道！陈振荣站在树顶枝杈上，仰天怒吼。

1928年夏秋之交，龙车村游宗汉、游祖辉、陈世鉴、游宗光、游首旺等，在龙岩后田做工期间，受到当地农民武装暴动的影响，很快提高了思想觉悟。经邓子恢、郭滴人等闽西早期革命领导人介绍，游宗汉、陈世鉴等几位进步青年加入了中国共产党。1928年8月，邓子恢、郭滴人来到龙车村，指导筹建党组织，成立了漳平第一个党支部——中共龙车支部，并建立了龙车革命赤卫队。陈振荣仿佛看到一道闪电划破漆黑夜空，照射到了龙车村。他积极报名，加入赤卫队。没有枪，回家自己造，他找出一根坚实铁木，削尖顶端，系上母亲找出的一根红布条，从此他有了反抗的红缨枪。

农会、赤卫队联合举行暴动，打土豪分田地。陈振荣勇敢地加入队伍，吃不饱饭、穿不暖衣的农民，终于有了自己的武装队伍。周边几个村庄相继入伍的有数百人，浩浩荡荡冲进地主豪绅家，撕毁土地契约，烧掉债据，打开粮仓、衣柜。暴动胜利了，苦了一辈子的农民，分到了粮食，分到了衣物，分到了农具、牲畜。人们喜气洋洋，揉着眼睛，怀疑是否真的吃上了白米饭、穿上了一件完整不破烂的衣服。日夜劳作在土地上的人们，脸上绽开了笑颜。

龙车革命暴动胜利后，朱德率领红四军军部和一、三纵队进驻龙车村。村人欢欣鼓舞，杀猪、杀鸡鸭，送蛋、送菜、送米，跑到村口，激动地迎接红军回家。红军队伍整齐有序，喊着口令，唱着歌曲，步调一致地走进村子。人民群众腾房的腾房，烧水的烧水，煮饭的煮饭，像过节一样，慰问自己的队伍。红四军进驻龙车村，立即展开工作，开办夜校，开办义诊，帮助扩大赤卫队伍，赠予赤卫队1挺机枪、2支步枪，并留驻2名红军干部协助、指导武装工作，成立苏维埃政府。陈振荣连忙加入夜校，他要认字写字，免遭坏人欺负。

1930年，龙车暴委会改为龙车苏维埃政府，召开工农兵第一次代表大会，建立工农民主政权，率先领导发动群众开展分田斗争，呈现了"分田分地真忙"的景象。此后，龙车作为革命基点村，是红八团和岩南漳游击队的政治、军事集训基地。陈振荣白天参加军事训练,晚上到夜校扫盲学习,丰富了文化知识,圆了人生识字写字梦,信心倍增地参加了岩南漳(龙岩、南靖、漳平)革命根据地的土地革命斗争和闽西苏区的反"围剿"游击战争。

1931年4月,陈振荣在永定县虎岗蒙冤罹难。

新中国成立后,人民政府追认陈振荣同志为革命烈士。

(张 茜)

陈 正：
"陈正村"里说陈正

陈正，男，原名陈成都，1905年出生，福建省龙岩市永定区下洋镇陈正村（原古洋村）人，中共党员，是闽西地区红军创建人之一，1931年4月遇难。

（一）

1905年，陈正出生在福建省龙岩市永定区下洋镇陈正村（原古洋村）一个富有家庭。陈正早年参加了风起云涌、轰轰烈烈的红色革命斗争，是闽西地区红军创始人之一。

1924年夏天，陈正与曾牧村等人筹集资金，在家乡创办了"下洋公学"，积极开展民众义务教育。聘请的教师大都是厦门、埔中毕业的进步青年，办学经费全由创办人自筹。陈正走家串户，发动社会捐款，自己带头动员父母捐出一百块银圆和五十斗米作为办学基金。建校之后，陈正担任教务长兼教公民课。他经常给学生传播革命思想，讲述革命道理，还时不时地将马克思、恩格斯、列宁的故事讲述给大家听，引得一些校外青年也来旁听。

1926年10月，国共两党第一次合作时期，国民革命军攻克永定城之后，由开展农民运动的王奎福介绍，陈正加入了中国共产党，积极参与建立中共金丰支部的工作，先后担任支部委员、书记等职，大力推进了金丰地区的国民革命斗争。

1927年10月，陈正参与创建中共永定县委的筹备工作，被选为中共永定县委委员，分管组织工作。陈正与江桂华一起主持建立了中共金丰区委，领导群众准备武装暴动。

1928年6月中旬，陈正出席全县党员代表会议，被选为永定暴动委员会委员。随后，按照暴动委员会的预先部署，陈正率领古洋农军，汇集阮山、卢肇西率领的金丰暴动队伍，在7月1日举行了声势浩大的"下洋暴动"，配合张鼎丞率领的溪南农民武装攻打永定城的战斗，取得胜利。

（二）

陈正回师陈东，与卢肇西等领导人一起，将暴动队伍整编为工农革命军永定农民自卫队，陈正担任了管理后勤工作的军需官。不久，陈正跟随队伍被编入闽西红军第七军十九师五十六团，在金丰大山坚持红色革命斗争。

1928年底，永定县委在敌人大规模的"清乡"中遭到严重破坏。陈正毅然接任县委书记一职，把县委机关从文馆村迁至金丰大山，指导大家完成各种工作任务。

1929年5月，朱毛率领的红四军解放永定。陈正立即组织人员于7月5日召开县委扩大会议，提出适应形势需要，改组县委班子成员，加强党的组织建设，从而使得党在与反动派日益尖锐严酷的斗争中，不断地发展壮大，起到了战斗堡垒作用。

1930年2月，中共闽西特委召开第二次扩大会议，陈正被增选为闽西特委委员和常委。3月，陈正被选为闽西苏维埃政府执委，兼任文化建设委员会主任。

同年4月，陈正先后担任了红十二军、红二十一军的军委委员和政治部主任，并且奉命一起率军出征东江，在真刀真枪的军事战斗中施展他的能力和才华。接着，陈正又参加了创建闽西苏区的斗争和中央苏区第一次反"围剿"作战，再次经受了战火考验，提高了军事才能。

（三）

1930年10月，红二十一军与红二十军合编为新红十二军时，陈正调任为闽西苏维埃政府财政部长。他勤奋学习新的业务知识，很快熟悉了业务工作，担负起了领导责任，做得扎扎实实、有条不紊。

陈正虽然是一位出身于富户家庭的知识分子，但是他能较早接受新思想、新文化，把毕生的精力投入到轰轰烈烈的对敌斗争中，成为一名优秀的共产党员。他英勇善战，艰苦奋斗，深入乡村，帮助战士解决困难。陈正经常和战士们谈话交流，了解真实情况，然后听取大家的意见，最后由他来综合分析，提出解决问题的方案与思路。那些年，陈正呕心沥血、任劳任怨，为创建中共闽西地方组织和红军部队，以及建立、巩固、发展闽西革命根据地等，作出了重大的贡献。

1931年4月，陈正在闽西地区肃清"社会民主党"错案中蒙冤，罹难于永定虎岗，年仅26岁。

新中国成立后，人民政府追认陈正同志为革命烈士。为了缅怀陈正的历史功绩，纪念陈正所从事的辉煌灿烂的革命事业，他的故乡永定古洋村改名为"陈正村"。

（杨国栋）

池陈旺：

为信仰而奋斗的革命战士

池陈旺，男，1905年出生，中共党员，福建省宁德市蕉城区霍童镇池头村人，1932年参加革命后改名池文衡，1936年9月被敌人杀害。

（一）

池陈旺的家乡位于偏僻的山村，父母生了4男1女，他排行第四，家人唤他乳名"阿四"。祖上兄弟因做木工、做米粉积攒下资本，在一座被不少人认为远看似"半月沉江"的半月山坡上建了一座土楼居住。

池陈旺少年时期，家境贫困，父亲靠租种地主的土地养活全家七口人。全家人终年早出晚归辛勤劳作，却仍然过着衣不蔽体、食不果腹的生活。

1932年5月，颜阿兰来到梅坑一带开展革命活动，发动群众参加革命。

一天上午，池陈旺上山去砍柴，不慎左脚被猎人暗布在山上捉野猪的竹签刺伤，鲜血直流。他只得将身上的破衣撕下一块简单包扎后，拄着木棍艰难地回家。路上遇到在附近村庄开展革命活动的颜阿兰和两名赤卫队员，他们热情地要将池陈旺背回家，还说顺便帮他砍一担柴火回去。

池陈旺真正感受到人与人之间的温暖。在家调养的几天，这两名赤卫队员经常上门嘘寒问暖，同时给池陈旺宣传革命道理。池陈旺心驰神往，决心伤愈后就去追随共产党。果然，痊愈后他便瞒着家人悄悄地参加了农民赤卫队。

离开家那天，池陈旺告诉家人自己要外出拜师学艺，不常回来。

家人不知情，只有他的二哥感觉这个弟弟最近不太一样，但觉得弟弟长大了有自己的想法，不便多问。

（二）

1933年农历七月，池陈旺探知石堂民团有步枪34支，即向领导报告后建议袭击石堂。适逢"中元节"，池陈旺跟随颜阿兰等人乘民团的团丁大多数回家过节之机，带领5名赤卫队员装扮成走亲戚的村民，陆续进入石堂村。

池陈旺走在前头，悄悄挨紧哨兵，趁其不备一把夺取了哨兵手中的枪，又用枪顶住哨兵的喉咙，吓得哨兵大气都不敢出。池陈旺随即发出一声暗哨，其他5名赤卫队员趁势马上闯入营房，各取步枪3支，池陈旺一人独背7支，旋即带领队员们迅速撤离。

不久，池陈旺被任命为坑头村赤卫队队长。

1934年3月，中共福安中心县委派范铁民到宁德担任安德区委书记，领导群众打土豪、做财政，开展抗租、抗粮、抗捐、抗税和抗债的斗争。坑头村很快建立了第一个贫农团，池陈旺参加了贫农团，并积极协助范铁民广泛宣传发动群众。当时贫农团的盟约是："生为革命，死为革命；叛变革命，死在刀枪之下。"

1934年7月，宁德县苏维埃政府在坑头成立，池陈旺任主席。宁德县各区成立了游击队、肃反队，各村成立了赤卫队等革命武装，还组织发动妇女会、青年团、少年队、贫农团、抗租团等群众团体，提出"五抗"的斗争口号，特别强调目前大力开展秋收抗租斗争。

苏维埃政府发动群众让其欠地主的田租及高利贷一律不交；凡地主带兵向佃农逼租的，马上报告苏维埃政府。

一天，池陈旺了解到，霍童、石桥等地反动地主仗着民团势力，派出狗腿子雇用挑工到梅坑、坑头、上洋、白岩等村进行武装逼租。他迅速组织抗租团、游击队在宫桥头、礁下林等地拦截阻击，毙敌19人。其余逼租的闻声狼狈逃走。

从此，地主恶霸再也不敢明目张胆到苏区来逼租讨债了，伪税差也不敢来收捐勒税了。

苏维埃政府通过组织群众开展抗租抗捐斗争，在政治上得到锻炼，群众的革命热情更加高涨，有许多群众主动送情报、传递消息，还有许多青年踊跃报名参加红军，革命斗争形势轰轰烈烈，出现了乡乡有岗哨、村村有歌声的动人景象。

1934年9月，中国工农红军闽东独立师在支提寺成立，不久，决定攻打石堂民团。师政委叶飞深知池陈旺革命意志坚定，工作有胆略，令他带领部分游击队配合独立师攻打石堂民团。

石堂村位于宁（德）、古（田）、屏（南）三县交界处，是宁德通往屏南的必经之处。石堂民团团总黄传九是一个老奸巨猾的本地人，他倚仗手下有20多名武装人员，坐镇石堂，独霸一方，残害百姓，是有名的"地头蛇"。

池陈旺接到任务后，于11月4日上午率领游击队、警卫连数十人，由陈挺率领独立师一个连队，共计200余人，从坑头出发直抵石堂。

民团团总黄传九见红军人多势众，不敢轻举妄动，稍作抵抗便缴械投降。池陈旺率领的红军游击队不费一枪一弹就缴获敌人步枪30余支、子弹20余箱。黄传九被带到坑头后，畏罪服毒自杀。除去了石堂的这条"地头蛇"，宁德县委与外界的联络线路便畅通无阻，为推动闽东革命的发展创造了条件。

（三）

1934年冬，国民党向苏区疯狂扫荡。石堂村反动头子黄润钦乘机挑动黄传九之子黄少来，纠集虎浿民团、"大刀会"，配合霍童驻军、常备队共400余人，于1935年2月15日大举进攻梅坑苏区，烧毁坑头苏区政府机关房子，烧毁大批民房，反革命气焰十分嚣张。

在大敌面前，池陈旺毫不畏惧，以坚韧不拔的精神率领游击队及苏区群众进行反击。4月8日，九都反动义勇队抢劫了后洋六村，又进驻石墩。池陈旺闻讯后，立即带领80多名游击队员和群众，奋勇冲进石墩。池陈旺正遇上气焰嚣张的敌人在滥杀无辜，他端起枪一连击毙3名敌人，余者仓惶逃窜。

1936年2月，上级任命陈鸿任为宁德县委书记，池陈旺任一区区委书记。这时，党内因受"左"倾路线的影响，错误开展"肃AB团"运动。池陈旺对此持不同看法，马上被列为整肃对象。

8月底,池陈旺被迫携带家人离乡出走,打算将妻儿安置好之后,再去寻找叶飞等闽东特委领导人申述个人的看法。当途经八都乘船时,被叛徒黄福干窥见行踪。黄福干立即向八都民团告密,八都联保处派出数名处丁乘船尾追,池陈旺和家人乘的船在飞鸾碗窑停靠时,被敌船追上,一家四口全部被捕。

池陈旺被捕后关押在八都马祖庙,三天后,又被押解到霍童。敌人对池陈旺威胁利诱未能达到目的,便对他施以酷刑,他始终坚贞不屈。敌人无可奈何,只好又把他押解回八都,继续施以钢丝绳抽打、火钳烧、辣椒水灌等酷刑,但都没能改变池陈旺的信念。

敌人无计可施,遂于9月27日,将池陈旺绑押至溪坂刑场。临刑前,他一直高呼:"共产党万岁!""打倒土豪劣绅!"

池陈旺的呼声惊天动地,吓得刽子手连开几枪都未能将他击倒,只好派人用刀在他的腰部连刺数刀。

池陈旺倒下了,他以年仅31岁的短暂一生,为宁德人民留下了一个崇尚信仰、为劳苦大众死而无憾的共产党人的光辉形象。

池陈旺牺牲后,他的妻子吴银叨以及他六岁、三岁的儿子一同被国民党抓进了监狱。残酷的刽子手企图从吴银叨和其子的口中得到情报,竟挖掉吴银叨的右眼,又当着她的面抓起长子的双脚倒吊着用刑,可怜幼小的孩子当即鲜血直流,几天后死亡。

后来,吴银叨和次子得到了营救,但房子被烧,他们只能住在山上简易潮湿的草寮中,导致背部生疮,生活异常艰辛。新中国成立后,吴银叨和家人得到了党和政府的抚恤。

(何 英)

池石头弟：
坚如磐石革命志

池石头弟，男，1912年出生，福建省福安市松罗乡后溪村人。1933年加入中国共产党，1938年3月牺牲。

福安松罗乡后溪村，地处闽东高山僻地，东邻霞浦，西靠赛岐，南接溪尾，北连柏柱洋，是福（安）霞（浦）交通线上的枢纽，也是水路陆路的交会点，地理位置十分重要。四周山地广阔，便于回旋，成了当年革命的重要活动地，叶飞、曾志、詹如柏、马立峰等领导人都在这里领导过革命斗争。

1912年，一个叫池石头弟的男孩，出生在这个村庄一户贫寒农家。池石头弟自然姓池，本来叫石头就好，只因在他之前父母已生下三个女孩。在那半殖民地半封建社会，深山里的人家，求生主要靠体魄。三个女孩子身弱力薄，母亲终于生得一个儿子。因此，瘦骨嶙峋的父母欢喜万分，很用心地给儿子取名"石头"，再加上一个"弟"。不言而喻，以此告诫小石头：你虽然是个弟弟，上有三个姐姐，但你也要像石头一样坚硬、勇敢，为池家传宗接代；也同时告诫三个姐姐，弟弟虽硬如坚石，但永远是你们的弟弟。池石头弟的名字，蕴含着中华优秀传统文化和贫寒父母的万般期许。

池石头弟，正如父母所愿，生得虎头虎脑，一双大眼睛充盈着智慧。三九寒天，父母无力给他添置棉衣，七八岁的石头弟穿着一套破烂单衣，打着赤脚，身背柴篓，奔跑在荆棘丛林间。砍柴，捡拾松果、锥栗，间或爬上高树摘得一些野果——他多么渴望看到父母姐姐们脸上露出笑意。家里吃了上顿没下顿，地主富农还隔三岔五上门逼债。苦难环境，过早地逼熟了这个穷孩子。没钱读书，他渴望得到知识，便时常跑到镇上听人说书，《三国演义》《水浒传》百听不厌，各路英雄豪杰打天下、救弱者，令其产生无限遐想和无穷力量。他趁夜半时分，爬到地主豪绅家的墙头，侦察敌情，却被狼狗扑上身咬得鲜血直流，昏厥过去。那家恶霸地主，立即揪来池石头弟父母，要他们磕头求饶，不然就要打死石头弟。胆小怕事的父母，一连磕了几十个响头，两人额头上都流下血来，才救得少年池石头弟一命。池石头弟想不明白为什么地主豪绅主宰着穷人的性命，政府还要护着他们。

1927年8月1日，周恩来、贺龙、叶挺等领导的南昌起义，打响了武装反抗国民党反动派的第一枪，开启了中国共产党独立领导革命斗争的新时期。是年，军阀当局为了支付高昂军费，维持奢靡生活，截留财政，在宁德三都澳成立海军支应分局，并在所辖福安、霞浦、寿宁、罗源等六县设立办事处，转向征收捐税。地方土豪劣绅们闻风而动，为了谋取更大利益，将捐税一再提高，层层盘剥，底层的劳苦百姓苦不堪言。

1931年4月，中共福建省委农村巡视员邓子恢莅临福安巡视，同马立峰一道组织当地秘密农会，发动群众拿起武器，展开抗捐抗税斗争。池石头弟闻讯，立即加入斗争队伍。

1933年，在马立峰等领导人进步思想的影响下，池石头弟加入中国共产党。为了壮大革命力量，坚持"五抗"斗争，组织上派他和罗富弟等人到寿宁学习成立红带会的经验，不久福霞边委第一支农民武装队伍红带会成立了，池石头弟出任队长。

1934年8月，中央红军北上抗日先遣队途经闽东，对闽东革命迅速发展起到了极大的振奋作用。为保存实力，闽东革命进行战略转移，依托重重青山和扎实的群众基础，开展艰苦卓绝的三年游击战争。

1935年1月，池石头弟随党组织和苏维埃政府转移到山区坚持革命斗争。留守红军和当地游击队，隐蔽在深山老林之中，昼伏夜出，打击各镇及县城国民党反动派和反动民团势力。敌人遭到打击后，疯狂报复，纠集大部力量进山"剿匪"，封锁进山路线，封锁村庄，妄想搜尽、困死我军。池石头弟接到命令，负责山上和村庄衔接任务，保障红军、游击队供给。这个山沟沟里摸爬滚打长大的男人，对每一座山、每一个村庄都了如指掌。

他带领小分队与敌人做"游戏"，白天潜藏于山褶子石洞，晚上下山进村，将粮食、盐巴、衣物、药品、干电池等物资接过手，运回山上交给战友们。在艰难困苦的环境里，他们开辟了一条秘密运输线。一次次成功，激发了池石头弟战胜凶残敌人的信心，也引起了敌人的密切注意。池石头弟并未因为成功而放松警惕，他严格管理小分队，谨防叛徒出卖。每次进村前，即便是深夜，他也高度警惕，先不接近目的地，而是在周边巡视，以免打草惊蛇。缜密的思维，严格的管理，快速的行动，让他的小分队战无不胜。

一天夜里，敌人似乎听到风声，派出一个连队将后溪村包围。这个夜晚，池石头弟带着小分队，趁着浓黑的夜色下山了。临近村子时，他命令队伍停止前进，埋伏起来，侦察组出动。那时各村村口都有巨大树木，侦察组悄声攀上树，侧耳一听，便知有敌情。池石头弟明白小分队的任务是运输物资保障山上红军游击队，所以他不恋战，也不想浪费珍贵的一枪一弹，迅速带领队伍返回山里，留下敌人挨冻。天上雪花纷纷扬扬飘落下来，似乎在为这支机智的小分队喝彩。

不久，池石头弟调任宁德新四军留守处，担任警卫排排长。

1938年3月16日，国民党闽东保安第二旅李树棠部袭击留守处，池石头弟带领警卫排在掩护留守处领导郭文焕、范式人等人突围，并安全转移了50多位革命同志后，因寡不敌众，弹药殆尽，壮烈牺牲，时年26岁。

（张　茜）

董成南：
群众的贴心人

董成南，又名董友炎，字弱臣，男，1898年出生，中共党员，福建省连城县莲峰镇南前村人，1927年参加革命，1931年被错杀。

董成南出生在一个贫穷小贩家庭，兄弟6人，董成南排行第二，大哥和三弟因家贫生病无钱医治均夭折。父亲董水源为了养活全家十口人，在城里四角井租得店铺一间开设豆腐酒店，终年起早贪黑蒸酒、磨豆腐和养母猪，辛勤劳作。

董成南自幼勤劳聪敏，看到父亲不敢吃好穿好，累死累活经营一个小豆腐酒店，受尽官府豪绅的敲诈勒索，天天苛捐杂税交不完，被白拿白吃断不了，心里播下了仇恨的种子。董成南的父亲不识字，为了让孩子能争气，不受欺负，省吃俭用送成南去学校念书识字。小成南理解父亲的良苦用心，入学后，学习刻苦勤奋，学业成绩优异，回到家，每天半夜起床帮助父亲磨豆腐。董成南小学毕业后，父母节衣缩食，让他继续升入连城县旧制中学。由此，四弟董友贵到店里帮助做豆腐，五弟董友贤去学做木屐，六弟董友根被送到姑田当学徒。父母亲对董成南说："我们家千担粪就落在你这一丛禾上了。"董成南没有辜负父母的期望，1922年在旧制中学毕业，品学兼优，受到老师同学的称赞。在同学亲友的鼓励、父母的支持下，董成南筹了一些盘缠，到福州考进福建法政学校。在福州求学时，他忍受生活的艰苦，如饥似渴地阅读进步书籍，寻求新思想，探索新事物。他经常与本县同学李云贵等一帮进步青年讨论民族兴亡和民间疾苦，赞扬国民革命，抨击时弊，对当时军阀统治尤其不满。毕业回县后，曾被旧制中学聘为教员，在任教期间，他经常向学生宣传进步思想，宣传国民革命，抨击北洋军阀统治的黑暗时局，对学生与社会影响很大。但校长怕担风险，很快就把他解聘了。这时他虽壮志满怀，学业优异，也只好回家帮助老父亲做豆腐糊口。家里人口渐多，豆腐酒店生意难做，家里也就更贫困了。

1927年夏，董成南强压胸中熊熊燃烧的仇恨烈火，对刚生下第二个孩子的爱人谢秀龙说："我不能在家再住下去了，这种人吃人、人欺人的社会一定要砸烂！"他嘱咐她把两个孩子带好，并表示一定会回来。在一个风雨交加、伸手不见五指的深夜，他告别亲人，离开了家，踏着黑沉沉的大地去寻找光明。

不久，董成南秘密返回新泉，与在长汀求学的张瑞明、张育文和在集美求学的俞两荣等进步青年取得联系，秘密开展革命活动。他的同学李云贵受党的派遣回到连城任连城县国民党党务委员会宣传委员，介绍董成南与上杭蛟洋傅柏翠取得联系。1928年6月，董成南参与组织了蛟洋农民武装暴动后，直奔江西找到毛泽东、朱德率领的红四军，正式加入了革命队伍。

1929年5月，"红旗跃过汀江，直下龙岩上杭"。董成南跟随红四军第二次入闽，回到闽西故乡。5月21日，队伍来到新泉，当他见到阔别的战友打起红旗、发动群众，抓了新泉北村的地主豪绅，把粮食、财物分给广大贫苦农民时，激动得热泪盈眶，这是他多少年梦寐以求的心愿啊！进入闽西后，他在毛泽东、朱德领导下，转战于龙岩、永定、白砂、旧县、新泉，纵横驰骋于汀江以东的广大地区。他作战勇敢，冲锋在前，吃苦耐劳，为创建闽西革命根据地作出了贡献。

1929年12月，毛泽东、朱德率领红四军四个纵队来到新泉进行整训，董成南在这次整训期间调任第四纵队书记。在新泉整训和古田会议期间，他聆听了毛泽东、朱德、陈毅等领导人的谆谆教诲，受到极大的鼓舞和深刻的教育。古田会议后，红四军为了粉碎国民党反动派的三省"会剿"，决定"离开闽西，巩固闽西"。董成南跟随朱德率领的一、三、四纵队离开古田，经庙前、莒溪，进驻连城。1930年1月5日，雪后初晴，金色的阳光照射得四周山顶闪闪发亮，连城"苦力工会"主席沈邦翰率领工会会员和劳苦群众手持小红旗，放起鞭炮，热烈欢迎朱德率领的一、三、四纵队红军主力来到连城。董成南事先与沈邦翰等决定把朱德和红四军司令部安排在西门吴家老"当店"驻扎。第二天，阳光灿烂，彩霞万朵，大桥下李屋祠堂门口的大草坪上万众欢腾，成千上万的工农大众把整个大草坪挤得满满的，不少白发苍苍的老年人也携着小孙子一起来参加红军召开的群众大会。草坪中新搭起一个简易讲台，两边坐着多位红军干部。会议在一阵热烈的鞭炮声中开始，董成南身穿军装，戴着黑边眼镜，英姿勃勃地站在讲台中央，用本地话说："同志们，父老兄弟姐妹们，因为我会讲本地话，领导让我来给大家讲一讲。我们红军是共产党领导的队伍，是为劳苦大众闹翻身求解放的军队，是我们工农民众自己的子弟兵。"他动员大家团结起来，打倒帝国主义，打倒国民党反动派和封建地主阶级，建立工农自己的政权，实行土地革命。他把共产党的主张和红军的宗旨详尽地告诉群众，要受苦受难的工农群众一齐起来，打倒土豪劣绅，罚他们的款，分他们的土地财物，扫掉他们的威风。董成南的讲话给人们极大的鼓舞。大会结束了，劳苦民众如沐春风，整个连城县在沸腾。第三天，朱德亲自在西门庙（也叫金山祖庙）召开群众大会，董成南用本地话替朱德当翻译。会后，红军把打土豪没收的衣服、桌凳、橱子、锡器等分给贫苦的工农大众。因当时江西省金汉鼎匪部企图拦截我红军北进，已从朋口尾追到文亨附近，朱德为了实现向江西转移的战略决策，于9日撤离连城。

1930年4月，连南区革命委员会召开第一届工农兵代表大会，在新泉正式成立连城县苏维埃政府。董成南受命回到新泉担任县苏主席，县苏管辖芷溪、儒畲、良福、池溪四个区和新泉。董成南十分重视红色政权的建设和工农武装的建立。县苏成立后，立即帮助文坊、上莒溪、金文、张家营、天马、墩联、莒溪、壁洲、坪坑、厦庄等地成立乡、村苏维埃政府，同时各区成立游击大队。这期间他还率领连南闽西游击总队攻打连城，赶走民团团长童友亮。5月，接闽西特委指示，将连南闽西游击总队改编为赤卫独立第四团。6月下旬，连城县召开扩大会议，传达了"南阳会议"精神。会后，董成南和大批干部深入各乡，认真贯彻落实毛泽东提出的"抽多补少""抽肥补瘦"的土地调整分配政策。随着土地革命的深入开展，县苏还帮助各乡将"耕田队"提高为"互助组"，并组织了消费合作社、生产合作社和信用合作社，有力地促进了苏区生产的发展。同年 10 月，闽西特委决定长汀与连城合并，成立汀连县，下设新泉、儒畲、南阳、涂坊、河田、水口、濯田、四都、古城九个区，董成南被委任为新泉区区委书记。他坚决服从党的分配，与张瑞明等区苏干部团结战斗，紧密合作，经常深入各乡了解情况，到群众中嘘寒问暖，听取群众的呼声。他作风扎扎实实，工作勤勤恳恳，生活艰苦朴素，受到广大干部和群众的一致称赞。

1931 年 4 月，汀连县委、县苏维埃政府在长汀涂坊召开区委书记、区苏主席会议。在会议中，汀连县负责人奉林一株之命搞突然袭击，宣布董成南为"社会民主党分子"，把他当场扣押。董成南理直气壮地予以驳斥，并进行了坚决的斗争。22 日，他和 20 多位革命干部被押往长汀的南阳，被杀害在南阳茶树下。董成南牺牲时，年仅 33 岁。新泉的革命群众闻此凶讯，无不悲痛万分，义愤填膺，连夜把董成南的遗体抬回新泉石排头埋葬，表达了对这位党的好儿子的深厚感情。

（黄河清）

范江富：
弃暗投明闹革命

范江富，男，1904年出生，寿政景庆游击队队长，福建省寿宁县城关人，1938年牺牲。

（一）

1904年，范江富生于福建省寿宁县城关一个普通家庭。他的父亲靠做小米商、卖米糕维持全家九口人的生计。由于家境贫寒，父母无法养活7个孩子，便将老大范江富过继给伯父。伯父盼望范江富能够早日成家立业、传宗接代，便给范江富收养了一个童养媳。可是童养媳长大之后，却不愿意跟范江富一起生活，跟着别人走了。一贯好强且性急的范江富对此无法承受。生活的贫困加上精神上的打击，范江富一怒之下，走上了为匪的歧途。然而，他在大山里与匪为伍的时候，见识了土匪的无恶不作，尤其看不惯土匪抢劫良家妇女，内心十分痛恨，不久便离开了匪群，只身带着枪回家。

正当范江富无路可走的时候，寿宁县崛起了一股强大的力量，而且越来越猛，那就是共产党领导的红色革命队伍。革命领导人范式人、范义生与范江富同是范家子弟，看到范江富的处境不好，觉得有必要拉他一把。在范式人、范义生的教育帮助下，范江富在茫茫黑夜中看见了光明，便于1930年走上了革命道路。从此，范江富矢志不移地为革命事业努力奋斗。

范江富参加革命斗争，惊动了当时的敌人。国民党教导队多次到范江富的家里抄家，因抓不到范江富，就把他的父亲抓走了。家里没有办法，只好把仅有的一点田地卖了赎回父亲。但是，丧尽天良的国民党反动政府并不满足，此后，又以要枪为名，多次跑到范江富家中敲诈和抄家，硬是将范家搞得倾家荡产。兄弟几人逃的逃，躲的躲，有家不能归，有冤无处诉，只能四处漂泊流浪。

由于家境惨淡，生活每况愈下，年迈的父亲只得叫三儿子范继富去找到哥哥范江富，让他回来帮家里增添一份强劳力。范继富找到范江富，说明来由，范江富当场就表态，叫弟弟不要回家了，就留在革命队伍里，一道干革命，坚决打倒国民党反动派。范继富已经看够了国民党反动派对他家的残酷迫害，恨从心上出，怒向胆边生，当即决定留在哥哥的队伍里，一雪国民党反动派给他家留下的深仇大恨。

（二）

1932年，寿宁革命还处于初期，革命力量还很弱小。为了发展壮大革命力量，范浚、叶秀蕃等领导人指派范江富到冈龙地区的山后、赤家岭、甲坑、郑家坑等地，广泛发动农民起来闹革命；组织红带会，由范江富担任队长。

1933年春，范江富和许威、韦芝祥、王陶生等人，在范浚、范义生的率领下来到福安、寿宁的交界地院洋村，宣传"除捐革税""杀土豪，斩劣绅"等革命道理并付诸行动，获得了广大农民的拥护。

1933年6月，中共寿宁县党部在仙峰洋头底成立，随后编成了三个赤卫连，范江富被任命为一连连长，率部驻守冈头，主要任务是保卫县党部。县党部的成立成了敌人的心头大患，于是派兵多次进犯仙峰洋头底，都被范江富领导的部队打得四处逃窜。敌人不甘心失败，曾经一次性派出700多名荷枪实弹的队伍前来进犯，照样被范江富领导的队伍打得落荒而逃。

（三）

1936年秋天，闽东党组织在政和新康口村成立寿政景庆游击队，范江富担任队长。此后，范江富率领队伍南征北战，神出鬼没地打击敌人，积极地配合了闽东独立师的作战，取得一次又一次胜利。

1937年7月，日军发动卢沟桥事变，之后，国共两党第二次合作开启，抗日民族统一战线形成。叶飞领导的闽东红军1600多人整编为新四军三支队六团，准备北上抗日。范江富和弟弟范继富因仇恨国民党而一时不能理解国共合作的重大意义，同时离开北上的队伍，后来经过范振辉做细致的思想工作，终于提高了认识。随后，他们兄弟两人利用自己的影响力，重新组织了一支20多人的队伍，配合范振辉的警卫连作战。从此，范江富更加坚定了同革命队伍合作的意志，坚持战斗在寿宁、政和地区。

1938年，国民党顽固派加紧策划反共摩擦事件。他们趁着红军北上抗日的机会，派遣特务唆使"大刀会"头子林熙明秘密率领300多人，于3月20日夜间突然包围新康口，范江富等游击队60多人猝不及防，被迫在撤退中进行反击，终因寡不敌众而伤亡惨重。除10多位游击队员突围外，其余的同志血染沙场，壮烈牺牲。范振辉、范江富等领导人为了掩护大家撤退，坚守在战场上与敌人血战到底，最后壮烈牺牲。范江富牺牲时，年仅34岁。

新中国成立后，人民政府追认范江富为革命烈士。

（杨国栋）

范 浚：

打响寿宁革命第一枪

范浚，男，字子澄，原名延林，化名糖甜，1902年出生，福建省寿宁县大安乡大安村人，1928年加入中国共产党，1933年牺牲。

（一）

范浚，1902年出生在一个农民家庭。范浚的父亲范友文，属于秀才出身却没有从事教育工作，反而挑选了又脏又累又苦的农业生产劳动，为的是养家糊口。范浚的兄弟范延住、范延让等，都老老实实地跟随父亲务农。而范浚和妹妹范延芝则感受到时代脉搏的律动，义无反顾地参加了革命斗争。

范浚性格豪爽耿直，喜欢读书，善于言谈。大概是小时候淘气的缘故，他的面颊上有一道拇指宽的疤痕，因此，后来他参加革命斗争，反动派背后骂他是"斧头裂"。

1924年，范浚毕业于鳌阳小学，同年考入福州师范学校初中班。1927年，他初中毕业后，考入省立福州第一高级中学文史科。范浚经常穿一件半长衫，待人处事诚实忠厚讲信用，读书尤其用功，学习成绩名列前茅。

1926年底，国共第一次合作期间，北伐军进入福州城。随着北伐军的到来，福州的革命形势日益高涨。共产党在工人、学生、店员、市民中大力开展宣传鼓动工作，范浚在同学朱增江、林烈（即闽西人林默涵）的引导下走上了革命道路。这期间，范浚经常上街进行宣传鼓动和张贴宣传品。尤为重要的是，范浚经常到福州南台的"左海""浪花"等书店，通过阅读《向导》《新青年》等进步报刊，思想发生了质的变化。

（二）

1928年，范浚光荣地加入了中国共产党。从此，他经常参加中共福州市委组织的各种秘密聚会和斗争。1930年5月，在福州发生的一次反日事件中，范浚带领同学们冲进日本驻闽领事馆，捣毁门窗，声讨日本人毫无礼仪素养，必须深刻反省，吓得日本领事人员四处逃窜。国民党福州市当局慌忙出动警察，对范浚一行爱国青年进行镇压。范浚因为掩护其他同学撤退，被国民党警察抓捕入狱。在狱中，面对敌人的严刑拷打，范浚坚贞不屈，始终严守党的秘密。同年10月，在党组织的积极营救下，范浚始获保释出狱。出狱后，中共福州市委领导考虑到范浚已经暴露身份，决定派他回到寿宁开展革命活动。

1930年冬天，范浚遵从组织命令，回到家乡寿宁后，即刻召集大安、交溪等村庄的部分贫苦农民开会，成立了全县第一个秘密农会组织——贫农小组，并建立了一处秘密交通站。为了解决革命活动经费问题，他背着父亲卖掉一部分田地。1931年5月，范浚被聘为鳌阳小学教导主任。他和校长叶秀蕃配合默契，以学校教书作掩护，秘密地发动鳌阳及周围的茗溪、花岭、仙峰、犀溪、泮洋等村贫苦农民，创建了一批赤色农会组织。

1932年4月，范浚遵照中共福州中心市委的指示精神，辞去鳌阳小学教导主任的职务，回到家乡寿宁县大安村，一心一意地致力于建设党的基层组织和组建农民武装等工作。他以"防匪"为名，向县政府申请组织红带会，获得蒙在鼓里的国民党寿宁县政府批准。范浚很快挑选出20多名年轻力壮的秘密农会会员，以设坛"学法"的名义，成立中国共产党领导的闽东第一支农民武装——红带会。同年10月，中共寿宁县特别支部成立，范浚被选为宣传委员。不久，红带会由大安发展到亭溪、官田场、泮洋、楼洋、伏际、小东等村。接着，红带会又由寿宁西区发展到东区、南区。到了年底，红带会发展到1万多人，成为寿宁县最重要的游击队武装力量。

1933年初，范浚率领西区红带会，相继在大熟、大安、泮洋、半岭、犀溪等地开展"打土豪，分田地"斗争，镇压了一批捐棍粮胥（指旧社会经管钱粮的小吏)。同年 4 月,范浚率领红带会一批骨干人员,于大安桥头垄的较高地带,伏击了国民党海军陆战队一个连,击毙敌人 10 余人,俘虏 3 人,缴枪 7 支。桥头垄战斗,打响了寿宁革命武装力量反抗国民党反动派的第一枪,标志着寿宁革命斗争进入了武装反抗和打击国民党反动派的新阶段。

1933 年 2 月的一天,一股敌人闯入槲洋村,穷凶极恶地将村民的房屋烧毁,并准备到共产党领导的其他游击队区域烧杀掠抢。范浚闻讯后,立刻率领红带会一批成员,埋伏在大安与竹梅洋之间的一块高地上。敌人进入时,范浚大喊一声:"开打!"敌人毫无防备,被打得晕头转向,四处逃窜。范浚下令打扫战场时,发现打死打伤敌人十多名,缴获步枪数支,以及子弹、手榴弹一批。

寿宁农民武装暴动的枪声分别在东区、南区响起,寿宁的革命斗争进入农民全面暴动、打土豪、分田地、分粮食的新阶段。

有资料记载:参加暴动的农民武装,在范浚的直接领导下,直接没收了城关地主卢伯鲁寄存在后西溪和小东寺的 160 多担租谷,分了犀溪大地主叶韶、叶光大、叶光泽存放在仙峰、洋边、官洋、罗角山等地的 1600 多担租谷。

1933 年 5 月,叶秀蕃被派往福鼎新区开展工作,范浚被任命为寿宁西区党组织的领导人。6 月,中共寿宁县党组织在犀溪仙峰洋头庵成立,范浚当选为书记。

1933 年 10 月,范浚被错杀,牺牲时年仅 31 岁。

新中国成立后,人民政府追认范浚同志为革命烈士。

(杨国栋)

范铁民：
出生入死斩顽敌

范铁民，字义全，又名林再生，男，1906年出生，福建省寿宁县鳌阳镇人。先后担任闽东第一个县级红色政权——寿宁县革命委员会主席和中共安德县委书记、中共福寿边委书记、中共福寿县委书记、中共宁德县委书记等职务，是寿宁乃至闽东苏区的重要创建人之一。1935年牺牲。

（一）

范铁民少年时代家里很穷，父母只能供养他在家乡附近的鳌阳小学读书，小学毕业后他因家贫而辍学。其时，范铁民目睹了社会的黑暗，十分痛恨地主恶霸的巧取豪夺，不满国民政府的腐败统治。1929年，范铁民联络江湖好汉刘乃滔、富坤德等人，结拜为好兄弟，一道啸聚山林，劫富济贫，打击土豪劣绅，扶助贫苦农民。队伍很快发展到100多人。

1930年，范铁民通过清源的卓宝山结识了福安早期的革命者詹如柏，三人很投缘，遂结下生死之交。在共产党员詹如柏、施霖等人的深刻影响下，范铁民走上了共产党领导的红色革命道路。不久，范铁民受到福安县委的派遣，秘密打入周玉光匪部，做分化瓦解土匪的工作，身份暴露之后被捕，后来脱身。他先是在凤阳姓刘的地主家里躲藏了一段时间，后因周玉光和寿宁城里土豪的追杀，于1931年底到福州，躲进了寿宁会馆。

（二）

1932年秋天，范铁民听说叶秀蕃、范浚等人在寿宁闹起了红色革命风潮，十分高兴，便大胆而谨慎地化装后秘密潜回了寿宁县城。他直接进入南阳的兰底园，通过花岭的秘密农会会员叶先桂、吴进信等人介绍，同叶秀蕃、范浚等领导人见面，强烈要求参加到为人民翻身求解放的革命活动和革命斗争中。获得批准之后，范铁民在南阳一带积极开展革命活动。

1932年秋冬，叶秀蕃、范浚等人在寿宁组织发动农民开展革命斗争，范铁民获悉后坚决要求参加战斗，很快与叶秀蕃、范浚领导的秘密农会取得了联系，并随即在寿宁南阳一带做好准备工作，先后在赤陵洋、花岭、溪南、含溪等东区一带建立起了一批秘密农会、贫农团等组织，领导农民开展分粮抗捐斗争，取得重大胜利。

经过一段时间的历练和学习，范铁民深深地认识到：如果不推翻国民党和豪绅地主的反动统治、建立人民政权，那么任何斗争的胜利，都得不到完好的保障。他将这个认识和理念分享给叶秀蕃和范浚等人，大家取得共识。在寿宁此起彼伏、汹涌澎湃的农民运动中，国民党反动派惊恐万状，派出大量的地方武装，企图浇灭革命的熊熊烈火。残酷的斗争让范铁民认识到：共产党领导的革命武装和取得的胜利成果，需要建立一个强有力的政权来有计划、有组织地统一领导。范铁民的这个理念很快在闽东地区一部分领导同志中传播。

（三）

1933年5月初，受中共福安中心县委指派，曾志等人前来寿宁加强党的领导。在曾志的指导下，范铁民迅速投入到成立寿宁县苏维埃政府的筹备工作中，连续主持召开了几次秘密农会和贫农团负责人会议。随后，又召开了有30多人参加的东区贫农团代表大会，成立了闽东第一个县级红色政权——寿宁县革命委员会，即寿宁县苏维埃政府，由范铁民担任主席。寿宁县革命委员会的成立，加强了寿宁革命运动的领导和组织，标志着寿宁苏区的初步形成，寿宁革命运动从此进入了一个更高的阶段。

为巩固和扩大红色政权区域面积，寿宁县革命委员会成立后，制定了下一步工作计划，村村组织贫农团，成立村苏维埃政权，建立游击队，开展打土豪、筹款和分粮斗争。在范铁民的领导下，到1933年夏秋之际，全县共有64个村建立了苏维埃政府，开创了连片的比较巩固的苏维埃革命根据地，推动了闽东地区苏维埃政权的建立和闽东革命历史进程。

范铁民针对当时寿宁苏区革命斗争中出现的一些错误倾向，主动站出来领导县革命委员会，发布一系列通令，及时、正确地加以纠正，加强了革命队伍的纪律性建设，提升了革命队伍的纯洁度，有效地保证了筹款分粮运动的顺利进行和苏区的安定团结，赢得了苏区广大干群的爱戴和拥护，使新生的红色政权不断得到巩固和发展。

1933年6月至1934年初，寿宁革命斗争迎来了第一次高潮。这期间，苏区的武装力量，除了上万名红带会会员外，还建立了包括寿宁县第一支正规革命武装——闽东工农游击队第七支队在内的有较大规模、战斗力较强的游击队6支。此外，各区、乡也先后建立了游击队、赤卫队。苏区革命武装力量与反革命武装力量展开了大小近百次战斗，沉重地打击了国民党反动势力的嚣张气焰，极大地鼓舞了寿宁人民的革命斗志。

面对气势磅礴的革命洪流，不甘心失败的国民党反动势力疯狂地进行反扑。1934年2月，国民党新十师、海军陆战队和浙江保安团等部向寿宁苏区进攻。范铁民与范式人、赖金彪、范义生等人率领中共寿宁县党部、寿宁县革命委员会机关，以及第七支队和赤卫队员上千人撤至岗垄地区，机智顽强地与敌人周旋，硬是将尾追的敌人拖得疲惫不堪，进而抓住战机，打击敌人。面对险恶形势，为保存革命力量，根据福安中心县委指示，寿宁苏区武装力量撤至福安，革命转入低潮。范铁民奉命留守寿宁，收集零散队伍，组成东区游击队，坚持开展游击斗争，并带领队伍突出重围，辗转至柘荣，编入工农红军闽东独立团第十六连第三排，继续进行革命斗争。

（四）

1934年3月，宁德龟山反动"大刀会"残酷杀害了中共安德县委书记叶秀荃，导致该地区的工作受到严重破坏。根据福安中心县委的指派，范铁民临危受命，就任安德县委书记。到任后，他放手发动群众，在宁德的梅坑地区相继建立了79个贫农团,开展"打土豪、做财政"与"五抗"斗争,使得安德地区的革命斗争得以重新恢复、顺利展开。

不久,范铁民重回寿宁工作,先后担任中共福寿边委、中共福寿县委书记,与范式人、赖金标等共同部署和指挥了南阳院洋战斗,歼敌40多人,打开了福寿地区的革命新局面。

1934年7月,范铁民再次被派往安德地区担任中共宁德县委书记。在范铁民的领导下,成立了宁德县苏维埃政府。随后,根据范铁民制定的工作计划,全县相继成立了6个区苏维埃政府和32个乡、村苏维埃政府,包括苏区人口近3万人,建立了以坑头为中心的宁德梅坑根据地。

1935年夏天,范铁民在宁德天峰寺不幸被捕。敌人对他进行了惨无人道的折磨,希望得到共产党和苏维埃的机密。范铁民忠贞不渝,忍受着剧烈的疼痛,一个字都没有向敌人透露。敌人无计可施,将他押往刑场。范铁民英勇就义于宁德霍童石桥头,时年29岁。

新中国成立后,人民政府追认范铁民同志为革命烈士。

(杨国栋)

范义生：

威震闽东的独立师纵队长

范义生，男，1903年出生，福建省寿宁县鳌阳镇人，1933年加入中国共产党，1935年当选为中共闽东临时特委委员，同时被任命为闽东红军独立师第一纵队队长。1936年牺牲。

（一）

范义生出生于福建省寿宁县鳌阳镇一个贫苦农民家庭，在鳌阳小学上一年级时，因为家里贫寒而辍学。稍微年长，迫于生计的范义生不得不去当兵，为的是有一口饭吃。由于他不满旧军队长官欺压打骂士兵的恶习，一年后就逃离反动军队而返回家中，跟着母亲做米粉过日子。他深受母亲的影响，从小就形成了善良、公道、正直、仗义的性格特征，敢于为穷人打抱不平，深得穷苦百姓的钦佩和拥护。有一次，范义生出于义愤，慷慨解囊帮助素不相识的下洋仔人许威与土豪劣绅打官司。此后，两人成为莫逆之交。

范义生的正直、仗义和能力，引起了叶秀蕃和范式人等革命者的关注。1932年冬天，由范式人介绍，范义生参加了叶秀蕃在寿宁城关组织的赤色农会。从此，范义生积极投身革命，多次在城关、岱阳一带开展红色革命斗争，先后介绍了范江富、范忠清、许威等志同道合的年轻人参加革命斗争。同年年底，范义生积极带领农民打土豪、分田地，建立革命组织。1933年，经过范式人介绍，范义生光荣地加入了中国共产党。

寿宁特支开展镇反斗争，在叶秀蕃领导下，范式人、范义生等人前往纯池乡（现属周宁县），同在那里开展秘密工作的徐应拾取得联系。其后，范义生、徐应拾巧施计谋，潜伏到土豪劣绅许海南家隔壁许奶炯（地下交通员）的土房内。

第二天凌晨，他们趁着许家长工开门到溪边挑水的机会，悄悄地摸进许家大院，当场击毙刚刚起床正躺在太师椅上抽大烟的许海南和三个反动分子，然后贴出事先准备好的署名"闽东北工农红军第三支队"的布告。消息传开后，村民们欢欣鼓舞，奔走相告，而反动派则胆战心惊。

（二）

范义生协助范浚在寿宁县东区、西区，以官方的名义组织红带会会员，开展分粮斗争。他与范浚、范铁民一道，带领冈龙贫农团分了龚永在等地主的100多担谷子。他还带着队伍进入仙峰、旗杆当、含溪、天池等村，将地主的150多担谷子分给无粮可吃的贫苦农民。同年5月，范义生再次带领革命队伍进入铁炉坑、洋头庵，组织成立了由36人组成的东区第一支红带会，开展了轰轰烈烈的"打土豪、分田地、做财政"活动。

红带会暴动之后，革命烈火燃遍寿宁东、西、南区。与此同时，范义生的胞弟范铁民在赤陵洋建立了中共寿宁县党部，范浚担任书记，范义生担任委员。

犀溪反动民团头子缪长泰妄图扑灭熊熊燃烧的革命烈火，带领国民党浙江省保安部队进攻红色革命斗争据点仙峰。范义生闻讯，亲自率领100多名红带会骨干队员埋伏于仙峰岭，出其不意地袭击敌人，打得民团头子缪长泰及其手下抱头鼠窜，溃不成军。

（三）

1933年夏秋之间，范义生先后与范浚、范铁民、叶允宝、叶志占等人，一起指挥攻打国民党反动堡垒南阳和坑底的战斗。由于事先准备不周，仓促开战，红带会遭受损失。

1933年10月，中共寿宁县委书记范浚在福安县遇难。

1933年底，由于国民党反动派大举"围剿"，寿宁游击队和红带会暂时撤向福安。1934年2月，范义生和王陶生被福安中心县委派往柘荣开辟新区。在那里，他们广泛发动群众、组织群众，配合闽东红军顺利攻占柘荣县城，建立了霞（浦）、（福）鼎上西区苏维埃政权。

（四）

1934年底，范义生因病回到寿宁南阳院洋一带隐蔽治疗。叶秀蕃、范式人也因病先后回到南阳官宅一带。范义生与他们会合后，即奉命派交通员到宁德寻找独立师政委叶飞。叶飞立即把身边的一支主力部队——红军独立师二团所保存下来的100多人，让交通员带回寿宁交给范式人指挥。范式人带领二团中的1个连回冈龙坚持斗争，其余兵力交由范义生指挥。

由于范义生善于带兵，做到官兵平等，赢得了广大士兵的赞扬。范义生经常与战士聊天，如果战士生病了，他会想方设法寻找草药，并且亲自去山间采草药来煎给战士们喝。打仗的时候，范义生身先士卒，奋勇杀敌，因而深受士兵们的拥戴。这期间，范义生将队伍分为若干个小分队，在闽浙边开展游击活动，很快恢复了福寿苏区，并且在寿宁西部开辟了上党、碑坑头、屏峰、阔丘、奖禄等新苏区。

1934年底至1935年秋，范义生带领闽东红军独立师第二团，在闽东、浙南开辟新的红色革命根据地。1935年8月，范义生被选为中共闽东临时特委委员，同时被任命为闽东红军独立师第一纵队队长。

1935年5月，叶飞、范式人在寿宁县含溪正式成立中共闽东特委。8月，中共闽东特委在柘荣楮坪增补范义生为闽东特委委员，并任命范义生为闽东独立师第一纵队队长。此后，范义生带领队伍在寿宁、周宁、泰顺、庆元、景宁等地开展游击战，大量地消灭敌人，打出了闽东独立师的威风。

1936年4月，在下党境内的上党村，范义生和警卫员乔装打扮，混进上党村反动民团团部，抓住民团头子，然后里应外合，全歼了这股无恶不作的民团人员，使得南区的革命斗争获得巩固和发展壮大。

1936年8月，为了打通周墩通往寿宁的交通线，范义生和新到任的独立师参谋长卢文卿一道，率领部队攻打周宁葡萄洋（红桃洋）的敌人据点。战斗从早上一直打到下午 4 点多钟。由于敌民团武器装备好，弹药充足，碉堡坚固，且有"奶娘会"的支援，范义生的部队久攻不克。战斗中，范义生和卢文卿突遭内奸暗算，不幸被害。范义生牺牲时年仅 33 岁。

新中国成立后，人民政府追认范义生同志为革命烈士。

（杨国栋）

范振辉：

从贫苦农民到县委书记

范振辉，又名范岩寿，男，1903年出生，福建省寿宁县鳌阳镇人，1932年加入中国共产党，1938年被敌人杀害。

（一）

范振辉，又名范岩寿，1903年出生于福建省寿宁县鳌阳镇一户贫苦农民家庭。他从小跟着父亲上山下地劳动，吃苦耐劳、聪明灵活，深得父母喜爱。虽然家境贫寒，但他的父母节衣缩食，积攒一些钱财供他上学读书，期望他成年以后能够干出一番事业。可是，范振辉刚刚在鳌阳小学毕业，他的父亲就因为身体有病，使家庭生活陷入困境。为此，范振辉不得不中断学业，下田务农，挑起维持家庭生活的重担。由于出身贫寒，家中无地可耕，他只能租种地主的几亩田地。一年到头扣除还给地主的租金，范振辉依然过着饥寒交迫的苦日子。

20世纪30年代初期，红色革命知识分子范浚、叶秀蕃等，先后回到家乡寿宁秘密开展革命活动，点燃了寿宁革命的星星之火。范振辉打听到叶秀蕃和范浚在家乡领导的红色革命斗争，主要目的是推翻封建主义、官僚资本主义和乡村的地主统治，解放劳苦大众，便毅然报名加入打土豪、斗地主、分田地的革命斗争中。经过一段时间的革命理论学习和革命活动锻炼，范振辉认识到：只有马克思列宁主义才是救国救民的真理，只有跟着共产党闹革命，劳苦大众才能打倒土豪劣绅、地主老财，翻身解放，当家做主人。范振辉的同姓宗亲范义生向范振辉传播了许多革命道理，激起了他对农民革命斗争的热情与向往。范振辉表示：从此听共产党的话，党叫干啥就干啥。

（二）

1931年冬天，范义生看到范振辉的思想感情已经完全倾向于共产党和红色革命，并且在参加打土豪、分田地、烧毁地主老财的账本和借据等斗争中，表现突出，敢作敢为，便于1931年冬天，积极主动地介绍范振辉加入了叶秀蕃创建的鳌阳赤色农民协会。

1932年12月，由于范振辉时刻听从党组织的召唤，积极参加各地乡村组织的农会活动，在艰险复杂的斗争中，将个人的生死置之度外，得到大家一致好评。经由他本人的主动申请，范振辉光荣地加入了中国共产党。

入党之后，范振辉奉命走进寿宁南区的阔丘、广地一带开展革命活动，发展党的组织，建立人民武装。这时候，范振辉为了做好农村的革命工作，常常引用毛泽东在中央苏区关于建立农村革命根据地的思想教育大家，收到很好的效果。范振辉再接再厉，又将其他有关毛泽东创建革命根据地的做法，传授给广大农会会员，大家深受鼓舞。

1934年2月，范振辉担任了中国工农红军闽东独立师一团十六连宣传干事。同年5月，范振辉奉命到寿宁南区恢复党组织，重建第七支队，任支队干事。

1935年3月，七支队改编为南区游击队，范振辉担任指导员。为了胜任这项工作，范振辉经常同南区游击队的干部战士谈心聊天，增强相互间的了解，积极主动地为战士们排忧解难，消除思想疙瘩，提振战斗士气。

1935年8月，范振辉被增补为中共闽东特委委员，兼任中共寿（宁）景（宁）庆（元）中心县委书记。南区游击队升格为寿景庆独立营后，范振辉兼任营里的政委。

（三）

1937年初，闽东特委派出范振辉到寿（宁）政（和）庆（元）地区开展革命活动。1937年4月，鉴于范振辉在寿宁、庆元、景宁地区开展工作时做出的成绩，上级指示将范振辉调任中共寿景庆泰（顺）中心县委书记。1937年8月，建立了中共寿政庆中心县委，范振辉依然担任书记，县委机关设在政和新康口，同时建立了一支100多人的游击队。

1937年11月，叶飞奉命率领由闽东红军1300多人改编的新四军北上抗日，范振辉留在寿政庆地区继续开展革命斗争。

1938年1月，原与闽东北红军结成联盟的"大刀会"头子林熙明（又名林乃滔），因大部分红军北上抗日，在军事上失去对他的约束力量，加上国民党特务竭力拉拢挑拨，感到与红军分道扬镳的时机已到，便脱离了与红军结盟的轨道，胡作非为起来，经常到根据地范围的外屯、湖屯、际面、院勹、黄坑等乡村派款拉丁，每村派三五百块银圆，有的大村要派上千块银圆。贫苦群众出不起钱，就纷纷跑到中共寿政庆中心县委诉苦。范振辉为了顾全统一战线大局，先是写信劝阻以林熙明为头目的"大刀会"不要胡作非为、敲诈百姓，而后又派出副支队长周福吉、吴远行，班长吴永庄等人到"林营"去做他的思想工作。此时的林熙明态度恶劣、蛮横无理，反而要游击队给他送枪支弹药作为不向群众派款的条件。范振辉十分生气，严词拒绝并提出批评，于是双方矛盾日趋激化。

（四）

范振辉十分重视部队的思想政治教育和军事训练。为了提升大家的文化水平和基本素质，他经常给广大战士和基层干部上课，讲述共产党的革命宗旨、抗日斗争的特点和未来的走势，讲解革命战士认真学习毛泽东倡导的"三大纪律八项注意"的必要性和重要性。如果遇到战士生病了，范振辉亲自寻医找药，端茶送饭。他每天的工作和休息都很有规律，除了开会和打仗之外，他夜里12点左右一定睡觉，次日天还未亮就起床开始安排全天的战斗和日常工作。由于他的作息时间观念很强，一些迟到早退的干部战士经常会受到范振辉的批评教育。范振辉还多次给干部战士讲述三国时代诸葛亮挥泪斩马谡的故事，告诫大家革命军队如果没有铁一样的纪律，就很难有胜利的把握。

1938年3月，中共政屏县委书记张家镇到新康口与范振辉商讨革命武装暴动事宜，一致认为林熙明所掌管的"大刀会"在政、庆一带残害人民群众，阻碍革命斗争的发展，决定采取联合行动予以打击。然而，因为信件泄密，此事被林熙明获悉。于是，穷凶极恶的林熙明在国民党特务的唆使下，于3月20日午夜，带领300多名反动的"大刀会"成员，携着较好的武器，偷袭了新康口县委机关。敌人把新康口村团团围住。范振辉猝不及防，却依然镇定地指挥部队同林熙明所部展开激烈的战斗。双方激战到天亮时分，范振辉发现敌人越来越多，为了保存实力，他下令支队长杨传顺，带领部分同志突出重围，自己和几位战士阻击敌人。

杨传顺离开之后，范振辉带伤坚持战斗，子弹打光后，于当天下午被当地反动豪绅抓到新康村附近的双鼻亭杀害。临终前，范振辉振臂高呼道："打倒国民党反动派！""中国共产党万岁！""红色革命万岁！"范振辉牺牲时，年仅35岁。

新中国成立后，人民政府追认范振辉同志为革命烈士。

（杨国栋）

冯宗江：
弃医从军干革命

冯宗江，男，1900年出生，福建省福安市溪柄乡三村下园人，1930年参加革命，1934年加入中国共产党，1935年牺牲。

1900年，冯宗江出生在福安溪柄乡三村下园，家里贫穷，主要以务农为生。父亲一边种田打鱼，一边采集草药，靠自学和家传，略懂医术。家穷自然开不起医馆，但这并不妨碍父亲给人看病，虽然只是看些头痛脑热之类的小病。每到圩天，父亲就唤上儿子宗江，将平日采集的青草药，分门别类装入布袋子，再逐袋放进木制独轮车。还有一些制成中药，均盛在一个个陶瓷罐里。这些药罐子，自然也会搬上独轮车。装好了药品，父亲推起独轮车去集市，冯宗江跟在父亲身后。到了集市，他要和父亲一起摆开摊子。他们为了占据有利位置，去得非常早。由于赶集人还没来，父亲会到附近小摊子上给宗江买一个油饼，却不会给自己也买一个。

渐渐地，赶集人多了起来，父亲也忙碌了。望闻问切，把脉，看舌苔，了解生病起因。冯宗江七八岁，看似东张西望，其实耳濡目染记到了心里。他心想：我长大了，要干一番大事业，可不愿意坐在这里给人看小病。

父亲忙碌一天，收入甚微。父母省吃俭用，硬是挤出一点学费，送宗江上了三年私塾。父亲说："就是做个土郎中，也得识字开药方呀。"冯宗江乖巧懂事，深知父母的苦心和难处，上完三年私塾，基本上能看书写字了，便主动向父亲提出辍学。说来蹊跷，父亲说的那些中药名：连翘、黄连、豆蔻、红花、山姜、天冬、木通、乌韭……如小蝌蚪般时常跳入他的脑海。不知不觉间,他也学会了识草药、制中药,学会了给人看一些头痛脑热的小病。

看着穷苦百姓祖祖辈辈干着繁重农活,却没有田地,没有饭吃,没有衣穿,个个面黄肌瘦,衣衫褴褛,低声下气,冯宗江暗暗告诫自己,再穷也要挺直腰板。他不愿去集市上行医,母亲就把坍塌了一半的小小柴禾房收拾出来,领着他一把泥、一块石头地修好房子。青出于蓝而胜于蓝,冯宗江行医比父亲更有名。他虽然贫穷,但给拿不出诊费的穷人看病,不收钱。他的高尚医德,广为流传。

1926年,冯宗江发现福安有了革命党活动,小小行医房人来人往,消息自是灵通。马克思主义和中国共产党,犹如两团炙热的火苗,在他心中熊熊燃起,照亮了他前进的道路。他如饥似渴,四处搜寻进步书籍悄悄阅读,懂得了革命道理,明白了穷人并不是世世代代命穷,而是因为遭受外国列强、国内剥削阶级双重盘剥。他积极报名加入农会,拿起土刀土枪,参加反剥削反压迫革命斗争。

1930年,楼下大地主刘福愚、王仙泉包揽鸦片捐,放高利贷,绞尽脑汁剥削农民。乡人实在没饭吃,走投无路,借了他的债,不得不卖儿卖女,想尽办法还债。乡里农会成立后,掀起减租减息运动,农民获得实际利益,家家度过了春荒,由此,农会的号召力、凝聚力更加坚固。恶霸地主刘福愚受到减租减息冲击,怀恨在心,有一天他带领家丁,冲到村子里依然翻老账逼租逼债。柏柱乡农民协会发起人之一的施霖闻讯,叫上冯宗江等农会积极分子,发动数百名群众展开斗争。只见施霖跑上仙宫庙,擂响大鼓,冯宗江腰插大刀,挥舞大旗,沿路指挥队伍。数百人喊着:打倒帝国主义!打倒贪官污吏!打倒地主豪绅!消灭土匪,取消苛捐杂税!喊声如滚滚怒涛,排山倒海,涌向恶霸地主刘福愚。刘福愚惊恐万分,带着家丁逃进了仙宫庙。冯宗江带着农民队伍,追了上去。他就近找到一根旧木梁,几个人抬起,扛到庙门前,撞开庙门。刘福愚抛下轿子,翻墙逃走。这次惩治刘福愚的斗争,取得了胜利,穷苦百姓扬眉吐气。

1931年春,在邓子恢、马立峰等革命者领导下,冯宗江在溪柄一带组建贫农团,向当地地主、资本家展开"赊粮"、抗缴"麦债"斗争,取得了胜利。

革命如果没有武器，就只能挨打，遭失败。因此，贫农团急需购买武器弹药。为了筹措经费，冯宗江回家和老父亲谈了三天三夜，做通工作，将家里的钱财交给组织。

1934年，冯宗江就任上南区苏维埃政府财政委员，同年加入中国共产党，不久升任区委书记。当年受组织委派，他与闽东红带总会负责人施细茹率领红带会，攻打霞浦柏洋反动"大刀会"。由于远离根据地，孤军深入白区腹地，遭到敌人重重包围。几经浴血奋战，60多位战友血洒疆场，冯宗江率领90多人突出重围。队伍刚刚返回柏柱洋，又遭遇另一支反动民团的围攻。疲劳至极的队伍，只得继续作战，终因敌强我弱、敌众我寡而失利。秋天，冯宗江奉命调任安福县，担任东区区委书记、县委军事委员。

红军北上抗日，国民党重兵"围剿"留守红军和当地游击队，致使红军和游击队的工作任务十分艰巨。冯宗江一面领导农民搞好生产，支援前线；一面发动群众挖战壕，修工事，开展反"围剿"斗争。秋收完成后，敌人出来抢粮，搜寻红军、游击队，十分猖獗。冯宗江率队给予沉重打击。国民党当地驻军，派出大批反动武装力量前来围剿，中共安福县委驻地官洋遭敌攻陷。冯宗江和部分骨干，转移到柘荣菖蒲一带活动。

1935年2月6日，冯宗江独自外出执行任务，路过一个小山洞时，突然冲出一个叛徒，冯宗江躲闪不及被杀害，时年35岁。

（张　茜）

傅铁人：

投身革命，意志如钢

傅铁人，原名傅开严，乳名观音保，男，1911年出生，中共党员，福建省连城县朋口镇池溪村人，1927年参加革命，1929年被叛徒杀害。

傅铁人的童年时代，社会阶级分化严重，尽管他祖上是村中旺族，当时他的叔伯辈中也有地主豪绅，但是到了他父亲傅义春时却只能耕田维持生计，常常入不敷出。因此，傅铁人从小就对地主土豪萌生了反抗意识。有一年，天灾歉收，许多穷人饥寒交迫，村里的几个豪绅（其中有傅铁人的亲戚），假惺惺地说要施舍以积善，从涂坊低价买来大米，在村里高价卖出，还在米中灌水。傅铁人的父亲愤恨难平，写了匿名帖，对这种行为进行揭发。

家庭的熏陶和黑暗社会的压迫，启发了傅铁人童年时期就痛恨剥削、追求光明的思想。傅铁人个子矮小，却自幼聪明，活泼好动。其父为了培养一个读书人来支撑门户，省吃俭用，送他上学。傅铁人勤奋好学，小学毕业后考上了省立长汀第七中学。

当时正值北伐战争和南昌起义期间，一方面，军阀割据，横征暴敛，兵连祸结，民不聊生；另一方面，革命浪潮风起云涌，长汀已经有了共产党组织。傅铁人在长汀求学期间，积极学习马列主义，阅读进步书籍，经常参加革命活动，和党组织取得秘密联系，同新泉的张瑞明等人一起加入了中国共产党。入党后，他把名字改为"铁人"，以示献身革命的钢铁意志。

池溪及周围二十余个村子，分布于连城、长汀、上杭三县边境，山林茂密，盛产白纸，粮食自给自足，尚称富庶。但是这里的地主豪绅傅三利和傅福兴等人，巧取豪夺，兼并田地竹山，残酷剥削农民，投靠军阀郭凤鸣，勾结反动民团曹半溪，强征暴敛，私设公堂，人民群众生活在水深火热之中。

傅铁人遵照党的指示，回乡发动贫苦农民起来暴动，铲除封建统治，建立红色政权。1928年6月，傅铁人利用放假之机，回到池溪，自筹资金举办贫民夜校，组织50多个穷苦人家的青年，一面学习文化知识，一面传播马列主义，启发他们的阶级觉悟。他走村串户，宣传革命道理，在穷苦乡亲的心田中播下革命的火种。

1929年3月，红四军挥戈入闽，解放了长汀城。在这大好形势下，傅铁人立即回到家乡，宣传革命形势，组织穷苦农民，积极准备暴动。4月的一个夜晚，在傅铁人的组织和领导下，池溪农民协会在村外一个偏僻的纸厂里成立了。傅铁人积极发展了傅三古、傅石壁、傅天生、傅石生、傅石福、饶海昌等先进分子入党，建立了党支部。随后，池溪周围各村也先后组织起秘密农会，进行抗租减租等革命斗争。

1929年5月，红四军二次入闽，解放龙岩城。7月，在红四军的帮助下，连城南部掀起了声势浩大的十三乡农民暴动，暴动的喜讯震撼着连城的每个山村角落。傅铁人抓住这个大好时机，加紧池溪暴动的准备工作。10月23日，在傅铁人的领导下，在连南十三乡武装的帮助下，池溪暴动成功。

那一天，傅铁人亲自组织，池溪党支部动员全村400多人，打出红旗举行暴动，宣布成立汀连特别区革命委员会，主席是傅铁人，共产党员傅天生任军事委员；同时建立池溪乡苏维埃政府，主席是傅三古；建立特务中队，队长是饶水生；建立赤卫中队，队长是傅发生（后叛变）；同时还成立了少先队。当天，特别区革命委员会没收了本村地主土地900多亩，竹山700余亩，稻谷8000多斤，银圆2000多块，衣服5箱，烧毁田屋契据和收租账簿15本。革命者把稻谷和衣服等分给贫苦农民，并枪决了地主豪绅傅广生。池溪暴动烈火在周围的小鱼潭、上村、黄岗、瑶理、大坑头、鸡笼山等10多个村庄熊熊燃烧起来。这些村庄的农民在傅铁人的领导下，在池溪特务中队和赤卫中队的配合下，纷纷揭竿而起，势如破竹。在一个多月的时间里，各村全部建立起红色政权，龙岩、上杭、连城、长汀等红色区域连成一片。

那年，傅铁人才18岁，却创造了惊天动地的英雄事迹。池溪暴动成功后，地主豪绅对傅铁人恨得咬牙切齿，他们在暗中疯狂地进行阴谋策划，或者利用宗族房派名义进行挑拨拉拢，或者利用金钱收买混入革命队伍中的动摇分子。而暴动本来就如急风暴雨，未免泥沙俱下。暴动后，对革命者缺乏必要的教育，对敌人放松警惕。随着革命的深入发展，斗争更加尖锐激烈，革命队伍内部出现分化，有人开始动摇，有人准备叛变。

傅发生是豪绅傅福兴的亲房，原本是一个贫穷的农民，性格豪爽，行动敏捷，暴动后，担任赤卫队中队长之职。不久，他和几个混入革命队伍中的反革命分子、动摇分子被地主豪绅拉拢、收买，成了可耻的叛徒。他那性格中贪婪、凶残的一面充分暴露出来。

傅铁人忙于扩大红色区域，忙于打击明火执仗的阶级敌人，由于思想不够成熟，经验不足，因此并未察觉到一场反革命叛乱就要发生。池溪暴动一个多月后，傅铁人带领特务中队到下罗第村打游击，傅发生等人在地主豪绅的指使下，控制赤卫中队，乘机加紧策划叛变，散布谣言说："特务中队全军覆没了。"一时间，村里人心惶惶。傅铁人带领特务中队回到村里，立即拘留了散布谣言的傅宜春等三人，傅发生等叛徒狗急跳墙。1929年11月的一天早上，傅发生突然吹哨紧急集合赤卫中队，傅铁人听到哨声就跑出来查问："集合干什么？"傅发生回答："问问大家，发来的钱是用来杀牛好还是做军衣好。"几个叛徒马上回答："杀牛好。"这是他们策划叛变的暗号，叛徒傅桐春立即跳出来，从背后紧紧抱住傅铁人，傅发生凶残地举起屠刀……

傅铁人就这样壮烈牺牲了，同时牺牲的还有傅三古等人，以及傅铁人的父亲傅义春、哥哥傅志扬。傅铁人虽然在世仅18个春秋，但是他领导池溪暴动之勋业却彪炳史册，有口皆碑。傅铁人的血没有白流，不久，他的战友傅天生等人重振旗鼓，镇压了叛徒，领导池溪人民恢复和发展了池溪红色政权。

（黄河清）

官　鳌、郭素英：

并肩战斗的"夫妻树"

官鳌，原名官觐瑶，男，参加革命后改名官鳌（一说官敖），1902年出生，福建省上杭县古田镇大源村人，1926年加入中国共产党，1931年6月牺牲。

郭素英，原名郭四英，女，参加革命后改名郭素英，1910年出生，福建省上杭县城关人，1929年6月参加革命，1931年6月牺牲。

（一）

大源，又名大坪隔，是地处福建省西南部梅花山脉深谷幽涧之中的一个偏僻山村。这里高山环抱，交通闭塞，世代贫穷。官姓村民在这里生活已有几百年了。"官"，原姓"上官"，后简称为"官"。

官觐瑶的父母生了好多孩子，因生活贫困，存活的只有三兄弟：官觐玖、官觐侃、官觐瑶。官觐瑶出生于1902年，9岁丧父，此后，他们一家人长期过着艰辛的生活。

官觐瑶兄弟三人从懂事起就跟着族亲终年在外学做土纸。官觐瑶12岁那年，到离乡几十里远的步云做纸，三天两头被工头打骂，母亲悲愤又无奈，便决意在第二年送他到连城县新泉官庄村舅父家上私塾。舅父觉得他天赋很好，便承担了所需的全部费用。

官觐瑶16岁那年，不负舅舅所望，考进长汀县第七中学读书，毕业后考进厦门集美师范学校。

官觐瑶在厦门读书期间，受到马列主义理论和中国革命思想的熏陶，于1926年在厦门加入中国共产党。

1927年夏，官觐瑶受党组织委派回到家乡闽西开展农民运动，在上杭、永定、连城、长汀等地秘密进行党的宣传活动，发动贫苦农民团结起来闹革命，实行"耕者有其田"。

1928年春，官觐瑶与共产党员傅柏翠取得了联系，在家乡大源村与胞兄官觐玖一起组织农民武装，开展反封建、反剥削斗争。随后，他率领17名农民武装人员与傅柏翠一道带着队伍开赴永定参加攻打坎市的战斗。不久，他领导的这支队伍编入闽西红军，对闽西土地革命和政权建设作出了贡献。

1929年2月，官觐瑶回到上杭，被分配到上杭城关从事党的秘密工作。在上杭附近的一个秘密驿站，他结识了受组织委派的郭四英。之后，官觐瑶改名"官鳌"，郭四英改名"郭素英"。

（二）

官鳌和郭素英在上杭城里开展地下工作，经常有一位商人打扮、50岁左右、老成持重的人陪同出入，他是地下党的负责人周先生。表面上他们三人是合伙的商人，实际上他们是一起到上杭执行特殊的任务。

周先生告诉官鳌和郭素英："你们这次的任务是以夫妻的身份在城里接应攻打县城的红军，要设法保证红军顺利拿下县城。"周先生把已经替他俩办好的证件交给他们。

暮色渐起，郭素英紧跟在官鳌身后向县城走去。抬头远望，附近的村庄已经飘起袅袅炊烟，而不远的上杭城，灯火已经点亮。

战前的古城，静悄悄。

官鳌这次出现在上杭城里，没有人认识他。入住的地点，是当地秘密组织选好的。他化装成算命先生，从衣着穿戴到走路姿势、语言声调，都挺像。官鳌在集美师范学校读书时，曾经对《易经》有着浓厚的兴趣，这时派上了用场。

官鳌外出时，头戴一顶黑色小帽，身穿灰布长衫，戴着墨镜，背着一个小布包，身上暴露部分有意识地用木炭的灰水抹了抹，一手拿着布幡，上书一个黑色的"卜"字，一手拿着一把破雨伞，伞把上系了一根蓝布条。这是组织上吩咐的接头暗号。

走街串巷的官鳌边走边吆喝着："哎——算命测字八卦哟——"

当时的上杭城，青砖老屋居多，老巷则用青石板铺就，给人古香古色之感。当然，也有一条街，一色的洋房，气派不凡。沿江的一条老街，如韵律悠长的古曲，绵延曲折，耐人回味。

官鳌走路时，有意放慢脚步，摇头晃脑，十足的算命先生做派。

在城门旁，一位官员模样的人叫住了官鳌，求他算算，自己到底有没有指望晋升官位。

官鳌停下脚步，咳嗽了一声，极力使自己镇定下来。

他放下小布包，找个地方坐下，也礼貌地邀请对方坐下。算命贵在察言观色，随机应变。他快速扫一眼对方，立即做出了基本判断："先生门庭宽阔，采福泽宏，诗书满腹。丰衣足食多安稳，正是人间有福之人。"

对方听到官鳌这么说，脸上立即露出了笑容。

"不过，先生虽然——"官鳌乜斜了一眼对方，觉得对方已经"入戏"了，就继续慢条斯理地说，"先生虽然胸襟通达，志气高强，少年勤学有功名，一生福禄无亏，但与人干事反为不美。"

对方听到这，便有点急切地凑过来，问："怎么说？"

"若要心想事成，必须随家人到寺庙——"

到寺庙做什么？当然是烧香求菩萨。这种暗示，顺理成章又不露破绽。

"知道了。"那人说完，便扔下一枚银圆。

官鳌收起银圆在手中掂了掂，笑了。

官鳌继续走着。有一位阔太太坐在自家的门前，冲着他喊："过来，过来，先生给我看看。"

官鳌走上前，瞧着对方白皙的皮肤，一身富贵打扮，便谦卑地问："太太要问什么？"

对方不太在意地说："看看我该有几个男丁？"

"本命有三个，但在树上挂着——"官鳌知道，对付这样有点身份的阔太太，得慎而又慎。

"怎么解？"

"这要看官人——"官鳌故意放出个迷人的气球。

或许，真的被官鳌说到要害处了。

"算了，算了，你走吧。"阔太太说完，丢过几文钱，转身就进屋去了。

这时，一位老者走过来，瞄了一眼官鳌伞上的蓝布条，说："先生算得真准。她老公——"

说完，老者快速地扫视一圈周围，低声问道："先生是厦门过来的？"

官鳌点头："正是。"

"跟我走。"官鳌跟着他转身走进了街边的一幢屋子里。

这位老者从官鳌雨伞的蓝布条上，验证了正是他等待的地下党派来的人。

老者为上杭地下党的联络人老李，满头白发，但很是精神。

找到接头人，官鳌一颗悬着的心放下了。

（三）

这是靠近繁华热闹瓦子街的一条小巷。鹅卵石铺就的路，窄窄的，两侧是高高的风火墙，青色，墙面上还长着浅浅的苔藓，印记着岁月的沧桑。小巷七弯八拐，他们进入一个有院子的老屋，里面空无一人。

老者告诉官鳌："我姓李，你喊我'老李'就好。这里是我亲戚的家，非常安全。根据上级的指派，你们夫妻俩转移到这里住，先把城里情况摸透。吃过晚饭，你把妻子和周先生接过来。"老李说完转身走了。

官鳌悄悄出门将郭素英和周先生接过来。

第二天吃过早饭。官鳌继续装扮成算命先生出门去。郭素英将他送到门口，只交代了两个字：沉着。

官鳌走出小巷，到了大街。刚走几步，迎面就遇到一个匆匆赶路的敌军士兵，官鳌主动招揽生意："老总，测测八字。"

"测什么八字，老子天天在这里提着脑袋，去，去去！"

"这就对了，给你测个平安……命……"官鳌慢条斯理地说。末了，又加一句："不收你的钱。"

"不要钱？那老子来试一试，看看这提心吊胆的日子还要多久。"

官鳌解下小背包，蹲下来，半闭着眼，快速从大拇指曲节算起，往上往右挪着，又快速地落在大拇指第一节上，口中念着：子丑寅卯辰巳午未申酉戌亥……

"你是平安的，不必担忧。"官鳌对他说。

"我的老母还在家里等着我呢，要的就是这'平安'。"

看到这个士兵高兴，官鳌随意地问："老总，这城墙沿城头到末尾，有多长？"

"不长，不长，走走也就半个时辰。"听完，官鳌心里盘算着这段距离。他知道，对这个陌生的敌军士兵，不宜多问，以免引起怀疑。

官鳌收拾起小布包再往前走，到了一个转角处。这里有棵数百年的古榕树。浓密的树叶就像化不开的云彩，沉郁而壮美。需数人合抱的树干，正好可以隐蔽自己。这里恰好对着城墙的哨位，他快速掏出纸和笔，将那哨位记了下来。

再往前走。又来了一个当兵的，小个子，看去只有十六七岁的样子。官鳌主动向他吆喝着："小弟弟，帮你测测八字。"

"测什么八字，老子天天盼望的是早点回家。"小个子兵口气却不小。

"这就对了，给你测一测，不要钱的，说不定你后天就可以回家了。"接着官鳌又装模作样一阵，说，"你的运气很好，三五天就可以回家了。"

小兵立即满脸是笑，高兴起来，和官鳌的距离拉近了。

官鳌问："你每天都在这城墙上走？有几个地方可以走下来？"

"有四个门。离这里最近的地方，就是前面不远的临江楼下的城门。汀江的浮桥边，还有一个城门。"说完，小兵头也不回地离开了。

官鳌花了大半天，在城区转了一圈，摸清了守城士兵的大致底细。但要深入敌人的阵地，尤其是炮阵地，就必须进一步深入侦察。

有什么办法能够进入敌军的巢穴，把敌情摸得一清二楚呢？

前面，有一队巡逻的士兵，荷枪实弹走过来，官鳌连忙闪进旁边的一条小巷。

驻守上杭的军阀卢新铭，是军校炮科毕业的，善于用炮。当时红军没有重武器。前两次攻打上杭，采用的是强攻战术，可当红军和游击队员利用云梯爬上城墙的时候，敌军阵地突然大炮轰鸣，呈扇形扑过来的弹雨杀伤力很大，指挥员不得不下令撤退。

官鳌再往前走，一个在阵地上用望远镜观察的敌炮兵指挥官，在望远镜中发现了他，几个守城的敌军便气势汹汹地走了过来。

官鳌笑着和敌军打招呼："老总，我给你们测测运气，免费！"

敌军："去，去，去！测什么运气！别给老子添乱！"

一个头目模样的敌军很警惕："你该不是红军的探子吧？"

"老总，你们看我像吗？"官鳌沉着冷静地回答，摇摇头笑着离开了。

直到夕阳时分，官鳌才回了家。刚跨进家门他就吃了一惊：一名穿着国民党军服的年轻男子端坐在家里，好像正在等着他似的。

还没等官鳌开口，郭素英就笑着说："这是我的表弟周丁基，他来看我。"

官鳌一颗悬着的心放了下来。

周丁基说，他在军队中当炮兵班长。母亲病得很重，本想回家去伺候母亲，但上司不同意请假。据说红军准备再次攻打上杭。现在管得很紧，不准任何人离开部队。

得知这个情况，官鳌暗暗高兴。睿智的他马上想到，如果做好周丁基的工作，他的任务就成功了一半。郭素英告诉周丁基，红军是为劳苦大众的，要他为红军再次攻打上杭出力。

周丁基答应了。临走时，官鳌从口袋中拿出几枚银圆，放到周丁基的衣袋里，关切地说道："这是我今天出门挣来的。这点钱给你母亲看病。如果回不去，抓几帖中药请人带回去，给母亲调理一下也行。"

周丁基很受感动。第二天，官鳌设法约周丁基见面，告诉他说："你们现在使用的炮，属于前膛装火药的老炮，火药装好后，塞上棉花，再装上铁砂、钢珠、钉子甚至小铁块。发炮时，用捻子引着大炮底部的导火线，引爆火药进行发射，爆炸后呈网状，因此杀伤面积大，而且不好隐蔽。"

周丁基恍然大悟："如果捻子潮湿了，不就成了哑炮？"官鳌会意地点头笑了。周丁基走后，官鳌马上把自己了解到的敌军炮阵地布局情况绘制成图纸。

（四）

  红军第三次攻打上杭城的指挥部就设在离上杭不远的九峰山的山坳里。此时红四军"七大"已经结束，毛泽东被迫离开了红军，到永定一带驻扎下来，一边养病，一边做农村调查研究。离开了毛泽东的指挥，红军作战并不顺利，尤其是前两次大规模强攻上杭的失利，对红军和游击队的军心造成了一定影响。

  此时，打一个大胜仗，重振红军的军威，震慑敌人，十分必要。

  指挥这场大仗的是鼎鼎有名的朱德，而主力部队就是红四军。他们从井冈山出发，扫荡赣南，进军闽西，如铁流滚滚。敌军围追堵截，都以失败告终。这样一支队伍怎么能被上杭挡住前进之路呢？

  红军指挥部的指挥员对作战中的每一个细节都高度重视。官鳌绘制的图纸，很快就进入指挥员的眼帘。

  郭素英按约定的地点联系上表弟周丁基，明确告诉他：设法在开战时，让大炮哑掉。

  战斗开始了。不远处，一发红色的信号弹升起在夜空。激烈的枪声骤起，喊杀声阵阵传来。几百只船和竹排横渡辽阔的汀江，对敌人发起勇猛攻击。其实，这只是迷惑敌人的佯攻，红军的主力并不在这个地方，他们已经在汀江上游悄悄渡江，潜入上杭城的东北角和西北角。

  周丁基给早就联系好的士兵每人分发两个银圆，一行人分头往古炮的捻线（即引火线）上撒尿。

  红军的喊杀声越来越近，正面进攻的红军架起了云梯，有的已经接近雉堞了，而东北角、西北角如潮水般涌来的赤卫队员，也即将冲到炮阵地附近。

  敌军指挥官歇斯底里地喊："开炮，开炮！"

  古炮哑然，如沉默的雕塑，岿然不动。

  周丁基和他联络好的士兵，乘机一边大喊"红军攻上来啦，红军攻上来啦"，一边佯装撤退。

  敌军阵地顿时大乱，敌人吓得四散溃逃。

  排山倒海的红军和赤卫队员，涌上城头，打开城门，攻入城内。卢新铭麾下 2000 多人的队伍,狼狈地逃离上杭。

红旗飘扬。上杭解放了!

(五)

上杭解放了,官鳌和郭素英自然非常兴奋。经这次并肩战斗,周先生代表组织正式批准他们结为夫妻。接着,他们又接受党组织的任务,被派到新的战场。

1931 年,党内错误开展了"肃反"运动,官鳌和郭素英夫妻俩被扣押,于 1931 年 6 月 23 日被错误地杀害。

新中国成立后,人民政府追认官鳌同志、郭素英同志为革命烈士。后来,大源村的村民发现村头有两棵并肩成长的大松树,村民都说这好似并肩战斗的"夫妻树"。

(何　英)

郭金菊：
迎风傲霜的金菊花

郭金菊，女，1898年出生，福建省龙岩市新罗区西陂乡西山村人，1939年参加革命，1945年6月牺牲。

1898年春，郭金菊出生在龙岩市新罗区西陂乡西山村一户贫苦农民家里。郭金菊家中一贫如洗，破屋四面漏风，母亲得了产后风，撇下三个月大的郭金菊，撒手人寰。父亲给她取名金菊，希望可怜的女儿像秋天的菊花一样，金灿灿迎风傲霜，绽放美丽。金菊太小，气脉弱，哭声嘤嘤如小猫。父亲白天外出给地主老财家干活，为了女儿活命，只好忍痛割爱，将女儿送给社兴村一户林姓人家抚养。

顽强的郭金菊正如父亲希望的那样，在养父母家中长大了，亭亭玉立，温柔贤淑。她遵照养父母媒妁之言，19岁嫁给隔后村邱荣寿为妻。婚后生下五个孩子，仅养活两个：大儿子邱锦才、小女邱锦钗。一家四口，起早贪黑，辛勤劳作，却仍然食不果腹，衣不蔽体。1931年，郭金菊33岁，儿子12岁，丈夫积劳成疾，罹病而亡。儿子还未成年，女儿幼小，一家人的生活重担完全落在了郭金菊身上。从小失去母亲，婚后连续失去三个孩子，如今又失去家中顶梁柱丈夫，郭金菊的命同那时的其他中国百姓一样，比黄连还苦。她倒下了，连续三年犯疟疾，这对常人而言是无法想象的。三年里，郭金菊时常打摆子，还要劳动以养活两个孩子。无钱医病，自己就到山上采集草药服用。她坚强得如同一朵野菊花，在瑟瑟秋风里，挺立着，绽放着，傲骨铮铮。

1938年，儿子邱锦才19岁了，郭金菊稍稍喘了一口气。但她没想到，邱锦才在这年悄悄加入了中国共产党，秘密担任村党支部书记。过了一年，郭金菊知道了儿子的事情。这是她唯一的儿子啊，丈夫没了，儿子是家中仅剩的男丁。但郭金菊冷静思考后，不仅没有责怪儿子，还鼓励道："儿啊，妈妈支持你，只有共产党的天下，穷人才能过上好日子。但你一定要胆大心细，保全性命。"此后，郭金菊跟着儿子，协助儿子，一起从事革命工作。她望风送信，联络接头，宣传鼓动。

山雨欲来风满楼。1941年，"闽西事变"发生后，顽固派疯狂地屠杀革命志士。一时间，闽西上空乌云密布，腥风血雨。一些人动摇了，变节了。有人劝她让儿子远走南洋，投奔海外亲戚。但她没有被吓倒，坚定地说："儿子干革命，他要走自己的路，不会出国的。"林映雪、李居民、郑金旺、陈水锦等革命同志到她家秘密接头，她总是母亲般嘘寒问暖，端茶倒水。当得知女交通员廖桂花冲出敌人包围，逃出交通站，藏匿在区委书记邱梅发家中时，郭金菊想方设法找她谈心，鼓励她不要怕，邪不压正，不动摇、不妥协，革命一定能胜利。

儿子随王涛支队转战闽西，郭金菊坚守在交通线上，做了一个决定：请求上级批准女儿参加革命。要知道，郭金菊的女儿邱锦钗，那时才13岁。

女儿去了边委工作，家里只剩下郭金菊一人，她无牵无挂地为游击队送信、送粮、送药品、联络、接头、带路。她把一块豆腐卤能吃上一天，将家中还能值点钱的农具、家具尽数变卖，支援游击队。她宛若一朵风中菊花，金灿灿地摇曳在闽西红土地上。

反动派时常要抓她，她东躲西藏，前后三次被捕，受尽酷刑，也只字不说。这个自小尝遍人间疾苦的母亲，已心坚如铁。出狱养好伤，她继续投入革命工作。

1945年5月2日，王涛支队在肖坑田螺地战斗中大获全胜，缴获敌人大量武器弹药，使顽固派大为震惊、恼怒。邱锦才参加王涛支队后，英勇杀敌，令敌胆寒。他们抓不到邱锦才，便下毒手报复其母亲。邱锦才得到情报，安排母亲躲到石粉村女接头户倪哥仔、张生仔家，以躲避前来搜捕的顽军。后来，郭金菊又转移到西山村娘家藏匿。5月下旬，看风声渐过，她才回到离开已久的家中。当天深夜,疲惫的郭金菊被一阵砸门声惊醒。天已破晓,她透过窗户看到院子里黑压压一片敌人。久经风险的她,机智地翻过墙上小窗,躲进稻草房。门被砸开,十多个敌人冲进屋,搜索一阵,发现既没人也没值钱的东西,就骂骂咧咧地走了。

郭金菊真以为敌人走了,翻过小窗户,回到房间。狡猾的敌人虚晃一枪,卷土重来。郭金菊又一次被捕了。

原来,郭金菊一回家,就被隔壁兰仔婆(土名)发现,为泄私恨,她报告了新罗镇警察署。敌人闻讯扑来未果,兰仔婆趴在墙头伸手指向与卧室相连的稻草房。

郭金菊被敌人五花大绑,天亮了,她抬头望向趴在墙头的恶婆子,大声骂道:"你的死期也快到了,我的儿子会替我报仇的!"(后来中共地下党组织处决了兰仔婆)郭金菊抬手理理凌乱的白发,镇定地对敌人说:"我不会跑的,让我在厅上坐一会儿就走。"她知道,这次也许是永别。

郭金菊被敌人关押进宽仁堂监狱,一同被关押的还有石粉村女接头户倪哥仔、张生仔,她俩是前不久因叛徒出卖而被捕的,罪名是帮助"共匪"。为此,1945年6月初的一个夜晚,邱锦才奉命带领一个班潜回龙岩,抓捕了石粉村这个叛徒。押解途中,这个叛徒看见远处敌人炮楼,便垂死挣扎着奔去,邱锦才见状,果断下令开枪,战士将他击毙在稻田里。

监狱里的郭金菊被敌人一次次拉去灌辣椒水、坐老虎凳、十指扎竹签等等,受尽折磨,死去活来。对于一个手无寸铁的妇女,敌人却如临大敌,特地找来粗大牵牛绳捆绑郭金菊。

1945年6月20日傍晚,穷凶极恶的敌人将郭金菊、倪哥仔、张生仔三位妇女押解到后北门的炮楼里。敌人恐吓说再不招供,就拉出去活埋。三位坚贞的母亲,三位坚强的革命者,早已将生死置之度外,她们仍然沉默不语。

6月21日凌晨,黎明前的黑暗笼罩闽西红土地。郭金菊、倪哥仔、张生仔三人被敌人用牵牛绳紧紧捆绑,拖着一步步走向后北门山坡。惨无人道的敌人,叫她们自己挖坑活埋自己。她们英勇无惧,跳下亲手挖掘的活埋坑时,一遍遍高喊:"打倒国民党反动派!我们一定会胜利的!"

母子连心,邱锦才正在江山乡执行任务,他伫立在一处山冈上,悲痛欲绝，如一尊雕塑。他久久遥望东南方向的龙岩城，泪如雨下，泣不成声。回到驻地，他写下一篇悼母祭文，其中一段文字是："她走了，但她那刚强的意志、慷慨的牺牲精神，永远烙印在她的子女和每个革命者的心中。"

新中国成立后，郭金菊被评为革命烈士。党和政府找到了她的尸骨，安葬于靠近隔后村的登高山上，后来迁入新罗区烈士陵园。郭金菊的英名和事迹永远镌刻于历史丰碑。

（张　茜）

郭文焕：
战胜敌人的伟大因素

郭文焕，原名郭培文，男，1900年出生，福建省福安县城关南湖人，1929年初加入中国共产党，1941年2月牺牲。

1900年6月，郭文焕出生在福安县城关南湖。母亲将他抱在怀中，惊讶地发现这个孩子的脑袋特别大，大于普通婴儿，估摸他能读书、能思考，也许会有大出息，便给他取名文焕。小文焕自幼性格沉静，善于思考，心灵手巧，加上天生头大，乡亲们称他"大头焕"。

郭文焕原本生于小康家庭，上有一兄二姐，但因父亲病逝得早，家道日益衰落。他勉强读完高小，就到"蔡元记"百货店当学徒工。言语不多却总爱思考的郭文焕发现店里所售商品大多数为洋货。作为一个中国人，他感到气短郁闷。我泱泱大中华，历史悠久深厚，拥有四大发明，可现在连火柴、电池都是洋人制造的。环顾福安，没有一家工厂，见不到一台机器。他决定举一己之力，弥补空白，哪怕一点点也行。说干就干，他想方设法搜集与工业制造有关的报刊剪贴成集，攒钱购买《电机工程概论》《交流电机》等书，下班后刻苦自学和钻研。

1922年，福安开办第一家火力发电厂。郭文焕闻讯赶去，毛遂自荐，担任技师，边干边琢磨，终于发电成功，点亮了福安城第一盏电灯。之后，碾米厂的柴油机一旦有故障，就请他修理。石印技术也是他最早引进福安的。

1927年，北伐战争震撼整个旧中国，也震撼了郭文焕年轻的心。他从北京读书回乡的同学手中借到了《新青年》《向导》《热血日报》等革命书刊，如同发现了一盏盏灯火。通过学习这些进步书籍，他终于明白了苦苦思索的问题。中国贫弱相交、黑暗混乱的根本原因在于帝国主义列强的侵略和社会制度的黑暗腐败。要拯救民族危亡，中华儿女必须奋起，反帝反封建。他拿出纸墨写下"天下兴亡，匹夫有责"八个大字，高高悬挂于寝室墙上，以自省自勉，奋发图强。

1928年，郭文焕的家成为革命活动的秘密场所。他家临近山林，十分隐蔽。党的秘密会议，接待上级来人，地点均设于此。那一年，邓子恢秘密来到福安，就隐居在郭文焕家楼上谷仓里，指导闽东农民运动。那一年，闽东革命高潮迭起，福安县柏柱洋成立了闽东苏维埃政府和闽东特委，郭文焕家便成为特委和苏维埃政府的"财物转运站"。大批银圆、物资在半夜里由地下党同志送来，郭文焕的嫂子冒着生命危险，先秘密保管，然后转交持有暗号的同志运走。为了筹集经费支援前线红军，郭文焕将自己地主大姐夫的行踪通知游击队，使游击队准确地捉到他，筹集了1400块银圆。郭文焕一向生活清贫，家里常年以番薯米充饥，却把自家园地卖了，将卖来的钱全部交给了党。

1929年初，郭文焕、马立峰和陈铁民等革命者在福州加入中国共产党，同时组建福安党小组，郭文焕担任组长。受党组织派遣，郭文焕回到福安发动群众进行革命斗争，以其聪明才智和灵活机动的斗争方式同国民党当局斗智斗勇，为闽东党组织、抗日民族统一战线的建立和发展做出了重要贡献，给漫漫长夜的福安及闽东地区带来簇簇星光。

为了获取准确情报，打击敌人，郭文焕以商店推销业务员身份，秘密结交进步乡绅、教师、教徒、道士、商人以及国民党中的正直人士。他与人为善，做事厚道，在群众中享有很高威望。为了掩护身份，有效地执行任务，郭文焕有意识地利用各种机会同国民党政府官员、士兵、民团团丁交往，同福安大税吏苏金生和刘宗彝的勤务兵交上朋友，利用姐夫蔡慕西同民团团总林从秋的关系，在民团中安插两位进步青年当团丁，同城门敌人岗哨士兵喝酒猜拳，建立关系。

在郭文焕和其他同志的辛勤努力下，仅半年时间，福安的柏柱、漳港、穆阳、苏堤、桂林等村庄，先后建立了党组织。接着，建党工作由城区扩展到东区一带,"中国反帝大同盟福安分盟"和"中国革命互济会福安分会"等党的外围组织普遍建立。郭文焕利用"蔡元记"百货商店店员身份,建议老板扩展业务,兼售上海等地出版的书籍,将《共产主义ABC》等书秘密介绍给一些知识分子。地下党的秘密刊物《星火》创办时,他亲自指导刻印,并负责将刊物输送到各基层支部、店员工会、农协、互济会等组织。

1931年,郭文焕与郑楚云等领导成立"黄澜惨案后援会",发动驱逐屺山中学反动校长的学潮,两次斗争均取得胜利。这年秋天,郭文焕被捕入狱。他发现敌人并未掌握确凿证据,便据理力驳,拖延时间,获得营救,继续从事革命工作。

1933年初,郭文焕以商店推销员身份作掩护,收集到大量情报,配合红军和游击队打了一次又一次胜仗。有一次,郭文焕得到紧急情报,敌人新十师武装船队载运大量武器弹药,要秘密通过化蛟河。中心县委立即派陈挺率领短枪队埋伏于化蛟河边。黎明时分,敌人运载弹药的船果然开来了。100米、80米、50米,近点,再近点。"打!"陈队长一声令下,20多支短枪齐发,打得船上敌人猝不及防、晕头转向、举手投降。这次战斗毙伤敌兵多人,缴获整船红军当时迫切需要的枪支弹药及其他物资,史称"化蛟伏击战"。化蛟河距离敌师部驻地仅十几里,等于在敌人眼皮底下。成功劫船,令敌震惊不已。

1935年初,红军北上抗日,郭文焕奉命留下,担任特委委员、六团后方留守处秘书长。1937年,闽东特委将闽东苏维埃政府改为闽东人民抗日军政委员会,将中国工农红军闽东独立师改为中国人民红军闽东独立师。这时,郭文焕辞去商店推销员工作,一方面与闽东红军领导保持密切联系,一方面领导县委工作,全身心投入到当地的抗日救亡运动中。

1939年9月10日,郭文焕与特委成员陈斯克、郭树干等三人,从福安赶赴周宁横坑参加特委会议,途经周宁咸坑水尾拱桥溪时,遭遇国民党保安队。保安队从他们肩挑的行李中搜出电池、蜡烛等物,便以重大嫌疑罪将他们逮捕,押送宁德县监狱关押,随后以所谓"案情重大"转解至三元(今三明)国民党省保安处羁押所。

郭文焕在狱中面对严刑拷打,始终咬定自己只是一个小商人。他在狱中组织秘密党支部,教育党员同志要把监狱当作战场,团结多数犯人,采取合法斗争。他带领狱友绝食，取得囚粮增加。一位狱友身份暴露，他立即组织力量，联系外面同志，帮助其成功越狱，可自己毅然留在狱中坚持斗争。不久，由于叛徒告密和福安国民党反动头目的密报，郭文焕也暴露了身份。敌人对其施加"抽皮鞭""吊打""坐老虎凳""针刺"等种种酷刑，他一次次死去活来，瘦弱身躯被烧红的烙铁烙得皮焦肉烂、鲜血淋漓。他水米难进，奄奄一息。时值"皖南事变"发生，他对国民党顽固派的倒行逆施无比痛恨，勉励一位特委同志要坚持斗争："家事努力料理，一切勿疏懒荒废，勉为其难。"

1941年2月1日，这位对党忠心耿耿、坚强不屈的共产主义战士，用尽最后一口气喊道"中国共产党万岁"，倒在敌人牢狱里，时年41岁。

当年，中共福建省委书记曾镜冰对郭文焕（原名郭培文）的革命斗争精神给予高度评价，称之为"郭培文精神"，并指出这种精神是"战胜敌人的伟大因素"。

（张　茜）

红色三兄弟：
一村两家六英烈

　　林仲森（双胞胎哥哥），男，1905年出生，中共党员，红军第十二军三十五师一〇三团一营营长，福建省上杭县才溪镇下才村人，1933年在邵武作战中牺牲。

　　林仲德（双胞胎弟弟），男，1905年出生，中共党员，红军独立第八团连指导员，福建省上杭县才溪镇下才村人，1934年在永定作战中牺牲。

　　林仲达，男，1914年出生，才溪赤卫队队员，福建省上杭县才溪镇下才村人，1933年后无音讯，后被追认为革命烈士。

　　林金堂，男，1904年出生，中共党员，中央特派员，福建省上杭县才溪镇下才村人，1934年10月在江西瑞金病故。

　　林金森，男，1907年出生，福建省上杭县才溪镇下才村人，1930年在武平县中堡作战中牺牲。

　　林金香，男，1908年出生，中共党员，福建省军区独立二团二营三连指导员，福建省上杭县才溪镇下才村人，1933年（另一说1934年）在江西省作战中牺牲。

　　上杭县才溪镇，素有"将军之乡"的美誉。1929年，毛泽东、朱德率领红军从井冈山挺进闽西，开辟新的根据地，广大劳苦群众踊跃参加打土豪分田地斗争。

　　总人口数百人的发坑村，当年参加红军或赤卫队的有112人。在"扩红"

中，林云彪、王冬姑夫妻和林攀信、王永玉夫妻所生的孩子表现突出。他们的孩子摆出"特别的理由"争当红军上前线，先后光荣牺牲，成为传颂四方的"红色三兄弟"。

这两家的"红色三兄弟"分别是林云彪、王冬姑夫妻所生的林仲森、林仲德、林仲达；林攀信、王永玉夫妻所生的林金堂、林金森、林金香。

（一）

生活在梅花山脉深处大山坳里的林云彪、王冬姑夫妇，一直过着日出而作、日落而息的农耕生活。林云彪小时候因为家里穷，从记事起就跟着大人做些力所能及的家务事，官年盘、龙居山是他自小摸爬滚打的山头。

邻居桥叔是建房的泥工好手，在林云彪12岁那年，桥叔看他为人诚实又肯干，便提出带他在身边作帮手，包他的一日三餐。因为能解决一个孩子的口粮问题，家里人欣然同意。

林云彪18岁那年秋天，跟着桥叔翻越当地人心目中的"神山"——紫金山北面的南山，到竹子窝去给人家建房子。快到九月节时，按客家人的习俗，这是一年中的"尾节"，外出的人离家再远都要赶回家过节。可是，那年秋天的暴雨特别多，山洪冲垮了回家的山路，无奈之下，桥叔只好吩咐云彪一起在东家过节。

这天夜里，东家16岁的养女"捡妹子"突然间肚子痛得在地上打滚，东家的奶奶吩咐"赶快到背头的菩萨庵去取香煮水喝"。当年，人们目不识丁，生病只能采用这种落后的方法自救。

林云彪抢着说："我去！"因为他和桥叔翻过紫金山来这里时，曾到过那座菩萨庵歇脚。说完，他便接过东家点燃的松明火把出发了。

桥叔则留下来观察情况，一刻不停地揉按捡妹子的人中和脑门。不到一个时辰，林云彪就飞也似的回来了。

三更时，捡妹子慢慢平稳了下来，全家悬着的心才放下。

事后，林云彪说，那天夜里他是一路飞奔着赶到菩萨庵的。捡妹子全家觉得林云彪是个"靠得住"的男子汉，就决定把捡妹子许配给他。

第二年，林云彪用三只鸡卵子（小母鸡）把捡妹子娶进了门。

捡妹子接连生了两个女儿都在襁褓里夭折。怀第三胎时，全家人对她特别小心地予以照顾。老天眷顾，这胎平安生下了一对双胞胎男孩。全家非常高兴，取名林仲森、林仲德。后来，捡妹子一连生了好几胎但都没有养活，唯独1914年出生的林仲达存活下来。

林仲森19岁那年娶了邻村的"路妹子"为妻。第二年，弟弟林仲德迎娶张屋的张冬莲为妻。双胞胎儿子林仲森和林仲德成家立业后，父母给他们分了家。两年后，兄弟俩都生了孩子。

1928年，才溪乡在党的领导下，轰轰烈烈地开展打土豪分田地斗争，林仲森、林仲德积极参加赤卫队，向苦难农友宣传革命的主张，发动农友们起来与土豪劣绅作斗争。分到田地的林仲森、林仲德兄弟俩，真正体会到了只有跟着共产党走，才能翻身解放过上好日子。

1929年，毛泽东、朱德率领红军进驻才溪，劳苦民众踊跃报名参加红军。半年后，林仲森、林仲德兄弟俩都加入了中国共产党，跟着红军的队伍转战闽西各地。不久，弟弟林仲达参加了才溪赤卫队，后来加入红军队伍离开了家乡。

林仲森、林仲德和林仲达三兄弟参加红军离开家乡之后，路妹子和张冬莲妯娌俩参加了乡里的农会组织——妇女会。家里的男人都参加革命了，女人如果也出门参加革命，孩子怎么办？

婆婆看出了妯娌俩的心思，出面协调说："依我看，革命活动要参加，孩子也要照顾。你俩一个去'打恶霸、闹革命'，留下一个在家砍樵割草种菜。谁去好，你俩自己商量。"

此话一出，妯娌俩谁也不让谁，争着要去参加革命。最后婆婆开口说："你俩都不要争了，明天早上同时去砍樵，谁早归，谁就出门跟着共产党斗地主恶霸，迟归的，就留在家里照顾孩子。"

婆婆知道，客家妇女是吃苦耐劳的，不需要向她们提出比谁砍的樵担重。因为妯娌俩在平时就常常暗自较劲。

第二天一大早，妯娌俩各自上山了。最后，张冬莲早一步回来。路妹子放下肩上的担子就向弟媳妇认输说"我留在家看孩子"。路妹子还大声地向婆婆和弟媳妇表态："佬妹，你放心出去，家里有我和婆婆。只是有一句话，你们去闹革命的,都要给我平安回来。"听罢,张冬莲紧紧地抱着这位比自己小几个月的嫂子,她俩都深知前路艰险未卜。

张冬莲一心扑在组织妇女群众参加革命的热潮中。1933年,红军撤出闽西后,国民党势力反扑过来。张冬莲带领群众转移,同时为配合地方游击队开展斗争,带动妇女到南山配合游击队与国民党周旋。

张冬莲组织妇女砍下山上的毛竹做成一尺长的大竹签,一再盼咐大家要把竹签的尖"削得尖尖的",之后把尖的一端放在尿桶里浸泡后,布在山上作为暗器。

有一回,张冬莲带领妇女正在南山的"东坑里"布暗箭,突然前方来了一群持枪的国民党兵,她情急之下赶紧将手中的竹箭互敲,发出撤离的暗号。同胞们接到暗号,三下两下就往侧边的山坳里溜去,国民党兵哪里是她们这群大山女儿的对手啊!人们因此给了张冬莲一个封号——"铁姑姑"。

后来红军北上,留下一部分红军转入大山里打游击,这部分红军继续协助地方党组织与国民党开展游击战争。

在游击战争最艰苦的1935年冬天,张冬莲从地下党组织那里听说林仲森和林仲德兄弟已经双双牺牲,弟弟林仲达目前还没有消息。

张冬莲强忍泪水在公婆和嫂子面前强颜欢笑,当作什么事也没有发生。她默默地承担着失去亲人的悲伤,不想让家人过早地深陷悲痛之中。于是,张冬莲就暗暗地谋划着好好照顾家庭。从那天之后,她也不再出门了。

一天晚上,张冬莲做完家务正准备睡时,抬头猛然看到床头墙上挂着的蓑衣,突然间想起丈夫离家时盼咐的话"我不在家,天冷时就把蓑衣当条被子盖,会暖和些",一时悲从中来,忍不住哭了起来。这哭声惊动了路妹子。

路妹子听到哭声,赶紧跑来询问。张冬莲终于藏不住,哽咽着说:"嫂子,我对不起你!本来怕你伤心,还不想让你知道。我们……我们家里……他们三个去参加革命的,已经'光荣'了两个……而没有娶妻的老三是死是活还没有消息。"

路妹子听到这里,发疯似的冲出了家门,从此没有了任何消息。

张冬莲强忍悲痛,担负起照顾公婆和所有孩子的重担。由于生活太艰苦,几个月后,林仲森和路妹子生的孩子病死了,她和林仲德生的儿子饿死了,只留下一个女儿林开兰。

1949年后,张冬莲从有关部门得知当年参加红军的三位亲人的完整命运。

林仲森参加红军之后,参加了永定战役和1932年4月著名的漳州战役。1932年12月中旬,随红一方面军到了邵武,任红军第十二军三十五师一〇三团一营营长。1933年,红军向江西撤退,林仲森为掩护战友,在邵武作战中光荣牺牲。

林仲德参加了红军攻打永定城的战役,后又参加了著名的漳州战役。漳州战役后,部队进行了整编,林仲德被编入红军独立第八团任连指导员。1934年,红军实行战略大转移北上后,林仲德随红军独立团留在闽西坚持地方游击战,在永定的一次战役中,光荣牺牲。

弟弟林仲达跟随红军转战闽西各地,也参加过1932年4月著名的漳州战役。林仲达偶然从老乡那里得知,哥哥林仲森和林仲德所在的红军部队在这里战斗。想到三兄弟参加同一战役,他不由得感到无比光荣,且一直想找机会去看看两位哥哥。可是部队管理严格,加之整编后三兄弟都得不到各自所在部队的确切信息,只好作罢。1933年,林仲达跟随部队从福建西部转移到江西,在石城战役中失去了联系。

新中国成立后,三兄弟都被追认为革命烈士。

张冬莲103岁仙逝。

(二)

在发坑,还有一个"红色三兄弟",是林攀信、王永玉夫妻所生的林金堂、林金森、林金香。

1929年,中央红军在闽西"扩红"时,才溪出现了"一夜扩红三万"的感人场面。青壮年争先恐后上前线,父母送子,新婚妻子送郎。红军在这里实现了整建制的扩编。

在"扩红"中,林金堂、林金森和林金香三兄弟各自摆出"特别的理由"争当红军。

林金堂和林金森长得像父亲,高个子,圆脸秀目,黑黝黝的,两人平日里都跟着父亲种田、做木匠。金香个子虽然也不矮,也耕田学做木匠,但长得像母亲,性格温柔不大爱讲话。

1929年"才溪暴动"后,三兄弟积极参加土改、支前,金堂入了党,金森、金香入了团。

不久,乡里第一次扩充红军,三兄弟和其他年轻人一样纷纷报名。可是名额有限,乡里打算在他们三个人中挑选一个。

于是大哥劝两个弟弟说:"佬弟,当红军我们都应该去,但是你们力气没有哥哥大,还是让我先去,你们留在家里照顾好父母也是光荣的。"

两个弟弟都不同意。金森说:"我还没有成家,无牵无挂一身轻,还是我先去当红军。"

金香也着急了,他急切地对两位哥哥说:"你们虽然比我大几岁,但论个子我不比你们矮,论力气也不比你们小多少,你们挑一石我挑九斗。再说大哥有老婆,又会当家,耕田本事也比我大。二哥你就更不能'出门'去了,爸妈已为你'相中妹子'(定亲),老婆就要'过门'啦!还有,我会吹号,最适合去当红军司号兵!"

金森朝大哥笑了笑,又看看弟弟说:"你们都不要争,去当红军是跟党走,在家里种好田、多打粮食也是支持党,还是我去,你们就不要争了。"

三兄弟僵持不下,这可急坏了母亲王永玉。她在家煮好了午饭,丈夫也已从田里回来了,却不见这三兄弟。她知道这三兄弟是到乡里找苏维埃主席去了,便找了过去,一进门就见三兄弟又在各自摆理,就大骂了起来:"你们想当红军,饭也不吃啦?"

乡苏主席见王永玉来了,便笑着问:"永玉,你是当母亲的,你说该让谁先去?这三兄弟只能先去一个。"

三兄弟都不安地注视着乡苏主席和母亲。母亲脸上露出自豪的微笑说:"我讲不准数,要区里批准才有用。"

乡苏主席说:"谁先去,听你的。"

王永玉似乎早就考虑好了:"为了世界'好光景',三个都去,我也一千个同意,一万个放心!但是如果只能先去一个,那就老大先去。"

乡苏主席指着金堂说:"那还是你这当老大的先去。"

几天以后,乡里公布了参军的名单。谁也没有想到三兄弟中,被批准参加红军的不是金堂，也不是金森，而是金香。因为乡里的工作需要金堂留下。金森呢，虽比金香大，但这次部队缺少司号兵，而金香的小号吹得比金森好，是乡里数一数二的"小号手"。

1930年，乡里又扩充红军，金森的愿望终于实现了，他被分配到红军独立团和弟弟一样当上了司号兵。在攻打武平中堡时，他不幸被流弹击中，光荣牺牲。金森的牺牲，使同志们和他的弟兄燃起了复仇的烈火。金香也在战场上立了功，入了党。

1933年4月，林金香所在的连队在江西某地执行任务时，不幸被敌人重兵包围，最后壮烈牺牲。

1933年年底，敌人的"围剿"更加猖狂了，为了保卫苏区，林金堂调到福建军区政治部工作，后任中央特派员。1934年1月，他当选为先进代表，出席了全国苏维埃第二次代表大会。同年10月，繁忙的工作加艰苦的生活，林金堂在江西瑞金倒下了。

2019年，笔者在采风撰写反映当年闽西人民为中国革命浴血奋斗的伟大壮举的大型交响组歌《古田颂》时，追寻到这林家三兄弟的光荣历史，以此为原型创作了一首歌曲——《红色仨兄弟》，唱遍祖国的大江南北。

附：

《红色仨兄弟》（歌词）

1929年，朱毛红军到才溪，领导穷苦人民闹革命，土改支前扩红军，林家仨兄弟当红军，牺牲在前线，成为传颂千秋的红色仨兄弟。

大哥说，我是家里的顶梁柱，参加红军打白狗，理应我先行。万一我在战火中"光荣"，你俩再当红军上前线，替我照顾好父母亲。

老二说，大哥家里有妻室，当家耕田样样行，家里不能没你。我正当年无牵挂，弟弟年小我好几岁，参加红军理当我先去。

老三在着急：大哥有妻在家里，父母兄弟都放心；二哥定亲要迎娶，别让父母牵挂哥分心；我无牵无挂会吹号，最适合去当红军司号兵。

仨兄弟相争不相让，急坏了父母和仨兄弟。母亲说，为了世界好光景，三个同去，我也一千个同意、一万个放心。战火纷飞，仨兄弟先后当红军，只因子弹不长眼，仨兄弟先后血染疆场，光荣牺牲，留下千秋传颂红色仨兄弟。

（何　英）

胡辉昌：

为革命而生，为理想而死

　　胡辉昌，男，1903年出生，中共党员，曾任汀新杭苏维埃政府副主席、军政委员会副主席，福建省上杭县旧县镇梅溪寨人。1929年参加革命。1936年，在上杭县城郊白玉村给游击队运粮时被敌人杀害。

"砍头不要紧，只要主义真。杀了夏明翰，还有后来人！"这是中国共产党党员夏明翰在被国民党反动派杀害前，留下的一首气壮山河的就义诗。众多后来人中，有一位来自上杭县旧县镇梅溪寨。

在梅溪寨，上了年纪的人都对革命先烈胡辉昌当年为了追求理想，被国民党砍头后在梅溪寨文馆门前示众，又被挑到上杭县城东门城墙示众的革命故事感动不已。

1928年11月7日，尧埔村人邱棣华在上级党组织的领导下，在尧埔村街上"鸿昌号"店里成立了旧县第一个中国共产党支部。

1929年6月9日，红四军进驻旧县，毛泽东、朱德秘密探访了邱棣华，使他受到极大的鼓舞。

8月中旬，邱棣华、陈丹成分别任正、副总指挥，领导了声势浩大的旧县农民暴动。

8月27日和9月20日，邱棣华等先后两次率旧县暴动武装参加攻打上杭城的战斗。

当年的梅溪寨隶属于国民党上杭县三益乡，即由现临城镇和旧县的19个村组成，乡政府设在梅溪寨的文馆门口。贫苦家庭出身的胡辉昌在共产党组织群众打土豪分田地的感召下，和梅溪寨的一批热血青年投身到了火热的革命大潮中。

胡辉昌参加乡赤卫队，并秘密加入了中国共产党。

因工作积极、做事稳重，胡辉昌被党组织任命为汀新杭苏维埃政府副主席、军政委员会副主席。

1934年10月，由于党内"左"倾路线的错误，中央红军被迫实行战略大转移，进行艰难困苦的二万五千里长征。当时根据党中央的决定，一部分红军留在地方，转移到山上开展游击战争，继续领导群众与国民党反动派进行斗争。

胡辉昌跟随红军游击队转移到了崖下山。敌人一方面对山上游击队进行严密的封锁，企图把他们困死在山上；另一方面，对支持红军游击队的群众，尤其是对苏区群众进行残酷的镇压，造成山上红军游击队的物资供应严重匮乏。于是，红军游击队的领导有时必须冒险下山行动。

1936年的一天，红军游击队在山上已经连着十来天没有粮食吃了，有的同志由于天天吃野菜树根，身体已经出现了水肿。夜里，游击队领导张思垣派钟辉元、胡辉昌、涂光雄等4人下山到城郊的白玉村去筹粮食。

胡辉昌凭着对白玉村的了解，主动请缨由他直接进村，与白玉村的接头户取得联系。

他们下山前约好，两人一组相互照应，凌晨下山，钟辉元、涂光雄两人到村口放哨，胡辉昌和另外一人迅速进村与接头户联系，然后快速返回。

他们四人按预定方案分别行动，胡辉昌迅速与村中的接头户"放牛妹"联系上，并约好由接头户白天想办法筹点粮食，还给"放牛妹"留下一点钱，明天这个时间下山来取。

"放牛妹"是白玉村人，因为家里贫穷，50多岁了还是孤寡一人。她恨透了乡间的地主恶霸，她长年给地主恶霸做长工，却还一直吃不饱饭。自从朱毛红军到来之后，她一直在暗中支持红军，成了山上红军游击队的接头户。

那段时间，国民党对红军游击队有可能在山上出没的村庄封锁得特别严，"放牛妹"在清晨得到胡辉昌的信息后，因为心里着急，早饭后就独自到上杭城去买粮食了。

"放牛妹"买好粮食刚走出城，就遇到国民党"别动队"的几个人。其中一人指着"放牛妹"问她："你孤寡一人，怎么买那么多粮食？钱从哪里来？"他们认定"放牛妹"是在为山上的红军游击队买粮，就把她给抓起来投到监狱里去了。

这天晚上，国民党的"别动队"派了一个小分队，趁村民都已入睡，偷偷摸进白玉村"放牛妹"家的周边设好了埋伏。

凌晨，胡辉昌他们如约来到白玉村"放牛妹"的家中，结果落入了敌人的圈套。钟辉元、胡辉昌、涂光雄等4人来不及脱身就被国民党军抓捕了。

残酷的敌人在抓获胡辉昌等4人后，把他们五花大绑押送到梅溪寨文馆门口的三益乡政府。

乡民团头子如获至宝，马上拿来纸和笔，要他们投降招供，写下"悔过书"，还吓唬他们说："如果你们不投降，马上砍了你们的头，挂在村口示众！"

胡辉昌吼道："我们共产党人为了理想，何惧砍头！"

气急败坏的乡民团头子叫来下属，当场就将他们4人砍头，并挂在三益乡政府左侧的树上连续示众4天。

4天后，国民党三益乡的民团头子派人找来梅溪寨老实巴交、身体强壮的钟光昭，命令他把四位革命者的头颅挑到上杭县城东门的城墙下再示众。

钟光昭不愿意，乡民团头子恶狠狠地说："不去？莫非你也是'赤匪'！来人，也一并砍头！"不得已，钟光昭只好服从。

就这样，4位游击队员的头颅，在梅溪寨文馆门口、三益乡政府左侧的树上示众4天后，又被挂在上杭县城东门的城墙上示众。

又过了几天，钟光昭和乡亲们一起将胡辉昌的尸体掩埋在村中的一座小山坡上。

（何　英）

黄垂财:
机智的游击队员

黄垂财,男,1907年出生,中共党员,福建省宁德市蕉城区虎贝镇旧厝村人,1934年参加革命,1936年在罗源县浮楼作战中牺牲。

(一)

旧厝村因村中的旧屋得名。这里,四周都是大山,村中开阔。1928年8月,叶飞、阮英平、范式人等老一辈无产阶级革命家把革命火种传播到虎贝上洋村,村里的年轻人纷纷走出家门参加革命。

8月下旬,继桥头村一带革命领导人发动群众参加革命之后,旧厝村一带的邻里乡亲便秘密地串联起来开展地下革命活动,大力组织、联络、发展群众,一批青壮年先后投身革命。

9月,村里参加革命的青年在地下党组织的领导下,组建"贫农团",召开各自然村积极分子会议,开展"五抗"(抗租、抗债、抗捐、抗税、抗粮)斗争。

1934年1月,周边各村成立苏维埃政府。3月,宁德县苏维埃政府在仓里村设立被服厂、印刷厂等。接着,各地的贫农团、赤卫队、妇女会、儿童团相继成立。

有一天,黄垂财的母亲卧床不起,家人很是着急,母亲却坚持说"这是天命",劝家人不要着急。黄垂财悄悄地告诉家人,他要去洋中请郎中。

才到洋中的村口，黄垂财看到这里正在开展"五抗"斗争，还有一群人聚集在一起听演讲。他踮起脚尖往前凑了凑，听到演讲的人义愤填膺地说："我们穷苦人民，辛辛苦苦忙了整年，吃不饱饭不说，生病了只能'认天命'。这是什么社会？我们穷人也是人啊！"

这话说到黄垂财的心坎里去了，他知道，这讲道理的人是"有组织的人"。不知不觉听到演讲结束他才想起自己是来请郎中的，赶紧三步并作两步去办正经事。

回到家一连几天，黄垂财都特别注意打探村里的动静，他暗自决定要跟着"有组织的人"去闹革命。

几天后，黄垂财下地劳动时遇到黄三哥。黄三哥大他三岁，是同族人，因在兄弟中排行老三，所以大家都称他"黄三哥"。在与黄三哥的交往中，黄垂财感觉到他讲话"条条是道"，可能跟着"有组织的人"在为贫苦穷人做事。今天在这里遇到黄三哥，黄垂财就大胆地说："三哥，我前两天去洋中请郎中时，踮着脚听人家讲了很多道理。我想跟着你去找'有组织的人'。"

黄三哥听后重重拍了拍他的肩："我知道你是个明白人。"就这样，黄垂财在黄三哥的带领下走上了革命道路，参加了组织农民开展"五抗"的秘密组织。

其时，黄垂财的家人已经为他定了一门亲事，但是黄垂财觉得时代已经在变化了，自己必须去参加革命，于是便瞒着家人出门参加革命去了。

（二）

红军实行北上战略大转移后，国民党反攻复辟，大肆残害共产党人和革命群众。闽东特委根据上级的指示，转移到山上开展游击战争，以继续领导群众开展革命活动。

1935年的一天，游击分队的队长派黄垂财送信到桃花溪。临行时，队长再三嘱咐黄垂财要注意安全，确保将信送达。

黄垂财大声地答复："请队长放心！"当即戴上一顶破斗笠执行秘密任务去了。

半路上，黄垂财觉得组织的委托千斤重，务必谨慎行事，便掏出信件搓成细小的纸卷，插在斗笠缝边沿的破油纸中，接着，在转过一垄山田时，他又卷起裤管，捞起泥巴，往腿上抹一抹，末了，还将沾满泥巴的双手往上衣角擦了擦，然后才大踏步前行。

在棋盘顶群山下的坂头村，果然遇到了敌人的便衣队搜查。黄垂财若无其事地将手中的破斗笠伸了过去。敌人虽然多疑，但看他双手长满老茧，一身泥巴，认为他是个下地劳作的农夫，这破斗笠能递过来检查，估计"也没有文章"，便让黄垂财轻松地过关了。

又一次，黄垂财接受组织的委托，送信到福安。必经之路是大坑顶的大山崇。黄垂财知道，在大山崇下有一个深凹处是个斜状的石岩洞，洞口的顶部正好凸出去一块大石，是一座天然的"大石屋"。那里经常居住着游击队，领导指令他一旦遇到非常情况，可以设法绕过敌人往那个方向走。

这次他化装成上山砍柴的人，将信卷塞在烂蓑衣的边上，又在敌人的眼皮底下混过了关。

有时，党组织的重要情报是用米汤秘密地写在土纸上的。黄垂财接到任务后，就想办法找来有特殊臭味的干货，再用这张土纸包上。遇到敌人盘查时，他就故意将手中有臭味的东西往敌人的鼻子底下送。

当然，这用米汤密写的信件，最关键的问题还不是如何蒙混过关，而是防止打湿，否则就会前功尽弃。

（三）

1936年秋天，为便于开展对敌斗争，黄垂财跟随游击队秘密转移到罗源。这时期，国民党对山上游击队实施疯狂绞杀的同时，对支持山上游击队的村庄也实行"三光"和"移民并村"政策。

面对白色恐怖，闽东游击队根据上级的指示，地下党组织实行党、政、军统一领导，同时扩充农村青年补充到支队，继续在山上坚持开展革命斗争。

游击队迅速转移到深山后，与敌人开展你死我活的周旋，在保存力量的前提下，再伺机打击敌人。各山村的革命群众也冒着白色恐怖，以各种方式支持游击队。从此，生活在大山里的游击队军民开始了艰苦卓绝的三年游击战争历程。

有一天，黄垂财跟随王支队长从宁德往罗源转移。转移计划大多在夜间，不仅要翻山越岭，一路走羊肠小道，同时还得背着枪支武器，行动异常艰辛。王支队长考虑到本支队的大多数同志都是"老战士"，补充的年轻游击队员只有几个，于是就采取三个老同志负责带一个新同志的方法。相对于其他老同志，黄垂财虽然参加革命已经近两年了，但是实战经验并不多，于是，王支队长就把黄垂财带在身边。

　　这天夜间，游击队根据地下党组织联络人提供的情报，利用夜色分几路向罗源浮楼东面的山头挺进，不料与一支敌人的纵队正面相遇。

　　在这关键时刻，王支队长用手势下达作战指令：部分小分队迂回敌后包抄打击，他带着黄垂财所在的小分队从敌人左侧发动攻击，以掩护其他分队的力量快速往山头进发。

　　战斗打响后，黄垂财为保护一位年轻的新战友不幸被敌人的子弹打穿胸膛，牺牲时年仅29岁。

（何　英）

黄河林：

英勇不屈，献身革命

黄河林，男，1896年出生，中共党员，福建省上杭县庐丰乡上坊人，1939年12月被敌人杀害。

（一）

位于马鞍山脉深处的上官田村，当年是一个仅有二三十名村民的小村庄。最早居住在这里的李姓人家，因不堪忍受族亲的欺压而迁移到此地，后来，又慢慢迁入了黄姓等人家。

1896年，在"八月节"快来临时，黄家"山牯佬"（方言，指乡下人、山里人）帮人去上杭西门背"赶牛纲（贩卖牛群）"挣几文辛苦钱。那年头，凡进出上杭县城的都靠人工摆渡过汀江河。

返回时，黑心的艄公把"山牯佬"当成了赶牛纲的贩主，想打劫他。因"山牯佬"剧烈反抗，被艄公捅死抛尸河中。家人急切等了多日，才在汀江下游找到已经腐烂的遗体。

三个月后，黄河林出生。失去顶梁柱的黄家举步维艰，全家人吃了上顿没有下顿。家人生病，全靠母亲王氏到就近的庙里烧香祈愿带回一把香灰煮碗水喝，从来请不起郎中。穷苦的家庭生活，又遇到社会动荡的年代，全家把唯一的希望寄托在年幼的黄河林身上。

1926年，上杭县建立了党组织，工人运动在萌芽，雨伞、码头、篷船等行业相继建立工会，县城也随之设立了总工会。

1927年春，上杭县工农革命运动蓬勃发展。当时北洋军阀的残余势力勾结土豪劣绅、贪官污吏，对广大工农群众横征暴敛，进行残酷的搜刮。有一天，黄河林挑着木炭刚进城，还没有开始卖，就要他缴纳"竹木税"10文。他一气之下，将肩上挑的木炭往地上一扔，对着让他纳税的人大声疾呼："这些东西，我不要了，都给你！"说完便掉头回家。

可是，返回的路上过汀江河，仍旧要交过河费。黄河林向艄公解释后，人家还以为他耍无赖。

黄河林只好脱下破烂的上衣说："这虽然是件破烂的衣服，但是你拿回家可以让你家人拆了做布鞋用。"

艄公听黄河林这么说，竟同情地说："算了，都是苦命人，不要那么认真。"

后来，黄河林与这艄公结为同庚兄弟。每次进城过河，黄河林都会特意带些家里种的蔬菜送给他。

（二）

1926年之后，共产党人在庐丰播撒革命火种，丰康村七厅里和丰济村水尾的天后宫都是革命党人开展秘密活动的地方。

1929年，朱毛红军入闽后，轰轰烈烈的革命火种在杭川大地燃烧，上杭农村第一个党支部在庐丰成立，为闽西竖起第一面鲜红党旗。

同年8月，在"红旗跃过汀江，直下龙岩上杭，收拾金瓯一片，分田分地真忙"的感召下，黄河林和本村的黄永元等人，外出参加了革命。

不久，在庐丰地下党罗炳钦、蓝汉华的指导下，上官田村由黄河林、黄永元、范细妹、赖才连等人秘密成立了农会，发动群众进行土地革命。

1934年红军北上后，留在闽西的部队转移到山上开展游击活动，黄河林跟随山上的游击队开始了艰苦的斗争。

1935年清明节，阴云笼罩着天空，山上的翠竹已经郁郁葱葱，正是春笋破土而出的季节。

这一天，上官田村的村民黄永元、黄来生、范细妹等人早早相约，上山去挖春笋。

他们相约来到离村不远的地方，看到春笋正好露出地面，其高度在人的膝盖以下，就兴奋了起来。

正当他们埋头挖笋时，突然有四五个身穿便衣的不速之客出现在面前，几个妇女吓了一跳。听人说，这山上有"土匪"，也有为穷人打仗的"好人"。

范细妹手握锄头看了看周边的几个人，示意大家"别急，要沉住气"。她一边用眼神示意伙伴们，假装继续挖笋，一边暗示大家往同伴中的男性黄永元和黄来生的身边靠拢，还轻声地呼唤刘七妹她们说："啊，这边的笋好大哟！"目的是告诉大家都往自己身边来，万一"有事"，大家要形成合力。

在这几个人中，范细妹是曾经上过战场的人，在上官田村，算得上是见过世面的。但传统社会对女性的成见根深蒂固，范细妹不声张，将自己的战斗经历深埋在内心深处。

看到同伴们有点慌张，她大胆地通过自己的眼神和手势来组织大家。

这几个不速之客中走在前面的一位中年人，向他们挥了挥手，和蔼地说："乡亲们好！大家别怕，我们是在山上打仗的红军游击队，是'好人'，我们不会伤害群众。"

大家停下了手中的活，黄来生、黄永元和范细妹三人互相示意了一下，向那位"头"凑了过去。

范细妹大胆地问："你们是红军游击队？哪个部队的？"

她这一问，那位"头"就冲着她笑了起来："哦，看来你还挺'老到'的哟。"

范细妹笑了笑，但不回话。紧接着，她向姊妹们挥了一个不经意的手，那意思是告诉大家说我们遇了"好人"。

大家都觉得这些人和自己的穿着打扮一样，和蔼可亲，帮忙捡笋、扒笋壳的动作，似乎与大家没什么区别。

后来，党组织派张鼎丞等人与黄河林回上官田村发展上坊一带的群众革命。不久，这个村就被发展为革命基点村，为中国革命的胜利作出了重大贡献。

133

（三）

在闽西三年艰苦卓绝的游击战中，黄河林的工作非常出色。

一次，山上的游击队传来消息，大家已经半个月没有吃到咸味了。黄河林立刻想到"有盐同咸，无盐同淡"。怎么办呢？他马上派村民进城去想办法买盐。那个时期的盐可是奢侈品。如果在大冬天缺盐，红军游击队还能依靠传统的方法在山上收集到少量植物盐，比如"盐肤木"里就含盐。可是在夏天，这植物还没有成熟呀。在这关键时刻，黄河林只能组织群众，把家里仅有的一点点盐捐出来给山上的游击队送去。

国民党对群众进城买盐盘查得特别严。不仅对进城买盐的群众限制人数，而且每人每次买的盐也要定量，最高时只能买二两。于是群众只好分头分批往各个不同的商店里跑。买到后，大家又千方百计躲过国民党的搜查。有的假装挑樵到县城去卖，将挑樵的竹杠其中一个竹节打通，买到盐后就悄悄塞进竹杠里，再用布塞紧。有的买到盐后，悄悄地用油纸将盐分成小包，再捆扎在腰间或手臂上，以躲过国民党的盘查。

就这样，黄河林组织上坊村的群众一次又一次为山上的游击队送去紧缺的物资。

1938年，黄河林光荣地加入中国共产党，任中共安乡片党支部书记。

1939年12月的一天，黄河林接受了一项秘密任务。出门前，尽管他乔装打扮多方留意，但还是被安乡国民党民团头目李承辉的暗探盯上，在上官田村被逮捕。

李承辉得知后，用丰厚的条件进行引诱。黄河林是铁骨铮铮的硬汉，哪会屈服。李承辉下令用酷刑，黄河林仍然坚贞不屈。

消息传到了山上，游击队决定营救。大家分析，黄河林是中共安乡片的党支部书记，安乡国民党一定会把黄河林作为邀功请赏的重要人物，而要把人从安乡送往县城，必须途经"狮子潭""便民桥""半店"和"油圳坑"。游击队便精心谋划在这些路段分别设暗哨，实施拦截。

这次国民党一反常态，将黄河林押到庐丰下坑圳头岗上执行枪毙。

国民党在杀害黄河林时，不仅将他五花大绑，还给他的口中塞上毛巾，怕他在刑场宣传革命口号，甚至故意集合周边的村民进行所谓的"警示"。

在刑场上，国民党的刽子手故意架起机枪命黄河林跪下，之后瞄了瞄准星，又嫌他跪得太高，让他重新找个地方再跪。黄河林决意不听刽子手的指挥，趁刽子手前来拖他时，趁乱踢倒一人。恼羞成怒的几人冲上前拖起黄河林，却又无法立刻制服视死如归的他，几人气急败坏，一齐开枪，黄河林倒在了生他养他、他深深爱着的大地上！

（何　英）

黄家祥：
留给自己一颗手榴弹

黄家祥，男，1909年出生，中共党员，福建省宁德市蕉城区城关人，1937年6月参加革命，1942年9月在山西五台县红表乡榆林村掩护群众撤退时牺牲。

（一）

黄家祥出生在蕉城城关陪英社区西门路12号的黄厝里。这是一幢非常考究的古式建筑大院，居住在这里的是一户书香世家。

这家人祖上非常重视培养孩子读书。百年来，家里培养了黄书田、黄毓同和黄毓英三位举人，民间称这里为"父子登科厝"。黄家祥的父亲黄毓英是闽东著名商号"黄砚记"的创始人，民国初期在上海开办货栈，从事布匹、纸业、茶叶等生意。

黄家祥在兄弟六人中，排行老二。黄家祥自幼勤奋好学，才识过人，14岁时随四叔赴上海求学，较早受到革命思潮的影响。在与革命进步人士的接触中，了解到他们经费紧缺，他就经常到上海伯父经营茶叶、布匹、草纸等生意的商铺去要钱，悄悄用于支持进步人士的革命活动。有时回老家，他也想着法子编造理由向家里要钱偷偷带回上海。

经常要钱，父母兄弟以为是年轻人没有成家和责任心不强造成的，于是在1927年按传统"父母之命、媒妁之言"，给黄家祥娶了王灼珍为妻。但是，成家后的黄家祥向家人要钱的习惯依然不改，家人不再计较。只有他的妻子知道，夫君要钱，是有"重要的用钱处"，也想方设法弄钱来支持他。

婚后的黄家祥夫妻，接连生了一男三女，他们特地给男孩取名"国醒"，意为盼望"中华觉醒"。

（二）

1937年6月，黄家祥在上海秘密参加革命后，考虑到随时有可能跟着革命志士走，便抽空回宁德与家人小聚，也是向家人告别。他掩饰得巧妙，家人都没有察觉。

卢沟桥事变爆发后，中国共产党号召全国人民："为保卫国土流最后一滴血！"上海的进步青年学生纷纷赴延安，黄家祥决定告别家人提前返回上海。

临行前，妻子王灼珍看他脚上穿的皮鞋破旧了，拿出私房钱劝他去买一双。黄家祥接过妻子递来的钱塞进口袋，便走出小巷，径直来到巷口的一家修鞋铺。他一屁股坐在简易的小凳上，脱下皮鞋递给修鞋师傅，轻声地说："请师傅帮助修补一下，擦得亮些。"

修鞋师傅正低头忙手里的活，忽然听到几分熟悉又几分陌生的话音，便抬头看了一眼。眼前这位穿着斯文、戴着一副眼镜的不正是大名鼎鼎的黄家公子？他竟然也来补鞋？师傅感到惊愕，他放下手上的活起身接鞋，双手还朝自己身上拍了几下，怕自己这双补鞋的手弄脏了黄家公子要补的皮鞋。

黄家祥看他矜持，便说："穷苦人民要团结，不要怕穷。我们相信以后的日子必定会让穷苦大众的生活好起来的。"

说完，黄家祥便指着身后那条小巷里的黄厝大院说："你放心，以后那些房子都会是你们住的！"

补鞋师傅感到不可思议，条件那么优渥的黄家公子竟然说这样的话。莫非……补鞋师傅不敢再细想，马上蹲下身子，快速修补好皮鞋，还擦得锃亮锃亮的。

第二天清晨，黄家祥离开老家。告别时他说："日本鬼子侵占中国，社会比较乱，我这次出门，有可能要很久以后才能回来。但是，我出门在外，行不改名，坐不改姓。"

家人含泪与他挥手告别。

谁都没想到，黄家祥回上海后再也没能回来。

（三）

1937年8月，黄家祥经上海前往武汉。在八路军办事处，他将随身携带的金银首饰全部交给办事处以支援抗日。之后，黄家祥即由武汉八路军办事处派往延安中国抗日军政大学学习。

黄家祥在中国抗日军政大学学习时，曾辗转上海寄回两次书信给家人和妻兄王肖义。在信中，他告诉家人："在抗日大学，我的人生进入一个新天地。"

当黄家祥的信几经周折飞到家里后，家人才如梦初醒，父亲把黄家祥的来信精心收藏起来。但是此后，家里却再也没有收到任何音信。

父亲思念儿子心切时，便自己一人独坐书房反复地阅读儿子的来信，似乎信中的每一个字，都是儿子向父亲倾诉的心声。

不久，时局动乱，家人不断地听到社会传言。有人说"黄厝里大院有人和亲戚参加了共产党"。其实黄厝里大院也有人参加了国民党，参加国民党是公开的，参加共产党却是秘密的。因此，大院里常常有人因政见不同，互相辩论甚至大打出手。

黄毓英是文化人，在他看来，儿女们有自己的政见和主张并不奇怪，他坚持不指责、不干涉。思儿心切的黄毓英，悄悄上街买来一张大地图，当想念黄家祥时，他就把自己关在书房里，戴上眼镜趴在地图上认真地查找延安，悄悄与心爱的儿子"说一把心里话"，有时说着说着，竟老泪纵横。

黄毓英与儿子"说足了"悄悄话之后，就打开房门叫来黄家祥的儿女们，悄悄地告诉他们说："你们的父亲去延安了。"

"延安？哪里是延安？延安是做什么事的？"

黄毓英便用放大镜指着地图说："你们看，延安在这里。那里是革命的地方。你们的爸爸是革命的人了。"

末了，他又嘱咐孩子们说："你们要听话，大家要照顾好自己，还要学会照顾家里。但是，出了这书房门，谁也不能说你们爸爸的事。要记住！"

（四）

1938年，黄家祥毕业后，被分配到晋察冀抗日根据地工作。家人不知其下落，一直在苦苦期盼着他的归来。

黄家祥在晋察冀抗日根据地工作期间任劳任怨，在恶劣的环境下，始终保持革命热情和军人的本色。

之后，日军封锁了通往解放区的交通要道，造成解放区军民的物资极度困难。黄家祥与群众同甘共苦，吃糠咽菜，坚持组织军民与日寇及伪军周旋。其时，黄家祥任代县政府司法科长。

在严酷的对敌战斗中，黄家祥总是从大局出发，把有利机会让给别人。有时情况紧急组织大家转移，他总是说："你们先走，不要管我！"他的足迹踏遍了代县、应县、山阴县、淳县、五台县的山山水水。

在最艰难的对敌斗争中，黄家祥深知敌人的残暴，腰间总是揣着一颗手榴弹，万一情况"非常紧急"，就用这颗手榴弹与敌人做最后一拼。

一次，时任代县县长的孟维壁有急事找黄家祥商量。末了，孟维壁嘱咐黄家祥："战事危急，务必注意安全！"

黄家祥严肃地向孟维壁行礼后说："请孟县长放心！你看这颗手榴弹，就是留给我自己的！"

孟维壁惊讶着拍拍黄家祥的肩膀，一再嘱咐说："我告诉你，必须注意安全！"

黄家祥点点头："如果哪一天我被敌人包围无法脱身，我就用它与敌人同归于尽，决不投降！"

孟维壁紧攥拳头："我要你务必保证自己的安全！"黄家祥笑了。

（五）

1942年9月25日凌晨，黄家祥在五台县红表乡榆林村临时组织开会。突然，一队日军悄悄来到村口，企图进行偷袭。

水井边一位群众见状假装在井里取水，同时用力猛撞铁桶，以此向村民发出报警声：敌人进村，快速隐藏！

情况十分危急！全村人赶紧转移。黄家祥临危不惧，带领干部群众迅速撤出村子，来到了村边的山冈上。

由于高度近视，黄家祥在组织转移的黑暗中跳过山沟时突然摔倒，脚踝骨折，无法再继续行走。他马上向身边的同志发出指令："不要管我，大家马上疏散撤离！"走在他前面的一个同志转回头，提出扶他一起撤退，被黄家祥用力一推："你快走，不要管我！"

在这危急的关头，黄家祥大义凛然地选择了暴露自己来掩护大家撤离。

待乡亲们撤退到一定的距离后，黄家祥强忍疼痛，拼尽全身力气猛地站了起来，大声喊道："大家向我靠拢！别急，别急！"他在为群众的安全撤退争取宝贵的时间！

待敌人猫着腰，小心翼翼地靠近时，黄家祥立刻拉响了身上的最后一颗手榴弹，"轰——"黄家祥与敌人同归于尽了！

黄家祥，把最后一颗手榴弹留给了自己，实现了为民众牺牲一切的誓言。

黄家祥牺牲后，榆林村的群众用全村仅有的一口棺木把他安葬在村外的一棵梨树下。每年的清明节，群众都会到他的坟前烧香祭拜。

至今，代县还在传颂着他的故事：为掩护大家撤退而英勇牺牲，将最后一颗手榴弹留给自己的黄家祥科长。

（六）

黄家祥自1937年离开家乡后一直杳无音讯。妻子王灼珍为了维持生计，靠给有钱人家做细活度日，生活非常窘迫。难以度日时，她便靠变卖衣物维持。

在那黑暗的社会环境下，王灼珍常常是托人转一件衣物，被人盘剥去一半。但是，她坚信黄家祥必定能平安回来。她让每个孩子都上学求知，要他们长大后去寻找父亲。最后实在难以度日了，她只好狠心告诉孩子们说：我再苦再累，都让你们念到初中。读完初中后，你们就不能再读书了。

有时，黄毓英和家人也听到邻居们传说：黄家祥参加革命去了。

黄毓英和王灼珍听到议论后都默默地不接话。一回到家，他们就把家门关起来，吩咐孩子们在外不准乱说，如果有人问起你父亲，只说他是去抗日，不要与人争论。

孩子们使劲地点点头。

黄厝里大院隔壁住着国民党的林保长，也时常上门来敲诈，索要苛捐杂税，黄家祥的家人一直忍气吞声。

不久有消息传来，国民党军将路过蕉城，王灼珍就把孩子们关在房间里，三餐送饭到房间里吃，一再吩咐不让走出房门。

黄家祥的父亲听说国民党军马上要到蕉城来了，便找出黄家祥寄回的所有书信，连同黄家祥留在家里的所有东西，都用一把火烧了。

第二天，国民党的败军果真路过蕉城，还竟然住进了黄厝里大院黄毓英的家里。这些败军住进来之前，就听说他们家有人参加革命。进来之后就到处搜查，连地板也一块一块地撬开来，没有查出任何证据。

之后，蕉城迎来了解放，王灼珍带着孩子天天等待着丈夫黄家祥回来，却总也等不到。

一天，王灼珍在街头遇到一个人称"瞎子算"的算命先生，出于对夫君的思念，便上前向他求算。

"瞎子算"掐着指头一番默算后说："没有命了！"

王灼珍听后回家大哭了一场，哭完她坚强地把孩子们都叫到跟前说："我坚信你们的父亲是去抗日了，他是好人。你们要努力读书，长大后一定要去找到父亲。你们的父亲离开时吩咐过'我没有改名'。就算他'为国光荣了'，你们也要带他回家，我要和你们的父亲合葬在一起！"

王灼珍在 54 岁时患肺病逝世。

值得欣慰的是，1984 年 9 月 20 日，黄家祥的后人在山西省五台县红表乡榆林村的村头找到了黄家祥的遗骸。

英雄黄家祥的遗骸，终于如妻子王灼珍的遗愿回到了家乡。

（何　英）

黄进兴：
一双筷子引发的回忆

黄进兴，男，1904年出生，福建省上杭县泮境乡泮境村江夏人。1929年参加革命，同年加入中国共产党，任区苏维埃主席，1936年8月被敌人杀害。

2019年冬，采风组一行来到革命烈士黄进兴后人的家中。当年已经96岁高龄的黄洪奎让女儿小心翼翼地上楼取出一双筷子。

这双筷子，铝质。细看，上面镌刻着两行小字："中国人民志愿军赠……赴朝慰问团留念。"

黄洪奎触摸着这双筷子，眼睛马上湿润了。他颤巍巍地拿起筷子，左瞧右瞧，用右手提着衣袖口轻轻地擦拭着，生怕它沾上一点点灰尘。

稍稍沉默了一会儿，他带着有点沙哑的声音告诉采风组一行："这是母亲留给我们最珍贵的传家宝。"

他断断续续的叙述促进了我们对这双筷子的了解。

（一）

黄洪奎的父亲黄进兴、母亲何细妹都是1929年参加革命的中共党员。

黄进兴祖上世代务农，家中省吃俭用供少年黄进兴读了半年私塾。从此，黄进兴便成了"识字的人"。

1927年，上杭县各地农民协会的成立如雨后春笋。农民协会开办平民夜校，黄进兴成了村里"教书的人"。黄进兴在平民夜校一边教劳苦民众识字，一边接受进步思想。

1929年，朱毛红军进驻闽西，黄进兴和妻子积极参加革命，组织农会筹备工作。

乡苏维埃政权建立后，黄进兴当选为乡苏维埃政府主席，他认真贯彻上杭县苏维埃政府的各项指令。

黄进兴长得英俊、魁梧，自小就喜欢舞龙、舞狮，成年后是村里的舞龙高手，逗、捧、耍、跳的舞技特别精湛，是村中远近闻名的教头级师傅。

1931年春，黄进兴和何细妹夫妻俩正式加入中国共产党。

红军在第五次反"围剿"斗争中蒙受重大损失。1934年10月，红军被迫长征，数万闽西子弟踏上漫漫征途。

黄进兴很想跟着红军踏上征途，但组织上考虑到他有广泛而深厚的群众基础，又是本地人，便将他留在本地开展红军游击斗争。

（二）

中央苏区全部沦陷。连小小的泮境乡也落入敌人之手。

1936年春天的一个夜晚，黄进兴在开展秘密工作时，不幸被国民党抓走。

敌人对他进行了严刑拷打，但这位铁汉子毫不屈服。之后，泮境乡200多名民众联名出面保他，国民党不得不将他放回。

白色恐怖依然笼罩大地。三个月后的一天夜里，黄进兴正在整理行装准备进山。他背好红军留给他的驳壳枪，拿起一把系着红布的大刀，看了看，扭头交给妻子何细妹，说道："我有枪，这把大刀就留在家里吧。"

何细妹心细，从灶台的锅里拿出几个红薯，外加一小包盐，交给丈夫。当时敌人对盐严格管控，红军游击队特别缺盐。

儿子黄洪奎仰起头问："爸爸，你又要出门去打白狗子吗？"13岁的孩子已经开始懂事了。

黄进兴轻声地嘱咐儿子："是的，你要听妈妈的话，要帮助妈妈照顾奶奶。"小洪奎点了点头。

远处突然响起一阵枪声。黄进兴警惕地吹灭了灯，何细妹一脚踩灭了松明火。

夜色中，何细妹把丈夫送到家门口，深情地嘱咐他要小心。

背着包袱的黄进兴，消失在茫茫夜色里。

（三）

1936年农历六月，在白色恐怖日益严重的恶劣环境下，敌人企图困死在马鞍山脉一带战斗的红军游击队，黄进兴坚守在乡村与敌人展开周旋。

黄进兴带领着一行人，趁着夜色，准备突破敌人的封锁，转移到新的营地。

山路崎岖，树影迷离，寂寞的山泉潺潺作响，萤火虫忽明忽灭，不远处一只野鸡突然惊飞起来，打破浓重的夜幕。

黄进兴机警地一挥手："有敌人！"机敏的他指挥着红军游击队从另一条山间小径悄悄撤退，自己则留下来掩护战友们。

枪声骤然响起，撕裂夜空，双方展开激战，留下掩护的战士只有三人，敌我力量悬殊。

黄进兴命令身旁的两个战友立即撤退，战友不同意，黄进兴竖起剑眉厉声喊道："这是命令！"两人不得不钻进密林。

黄进兴枪法好，端着驳壳枪，弹无虚发，敌人一个个中弹倒下。

黄进兴的子弹打光了，他的腿也不幸受伤，敌人蜂拥而至。黄进兴被捕。

消息传来，何细妹预计敌人会到她家中搜查证据，于是快速将丈夫临走之前留下的大刀用布包好，踩着梯子，悄悄地藏在屋梁上。那把刀是黄进兴参加共产党领导的蛟洋暴动时用过的，刀把上扎着红布，刀锋雪亮，轻轻摩挲，铿然有声。

敌人真的上门来搜查了，但一无所获。

敌人把黄进兴关进泮境伪乡公所。这里，也是泮境国民党民团的驻地。

黄进兴刚毅勇武，是铁骨铮铮的共产党人。自从落入敌人的魔爪，他就不奢望能够活着出去。敌人知道，黄进兴有一身武功，于是不仅给他戴上了镣铐，还用铁丝捆绑他。

敌人把黄进兴带进临时设立的审讯厅。

伪乡长说:"三个月前我们就抓住了你,结果大家伙把你保了出去。这一次,我们在战场上抓住了你,可没有那么便宜了。不过,只要你带我们找到'赤匪'的新营地,就可以饶你不死!"

黄进兴不说话。

一个满脸横肉的团丁,举起鞭子,准备狠狠地抽打黄进兴。

黄进兴被激怒了。他暗地运足气力,待这个团丁稍微靠近他的时候,用绷紧的前额,对准这个团丁的前额撞了过去。

只听惨叫一声,团丁倒地了。敌人扶起团丁一看,发现已经满头是血,不省人事。

黄进兴见状放声大笑,英雄的笑声震撼着夜幕重重的大地。伪乡长大怒:"拉出去,杀了!"几个敌人端着刺刀往黄进兴的身上恶狠狠地连扎七刀。

黄进兴壮烈牺牲。

(四)

黄进兴牺牲后,他的妻子何细妹独自挑起全家的生活重担,同时,自己也成为红军游击队的秘密交通员。她让儿子外出逃难,但她坚信,红军一定会回来。

敌人在所有进山的道路上都设立了哨卡。为了困死在深山老林中英勇斗争的红军游击队,敌人在实行移民并村之后,严禁苏区群众送粮、盐、衣被等给红军游击队。

1950年10月,抗美援朝战争爆发。为了保家卫国,何细妹亲自带着时年27岁的儿子报名参军。负责征兵的同志收下了英烈这唯一的儿子。

1951年9月,何细妹以烈士军属代表的身份被选为福建省革命老根据地赴京国庆典礼代表团成员,到北京参加国庆观礼,受到党和国家领导人的亲切接见。回到家乡后,何细妹积极投入到社会主义建设中,始终以一位党的农村基层干部的身份,活跃在社会主义新农村的建设中,受到人们的广泛尊敬。

1952年10月,中国连环画出版社(现名"连环画出版社")以何细妹的故事为原型,创作出版了连环画《何细妹》。该书由著名连环画家许地改编、程十发绘画,2013年6月再版。

1953年7月，朝鲜战争结束。之后，何细妹作为福建省三位烈军属代表之一，参加了第三批赴朝慰问团第四总分团赴朝慰问活动。她带回了一双筷子，而这双筷子是用中国人民志愿军所打下的美国飞机的残骸制作的。

　　这就是黄进兴烈士的后人保存至今的一双筷子。

　　一双筷子，记载着一段历史！

　　一双筷子，记载着一代军人的血泪！

（何　英）

黄克勋：
铁骨丹心的区苏主席

黄克勋，男，1901年出生，福建省连城县宣和乡黄沙村人，1929年参加革命，1934年被敌人杀害。

黄克勋生在一户贫苦农民家庭。黄家有兄弟二人，黄克勋是大哥，幼时仅上了两年私塾便辍学了。

1929年7月，红四军在闽西实行"七月分兵"，红四军二纵队分赴宣和乡各村发动群众，开展打土豪分田地斗争。黄克勋是黄沙村最积极的青年，与本村劣绅黄乾苍、黄炳春二人作了坚决的斗争。他亲手抓住了在村中为非作歹的黄乾苍的侄子黄克容，并押送给红军惩办。

1930年春，闽西苏区的革命浪潮汹涌而来，连城县大片地区成立了乡、村苏维埃政府，宣和乡大部分村子成立了苏维埃政府，黄沙村苏维埃政府于7月宣告成立，黄克勋被选为村苏主席。他没日没夜地为革命工作操劳，在黄沙村惩罚了黄乾苍、黄炳春等土豪，分了他们的谷子，杀了他们的猪，并开始丈量土地准备分田。正当革命斗争热火朝天展开的时候，闽西主力红军出击东江受挫，苏区内部军事力量大大削弱，国民党反动派对闽西苏区实行"围剿"，各地民团土匪乘虚而入，各县赤色区域受到很大摧残。此时，宣和乡曹半溪民团不可一世，卷土重来。他们抓捕革命家属，杀害革命分子。黄沙村劣绅黄炳春和二流子黄道庸、黄各各等人挑动曹半溪扣押了黄克勋，将其投入土牢。

出击东江的闽西红军回到闽西后，曹半溪又龟缩起来，黄克勋之弟黄克雄联络了附近乡村的傅昌林、邱良满等人向曹半溪说情，曹半溪方知扣押黄克勋的后果，便顺水推舟要他们交出35块银圆，释放了黄克勋。谁知黄炳春、黄乾苍这两个劣绅得知曹半溪释放黄克勋的消息后，立即带着银圆赶赴曹坊，请曹半溪设法诛杀黄克勋。正走在半路上的黄克勋闻讯后，立即前往钟屋村。当晚，他的妻子、女儿及胞弟黄克雄全家也在亲人的护送下来到钟屋村。第二天，曹半溪派了10多名匪徒冲进黄沙村时为时已晚，便把黄克勋的亲叔黄宜炎父子二人扣押，迫其说出黄克勋、黄克雄的下落。见黄宜炎父子确实老实懦弱，榨不出什么油水来，便向黄宜炎妻子勒迫交出银圆50块，才能放人。其妻无奈，只好与亲房叔伯相商，将黄克勋兄弟及自家所有房屋、田产、园基统统卖掉，凑足了50块银圆，才将黄宜炎父子保释出来。

黄克勋来到钟屋村，参加钟屋村苏维埃政府的财贸工作，在消费合作社组织土货出口工作中做了大量的工作。

1932年春，国民党对闽西苏区的第三次"围剿"失败后，闽西苏区得到恢复和壮大。3月，黄克勋全家回到黄沙村，很快恢复了村苏和赤卫队、儿童团等。一时间，黄沙村革命斗争如火如荼。土地按"抽多补少""抽肥补瘦"原则分到了贫苦农民手中。7月间，黄克勋被选为宣河区（长汀的宣成区与河源区合并）苏维埃政府主席，同时兼任宣河区模范营营长。随着职务的提升，他的工作更加繁忙了，特别是在武装斗争方面，强化了模范营的力量。他深知，没有一支坚强的武装力量作后盾，苏区的各项工作就难以开展，苏区就无法巩固。他率领模范营在宣成、河源各地狠狠地打击民团土匪，使那些为非作歹的反动民团胆战心惊、闻风而逃，纷纷躲进深山老林去了。

1933年春，国民党十九路军进攻闽西苏区，闽西革命又遭受严重挫折。黄克勋率领苏区干部和模范营队员转移到汀瑞地区。9月，十九路军败退后，他率部回到钟屋村继续领导人民革命，不久又回到了黄沙村，将该村最反动的黄炳春擒获，由宣河区苏维埃政府在蔡坊判处其死刑。

1934年春，国民党军对中央苏区的第五次"围剿"已到了关键时刻，闽西苏区大片沦陷，国民党军长驱直入，侵占了新泉、朋口等地。中央红军为了保卫省苏的东线大门，多次派福建军区政治保卫队、独立二十四师等进入宣河地区开展游击战争，以破坏国民党的堡垒政策，同时几次围剿曹半溪民团。在这些军事斗争中,黄克勋积极配合红军,身先士卒,英勇战斗。特别是在8月底红一军团松毛岭大捷中,黄克勋率领模范营,根据上级部署,由他带领红二十四师一个营,从黄沙村小溪到项公桥,再到老虎案炭,趁天黑抄小路,绕开敌人,插入温坊村中心,捣毁了国民党东路军第三师设在这里的一个指挥所,消灭敌人一个旅和一个团。

1934年10月下旬,红军开始长征,黄克勋及其率领的模范营奉命留在敌后,执行拖住敌人、掩护主力红军长征的任务。

1934年12月,国民党对闽西境内的红军、游击队实行"清剿",以10余个师的兵力围攻留在闽西的红军和游击队。大兵压境,红军及游击队各部失去联系,生存艰难,战士大量减员,部队遭受严重损失。当时黄克勋和模范营的队员隐蔽在长汀官坊山林中,队伍经过多次战斗,一个营的战士只剩下20多人,处在弹尽粮绝的困境中。

1935年4月4日,黄克勋眼看部队已经几天没有粮食了,队员们个个疲惫不堪,决定自己下山找粮食。这天晚上,他悄悄下山,巧妙地过了一关又一关,次日来到南山霸原消费合作社找当时一起工作的杨老三。原认为通过他可以弄一点粮食并弄一些钱到宁化一带寻找组织,不料,杨老三早已把消费合作社据为己有,投靠了当地保安队充当帮凶。当黄克勋来到杨老三家中时,杨老三一边稳住他,一边用暗号叫人报告保安队。保安队破门而入,逮捕了黄克勋,将其五花大绑关在杨老三家谷仓内,随即找人到宣河报告曹半溪。

曹半溪将黄克勋押解回曹坊后,用尽极刑,10余天后送回黄沙村,在村口牌楼岭背,匪徒将黄克勋残酷杀害后,还下令不准收尸掩埋。数天后,当地群众冒着危险悄悄将其骨肉收殓、埋葬。黄克勋被杀害后,其妻子和女儿也被曹半溪卖掉。

新中国成立后,黄克勋被评为烈士。

(黄河清)

江观赞：
全心全意为人民

江观赞，号成硅，男，1907年出生，中共党员，福建省连城县庙前镇人，1929年参加革命，1931年被错杀。

江观赞生在一个富裕家庭，1928年夏秋，毕业于连城旧制中学。江观赞在旧制中学就读期间，受到具有民主革命思想的师友影响，一出校门，就想谋公益事业。然而，在那民生凋敝的岁月，一介书生想改造落后社会，谈何容易！因此，他纵有谋业大志，却苦无施展之机。除了赶圩帮助其兄江观湖经营宏昌号的小本干鲜杂货生意之外，其余大量时间只能在无所事事中蹉跎。

按照当时农村习俗，每年聘请私塾先生，需在上一年的腊月商定。江观赞是当时的中学毕业生，在那科举初废的年代，在乡亲们的心目中，他已算是秀才廪生一类的文人学士。1928年腊月底，坑坝联同黄屋岭的乡亲，愿出全年24担干谷的脩金，到江观赞家延聘他为蒙馆塾师。恰好，那天江观赞不在家，赴龙门圩替其兄购买年货，其父元仲公接待来客。江父闻讯之下，喜出望外。他想：硅儿既然不愿习商，那么充任教席，定当乐意。江父遂满口答应了这份聘约，并将来人馈送的鸡、酒、肉等礼一齐收下。可是，事实恰恰相反。

第二天下午，江观赞从龙门回来。父亲怀着极其喜悦的心情，把昨天的一切告诉他。起初，观赞不动声色，一言不发。父亲认为儿子久疏经书、教书有难，遂鼓励他说："我看，你教'四书'不成问题；'五经'读得少，如有生疏之处，向我温学就是。"（其父亦是本乡宿儒）

听完父亲的话，江观赞反问道："爹，你要我去教什么书？"

"自然是《论语》《孟子》一类的'四书'，'诗、书、礼、易、春秋'，不需要你多教吧！"父亲说。

"这些书，你都教了大半辈子了，能教出富国强兵吗？爹，你知道吗，洋人敢于接二连三地轮番欺侮我们中国，就是凭着现代科学技术、洋枪洋炮。人家县城都纷纷办起高等小学，教学科技课程，而你还要让孩儿去教'子曰诗云'，这算是教书育人、富国强兵的道道？"江观赞恳切地陈述着。儿子的一席话，说得父亲无言以对。翌年，老父亲只好自己去顶替了这个教席。

1929年3月，毛泽东、朱德率领红四方面军入闽，在古城长岭首战告捷，击毙郭凤鸣，解放长汀城。喜讯传来，连南群众欢欣鼓舞。在庙前境内，以江观赞、官元相、江启福、江占荣等为代表的地下农会，向群众大力宣传、积极活动，迎接大革命时机的到来。

1929年初春，官近玖、俞炳荣奉中共福建省委、闽西特委之命，来到连南地区开展革命工作。

俞炳荣系良坑人，原是一名出色的木匠。他不但木工技艺高超，而且会谋制大幢房屋的布局，堪称青年鲁班。他虽系良坑人，却是庙前江家的女婿、江观赞的堂姑丈。他的大哥俞班荣也是木匠，长住庙前街，与江观赞家相距咫尺。俞炳荣回到庙前获悉江观赞已经在连城中学毕业，而且赋闲在家，自然属于选择对象。当他二人聚谈之时，均感相见恨晚。虽是姻侄两代，竟成忘年之交。

1929年清明节前的一天，俞炳荣引领江观赞，在俞班荣家首次与官近玖、官鳌兄弟会晤。当江观赞获悉官近玖是中共连城临时县委书记，官鳌是厦门大学毕业的高材生，负责上杭北四区党的组建工作时，始感自己参加革命，已是迟了许多。此后，他与官鳌过从甚密、讨教特多。他对官鳌推崇备至，直至遇难之时，仍念念不忘官鳌对他的教诲和帮助。

1929年5月，毛泽东、朱德、陈毅等率领红四军二度入闽。各乡农民从四面八方涌来庙前迎候红军。5月21日，朱德率领的一支红军，沿着官庄、寨头背、苏家营这条古道，直抵庙前驻扎。当天下午，就在庙前天后宫召开群众大会，宣传革命大义。会上，朱德作报告，江观赞作翻译。这是江观赞第一次在家乡父老面前公开露面。基于他有一定文化基础、思想进步，在翻译过程中，不仅能把朱德的革命思想讲述出来，而且还适时地联系当时工农大众的生活实际，使得与会群众听来在理、拍手称道。会后，乡亲们纷纷相互打探："这是谁家的小子？有如此智慧和口才。"

通过给朱德作翻译，江观赞在庙前地区劳苦人民中迅速树立了威望。1929年年底，庙前乡苏维埃政府成立，江观赞任主席。自此，江观赞领导庙前人民踏上了土地革命的征途。

摆在庙前乡苏面前的工作，首先是农、青、妇、武的组建。江观赞在骨干成员中，根据各人的个性和特长，进行工作分工。这一工作交由罗松福、林招娣两人负责；江启福和江占荣则负责土地与浮财的分配及阶级成分划分；江观赞与官元相、张能姬三人直接抓农业生产、支前和整训等工作。他事事以身作则，雷厉风行，处事果断，说到做到。

他就任乡苏维埃主席后办的第一件实事：带领全村人民整修老鸦陂。老鸦陂属庙前境内最大的拦溪陂，不但水量大，而且水圳长，关系着庙前半村多人的农田灌溉。在那个岁月，年年都有木材从这陂头上通过，自然都会毁坏陂身。按当时律例：每过一趟木材，视数量的多寡，都要缴纳一笔可观的资金，将作修复水陂的损耗之需。然而，木材老板所交缴的钱款，都落入当地土豪劣绅的腰包，没交过一文钱用来修整水陂，所以，夏秋季节，洪水稍大，就会陂垮圳塞。百姓生活苦不堪言。

1930年初春，江观赞顶着料峭春寒，带领全村青壮年到附近山上砍伐大松木作枕拦，把老鸦陂斜砌起，并且加高加固；疏浚拓宽圳道，使储水量增加了两倍。这不仅解决了村里多人的农田灌溉问题，还使庙前街圩及沿圳居民的日常用水绰绰有余，得到群众的称赞！

江观赞任乡苏维埃主席后办的第二件事：乡苏维埃政府兼营商业，维护农民利益。蒋介石为了扼杀我红色政权，指使其国统区执政者对我苏区物资进行封锁，尤其是食盐、棉布、药物封得最严。奸商趁机抬高物价，农民承受不起。对此，江观赞忧心如焚，他和乡苏干部磋商后，决定派人到白区去采购。商议既定，江观赞即选派江元典、江定春两人负责召集和安排人去白区采购棉布、食盐、药物、油料等生活必需品，并平价供给群众。这一措施，收到了始料未及的良好效果，不仅缓解了此前供应奇缺的状况，而且抑制了奸商抬价的势头，使庙前群众获益匪浅。

1930年五一劳动节前夕，庙前乡苏在江观赞领导下完成了分田分地工作，动摇了两千多年封建统治的土地所有制。庙前人民的喜悦心情难以言表。1930年初秋，江观赞调任新泉县苏维埃政府宣传委员之职。

1931年3月，一顶莫须有的"社会民主党"分子的罪帽，突然扣在江观赞等同志的头上。4月18日，江观赞被错误杀害，年仅24岁。

新中国成立后，人民政府追认江观赞同志为革命烈士。

（黄河清）

江修儒：
宁死不屈，奋斗到底

江修儒，男，1898年出生，福建省连城县北团镇孙台徐坊自然村人。1931年参加革命，1933年被敌人杀害。

江修儒的父亲江国润是位忠厚朴实的贫苦农民，母亲黄月莲是个典型的农家妇女，生有三个男孩，江修儒排行老大。一家人的生活主要靠租地主的二亩土地耕种。每年的收成在交完地租后，所剩无几。粮食不够吃，全家只好用野菜、地瓜叶当作主粮，过着半年糠菜半年粮的贫穷生活。

江修儒的父母因不识字，为了孩子以后不受别人欺负，节衣缩食，送江修儒到一家私塾读书。江修儒在先生的启蒙教育下，勤学好问，成绩优秀，深得先生的疼爱和赏识。1916年，江修儒考上县城公立中学，由于家境贫困无法就读，然而在私塾先生的再三敦促支持下，一家人只好咬紧牙关，继续送江修儒到县城公立中学就读。

1919年，北京爆发了五四运动，拉开了新民主主义革命的序幕。5月中旬，消息传到连城，县城的学生、市民和工农群众迅速起来响应。县"公立中学学生联合会"迅即成立。这时，江修儒正在该校毕业班学习，也是年龄较大的中学生。他平日"伤民众处于水火""痛国家之败亡"的谈吐和敢说敢为的作风，在学生中已有很大的影响，被推选为县学联领导人，领导学生开展反帝反封建宣传。江修儒积极组织师生举行游行示威、罢课。当时，共有师生及部分工农群众千余人，人人手擎三角彩纸旗上街游行。江修儒振臂高呼"声援北京学生运动""外争国权、内惩国贼""抵制日货"等口号,散发"打倒日本帝国主义""反对二十一条卖国条约"等内容的传单;同时带头上街演讲,痛斥北洋政府的卖国罪行,揭露奸商勾结日本帝国主义分子摧残民族工业的不法行径。词锋所及,无不针砭社会时弊,听众感慨激昂。由于江修儒领导的爱国学生运动,刺痛了连城县的贪官污吏,打击了奸商、封建主义、帝国主义势力,这些势力对学生的爱国运动进行捣乱和破坏,时常对江修儒等进步学生施加威力恐吓。在人民群众的支持下,江修儒泰然处之,继续领导学生与这些反动势力作针锋相对的斗争,把连城县反帝反封建的爱国学生运动推向高潮。

随着爱国学生运动的开展与深入,江修儒此时已初中毕业,因家贫无法再升学,只好回家帮助父母分担生活重担,通过租种地主土地来维持家庭生活。

1926年冬至1927年4月,在全国暴风骤雨般的农民运动的影响下,连城县也掀起了土地革命的风潮,从城里到乡下,广大工农群众口不离革命一词,青年知识分子更是跃跃欲试,革命浪潮涌向各个乡村。由于江修儒等进步青年的积极倡导和组织,当地乡村成立了农民协会,开展了禁赌、禁嫖、禁抽鸦片及宣传减租减息、取消苛捐杂税等活动。农民协会公开向土豪劣绅展开斗争,迫使他们宣布实行"二五减租"和取消苛捐杂税。农民协会把当地土豪劣绅绑押起来,戴上纸帽到大小乡村游街示众,使这些为非作歹、不可一世的地主老财一扫往日威风,惶惶如丧家之犬。饱受欺凌的贫苦大众无不扬眉吐气,拍手称快,农会声望大振。对地主豪绅的斗争,大大锻炼了江修儒的革命意志,增强了其胆略。

1929年5月,毛泽东、朱德率领红四军从长汀出发攻打龙岩城时,经过新泉、庙前等地。毛泽东在新泉溪旁的岗头榕树下召开群众大会,在会上作了鼓舞人心的讲话,号召贫苦大众团结起来,打土豪分田地,建立人民的新政权。自此,连城县各个乡村相继掀起了革命的浪潮。1930年春,北团镇轰轰烈烈地开展了打土豪分田地斗争,在大街小巷张贴了"欢迎贫苦农民参加红军""贫苦农民积极发动起来打土豪分田地"等标语。江修儒看到这一情景,心中万分激动,积极参加了乡村的各项革命斗争。1931年底,他主动报名参加了徐坊村赤卫队,并任赤卫队班长。在任班长期间,他积极发展队伍,先后宣传发动了本村35名进步青年参加赤卫队,壮大了队伍。有一次,他带领战士和100多名群众到北团文峰村地主伍子洋家，打开了他的三个大粮仓，同时查抄了大地主江国树、江长生的家产，没收全部粮食和财产。他还多次配合工农红军到清流李家等地打土围子，活捉土豪劣绅。在斗争中，赤卫队由几十人发展到100多人，并安营扎寨在北团溪尾村的火烧坪。

以肖昌子、罗如林为首的反动民团对赤卫队恨之入骨。1932年10月，反动民团对赤卫队进行"围剿"，赤卫队英勇善战，打败了反动民团，活捉了江国贤等10多人，稳定了局势。赤卫队还经常在罗坊、四堡等地配合当地赤卫队，消灭那里的土匪武装，打了多次漂亮仗。

1933年9月，山下区召开工农兵代表大会，江修儒被选为山下区苏维埃政府副主席兼任赤卫队队长。此后，他率领100多人的游击队，仍然驻扎在北团溪尾村火烧坪，并以此作为根据地。国民党反动民团肖昌子、罗如林眼看革命势力不断发展壮大，变本加厉，猖狂地进行反扑。他们纠集200多人，同时联合了罗坊反动民团10多人，对驻扎在北团火烧坪的赤卫队进行偷袭。由于赤卫队装备差，枪弹不足，且敌众我寡，战斗中赤卫队员牺牲了60多人。之后，一部分赤卫队员北上跟随红军转移到汀瑞边界，一部分未跟上部队的只好疏散隐蔽。

1933年11月20日，肖昌子、罗如林反动民团，得知江修儒隐蔽在家的情报后，带了10多人抓捕江修儒，并抄了他的家。匪首肖昌子、罗如林对江修儒施行惨无人道的迫害，要江修儒交出游击队员名单，提供游击队住址、有多少枪弹、隐蔽在哪里等情况。敌人威逼利诱不成，就对江修儒施以吊、打、坐水牢、灌辣椒水等酷刑。面对敌人的凶残，江修儒毫不畏惧、决不屈服。敌人还使用更加残忍的手段，使其全身起泡，面目全非。敌人使出种种惨无人道的手段折磨、摧残江修儒，得到的回答都是三个字——不知道。

1933年11月30日，江修儒被押到连城北团溪尾村火烧坪枪杀，年仅35岁。临刑前他高呼：打倒反动民团！工农红军万岁！中国共产党万岁！

（黄河清）

李富东：
骁勇善战的山地战神

李富东，男，1899年出生，中共党员，福建省上杭县泮境乡泮境村李屋人，1929年参加革命后改名李少白，1937年被敌人杀害。

（一）

李富东家世代务农。父亲李其伸、母亲凌富娣在1899年的无限希望和期待中"添丁"，爷爷为他取名"富东"。

之后，弟弟璧东、佩东接连出生，后面还添了3个妹妹。

不久，李富东的父亲李其伸看到周边不少村民"过番"去了南洋，便下决心跟着几个敢于闯荡的乡亲，几经辛酸落脚在新加坡以做豆腐为生。

若干年后，李其伸在新加坡另建家庭，生下桥东、日东兄弟俩。

留在泮境老家的凌富娣独自带着一群孩子，含辛茹苦地过日子。

李富东十来岁就成了母亲的好帮手，是家里的主要劳动力。成年后，他也想下南洋找父亲团聚，可是每当他看到母亲悄悄地流泪时，便决心留下来扶持家庭。

不久，李富东从过番返乡的人那里得知，远在新加坡的父亲李其伸，以客家人勤、俭、智、忍的品德，靠着做豆腐发展起来，成为新加坡同乡会主席，还给他添了两个弟弟。当时，李其伸也曾多次写信回来说想把妻儿接过去。可是在那兵荒马乱、匪盗横行的年代，路途遥远不说，家里老的老、小的小，路途中还可能处处隐藏着凶险。于是，母亲就定下心"不走了"，李其伸从内心深处对老家的妻子多了一份敬意。

一天，母亲说她看中了远坑村吴家的闺女，要给李富东娶老婆。万事总是顺着母亲的李富东同意了。

李富东结婚后的第二年冬天，妻子生下一个男婴，但其在两岁时因一场"天花"不幸夭折。接着，家里又因天灾导致收成不好，继续过着艰难困苦的日子。

（二）

1928年春，闽西各地在共产党的领导下，举行了震撼八闽的闽西农民武装暴动。紧接着，毛泽东、朱德领导的红军入闽，带领穷人打土豪分田地。

一腔热血的李富东悄悄地投身革命阵营，成为暴动队长，家里家外的事他都认真地担着。

身在新加坡的李桥东、李日东两兄弟，都希望为革命事业贡献自己的力量。在从父亲李其伸处得知泮境老家的哥哥当了暴动队长后，他们便时常想办法支持哥哥的事业。每筹集到一笔钱款，他们就通过各种渠道捎回老家。

后来，李桥东、李日东得知红军远征了，大哥李富东留下来当了游击队长，正严重缺乏活动经费。于是，兄弟俩拿出已经筹集到的费用，尽最大的努力支持哥哥，同时还在新加坡组织老乡们募捐，再托人设法绕道香港、广州，到永定峰市将捐款带给大哥。

有一次，新加坡华侨捐助的一批货物到了永定峰市，李富东派了两位机敏灵活的地下工作者去取回。因为接头地点有便衣特务盯梢，派去的人员把自己装扮成叫花子，才成功接头取到物资。在当年的福建省杭川大地，出生入死的游击队长李富东和他那远在新加坡鼎力支持革命事业的两位弟弟的事迹，悄悄地在游击队里传开。

1935年，李富东在马鞍山脉深处白石坑的一次战斗中，为了掩护战友不幸被敌人逮捕。在敌人押送途中，李富东瞅准机会，就地滚到山窝里之后机智脱身。战友们都以为他牺牲了，而李富东却在第二天傍晚奇迹般地回到了游击队。

从此，李富东骁勇善战，既保存自己的实力，又能牵着敌人的鼻子走的故事传遍杭川大地，人们称他为"山地战神"。

（三）

1936年是闽西南游击战争最为艰苦的岁月。李富东带领游击队在深山老林里与敌人周旋。

有一次，李富东得到情报说白砂有一支保安队刚刚从保甲制度下衍生出来，没有任何作战经验，但人人都配有枪，队长是在农民暴动中被抄了家的村霸，腰间别着一支驳壳枪。

李富东认为，这支由流氓地痞构成的保安队刚组建不久，缺少作战经验，切掉这颗毒瘤，既能缴获武器，又能鼓舞士气。

一番周密部署后，在一个风雨交加的夜间，李富东率领战友们穿着蓑衣行动了。这支保安队刚组建，成员只会端着枪却不知道怎样使用，且队伍松散，一见有雨，立即蜷缩到屋檐下打瞌睡。

李富东带领游击小分队一路潜行，抵达目的地后，快速地一对一摸上前，扼住敌人的脖子，没费一颗子弹就结束了他们的性命。

这次偷袭成功，游击队人人都配上新武器。后来知道，那天晚上，保安队长去外头喝醉了酒，正摇摇晃晃想回保安队时，由于天下雨怕淋着，便回家睡大觉去了。

几天后，李富东觉得必须除掉这个保安队长。他让一位脑子灵、酒量大、原先与这保安队长面熟的游击队员，设法把他叫出来喝酒，李富东则带领两位队员埋伏在路上。时机一到，这个作恶多端的保安队长就被除掉了。之后，李富东带领游击队声东击西不断地袭击横行各乡的国民党民团恶霸。

（四）

英勇善战、威扫敌群的游击队长李富东，让各地保安队和民团、警察局恨之入骨并为之头疼，捉拿李富东已成了当时上杭各级反动组织的主要任务。

经常袭击敌人阵营的游击队，既让反动势力胆战心惊，又让敌对分子恨之入骨。

李富东率领的游击队，忽隐忽现，声东击西。敌人在无计可施的情况下，只好采用土办法：封山！妄图将游击队困死在大山里。

被困在深山里的游击队有乡村革命群众的支持。群众常常冒着生命危险帮助山上的游击队。上杭县的伪县政府绞尽脑汁，在各地张贴布告悬赏500大洋捉拿李富东。

1937年的一天，李富东带领两位游击队员从马鞍山翻山越岭到白砂嫩洋村去执行一项任务时，被叛徒盯上了。当李富东他们越过山岭到马尾背时，身后突然响起一个嘶哑的喊叫声："抓活的！"

李富东转身看见由警察局组织的几支保安队和民团一齐向自己围拢过来。李富东不假思索地拔出手枪朝敌人射击，但终因寡不敌众，两位同行的游击队员英勇牺牲后，李富东被抓住了。

敌人知道李富东的本领，于是用几条绳索把他紧紧地捆绑在担架上抬回县城，关押在上杭城隍庙监狱。

国民党等反动势力见无法劝降李富东，又担心"赤匪"劫持，决定马上在上杭西郊刑场对他执行枪杀。

上杭西郊刑场，自古就是处置要犯的刑场。当年，那里阴森森的，周边山上是原始森林。敌人担心有武平、永定、连城、长汀的"赤匪"前来劫场，竟然里三层、外三层地排兵布阵，还提前将道路两旁的大树砍倒，横七竖八地拦在各个要道上，之后残忍地杀害了李富东。

李富东牺牲了，但在杭川人民的心目中，"山地战神"的形象永不灭。

（何　英）

李利芹：

情深义迥两相牵

李利芹，男，1904年出生，中共党员，福建省上杭县庐丰乡太古人，1929年参加红军，1930年在上杭庐丰与敌作战时牺牲。

（一）

1904年春天的一个夜晚，滚滚春雷伴随着哗哗雨声，一个婴儿呱呱落地，他就是李利芹。这是父亲李万阶的第五个儿子，在他的前面已经有四位哥哥。虽然在客家人的传统文化中儿子不怕多，但是李万阶希望第五胎生个女儿。没想到，还是儿子。

李万阶特别勤俭善良。家里有薄地几亩，为了养家糊口，他开了一家小小的日用杂货店，慢慢有了点积蓄。李万阶在水井街一带又开了两个店面，但日子还是过得比较艰辛。

在客家传统的耕读文化影响下，客家人历来重视下一代的文化和家风传承。在李万阶的一群孩子中，老五李利芹自小特别聪颖乖巧，在私塾学习勤奋，古文功底非常扎实。

少年时期的李利芹听说外地建了新学堂，便要求父亲送他到长汀的福建第七中学继续读书。

几年后，李利芹从福建第七中学毕业，回到家乡当小学老师。到了该成家立业的年龄，父亲做主，给他娶了一位年轻漂亮的畲族姑娘蓝带秀。

1926年，庐丰的热血青年把新文化新思想传播到了家乡，接着，又在庐丰丰康村七厅里创办了东一区九堡平民学校，在丰济村水尾天后宫建立了上杭农村第一个党支部。1929年7月，在庐丰横岗棉村成立了上杭县革命委员会。

1929年春天，毛泽东、朱德率领的中国工农红军第四军进驻闽西后，杭川大地迎来了轰轰烈烈的土地革命。一直对国内政治形势高度关注的李利芹，从朱毛红军带领贫苦人民打土豪分田地的革命洪流中看到希望。经过深思熟虑，他决定放下教鞭，积极投身于红色革命的浪潮之中。

恰在这时，红四军萧克支队来到庐丰，李利芹在红军进攻庐丰墟、消灭反动民团、击毙团防头目张清球的战斗中，主动为萧克部队当向导。

李利芹得知本地的蓝洪慈、蓝维仁、赖友发等人领导上庐丰、下庐丰、湖洋、太古、樟树、茶地等地的农会举行武装暴动，他又投身到打土豪烧田契、为农民分田分地的工作中。不久，他便报名参加了红军。

当时，庐丰乡苏维埃领导对李利芹说："我们前些日子商量过，你有文化，打算将你调到乡苏维埃当秘书。"李利芹表示自己要去当红军。

乡苏领导进一步动员说："听说你已经生了儿子，刚出生不久，还是留在乡苏工作，当红军是干革命，参加乡苏也同样是干革命啊！再说了，你家里有老有小，可以照顾到家庭，不是更好吗？"

李利芹听后笑笑："谢谢领导，我还是想去当红军，在千军万马的浩大队伍中参加打倒国民党反动派的军事战斗，那是我最大的愿望！"

乡苏主席见李利芹参加红军的态度十分坚决，也就不再劝说了。于是，李利芹报名参加了红军，并被编入刚刚成立不久的红军第四纵队，不久他加入了中国共产党。

（二）

一心跟着红军干革命的李利芹，从一位乡亲的口中得知他的四哥李怀芹不知道什么时候竟然加入了国民党的相关组织。他只知道，四哥因为有文化，读过几年书，脑子也灵光，被国民党乡公所看中，调到离家里不远的水井村当保长。

得知这一消息的李利芹，茶不思，饭不想，夜不能寐。他想起自己一路过来和四哥最投缘，有什么心里话都可以向他诉说。尤其是外出读书期间，四哥经常悄悄地给自己留点"私房钱"，还常常吩咐家里的几个兄弟："五弟是我们家最小的，大家都要多让着他，我们兄弟五个要团结起来拧成一股劲。俗话说，家和万事兴！"想到这里，他觉得自己要如实向领导报告。

领导听说后，要求他做四哥的工作，让四哥乡公所的保长照当，但是为人处事要多为百姓考虑，争取身在曹营心在汉。如果有情报，及时通风报信。

有一天，李利芹听说四哥回到了太古村的家中，就特地请假回家。见到四哥后，李利芹先是按传统长幼有分的习俗，热情地给四哥沏茶、递烟。一番问候之后，他按捺不住把四哥单独叫到楼上的房间里说话。

四哥不是外人，李利芹就"当面锣、对面鼓"，有话明说："在伪乡公所混口饭吃可以，但不要加入国民党，要认清国民党和共产党所代表的阶级利益不同……"李利芹还特别向四哥强调共产党是为穷苦人民谋利的政党，而国民党是欺压人民群众、代表资本家和地主阶级利益的政党。最好的方法是，表面上继续留在国民党政府里，暗中为共产党收集情报，做"白皮红心"的人。

李利芹的话一出，四哥竟也没有思想准备，惊愕道："怎么？你这兄弟中读书最多、书生气十足的老五，竟然也参加红军去了？！"

顷刻，他又反过来劝说弟弟："你是我们家最小的弟弟，你不要去当红军，要留在家里照顾父母和家庭。"

兄弟俩谁也说服不了谁。四哥最后只扔下一句："我们主义不同，也不要管你死我活了……"随即"砰"的一声关上房门，下楼去了。

李利芹见状，追下楼大声对四哥说："如果你不退出国民党，我们兄弟俩甚至整个家庭与你的缘分也就到此为止了！"

四哥听罢仍然执迷不悟，反而说："你不要听共产党的鼓动，你去当红军，就是去送死！你知道吗？你这是去送死！"

李利芹眼泪哗哗地掉了下来。他知道，自己和四哥是"主义不同"，便哭着将左臂旧衫撕下表示割袍断义，然后愤然离去。

（三）

　　回到红军队伍里的李利芹，马上将自己与四哥见面的情况向领导报告。领导要他不要着急，慢慢地做四哥的思想工作。

　　接下来的一段时间，原本书生气很重的李利芹参加军事训练十分刻苦，别人一天练习六七小时，他要练上八九个小时才肯休息，军事素质迅速提升，他想以自己在战场上的胜利来感化四哥。

　　1929年9月中旬，红四军前委决定集中兵力攻下"铁上杭"。红军一、四纵队奉命赶到上杭白砂集结。李利芹作为四纵队的一员参加了攻城战斗。

　　四纵队因为创建时间不长，作战任务是一部配合赤卫队攻取东门，另一部和赤卫队佯攻南门。战斗中，李利芹机智灵活，积极主动地配合兄弟部队，立下战功。

　　20日清晨，红军四个纵队合击敌人，攻克了"铁上杭"，获得大胜。战后，红四军四纵队司令员傅柏翠亲自找李利芹谈话，表扬他是颇有悟性的可塑之才，直接任命李利芹为排长。

　　1930年10月起，蒋介石调集10多万兵力，发动对中央革命根据地的第一次"围剿"。李利芹参加了这次反"围剿"战役，那时李利芹已经是副连长。

　　这年冬天，敌军开始向苏区中心区进攻。李利芹所在部队接到的任务是佯装红军主力，引诱敌人第十八师两个旅孤军深入龙冈，进入红军主力包围圈后，红军以优势兵力突然向进入龙冈伏击圈之敌发起猛烈的围攻。

　　接着，李利芹所在的部队接到上级的命令：有一股国民党的地方武装，纠集了七八百人发起了对庐丰新生红色政权的猛烈进攻。为了保卫新生红色革命政权取得的胜利成果，组织决定派出一支队伍进入庐丰。李利芹凭借对庐丰地形地物的熟悉，向首长表示自己愿意带领部队"打头阵"。他指挥干部战士发起对敌人的猛烈打击，连续打退了敌人数次进攻。

　　然而不幸的是，一颗冷弹突然从李利芹脑后飞来，李利芹躲闪不及被击中。他牺牲时，年仅26岁。

　　李怀芹得知弟弟在战场上牺牲后，悲痛万分，虽然他仍然在伪乡公所工作，但在情感上受了极大冲击。不久，李怀芹的部下举报他有通"赤匪"

之嫌。

在一次国民党缴灭"赤匪"的战斗中，李怀芹被县国民党总部点名带兵出战。在战斗中，李怀芹被红军抓捕。几天后，这个因"主义不同"而兄弟反目的李怀芹，受到了红军的严惩。

后来，人们在收殓李怀芹的遗体时，发现了他口袋里的一张纸条："五弟，我后悔啊！今生无法割袍断义，却也情深义迥两相牵啊！"

（何　英）

李明辉：
血洒湘江的红军将士

李明辉，男，生于1908年，中共党员，曾任红军新编第十二军三十四师一〇四团团长，福建省上杭县旧县镇梅溪村石背自然村人，1934年在湘江战役中牺牲。

（一）

李明辉的父亲李立源是个老实巴交的种田人，斗大的字不识几个，饱受无文化之苦。有一年春荒断粮时，李立源让会写字的亲戚出面，代写了"借粮一担，秋后还粮一担半"的借条，向外村的地主借粮。没想到夏收还粮时，借主却说："我们约定的是借一担，还两担。不信你看看，白纸黑字写在上面呢。"

既不敢得罪借主，也不能得罪亲戚，李立源只好再次返回家中取粮。

离开借主家时，借主当着李立源的面把手中的纸条撕掉了。

快过年时，李立源外出做工的亲戚回家过年，借主又前去催债："你出面替你亲戚李立源借去的粮，到现在也还没有还。"说罢还煞有介事地拿着当时由他代写的借条甩了甩。

李立源的亲戚听后，答应马上到李立源家去催。

李立源傻眼了。尽管他一再说明借粮早就还了，但在借主手里的借条分明是真的。

第二天一大早，夫妻两人只能再次挑了两担谷子去还，只是这次李立源请了亲戚一起去做证,收回借条。

回家后,李立源便立誓:"我们家再穷再苦,也要送儿子去读书!"

1908年,李明辉出生,全家都对他寄予了厚望。

(二)

李明辉到了"破学"年龄,虽然家里穷,但李立源果真还是送他到本村私塾先生胡崇华处读了书。

在胡崇华先生的严格要求下,明辉读书非常认真且刻苦。课后,别的学生都到屋外去玩,他却继续坐在那儿读书。晚上在家里,家人都睡觉了,他还在灯下苦读。

李明辉12岁时,胡崇华先生主动到他家里与他的父亲商量要让明辉继续上学,并说:"我这里只教到初小,你要送他到旧县育德小学去读高小。"

三年高小读完,李明辉家里再也没有能力供他读初中了。

1929年,明辉已经21岁,家人开始给他张罗亲事。父亲看中了本村钟家勤劳善良的女儿钟六妹。李立源请媒婆上钟家提亲,钟家也爽快地答应下来,当年便结了婚。婚后,明辉的妻子很快就"有喜了"。

1930年春,钟六妹生了个儿子,爷爷李立源给他取名为李待钦。

(三)

1929年2月,朱毛红军从井冈山到武平,后来从白砂来到旧县。之后,在闽西的北部南阳、官庄、才溪开辟了苏区,领导农民轰轰烈烈地开展土地革命。

1930年2月,丘棣华发起了旧县暴动,李明辉和胡辉昌等人跟随丘棣华参加革命。

在赤卫队员的宣传鼓动下,受苦受难的农民团结起来斗土豪劣绅,跟着共产党推翻压在头上的三座大山。

李明辉跟着丘棣华深入各村,在梅溪、水东一带宣传共产党的政策,协助乡苏维埃书写宣传标语等。

1930年10月,李明辉正式参加红军。因为机灵、勇敢又勤快,先后被提拔为排长、连长，并加入中国共产党。从此，李明辉在外面参加革命，妻子钟六妹则承担一切家务，全力支持丈夫的革命工作。

1931年春，李明辉到连城四堡交界处参加消灭马益谦匪特部队。他英明果断指挥战斗，消灭敌人100多人，缴获枪支100多支以及弹药用品等物资。

有一次，李明辉的亲戚——一位来自谷坑村的战士，经过连城文亨村时，到群众的地里随意挖了几个甘薯。李明辉对他进行了严肃的批评教育，让这位战士明白了红军不拿群众一针一线的道理。从此，李明辉带领的队伍纪律更加严明。

1932年冬，李明辉被提拔为红军新编第十二军三十四师一〇四团的团长。

（四）

1933年，李明辉在带领一〇四团参加反"围剿"战斗时，要求全体指战员认真总结战斗经验，发扬"一不怕苦、二不怕死"的革命精神。他鼓励战士们说："只要我们勇敢不怕死，敌人就会因为害怕而不堪一击。"

1934年10月，中央红军撤离瑞金等地，实行战略大转移，开始了举世闻名的二万五千里长征。蒋介石调动各地国民党军队进行围追堵截。

由于党内的错误思想，红军贻误了有利战机。于是，一场惨烈的湘江战役不可避免地发生了。

从1934年11月27日到12月1日，红军在湘江之畔苦战五昼夜，战斗始终没有停止过。装备精良、弹药充足的敌军在飞机、大炮的掩护下，围攻着处于困境中的红军。

在湘江战役中，由闽西苏区地方武装组建和改编而成的红五军团三十四师，即李明辉所在的部队担任断后任务。为了掩护中央纵队和兄弟部队渡过湘江，红三十四师奉命与数万名国民党军展开了一场空前激烈的血战。面对敌军猛烈的炮火，他们穿行在枪林弹雨中，以简陋的武器，用血肉之躯，打退了国民党军队一次又一次的进攻，牢牢守卫在阻击阵地上。在完成掩护主力红军过江任务后，渡过湘江的道路已被全部切断，红三十四师再次陷入敌人重兵包围之中。

在中央纵队过湘江最关键的1934年12月1日凌晨5时，朱总司令直接发给红三十四师师长一封"万万火急"的电报，要求他们"在这种情况下，应最坚决地作战，直至最后一位战斗员止……"

同日14时，朱总司令发电报，除向红三十四师通报敌情并指示作战方向外，还明确命令："三十四师受军委直接指挥……"

12月3日，中央纵队已全部过湘江，铁流后卫红三十四师已处于国民党中央军、桂军的包围之中时，朱总司令又以"万万火急"电令红三十四师："你们必须准备在不能与主力会合时要有一时期发展游击战争的决心和部署……"

李明辉所在的红三十四师已没有机会渡过湘江和跟上大部队。中央红军与3倍于己的敌军大战五天五夜，原有的8.6万人锐减到3万余人。李明辉带领的红三十四师一〇四团，和全师将士一起英勇奋战，血洒湘江。

开国元帅刘伯承在《回顾长征》一文中写道：中央红军"虽然突破了敌人第四道封锁线，渡过湘江，却付出了惨重的代价，人员折损过半"。

湘江边还流传着民谣："英雄血染湘江渡，江底尽埋英烈骨。三年不饮湘江水，十年不食湘江鱼。"

伟大的湘江战役，永载史册！

英勇的湘江英烈，永垂不朽！

（何　英）

李然妹:

闽东双枪女侠

李然妹,女,1912年出生,福建省福安市溪潭乡马山村人,1929年参加革命,1931年加入中国共产党,1936年牺牲。

李然妹与吴基现,是一对革命夫妻,同为烈士。

1912年夏天,福安溪潭乡马山村大枫树下的李家出生了一个女孩,因为早产而奄奄一息。母亲想着一家老小忍饥挨饿,这孩子也难养活,活了也是跟着她受罪,索性狠心丢弃算了。性格温厚的父亲闻讯赶到小河边,捡回女儿,取名叫难妹,谐音然妹。

死里逃生的小然妹,应了那句哲理:死过一次,活得更加坚强。李然妹三岁多就能帮着母亲干力所能及的家务,五六岁俨然一个小大人,会放牛、做饭,也会跟着父母干农活、砍柴……

第二次国内革命战争时期,闽东革命之火熊熊燃起,当地革命先行者马立峰、詹如柏等在陶铸带领下,组织贫苦农民兄弟,拿起武器进行"五抗"斗争、土地革命。坚忍勇敢的李然妹积极加入革命队伍,表现优异,得到当地中共支部书记郭怀庆的引导和培养,走上妇女运动工作岗位。她先是对本村几个女伴进行宣传动员,传播革命思想。在贫穷艰难、受剥削受压迫的日子里,大家很容易领悟革命的意义。李然妹在村里组织妇女会,参加打土豪、分田地、做军鞋、编草鞋活动,积极支援一线革命。

1931年,李然妹光荣地加入了中国共产党,成为一名愿意为党、为人民献出一切的革命战士。这一年她当上了上南区委宣传委员，与丈夫吴基现并肩战斗于革命一线，将生死置之度外。夫妻俩为了革命事业，聚少离多，但心心相印。李然妹白天走村串户，宣传革命思想，夜里组织妇女做军鞋。

李然妹舍小家为大家，她的工作区域从上南区、溪北区各村庄，延伸到福安城关。她以丰富的组织和斗争经验，在城关团结了20多名妇女加入中共外围组织——革命互救会。根据上级安排，李然妹周密组织，将妇女姐妹分成几个小组。家中经济好的出经费购买笔墨纸砚；有文化的负责书写标语；还有的负责熬制糨糊、提供高脚凳。组织上要求每一个小组必须秘密行动，保障绝对的安全。到了夜深人静时分，妇女们根据李然妹安排，背起传单袋子，提上糨糊桶，携带高脚凳子，数人一组，游侠般奔走于福安城关大街小巷。天亮之前，她们隐身而退，留下张贴在大街小巷的花花绿绿传单——"打倒国民党反动派！""打倒剥削阶级！""打土豪分田地！""当兵就要当红军！"这些如刀剑般刺向敌人心脏，令驻扎在福安城的国民党军队闻风丧胆，惶惶不可终日。

红军战士们在前线浴血奋战，李然妹在后方组织力量筹措经费。她召集互救会展开一场场演讲："每一个红军战士，都是我们的亲兄弟，他们日夜战斗在炮火连天之下，牺牲的、负伤的、伤残的，每一个战士都是母亲的孩子。他们的年龄大小不一，13岁、14岁、17岁、18岁……也有30岁、50岁，甚至更大的，他们为了建设新中国而流血牺牲。他们需要粮食、弹药、服装，我们这些母亲、姐姐妹妹不能袖手旁观，要竭尽全力支援前线。""大娘嫂子姐妹们，我们要慷慨解囊，捐助经费。"在李然妹的积极动员和带领下，互救会妇女们纷纷捐款、捐物。李然妹自小贫穷，身上仅有结婚时丈夫吴基现给的金戒指一枚，这是他们的定情物。大敌当前，黑云压境，中国革命的胜利，需要每一个国民的支持。李然妹毫不犹豫地捐献出手上的戒指。妇女们见状，有的取下头饰，有的回家拿出做嫁妆的私房钱，有的变卖衣物。李然妹筹集到了可观的革命经费。

李然妹组织互救会妇女，冒着生命危险，将物资一批批运抵前线，送到亲人子弟兵手中。看着手中的硬通货经费，一个大胆念头冒出，她要亲自购买军火送上前线打敌人。她绞尽脑汁，想方设法购买到子弹30多发。前方伤员缺医少药，她又买到药品、盐巴、干电池等，输送到红军部队。

一天深夜，李然妹带着几个妇女，背上粮食，运往前线。在冲过敌人一道封锁线时，遭到围堵追击。去时五个姐妹，回来只剩下三个，李然妹悲痛欲绝，下决心学习打枪，苦练杀敌本领。倔强、聪明、执着是李然妹的性格特点。为了节约子弹，她用空枪瞄准目标，练出臂力、手力和眼力。战斗时，她百发百中，左右手双枪出击，被誉为"闽东双枪女侠"。

1934年，李然妹任闽东妇女工作团副主任。是年，国民党反动派纠集6个师的兵力"围剿"闽东苏区，施行"三光"政策，许多革命干部群众惨遭杀害，血雨腥风笼罩大地。闽东特委决定作战略转移，李然妹跟随机关转移到周墩一带坚持游击战争。半年后，组织将她派往福寿泰边界山区开展工作。她一边熟悉当地情况，一边与游击队取得联系，快速进入打土豪分田地战斗，成绩十分显著，令土豪劣绅、国民党驻军痛恨万分，扬言消灭她。

1936年4月，李然妹与战友吴丽容一起前往泰顺上地洋开会，因叛徒告密，敌人早已埋伏于途中。那个黎明前夕，山道上格外宁静，远处突然飞起几只晨鸟，李然妹警觉地拔出双枪。几个国民党兵从晨雾中冲了出来，李然妹击毙两人，又有多人围攻，她不幸被捕。李然妹被关在狱中50多天，敌人对她用尽酷刑，但没得到一句口供。敌人恼羞成怒，将她押至泰顺跑马坪刑场，李然妹大义凛然，视死如归。在"打倒国民党反动派""新中国一定会到来"的口号声中，她倒在敌人枪口下，时年24岁。

（张　茜）

李长明：
丹心一片写春秋

李长明，男，1903年出生，中共党员，福建省武平县桃溪乡亭头村人，1926年参加革命，1931年被错杀。

（一）

早年，李长明读的是私塾，"之乎者也"没少学，因为自幼聪慧好学，深得老师的喜爱。中学毕业之后，他很快就立下雄心壮志，要为国家效力，改变现有的落后面貌。

1926年，在闽西武平县一带，有一支数百人的闽西农民军新编游击队，司令员为蓝玉田，游击队驻扎在上杭县城。李长明得知后，义无反顾地加入游击队开展革命活动。李长明有文化，头脑灵活，对政治军事兴趣浓厚，深得蓝玉田赏识，很快就当上了蓝玉田司令员的副官。面对穷凶极恶的反动军阀，李长明和蓝玉田敢作敢为，联合江西、湖南、湖北的新军，多次将反动军阀打得狼狈不堪，望风而逃。

（二）

李长明为了使自己的家乡获益，特意鼓动蓝玉田司令员，率领一部分荷枪实弹的武装部队，走进武平县桃溪乡亭头村，给穷苦的老百姓发放粮食等实用的生活物资，同时从桃溪乡招募了一批青壮年加入蓝玉田领导的农民军游击队。

李长明发现，蓝玉田的队伍同样有着旧军阀的许多恶劣习气。吃喝嫖赌吸毒品，在蓝玉田的队伍中常常出现；欺压老百姓，强抢老百姓的财物，甚至调戏妇女等等，屡屡发生。李长明向蓝玉田反映过多次，却得不到重视。蓝玉田的队伍军纪松弛，日益腐败，让李长明十分失望。终于有一天，李长明给蓝司令留下了一封信，悄悄地离开了。

1926年初冬，李长明回到了自己的故乡武平县桃溪乡。张涤心等共产党人在桃溪浩甲（今新华村）秘密召开会议，正式成立"铁血团"农民武装，建立指挥红色革命的核心组织，同时还决定在湘店店下建立红色革命联络点。

为了充分展示武平乡村革命者的冲天豪气，张涤心建议大家按照古代英雄豪杰的做法，杀鸡取血，歃血誓盟，以表达对红色革命斗争的向往，表达对中国共产党的忠诚。他要求"铁血团"敢于和勇于同国民党反动派血战到底，坚决将国民党反动派消灭干净，不怕牺牲，永不叛党。

张涤心等革命者表现出来的英雄气节和豪情壮志，使李长明深受鼓舞，心潮澎湃，恨不得当即加入"铁血团"，以表达他的思想见识和理想信念。

1927年中秋节晚上，国民党地方军阀郭凤鸣率领所部对李长明所在的赖园寨进行偷袭。枪声响起，一些无辜的老百姓倒在血泊之中。李长明带领十多个人冲出包围圈。这件事情对李长明刺激极大，让他彻底地看清了国民党反动派站在人民群众对立面的反动本质，他断然与所谓的国民革命彻底决裂。

此后，李长明坚定地追随共产党人张涤心、刘克模等红色革命者。他的主意很多，心思缜密，想法奇特，因此很快成为张涤心、刘克模等人的发展对象。不久，经过张涤心、刘克模的介绍，李长明光荣地加入中国共产党，成为一名立场坚定的共产党员。

（三）

1928年5月，张涤心、刘克模、大头古等人来到亭头村李长明的家中召开秘密会议，讨论有关宣传教育、争取瓦解敌军、组织群众筹备军饷枪支、做好武装暴动准备工作等事项，获得一致通过。在筹备阶段，李长明积极主动，想方设法筹到大笔资金，购买了一批枪支弹药，实打实地将起义暴动的准备工作向前推进了一大步。

由于李长明留给人们的是广交朋友、能力很强、很会交际又很会办事的印象，故而他出面购买枪支弹药，对方不敢欺诈蒙骗，卖出的价钱公道，枪支弹药的质量也很可靠。为了确保武装暴动成功，李长明征得上级党组织的同意，受命打入福建武平保安队钟绍葵部，对钟绍葵进行策反工作。钟绍葵得知李长明愿意"投奔"他，求之不得，当即就表示欢迎，并且同意李长明担任他的副官。

李长明顺利地打入钟绍葵部之后，充分利用副官的身份，策反钟绍葵部一个中队，导致这个中队武装起义，公开跑到张涤心领导的革命队伍之中，从而狠狠地打击了钟绍葵部。

李长明还利用副官的身份，深入到中队甚至大队一级的民团官员中，积极做策反工作，并且发展了共产党的地下组织，吸收了中队长钟仙登等人为共产党员。

1928年6月22日，亭头村成立农民协会。为了维护农民协会的权威，加强农民协会的力量，李长明带领一批人员主动出击，收缴了亭头村等地的枪支30多条，送给农协会员。同时，派人到县城做了30多套军衣和斗笠，并争取到热血革命青年30多人，伺机暴动起义。

李长明与张涤心、刘月兰等人经过研究，决定组织革命的武装，以新兰村的赖园寨为基地，打出"打倒军阀，反对强暴，救济贫民"的口号，组织发动更大范围的革命群众，坚决打击军阀封建势力。反动军阀郭凤鸣听闻李长明的各种故事传说，气得寝食难安。郭凤鸣想出一条计策，要求会见李长明，妄想通过封官许愿的办法收买李长明，瓦解革命武装。李长明根本不予理睬，郭凤鸣气得几乎吐血。软的不行就来硬的。郭凤鸣凭借他有一个建制旅的兵力，又有先进武器弹药，以为定能打垮李长明的武装力量。然而，郭凤鸣完全低估了李长明的智慧和才能。每当郭凤鸣派兵去武平一带"围剿"李长明的队伍时，都被李长明组织的赤卫队和农协组织打得晕头转向。

郭凤鸣知道花钱可以买通李长明内部的人，获取李长明的行踪。一次，郭凤鸣获悉李长明等人将回家，当即派出100多人的武装队伍进行包围袭击。李长明率领随从的赤卫队员突出重围，脱离了危险。

1930年4月,武平县武北召开工农兵代表大会,建立武北区苏维埃政府,选举李长明为武北区苏维埃政府主席。遗憾的是,1931年,李长明因冤假错案在上杭县的白砂罹难,年仅28岁。

新中国成立后,人民政府追认李长明为革命烈士。

(杨国栋)

练宝桢：

满腔热血铸英魂

练宝桢，男，1906年出生，中共党员，福建省武平县象洞乡洋贝村人，1927年参加革命，1931年被错杀。

（一）

1906年夏天，练宝桢出生在福建省武平县象洞乡洋贝村的一个贫苦农民家庭。他幼年丧父，母亲含辛茹苦地将这个宝贝儿子抚养成人。由于家境贫寒，他12岁那年才进私塾读书。因为勤奋好学、悟性高，两年后他便进入本乡宏远学校学习。

1926年夏天，还在学校读书的练宝桢，经不起抱孙子心切的母亲劝说，于1927年7月和谢佑莲结为伉俪。夫妻相亲相爱，和谐美满。

不久，县农协负责人、共产党员练文澜接受组织上的委派，回到武平县开展革命活动。练宝桢知道后，第一时间找到练文澜。练文澜觉得自己正缺人手，现在看见练宝桢主动前来联系，喜出望外。他提出让练宝桢深入到洋贝、官坑、光彩等农民协会得以恢复的乡村开展工作。练宝桢欣然同意。一时间，在练宝桢的领导和推动下，基层农会组织较好地得到恢复，普通农民又有了可以依靠的对象。

1927年10月15日，洋贝南端的瑶上传来一阵阵激烈的枪声。正在宏远学校教书的练宝桢非常敏感。他找到练文澜商议，得知有一支部队自西而来，有进入武平的迹象。武平县党组织当即决定，派出练宝桢前往探查。练宝桢第一次感觉到自己重任在肩，便连夜来到起义军宿营的罗家祠堂，自报家门，与朱德、陈毅取得联系，提供情报。朱德、陈毅的部队根据练宝桢提供的情况，赶跑了无恶不作的冯星若父子，镇压了恶霸练文熙，为武平县广大贫苦百姓出了一口气，也使得包括象洞在内的广大农民受到了极大的鼓舞。

就在南昌起义部队途经象洞的日子里，练宝桢等农会骨干连夜和起义部队取得联系后，借助朱德、陈毅部队的威势，镇压了几个无恶不作的地主恶霸。

（二）

1927年冬天，组织上鉴于练宝桢做出的贡献，批准练宝桢加入了中国共产党，不久他又担任了中共洋贝支部书记。

1928年5月，练宝桢担任中共武平临时县委委员。他拟定并组织领导了象洞暴动。

1928年冬天一个寒冷的夜晚，北风呼啸，月色黯淡。在白石岭山下张天堂后山的半山窝里，练宝桢正在组织党员开会。会议有两个议程：一是各地党组织汇报秋季以来党组织带领广大民众进行革命斗争的情况，研究部署今后的工作重心和要点；二是撤销武平特别支部，成立中共武平临时县委。练宝桢代表象洞党组织作了工作汇报，得到入会者热烈的掌声。谈到要成立中共武平临时县委，大家更是情绪高昂。毕竟，经过半年多来的艰苦创业和发展，农会组织取得了重大业绩。从培养干部、发展事业的角度上说，应该让更多做出贡献的革命同志走上领导岗位，将武平县的革命斗争形势推向新的高潮。

会议投票选举出新一任领导成员，练文澜继续担任书记，陈一、练宝桢、张涤心、蓝为龙为委员。

临时县委的成立，不仅有利于象洞革命斗争的开展，也为武平县其他地域的革命斗争提供了可以操作的样板。

谢佑莲看见丈夫干得十分来劲，也跟着他一道出力。不少人看在眼里，记在心里。他们夫妻这样做不是为了自己，而是为了贫苦百姓。

（三）

1929年9月6日晚，练宝桢与练文澜等武平县委领导人在石屋召开党支部书记会议，讨论由练宝桢拟定的武装暴动计划，决定由练宝桢担任武装暴动的总指挥。会后，练宝桢在三官堂和蓖麻地召开全区300多名武装农民的动员大会，当场宣布武装暴动计划和纪律。第二天拂晓，练宝桢率领暴动队伍，兵分三路向着沿阳村进发。不到两个小时，他们就占领了国民党区政府驻地沿阳，活捉了数名土豪劣绅和恶霸。随后，他们又在天后宫召开群众大会，宣布成立象洞区革命委员会，练宝桢当选为主席，谢佑莲当选为区苏维埃妇女部长。会上宣布没收地主豪绅的土地财产，废除田租债务，当场就将田契和债务借据烧毁，引得群众一片欢呼。

敌人是不会甘心失败的。土豪劣绅不愿意大片土地和债权消失。他们私下里合谋，直接找到国民党武平县党部，要求为他们"报仇雪恨"。

国民党县党部为了保全他们的势力范围，派出县里的民团组织荷枪实弹、耀武扬威地开进练宝桢所在的象洞区域进行打击。

练宝桢带领暴动队员巧妙地与钟绍葵的反动民团进行激战，凭借着有利地形，对钟绍葵反动民团进行英勇打击。但反动民团对暴动队伍多次进行反扑。练宝桢考虑到敌强我弱，主动占领山头，居高临下，狠狠地打击前来进犯的钟绍葵部。趁着夜色降临的有利时机，抽身转移，保住了赤卫队的有生力量。

（四）

1929年10月7日，朱德、毛泽东率领红四军进入武平县城，召开了全县工农兵代表大会，成立了武平县苏维埃政府。练宝桢被选为武平县苏维埃政府主席，谢佑莲被选为县里的妇女部长。

10月19日，红军撤离县城。毛泽东为了鼓励武平人民继续与敌人展开强有力的斗争，特意送给武平县革命武装队伍100支枪和大量子弹，鼓励他们说：坚持武装斗争，胜利一定属于人民群众。

考虑到部队的安全，练宝桢带着县苏维埃政府主要骨干人员，及时地迁往群众基础更好的象洞乡。

这时，国民党金汉鼎和钟绍葵的部队闻风进入象洞，主要目的是进攻苏维埃政府。由于大敌压境，敌众我寡，为保存革命火种，练宝桢率部前往上杭县庐丰乡一带打游击。不久，练宝桢、钟耀明等率领100多名游击队员，被编入了红四军第四纵队第三支队，练宝桢为支队干部。第四纵队首长为傅柏翠，主要兵员全部来自闽西子弟。

1930年初，练宝桢率红四军四纵队三支队一部返回武平，目的是恢复象洞等红色苏区。练宝桢担任中共武北区委书记，统一指挥武北和武南各游击队武装力量，粉碎了武北地区地主民团的多次联合反扑。同年3月，练宝桢担任了闽西苏维埃政府候补委员、杭武县苏维埃政府执行委员兼军事部长。

这期间，经过上级批准，练宝桢将武平籍的80多名指战员分成两部分，一部分前往武北，加强武北四支队的力量；另一部分人员由罗龙才、练报东负责前往武西南，组建武南游击队，由练宝桢统一指挥武北武南游击队武装。经过数次战斗的锻炼，练宝桢领导的武南游击队愈战愈勇，队伍扩大到200多人。练宝桢在象洞区域再行组织一支游击队，也称武南游击队，领导者有练奎金、石福兰、练开德、陈一等人，练宝桢兼任政委。

1931年1月，闽西革命根据地成立杭武县，练宝桢被选为县苏维埃政府执行委员。之后，练宝桢同谢佑莲一道被调往上杭县稔田区开展工作。练宝桢担任中共稔田区委书记，谢佑莲担任区苏维埃政府妇女部长。

1931年5月，练宝桢被错杀，在上杭白砂罹难。

新中国成立后，人民政府追认练宝桢同志为革命烈士。

（杨国栋）

林 爱：
将革命火种播撒于柘荣沃土

林爱，原名林步圆，又名林阿圆，男，1897年出生，中共党员，福建省柘荣县城关上城人，1928年参加革命，1934年牺牲。

1930年，林步圆在福州谋生时，由马立峰介绍到福州理工学校当门房而改名林爱。他是柘荣苏区最早的领导者和组织者之一。

林爱出生时，家中房屋被火烧，于是搬到和旧居相隔500米的太平村居住。父亲早年去世，家中兄弟三个，他排行第三。大哥常年患病，家庭生活非常困难。小时候，林爱只念了半年私塾便辍学了，但他才思敏捷，在这半年学习中，他勤学苦练，学到了不少知识，毛笔字也写得很好，经常帮助穷苦人写信等，人们都喜欢与他来往。

1928年6月，林爱因为生活所迫，背井离乡，只身前往福州谋生，常住福州霞浦会馆。他没有忘记贫苦兄弟，千方百计兜揽小工活，介绍同乡好友去做，让大伙儿赚些工钱，贴补家用。由于林爱的言行具有正义感，为当时在福州理工学校学习的马立峰所赏识。在谈话中，马立峰见林爱出身贫苦，对黑暗社会现实不满，又识字断文，是革命的好苗子。在马立峰的教育帮助下，林爱思想觉悟提高很快。他白天当学校门房工友，夜晚则在马立峰的安排下，到街头巷尾张贴革命标语和散发革命传单，而后与在福州学校学习打工的柘荣籍老乡刘石伏、林兆鳞、袁阿庆、刘祥多次在乌石山道人寺山边秘密碰头，从事革命活动。1931年，由马立峰介绍，林爱加入了中国共产党。

1932年11月，受马立峰的派遣，林爱返回柘荣开展革命活动。家乡太平村的房子，因二哥生活困难被典当了。林爱住在贯里大哥家，晚上经常出去向穷人宣传革命道理。他说："干革命，就是打土豪、分田地，推翻国民党，穷人管天下；要不怕苦、不怕死。"他积极发动农民反抗国民党反动政府的暴政。

1933年6月，中共福安中心县委书记马立峰来柘荣县指导革命运动，住在林爱家里。林爱除白天在家里书写革命标语，晚上出去张贴外，还积极串联贫苦农民20多人，在下城上柴村、龙山袁济众厝边、岭边亭孙永灼的家，多次召开秘密会议。林爱的两个侄儿在他的教育与影响下也参加了革命。柘荣县上城、溪坪街、岭边亭、南门厝等地，在林爱策动下，先后组织起革命群众武装"红带会"，与"白带会""奶娘会"等反动组织相抗衡。他还发展了革命积极分子刘石伏、林兆鳞、袁阿庆等人为共产党员。1933年11月，柘荣县建立了党的组织，林爱被推选为党小组组长。

1934年2月，林爱组织赤卫队1000余人，配合闽东红军独立团十六连解放了柘荣县，在下城关帝庙召开群众大会。中共福安中心县委书记马立峰亲自主持会议，宣布成立霞浦西区柘洋区苏维埃政府，林爱当选为主席，兼柘洋区党支部副书记。

1934年3月的一个夜晚，为了打击常来柘荣烧杀抢掠的福鼎县管阳金沙溪民团，林爱、吴成等人带领警卫队100多人，袭击了金沙溪民团团部，消灭团兵几十人，缴获枪支30多支，充实和加强了警卫连和赤卫队的装备。5月，经福安中心县委批准，成立霞鼎泰县委，书记是王陶生，林爱为副书记。在霞鼎泰县委领导下，全县先后在26个乡和84个村成立了乡村两级苏维埃政府。7月，在闽东苏维埃政府的统一部署和曾志的具体指导下，全县农民开展轰轰烈烈的土地革命运动。当时全县16733户，其中9290户农民分得土地87226亩。贫苦农民有了自己的土地，成了土地的主人。

为了扩大革命成果，林爱带领警卫连和游击队，攻打泰顺龟头、福鼎油坑等地民团据点。在这两次战斗中，他身先士卒，英勇作战，沉着机智，指挥警卫连和赤卫队战士打得民团溃不成军，有力地挫败了敌人的嚣张气焰。

1934年9月，国民党反动派调驻扎福鼎的七十八师前来柘荣"围剿"，烧毁了林爱的房子，并以重金悬赏要他的头颅。反动派的威胁，并没有吓倒这个赤胆忠心的共产党员。他对身边的同志说："干革命，不要怕死；为了后代更多人的幸福，就是牺牲了个人的生命也值得。"

  国民党反动派占领柘荣后，霞鼎泰县委机关转移到青岚面、桃坑一带，林爱在深山密林中，克服种种困难，继续领导县区干部和附近苏区群众进行反"围剿"、保秋收斗争，发动群众抢收贮存粮食，拒绝向地主交租，镇压前来收租逼债的狗腿子和爪牙，扩大红军、游击队组织，保卫苏区，有力地打击了敌人。

  1934年10月20日，驻扎在霞浦柏洋的国民党新十师陈光世营与福安赛岐高而山民团，分两路合围柘荣宅中村。途中他们发现林爱带领的赤卫队行踪，于是便从山路紧追"围剿"。因我兵力少、弹药有限，林爱连夜带领队伍向上泥的深山密林撤退。此时电闪雷鸣、风雨交加，林爱和队员们在崎岖陡峭的山路中摸索前进，由于他眼睛近视，突然被石头绊住，脚下一滑，跌进悬崖绝壁的白漈下山坑中而遇难。

（黄河清）

林 铎：
忠义奋勇的黄埔四期学员

　　林铎，男，原名林兆嘉，生于1904年，中共党员，福建省上杭县官庄乡回龙村人。1925年参加黄埔军校学习，1927年10月在广东省大埔县三河坝与敌作战时牺牲。

（一）

　　林铎的祖上世代务农。到了爷爷辈，靠勤善积德的家风，家里积蓄了一些资金，也培养了几位读书人。无奈时局动乱，并未摆脱艰辛生活。到了父亲林启瑞这一辈，家里依然秉承着耕读的传统，尽全家之力送林铎上学。

　　林铎初中毕业后，听说广东黄埔军校招收学员，可以减轻家庭负担，于是，他和上杭旧县的丘棣华等经友人介绍投考黄埔军校，成为1925年黄埔军校第四期步兵科预备学员。一个多月后，林铎转为正式学员，编入黄埔军校步兵军官团。在学校里，林铎善于思考，富有理想，严格要求自己，积极参加进步青年的革命活动。

　　1925年12月30日，经李富春介绍，林铎加入了中国共产党，曾任文书、排长等职。北伐战争开始前，军校选拔了一批优秀生分赴湘、鄂、豫、皖、苏、浙、闽等省，组织发动工农大众支援北伐战争。林铎受命在宁沪一线，深入工厂开展地下活动。

　　1927年4月12日，蒋介石发动了四一二反革命政变，袭击上海工人纠察队驻地，南方多省以"清共""清党"为名，大规模捕杀共产党员和革命群众，南方各省陷入白色恐怖之中，中国大革命受到严重的摧残。

5月，武汉地区的政治形势越来越严峻，反共活动迅速公开化。

在此紧要关头，共产国际执行委员会第八次全体会议作出《关于中国问题的决议》。

6月1日，中共中央收到共产国际的指示。

7月14日、15日，武汉国民党中央连续召开秘密会议，接受了汪精卫的"分共"主张，对共产党员和革命群众进行大屠杀。

1927年7月，大革命失败，林铎调任"八一"南昌起义部队补充团团长兼党代表。"八一"南昌起义打响了武装反抗国民党反动派的第一枪。从此，一支由中国共产党独立领导的崭新的人民军队诞生了，中国共产党走上了独立领导武装革命的道路。

"八一"南昌起义，歼灭敌人数千余人，叶挺出任新编第十一军军长和前敌总指挥。

8月3日，起义军在周恩来、贺龙、叶挺、朱德、刘伯承等领导下，从赣州、宁都、会昌，南下广东。此时，起义部队匆忙南下，时逢酷暑，困难倍增。途中，部队官兵情绪低落。林铎根据上级指示，日夜忙于做稳定军心的工作。

8月30日，起义部队在会昌打硬仗，虽击溃了敌人的主力，但自己的伤亡也很大。伤员上千名，有许多辎重，运输很不便，故经上级决定，由原计划从会昌入粤东，改道折回瑞金，入闽西取水路汀江、赣江顺流而下，直抵汕头。

（二）

9月初，起义军陆续到达闽西长汀，水陆并进，沿汀江到上杭。其时，林铎所在的部队正在长汀宣成羊牯坳一带驻营。

这里是林铎老家官庄的交界地，林铎对此颇为熟悉。他知道，回家可以走山路，也可以走水路，山路时间长，如果通过汀江河则可以省时。

两天后，林铎得到指示，部队即将开往广东。部队首长特意在临行前吩咐林铎："你是上杭人，给你一天假，回家看看吧。"

林铎听后立即行军礼："是！"

自1925年离开家乡后，林铎从未回过老家，不知家里双亲是否安康。

林铎约了一艘小船，带着一个卫兵，顺着汀江河下行。

一叶小舟漂荡在汀江河上，两岸是苍翠的林木，这是林铎熟悉的家乡。美丽的汀江河是客家人的母亲河。每年的春暖花开时节，林铎常和小伙伴避开家长的视线，悄悄比划着游泳的手势，相邀一起去河里畅游。有时，他们与鱼虾同乐，甚至在狂风暴雨时，也想到河里搏击一番。

今天，自己这个曾在梦中几度呐喊归来的游子，正乘游在这条像巨龙的汀江河上，家乡啊，你知道社会正在肆虐的狂风暴雨吗？

沉浸在回忆中的林铎，不知不觉抵达了岸边——他的家乡官庄回龙。

当年的回龙，是一个比较热闹的乡村。这里是汀江河流域的重要交通要道，龙岩西部和广东北部的民众北上都要经过这里，因此河边有码头，小街上还设有不少客栈，过往行人素有"下河八百，上河三千"之描述。

从码头上岸走几十米，就到家了。林铎一进家门，就看见奶奶坐在厅里，林铎大声呼唤："娭毑（奶奶）！"随即扑到奶奶的怀里。

正在厨房里做晚饭的母亲，忽然听到离家三年的儿子的声音，惊叫起来："嘉儿的声音？莫非他回来了？"她一边冲到厅里，一边将双手不停往身上的围裙擦呀擦。

"娓（母亲）！"林铎喊了声母亲，欣喜中似乎带着歉意。

"真是你……回来怎么也不说一声？"母亲说完拍了拍儿子的肩膀。母亲个子矮，踮起脚才刚够到林铎的肩。

"我给你烧热水洗澡。"母亲接过林铎的行囊，赶紧转身到厨房。

洗澡，是客家地区迎接家人回归和招待客人的最高礼遇。

"娓，你坐坐，我自己来。"

"你出门几年了今日才回来，先歇歇，我来。"

天黑后，外出劳动的家人都回来了，大家围坐在一起吃饭。

好奇的堂弟问林铎："出门时只知道你去广东黄埔军校读书。这都几年了，是不是都在打仗？"家人还问林铎在外面是不是娶妻生子了。

林铎平静地回答堂弟："我是去黄埔军校读书的。娶妻生子是个人的事。相对于国家，个人的事再大也是小事，国家的事才是大事。我既然上军校，读书后必定是要上战场的。"

"打仗肯定是'吓人'的，你受过伤吗？"

"你看，我这不好好地回来了。"林铎看家人都不太了解当下的世事，就大致介绍了自己上黄埔军校的情况。当然，为了让母亲和家人少担心，参加"八一"南昌起义的经历及现在任什么职务，只是含糊地说了几句。但是，家人都知道，林铎带着卫兵回来，肯定是"高升了"。

晚饭后，族亲和邻居听说林铎回来了，都热心地上门来。

林铎见来的是长辈和年轻人，就想趁机给大家说说"外面的世界"。林铎站在大厅里，就像到乡村宣传革命一样告诉大家，现在的社会黑暗，大家只有参军闹革命，社会才有光明的前途。

大家听林铎讲闹革命的事，觉得很有兴趣，安静地听，不知不觉聊到了深夜。

族亲和邻居走后，林铎说他现在也要走了，说好请假仅一天，明天还有事的。

母亲听后不免难过："这离开家几年才回来一次，怎么也不住一夜？"

林铎说："我们是有纪律的，说好今天晚上回去就必须回去。我很快会再回来。"说完他接过卫兵手中的行囊，掏出梭镖递给父亲，把饭钵给了母亲，说道："现在社会动荡，这梭镖，接上木把可以用于防身护家。"然后转身一手搂抱着母亲说："这是我到黄埔上学时学校发给我的饭钵，留给你三餐蒸饭吃。"

母亲接过儿子递来的饭钵，左瞧瞧，右看看，说："饭钵家里很多，但这是你带回来的。"

林铎微笑着对母亲说："娒，钵温如同儿心。三餐吃饭捧着这钵温，如同抚摸儿心，就像我在你身边。"母亲听完也笑了。

之后，家人送林铎到汀江河的码头边，与林铎挥手告别，看小船在平静的汀江面上渐渐远去。

1927年9月16日，林铎率部队跟随起义军的大部队从长汀出发，经上杭前往广东参战，不久便占领了汕头，林铎率部留守三河坝。

1927年9月24日，国民党反动军队大规模袭击三河坝，彭湃任潮汕工农革命总指挥。当起义军奔向海陆丰时，国民党军队薛岳部已占据县城，我军在汤坑与敌进行激烈的决战。贺龙、朱德率领起义军留守汕头，三河坝部队遭到敌人大规模的袭击。起义军处境十分险恶，面临着被分割、夹击、合围的不利局面。

经过反复冲杀，双方伤亡惨重。最后，敌人败退了，但起义军也损失严重。

1927年10月，林铎在三河坝战斗中为了护卫战友，英勇牺牲，年仅23岁。

(何　英)

林秋光：

大义凛然的政工干部

　　林辉笔，男，1911年出生，福建省宁德市蕉城区七都乡人。参加革命后改名林秋光、林秋生、林一青，1930年加入中国共产党，1938年牺牲。

林秋光，原名林辉笔，曾担任中共宁德七都党支部书记、七都地下联络站负责人、七都农会主席、中共福安中心县委委员。国共合作期间，林秋光担任国民革命军新编第四军第三支队第六团政治委员兼第二营营长等职。

幼年时期的林辉笔，因父母继承爷爷在本地经营小商品买卖的习惯，家庭生活还算过得去，因此他七岁时被送到七都"有源书院"读书。

第一年的读书生活相对平淡地过去了。

第二年，书院来了一位特殊的教书先生，大家都称他"阿五先生"。他的穿着虽然比较考究，但是皮肤黝黑健壮，看上去比同龄人大几岁，对人特别友善。

一天午餐，林辉笔到膳厅去领自己蒸的饭，因为饭钵油滑，"啪"的一声掉在地上。他心想：自己这顿午餐只能饿肚子了。

正沮丧的时候，阿五先生把他拉到自己餐桌前，将钵中的饭拨了一半给他，并嘱咐说："没关系，这一顿饭我们都多少吃点就挺过去了。下次小心点。"林辉笔红着脸接过来，觉得阿五先生的眼神里充满了慈爱。

此后，林辉笔期待自己能经常遇到阿五先生。

林辉笔觉得阿五先生说的话语让人感觉特别温馨，于是常常找机会接近他。阿五先生鼓励林辉笔要好好读书，一定要读中学，因为国家将来需要有知识的人。在阿五先生的鼓励下，1923年林辉笔赴霞浦作元中学读书。

在作元中学，林辉笔感觉到自己的思想在悄悄起变化，看问题的眼光也更远了。在这里，经常有人悄悄传递"没有的书籍"，他了解到许多进步的思想。

林辉笔意识到革命的思想已经在自己的灵魂深处生根发芽了，他追求进步，向往能同进步青年一起为革命奋斗。

1925年10月10日，各地举行纪念辛亥革命的游行活动，林辉笔与马立峰等一批进步学生参加并感受到了革命的巨大力量。为了抵制日本帝国主义对我国进行的经济侵略，他不顾学校当局的百般阻挠，毅然同马立峰等组织了学生联合会，带领同学上街宣传、游行，开展收缴商店日货并发动抵制日货的运动。

1926年，林辉笔在作元中学高级班毕业后回到七都，以在乡间教书、卖字为业。次年，蒋介石发动四一二反革命政变，宁德县国民党右派与地主豪绅、封建军阀互相勾结，镇压左派。林辉笔目睹革命者遭围捕杀害的惨状，看清了国民党反动统治的腐朽没落，他前往福州、宁德、福安等地四处奔波，寻求革命的真理。这时，林辉笔受到《新青年》等进步书刊的启发，追寻革命的真理。

1929年秋，林辉笔参加了马立峰领导的福安柏柱洋的"五抗"（即抗租、抗债、抗捐、抗税、抗粮）斗争，从此走上了革命道路。

1930年，经马立峰介绍，林辉笔加入了中国共产党，并改名林秋光。此后，根据革命工作的需要，他有时称林秋光，有时则称林秋生或林一青。

1931年春夏，林秋光组织参加了溪柄农民"抗麦债和平粜赊粮"斗争。这时，中共福安中心县委成立，林秋光同詹如柏一起到溪尾一带开辟福霞游击根据地。

1932年9月14日夜，林秋光参加了著名的兰田暴动，成为闽东工农游击队第一支队的骨干。

1934年底，敌人集结重兵疯狂"清剿"闽东苏区，闽东党组织领导人马立峰、詹如柏等相继牺牲。闽东党组织为了保存实力，在战略上转入了暂时退却阶段，林秋光和战友们一起转入战略隐蔽状态。

1935年初，根据闽东党组织的安排，林秋光潜返七都坚持领导革命斗争。在三年游击战争中，林秋光积极为闽东地区的游击运动战筹集物资，有时冒着危险传递情报，保证战斗在桃花溪、梅坑等大山深处的游击队源源不断地收到急需的粮食、枪支、弹药、衣服、医药、印刷机、报纸、宣传品、油布等物资。

1937年7月，抗日战争全面爆发，在宁德县委领导下，林秋光同二区区委书记丁进朝、二区游击队长马佬志等一边组织地下交通员深入七都、六都、南埕等乡村发动青壮年参加红军，并在溪口、巫家山设立了新兵站；一边在七都、南埕公开组织农会，宣传共产党抗日救亡主张，发动群众反对国民党抓丁、征粮、派捐行为。同时，根据闽东地下党组织的要求，他们组织开展"阻止土豪劣绅垄断粮价""取消贫苦农民所欠地主的一切旧债""实行'二五'减租、'三五'还粮、废老秤用市秤"的革命斗争，得到了广大农民的拥护，使本地的农会会员迅速发展到500多人。

1938年初，闽东特委将闽东红军独立师和各县游击队及新入伍的战士集结在桃花溪整训，改编为国民革命军福建抗日游击队，林秋光担任国民革命军新编第四军第三支队第六团政治委员兼第二营营长，准备北上抗日。

1938年2月，部队出发前夕，团长叶飞传达了上级党组织的决定：留林秋光在后方，继续组织领导革命斗争。在林秋光的领导和影响下，南埕、拱屿、下塘、六都、濂坑、城关等地的农民会（盐民会）迅速发展壮大，当地的地主豪绅对林秋光恨之入骨。

1938年3月23日晚，七都地主林慈良等勾结国民党保安第二旅旅长李树堂，调动部队袭击七都农民会，包围了林秋光的住处，林秋光不幸被捕。

林秋光被捕后，国民党反动派用铁线对他五花大绑，连夜进行审讯。林秋光趁机宣传革命真理，告诉他们穷人为什么贫穷，就是因为受国民党民团的欺压，因此只有跟着共产党走才有前途。他告诉他们，国民党必败，共产主义必胜。

负责审讯林秋光的几个人听着听着，竟然被感动得完全忘记了自己是审讯人。

地主豪绅害怕党组织实施营救,连夜以重金收买敌连长,要求迅速将林秋光就地枪决,以免引来共产党组织的进攻。敌连长决定次日中午行刑。

在林秋光即将被押赴刑场的那一刻,敌连长还劝林秋光考虑亲属的生命安全,企图动摇他的革命意志。林秋光大义凛然地告诉敌连长:"革命党人是永远杀不绝的!共产党人是英勇不屈的,杀了我林秋光,必定还有无数的王秋光、张秋光、陈秋光、李秋光!"

敌连长气急败坏地下指令:"押赴刑场!"

临刑前,林秋光激昂地高喊:"农会要团结!""盐会要团结!""革命一定胜利!""中国共产党万岁!"

林秋光英勇就义于七都场下坪。他为闽东人民的革命利益,为中国人民的伟大事业,献出了年仅 27 岁的生命。

(何　英)

林顺佺：

骁勇善战的"智多星"

林顺佺，男，1893年出生，福建省福安市溪柄北山村人，1932年加入中国共产党，1935年4月牺牲。

交溪是闽东最大的河流，东部独流入海，到了福安溪柄一带，将要汇入浩瀚的海洋。1893年，林顺佺出生于溪柄北山村。林顺佺在陆地上没有家，他的家是一条破旧不堪、随浪摇摆的小船。他们被称为疍民、游艇子、白水郎等，也有歧视者称他们为"贱民""曲蹄"。封建统治阶级规定，疍民不准陆居，不准穿绸，不许读书，不许科举应试，不能与岸上居民通婚；上岸不准撑雨伞，不能穿鞋，喜庆不得张灯结彩，走在路上要弯腰缩颈，靠道旁行走；不准穿戴衣冠，男女老少在岸上时，裤脚管必须卷得一边高一边低，以区别于其他渔民；疍民妇女梳半爿髻。当地有"曲蹄爬上山，打死不见官""一粒橄榄丢过坑，曲蹄也想做先生。手拈笔仔抖抖战，卖写三字窦燕山"等说法。林顺佺在受歧视的目光下卑微地成长，恶劣的生存环境伤害着他，也磨炼着他的性格，使他变得坚韧、善辩、倔强、勇敢、足智多谋。七岁那年，母亲得病无钱医治，撒手人寰，留下他和父亲、妹妹三人相依为命，在交溪上讨生活。

一家三口，白天黑夜，风里雨里，只能待在直不起腰的小船上。每天靠捕鱼为生，捕不到鱼时，就靠小船做些客货运输维持生计。一年到头，难得温饱，常以廉价臭番薯米填肚、褴褛衣裳御寒。面对如此窘境，林顺佺气愤不已。父亲怕他惹是生非，常以"让人三分，海阔天宽"进行劝导，希望他不露锋芒。可他性格倔强粗犷，听不进父亲劝说。捕鱼上市，他敢于和欺压他的渔霸恶棍顶嘴吵架，尽管常常遭到殴打，但他并不屈服。

林顺伥16岁那年的一天，他和父亲捕到10多斤肥鱼。妹妹开心得唱啊跳啊，央求父亲给她买一件花衣服，父亲看着活蹦乱跳的肥鱼，答应了她。父亲兴致勃勃地提鱼上岸，走向街市。还没等叫卖，几个国民党兵就持枪围了上来，强行夺鱼。父亲死死拽住，低声哀求："老总们行行好，船上两个孩子等饭吃呢。""去你的！曲蹄子，放开手来！"父亲死死抱着鱼篓，被一脚踹倒在地，枪托不停地落在身上。父亲被抬回小船上时，鼻青脸肿、嘴角流血、奄奄一息。林顺伥双眼冒火，牙齿咬得咯咯作响，父亲见状苦苦哀求儿子："仔啊，留住性命带着妹妹，莫年轻气盛。"林顺伥喊叫着要去报官，父亲摇摇头："县衙大门八字开，有理无钱莫进来。"父亲含冤而死，林顺伥捶打着船帮仰天怒吼："穷人的命运，就是这样吗？天理在何处？"群山不应，天地沉默。

虽然是疍民，林顺伥决不向恶势力和所谓的命运低头。他为人善良，乐于助人，勤劳肯干，22岁那年，娶到了化蛟村对面坂渔家女郑玉兰为妻。因久婚未育，他们遂收其堂兄儿子林玉弟为养子，后来陆续生下林其寿、林其雄、林玉。添丁进口，林顺伥的日子更加难熬了，他日夜盼望这种牛马生活早日有个尽头。

1931年春，中共福安县委书记马立峰在赛岐宅里开办工农夜校，林顺伥偏要改变"疍民不许读书"之命运。他白天打鱼，夜里赶去上学。在马立峰教育下，他懂得了许多闻所未闻的革命道理，认识到："世界上没有什么救世主，全靠自己救自己。""穷人要解放，必须砸烂旧世界。"林顺伥聪明好学，悟性也强，分明看到了眼前的曙光，看到了民族和国家的希望。他心潮澎湃，热血沸腾，利用捕鱼卖鱼之便，向能说上话的人宣传共产党革命思想，宣传马克思列宁主义，鼓动穷人不能认命，要向剥削阶级挑战。"赤脚人为啥走投无路，饥寒交迫？老爷太太们为啥吃鱼吃肉？公理何在？天理何存？"他号召穷苦兄弟团结一致，争得自己的生存权利。

1932年，林顺伥由张少廉等人介绍，光荣地加入了中国共产党。

林顺伥善辞令，鼓动船工和渔民起来干革命、闹翻身。他的每句话都能说到船工、渔民的心坎里。这年10月，组织上指定他和郑德富、郑成祥等人负责中共福安船民支部工作，开展地下革命活动，发展党的组织，为党传递情报，建立水上交通线路，给党组织提供各方面的便利。

林顺佺足智多谋，可算是船家中的"智多星"。他经常为党组织传递重要文件。为了保障文件安全、顺利完成任务，他出船打鱼时，领着十几岁的养子玉弟，把秘密文件折叠到最小，藏匿在养子身上，因为孩子的目标相对较小。父子俩摇着小船，一边打鱼，一边穿过敌人道道关卡。到了码头，提鱼上岸，养子跟在他身后，他一边叫卖，一边称鱼，躲过一次次盘查，将一份份文件和情报准确无误地送达。有一次，一个革命同志乔装到赛岐采购物资，登岸时突遭敌人逮捕。押解途中，这位同志把敌兵打翻在地，拔腿就跑，可没跑多远，一条溪河挡住去路。林顺佺正好靠岸停船，见状，连声说："快快！快上船来！"小船载着被敌人追捕的同志飞速离去，待敌兵追到岸边，早已不见踪影。

1934年春天，国民党反动派阴谋扼杀闽东革命党，严禁战略物资运往革命根据地。他们在关口设卡立哨，昼夜不间断地盘查。前方将士在作战，军用物资十分紧缺。6月，闽东船民工会筹备处在马立峰、詹如柏等人的关怀下，于北山天后宫成立，林顺佺被选为主席。经过林顺佺的大力鼓动宣传，闽东海域船民凡年龄在16至60岁的，纷纷参加了这个赤色工会。林顺佺做事有谋有略，他和成员们研究制定出《闽东船民工会会员公约》，报请闽东特委批准实行；随后迎难而上，开辟出北起福鼎沙埕港、南至福清海口镇的海上交通线，打通了闽东革命根据地与闽东以外苏区的通道。一批批枪支、弹药、医疗器械、食物，沿着这条海上"绿色"通道运往前线，保障了红军将士一场场战斗的胜利！

1934年夏天，特委获悉福清有十九路军遗留下来的枪支弹药，委派林顺佺率领三艘木帆船前往购买。接到任务后，林顺佺通过各种关系，购到三门迫击炮和一批子弹，收获巨大。兴奋之余，林顺佺心思缜密，他知道事关重大，容不得一丝马虎。他组织船工，拆散炮身成零件，装入一只只鱼筐。船行至罗源湾时，遇到国民党检查船，挡住去路，危机来临。久经沙场的林顺佺一面笑脸相迎，一面传递战斗眼色。林顺佺和船工们以迅雷不及掩耳之势，将一把把鱼干抛向敌船，同时拔出手枪对敌开火，站在船头的敌首应声落水。"扔火！"林顺佺大声喊道。船上早已备好的煤油布团，已经点燃。一个个火团飞向敌船，风助火力，敌船熊熊起火，烧得船上的敌人慌忙跳水逃亡。林顺佺下令迅速升帆摇橹，一路向北。后来，这三门迫击炮加强了红二团的装备，令白军闻风丧胆。

1934年6月，林顺佺得到可靠情报：敌新十师强征阳尾溪船8艘，除运载一批物资外，还载着师长陈齐瑄等人的眷属。林顺佺决定伏击这批物资，支援前方。上级领导派出红二团陈挺的手枪队、化蛟村赤卫队，三方联合于化蛟打了一场漂亮的伏击战。俘敌8名，缴得枪支11支及8艘船只所载军用物资。从此，"智多星"林顺佺闻名闽东。

1934年9月，中国工农红军闽东独立师在宁德支提寺成立，之后，林顺佺再度组织船民赴福州、长乐、福清等地，成功购进一批武器，武装了部队，进一步提高了这支红军的战斗力。

1934年冬，国民党纠集三个主力师及一批杂牌兵，号称"十万大军""围剿"闽东苏区。11月，敌人一个营的兵力包围了下白石六屿运输站。林顺佺率领众船工一边还击，一边突围。敌众我寡，一些同志当场被捕，多数船民工会会员在战斗中牺牲，情况十分危急。林顺佺没有半点气馁，他带着余下的十多个船工冲出了包围圈。翌日，一个反动保长得知了林顺佺隐蔽处，立即派出反动民团，冲向交溪，团团围住一只小船。经历几天几夜的战斗，林顺佺疲劳了，睡着了。他醒来的第一个反应是枕头下的手枪不能落入敌手。他一边穿衣，一边将陪伴了他多年的手枪沉入水中。林顺佺被捕了。

敌人将林顺佺关押进同台盐仓，并从他的破袄中搜到革命符号，以此为证据，再三逼他说出参加共产党的船民名单，他闭口不言。惨无人道的敌人用竹签插进他的10个手指盖，将他倒吊于屋梁上，挥舞大棒打烂他的大腿和臀部。但他毫无惧色，视死如归，怒斥敌人的暴行。他的妻子儿女和乡亲们前去送饭探望，见他身上血肉模糊，无不万分悲伤。他却说："我不要紧，干革命是需要付出代价的，这代价其中也包括生命。希望你们都能成为党的好儿女，只要大家坚持斗争，我就放心。"

1935年4月4日，敌人将奄奄一息的林顺佺拖到同台村外的沙滩上，开枪杀害，林顺佺牺牲，时年42岁。

（张　茜）

林心尧：

英雄气节贯长虹

林心尧，男，1905年出生，福建省龙岩市永定区虎岗乡灌洋村人，1926年加入中国共产党，1927年牺牲。

（一）

1905年，林心尧出生在福建省永定县虎岗乡灌洋村。林心尧的父亲是一位典型的客家人，有着强烈的读书取士、耕耘持家的理念。尤其是儿子的出生使他更加增添了摆脱贫困、追求富裕生活的信心。尽管家里的生活相当困难，他却依然千方百计地让林心尧上私塾拜师读书。林心尧很争气，于1918年进入小有名气的道山书院（高陂中学前身）读书。

林心尧进入道山书院读书期间，正是"五四"新文化浪潮席卷神州大地之时。闽西永定全县各地在学校的青年学生，受到了新文化、新思想的熏陶和鼓舞，纷纷走向街头声援北京发起的"五四"新文化运动。林心尧那年虽然只有14岁，却有了广阔的心胸和眼界，懂得分辨是非曲直，内心深处明显地赞同和支持新文化运动和五四爱国运动。

1921年，16岁的林心尧以优等生的资格，顺利地考入了陈嘉庚先生创办的厦门集美学校。

（二）

　　1924年夏天，林心尧从厦门集美学校毕业后回到永定老家。由于虎岗灌洋交通落后、信息闭塞，思想激进又有远大理想抱负的林心尧在老家住了几天之后，就离开灌洋，来到靠近县城、交通发达、信息较为畅通的永定湖雷上湖。在此期间，他认识了从广州回来的与自己志同道合又有着远大理想抱负的上湖本地先进青年阮山。阮山已于年初在广州加入了国民党（左派）组织。在他的介绍下，林心尧也加入了国民党（左派）组织。同年秋，林心尧与阮山、吴仰文、赖俊、熊其藻等人，在永定湖雷成立了国民党（左派）永定县党部筹备处，吴仰文成为主要负责人。

　　1925年2月，国共两党进行第一次合作时期，中国国民党永定县临时党部在湖雷成立，阮山成为临时党部负责人，林心尧成为主要领导人之一。当时，军阀势力依然强大，不断地骚扰和压榨永定百姓。同年3月，粤军谢文炳率部进入永定，迫令全县派款10万元。同时，刘志陆、陈修爵、李云复各部也纷纷向各乡派款；不久，又有总指挥洪兆麟到永定县驻扎。粤军捞到"油水"后离去，又有福建陆军第三师所属旅长杜起云驻扎在永定县，刮走"一大层皮"后离去。10月，粤军刘志陆部突然间窜入永定县城，大肆筹派饷款。后来因纵队长程潜率学生军追击而至，刘志陆部只好逃向闽北。面对永定县"城头变幻大王旗"的纷繁复杂局势，林心尧和其他同志一面协助阮山以湖雷公学为阵地，成立"湖雷青年学友会"，创办《雷鸣》杂志，宣传抗捐抗税等等，这才基本稳定了难"定"的永定。

　　1926年1月，在厦门集美学校，由罗扬才、邹纯介绍，林心尧正式加入了中国共产党。

　　1926年夏天，林心尧和阮山根据中共厦门总干事会和中共汕头特委的指示精神，经由汕头、大埔回到永定，在湖雷上南"万源楼"成立了永定第一个党支部——中国共产党永定支部，推举阮山任支部书记，成员有林心尧、赖秋实、赖玉珊、熊一鸥等。这是闽西最早成立的党支部，也是福建省第一个农村党支部。永定支部的建立，标志着永定革命从此有了领导核心，永定的革命运动进入了一个新的阶段。在此期间，林心尧和阮山还以"毓秀学堂"为活动基地，开办平民夜校。结合当时的革命斗争形势，共同创作了大量具有鲜明阶级性和战斗性的山歌，产生了较大影响。由于他们在发展国民党左派组织时已经做了大量的思想工作，有了相当的群众基础，学员们既是国民党左派和农运的基本力量，也是共产党组织培养的基本对象。林心尧等人采取边培养、边教育、边发展的方针，先后引导了阮振鹏、熊振声等多名青年加入共产党。同时，中共永定支部还积极做好迎接北伐军进入永定的工作，大力推进国共合作，将农工运动推向新的高潮。

1927年2月26日至3月1日，汀属八县政治监察署在上杭召开汀、杭、武、永四县党部及民众团体代表联席会议，由林心尧起草了《长杭武永四县党部及民众团体联席会宣言》。会议决定开办汀属八县社会运动人员养成所，林心尧、阮山、王奎福等10余人被推选为筹备委员，林心尧担任筹备主任。3月23日，汀属八县社会运动人员养成所在上杭北门天主教堂正式开学。谢秉琼为所长、林心尧为训育主任。教学活动依照广州农讲所的做法，组织学员到上杭城郊的水西渡、潭头、土埔等农村进行社会调查，了解农村人口、户数、土地占有状况和农民被剥削状况等。汀属八县社会运动人员养成所共培养了160余位学员，这些学员通过学习理论，联系实际，深入调查研究，参加实际斗争，工作成效显著，都成为各县农工运动的骨干力量。汀属八县社会运动人员养成所，为中国共产党如何培养革命干部提供了经验借鉴。

（三）

正当闽西农工运动蓬勃发展的时候，1927年4月12日，蒋介石在上海悍然发动了反革命政变。闽西的国民党右派和反动驻军及地方封建势力互相勾结，召开了所谓的"拥蒋大会"。5月7日，上杭国民党右派发动暴力"清党"，封闭监察署、养成所、工会、农会、妇女联合会及其他群众团体，捕杀共产党员和国民党左派。当晚，谢秉琼带着林心尧躲到武平万安下镇村，将林心尧藏在谢秉琼家的杂货店里，自己躲在家中。第二天晚上，上杭驻军蓝玉田部独立连连长王光烈，带领一大批人搜查谢秉琼的家里和杂货店。谢秉琼听到狗叫即从屋顶爬出脱险，林心尧则被敌人逮捕，关押在武平县监狱。

起初，敌人觉得林心尧是共产党内的重要领导人，一定会掌握许多核心机密，于是想诱降林心尧，因而给予丰厚的待遇，将他关在特别的单人牢房里，按时给他送去好饭好菜，很客气地轮番派人同他聊天，谈论生命的意义，分析国民党的强大和共产党的弱小，企图达到瓦解林心尧的意志的目的。然而，不管敌人说出多么华丽的语言，开出多么优厚的待遇，林心尧都紧闭嘴巴，一言不发。国民党反动派气愤至极，看见林心尧不吃软的，便来硬的，将他移到武平县监狱中进行惨无人道的严刑拷打。林心尧被打断双腿，不能站立，却始终坚贞不屈，对党组织的机密只字不说。敌人失去了耐心，便于5月12日将林心尧从森严的监狱中拉出去，捆绑着，用箩筐抬到武平城关东门桥下。沿途，林心尧用尽最后力气，不间断地向群众揭露国民党反动派叛变革命的真相和罪行，群众无不为之动容。

林心尧是四一二反革命政变发生后，闽西最早牺牲在敌人刑场上的共产党员之一。他被刽子手用箩筐抬到武平城东门枪杀时，年仅22岁。

新中国成立后，人民政府追认林心尧同志为革命烈士。

（杨国栋）

林营妹：
视死如归的女英杰

林营妹，女，1910年出生，福建省武平县武东乡袁畲村人，1928年参加革命，1929年加入中国共产党，1933年被敌人杀害。

（一）

1910年4月，林营妹出生于武平县武东乡袁畲村。她幼年被送给张畲朱家做童家媳，14岁那年跟随着24岁的丈夫朱发古（宗炎）到中山乡上峰村纸寮打工。

1928年夏季，一批有文化知识、有理想信仰的知识分子与热血青年来到武平县。他们传播红色革命道理，领导群众与反动势力作斗争。林营妹跟随丈夫朱发古参加革命活动，于1929年春参加赤卫队，从事后勤、宣传等工作。她心灵手巧，还能够自编自唱民歌，经常找妇女姐妹谈心，宣传革命道理。

1928年夏秋之际，上峰村来了共产党人练宝桢、蓝维龙，他们经常到纸寮住宿。林营妹召集广大妇女，一起听练宝桢等人宣讲革命道理，受到极大的启发和鼓舞。

（二）

1929年春，林营妹在张畲租种的公尝田被土豪劣绅夺走了，损失很大，非常气愤。后来，练宝桢、蓝维龙、蓝大祥等共产党员又来到张畲开展革命活动，林营妹乘机要回了公尝田，抽空耕耘庄稼。不久，林营妹和几十个穷人在伯公坑组织赤卫队，又在张畲村里竖起第一面自制的红旗。林营妹工作积极，宣传、筹款、联络等活儿样样都做，并且做得很好，多次受到领导的表扬。

1929年10月，红四军三纵队进驻六甲。在红军的帮助下，六甲区革命委员会和区赤卫队成立，朱发古任区赤卫队长。在区革委会领导下，林营妹同她丈夫一起参加打土豪斗争。红四军撤离六甲后，土豪劣绅纠集钟绍葵救乡团围袭赤卫队，丧尽天良干坏事。同年11月，六甲赤卫队调往象洞开展游击斗争，林营妹担任宣传员，积极传播红色革命斗争新理念。

1930年3月，林营妹和朱发古一起编入武南游击队。1930年7月，朱发古牺牲后，林营妹与组织一时失去联系。但是她信仰不变，找机会回到上峰村帮人做土纸，并参加当地的革命斗争。

1932年2月，红十二军攻打武平县城，林营妹同革命暴动队一起跟随红军参加战斗。她在战斗中练得一手好枪法，作战胆大心细，机智勇敢，奋勇杀敌，赢得了"双枪女英雄"的威名。

（三）

1932年5月，武平县苏维埃政府迁到武北。林营妹化名林福秀，担任了县政府妇女部长，在武北、汀南和上杭官庄一带组织妇女支援革命战争，扩大红军队伍，并多次配合游击队攻打反动民团，取得了一次次胜利。

1933年冬，林营妹所在的游击队在长汀县美西角被敌人包围。她毫无惧色，组织大家突围。她击毙了多个敌人，最后子弹打完，落入民团之手。

敌人对林营妹施尽酷刑，要她供出游击队的真实情况。林营妹坚贞不屈，守口如瓶。就义前，林营妹昂首挺胸，高喊"共产党万岁"，同时高唱革命歌曲，殉难时年仅23岁。

（杨国栋）

刘克模：
富家子弟闹革命

刘克模，男，原名刘占猷，1894年出生，福建省武平县湘店乡湘洋村人。他是开国上将刘亚楼、开国少将罗斌，以及梁思久等将领的老师或人生导师。由于刘克模建议并大力支持刘亚楼、罗斌、梁思久等一批年轻的革命志士坚定地走向了红色革命道路，因而他被人们赞誉为刘亚楼、罗斌、梁思久等革命生涯的主要引路人。刘克模于1931年被错杀于上杭白砂。

（一）

1914年，20岁的刘克模按照当时很时尚的做法，走出国门，前往日本早稻田大学留学，旨在掌握先进的文化知识和科学技术，将来回国可以为国家效力，并可以光宗耀祖。然而，刘克模怎么也没有想到，自己到日本读书，却突然对政治产生了浓厚的兴趣。他经人介绍，积极地加入孙中山先生创建的中华革命党，同许多热血青年一样，义无反顾地投身于孙中山先生领导的革命洪流之中。

1915年，刘克模受命回到福建进行民主革命活动，在武平创办了崇德学校，致力于传播孙中山先生的民主革命思想。随着国内革命形势的发展，刘克模接触到马克思列宁主义，特别是读了李大钊、陈独秀等人的文章，发现他们的思想理论更能够激发自己投身革命洪流的意愿。为此，刘克模于1926年在上海加入了中国共产党。

大革命失败后，刘克模回到自己的故乡武平县。当地的乡贤觉得刘克模留过洋，见过大世面，力荐他担任武平县崇德学校校长。刘克模利用这个教学平台，积极地在学生中传播马列主义，组织军事训练，尤其是加大力度指导青年进行"一日两操"的军事训练，取得了很好的效果，促其锻炼了身体，提升了体能。

1927年4月12日，蒋介石发动四一二反革命政变，开始大力屠杀共产党人和革命群众。刘克模觉得他继续在乡村主持崇德学校的教育事业，有利于隐藏他的真实身份。刘克模将自己的家财、粮食分给了贫民，又将一大批农民组织起来，实行减租减息，赢得了广大农民的一致好评。

1927年9月，部分南昌起义军入闽之后，闽西革命形势逐渐好转，中共武平特别支部成立。为了更好地与汀杭等地的红色革命力量取得联系，中共武平特支委员张涤心与刘克模商议，决定由刘克模筹集货款，在汀杭武水陆交通要道连接武平店下圩开设百货商店，取名叫"文昌栈"，一方面做生意增加收入，另一方面作为秘密的革命联络站，可以随时交流交换各种机密情报。这个文昌栈由刘克模的得意学生刘亚楼等4个人作为店员，利用上汀州、下上杭办货做生意之机，秘密与闽西的张赤男、杨成武等人取得联系，谨慎而又灵活地开展地下党人的机密活动，促进了汀江两岸革命形势的快速发展。

1928年初，武北地区的革命活动已经半公开化了。

1928年春，刘克模、张涤心等武平共产党领导人，主动联络七里、店下、湘洋等地的共产党员和青年群众，召开秘密会议，宣布成立"铁血团"。按照民间习俗，他们歃血为盟，声言与敌人血战到底，赴汤蹈火，在所不辞。

（二）

1928年，刘克模主动与武平县地下党人张涤心、李长明取得联系，频繁接触，互相交流对时局的看法。刘克模往往在这个时候会叫上自己最得意的学生刘亚楼，以在楼下看书作掩护，实际上是为刘克模、李长明、张涤心等共产党人望风。

刘亚楼是一名知识丰富、头脑灵活的学生，知道刘克模老师频繁而不间断地邀集数人商议大事，又不肯被他人知道，一定事关重大，所以一直守口如瓶。刘亚楼的举动被老师刘克模看在眼里记在心中，因而不时地找刘亚楼谈心，建议他除了学好课本上的知识之外，还应当花些时间关心社会和政治，扩大知识面，了解社会现状。老师的话给了刘亚楼很大的启迪。

此后，《新青年》《向导》《汀雷》等宣传马克思列宁主义的进步读物，如同一盏盏明灯，照亮了刘亚楼的前程，让他茅塞顿开，看到了中国未来的希望。在红色革命思想的熏陶下，刘亚楼的思想发生了深刻的变化。

随着革命形势的好转，刘克模和自己的学生刘亚楼等人一道组织起"铁血团"，率众到三禾、仓楼、小澜（今小兰村）参加农民武装暴动。刘克模担任副总指挥，直接将他自己推到了红色革命斗争的第一线。

1929年春天，朱毛红军首战长岭寨取得重大胜利，鼓舞和激励了闽西大地上一大批革命者。

刘克模率领以大、小青年会为骨干的湘洋、亭头等地农民武装180多人，与张涤心、李长明会合，一举击溃武平的反动民团组织，活捉数名土豪，缴获了10余支步枪，随即成立小澜乡苏维埃政府。

同年6月，刘克模创办了闽西列宁学校，担任校长兼政治教员，为推动工农革命、巩固苏维埃政权培养了一大批年轻有为的干部，这些干部在后来的工作中发挥了积极的作用。

（三）

1929年12月5日，中共武平县委委员张涤心担任总指挥，刘克模和李长明担任副总指挥，发动了小澜武装暴动。他们率领以崇德学生为骨干的湘洋、亭头等地农民武装，击溃了乡公所的反动民团。小澜暴动成功后，组织暴动的领导人有的忙于其他工作，而刘克模却密切关注着暴动之后的形势走向。上级领导人决定将暴动的武装骨干和原武北农民自卫军，正式合编成闽西红军赤色游击队武北第四支队。刘克模积极参与或指导四支队的工作。由于这支队伍有着高超的实战能力，连续数次打退了逃亡地主纠集的武北六十四乡反动民团的"会剿"。四支队因此声名更加响亮，威震武（平）北、（长）汀南和上杭西一带。

1930年春，刘克模担任了闽西苏维埃政府候补委员。6月，刘克模在吴潭创办了列宁学校，自任校长兼政治教员。学校开设夜校班，发动男女青年入学，巩固苏维埃政权，推动工农革命。刘亚楼、罗斌、梁思久、梁光天等许许多多的工农干部，都曾经在这里上过课，接受刘克模的教导。

鉴于刘克模同志对红色革命斗争的贡献，他被推举为武平县小澜乡苏维埃政府主席。

1931年春天，刘克模被错杀于上杭白砂，年仅37岁。

新中国成立后，人民政府追认刘克模同志为革命烈士。

（杨国栋）

刘明福：
忠心耿耿的革命战士

刘明福，又名刘明富，男，1905年9月出生，福建省连城县罗坊乡肖坑村人，1929年参加革命，1934年被敌人杀害。

刘明福出生在一个贫苦农民家庭。姐弟五人，他排行第二。其父刘生才是一个忠厚老实的农民，辛勤耕种从地主那里租来的几亩薄田，但是每年打下来的粮食除了交租以外，所剩无几。为了谋生，刘生才只好放下田里活，挑起肩上担，靠担石灰挣点脚力钱糊口。

在苦水浸泡中长大的刘明福到了该上学的年龄了，可他只能成年累月帮助父亲看牛，跟着学种地，同时帮着妈妈扫地烧火，带弟弟妹妹。随着岁月的流逝，刘明福接过了父亲肩上的重担，面朝黄土背朝天，寒冬腊月草鞋添。尽管刘明福苦苦挣扎，生活却越过越艰难。

1929年3月11日，毛泽东、朱德率领红四军从江西进入闽西，解放了长汀城。当16岁的刘明福听到这一消息时，心中万分激动，四处对人们说："红军来了，我们穷人的救星来了！"随即他约了同村的几个好友刘求明、刘绍桢等贫苦青年想赶往长汀去投奔红军。可是，母亲一把鼻涕一把泪苦苦哀求："你爸不在，你丢下我和你弟弟妹妹，这一家怎么活下去呢？"听完母亲的辛酸诉说，刘明福心软了，打消了去长汀的念头。

不久，红四军二度入闽，并在闽西进行了"七月分兵"，红军真的到了肖坑！刘明福看到红军在罗坊、肖坑一带打土豪分浮财，心里有说不出的痛快。

他带头报名参加了赤卫队,开会、学习他走在最前头,站岗放哨走在最前头,打土豪分田地也走在最前头。村里的人看见刘明福身背大刀,威风凛凛,背地里都夸他说:"明福这孩子有胆量,是我们穷人的好后生,日后一定有出息呀!"

1929年冬,肖坑村苏维埃政府成立,刘明福担任主席。

1930年2月,罗坊区苏维埃政府成立,刘明福任区苏裁判部长。受尽了豪绅地主剥削欺压的刘明福,为人民掌起了政权大印。有一天早晨,本区的一个地主为他母亲做寿,请了两桌客,刘明福也被"请"去了。酒过数巡,刘明福突然宣布:把这个地主带到区政府去审判!这个地主顿时目瞪口呆,面色蜡黄,跪在地上哀求着:"我是好心请你吃酒,你也要看我是你叔公的情面上行行好!"刘明福斩钉截铁地说:"今日你要我看你是叔公的情面,往日你为什么不看侄儿的情面呢?"随后一声喝令:"随我来!"这个地主只好乖乖地跟他到区苏。经过审判,这个一贯为土匪作内应的地主被枪毙。刘明福当裁判部长期间,看到村中出身贫苦的青年刘保生有勇有谋,便动员他当裁判部副部长,协助自己更好地工作。

1934年5月底,国民党第三师攻占连城,县苏维埃政府迁到坪上,国民党反动派并没有放松对县苏维埃政府的进攻。国民党军队跟踪到有福垄一带,派小股军队在有福垄山上、坪上、岗头一带驻扎。6月,国民党反动军队和宜和的民团八分队到罗坊、肖坑、坪上等地,疯狂地进行烧、杀、抢。一天,他们包围了肖坑村,要肖坑村的群众交出刘明福,否则就铲平肖坑村。又有一天,本村反动头子得知村苏主席刘绍祯和刘明福的弟弟刘寿福等人在洋梅岭下,就带领敌人残酷地杀害了他们,还抓走了刘明福的妻子、儿子。敌人走后,当天晚上,肖坑村群众怕敌人再来烧杀,便全部转移到外乡,结果全村空无一人。刘明福得知这一消息,胸中怒火万丈。他几次带领赤卫队隐蔽在甲山背上,出其不意地打击敌人。在一次战斗中,刘明福为掩护其他赤卫队员撤退,不幸被捕。

刘明福被捕以后,没有暴露自己的身份,国民党反动派强迫他做苦工,当挑夫,使其受尽了折磨。不久,刘明福被罗坊乡的地主罗万方认了出来,押回了罗坊。

刘明福被关押在罗坊兴保祠堂里。当天晚上，罗坊当地乡绅和国民党匪兵对他进行了审问。被反绑着的刘明福昂首站立在祠堂的上厅。罗万方坐在厅堂的正中位置，满脸阴森煞气，屋子里死一般的沉寂。罗万方从座位上站起来，走近刘明福，假惺惺地说："明福，你受苦了。"刘明福用冷淡的眼光扫他一眼。罗万方故作镇静地说："明福，你自己说，你这几年来所做的事情是不是太过分了？"刘明福一言不发。罗万方又说："如今你是落到我的手上了，你还有什么话说呀？"刘明福还是没有理他。罗万方恼羞成怒，一把抓住刘明福的头发，大声喝骂："刘明福，你不要装死，你要死也快了，但没有那么便宜让你死！你老实说，你的那帮人现在都到哪里去了？"刘明福从容不迫地高声答道："我们做的事从来是正义的。善有善报，恶有恶报，怪我当时没有杀尽你们这些家伙！但我相信，总有一天红军会跟你们算账的！"罗万方恶狠狠地吼道："来，给我吊起来！"两个卫兵把刘明福吊在厅外的一棵树上。罗万方又声嘶力竭地喝道："拿香火来！"一大把香火，一下一下地烫在刘明福的脸上、身上、手上，刘明福昏迷过去了……

十多天后的一个早晨，寒风料峭。罗万方带着一群匪兵，又来到兴保祠堂，七手八脚地把刘明福绑了起来。十多天的折磨，刘明福体无完肤。他知道今天是自己殉难的日子，定了定神，忍着剧痛从容地走向刑场。

一群匪兵把刘明福绑在罗坊水口大屋桥的屋柱上，罗万方喝令匪兵举起屠刀向年仅29岁的刘明福胸部捅去。刘明福牺牲了，穷凶极恶的匪徒纠集起100多人开往肖坑村，逢人就抓，见锅就砸，整个村庄从此三个多月炊烟绝迹……

反动派的屠刀没有吓倒革命人民，刘明福视死如归的革命精神激励着许许多多革命者前仆后继。

（黄河清）

卢肇西：
开辟秘密交通线

卢肇西，男，1906年（另一说1904年）出生，福建省永定县金丰大山脚下陈东大陂村人，是震撼八闽的"永定暴动"副总指挥，1931年被错杀。

（一）

1925年上半年（另一说1926年），卢肇西在厦门集美学校光荣地加入了中国共产党。他号召永定人民行动起来支援北伐大军，坚决与北洋军阀血战到底。同时，卢肇西还在金丰组织了"金丰青年联合会"，积极搜集军事情报，并且准备在北伐军入闽时为之做向导或运送物资。卢肇西等人的革命活动，引起了永定县当局的仇视，他们将卢肇西"打入另册"，想方设法捉拿卢肇西。因为有广大老百姓给卢肇西作掩护，敌人的阴谋没有得逞。凶残的敌人将卢肇西的老父亲抓去坐牢，企图诱逼卢肇西妥协。卢肇西立场坚定地站在共产党一边，誓与敌人血战到底。敌人将卢肇西的父亲枪杀。卢肇西从家信中得知这个噩耗，无比悲痛，更加坚定了革命斗争的决心。

同年10月，北伐军吹响了福建战场的号角，国民革命军第一军从潮汕入闽作战，直指永定。卢肇西、阮山、林心尧等中共党员，积极带领永定人民，参与到破坏军阀部队的军事设施、切断其军事联络等斗争中，有力地支援了国民革命军袭击永定县城军阀及其走狗的战斗。10月10日，在以卢肇西等人为代表的永定人民的支援下，国民革命军攻克永定，取得进入闽西首战的胜利。此后，入闽国民革命军组成北伐东路军，福建军阀周荫人闻风而逃，不到三个月，北伐军攻占全闽。

（二）

1927年春，卢肇西受党组织的指派，参加了北伐东路军总指挥部政治部的工作。两个月后，党组织针对国民党右派日益猖獗的不良动向，又调卢肇西回到永定发展共产党组织，建立农民协会。这时，永定县湖雷当地已建立了以阮山为书记的中共永定支部。为了扩大党的活动范围，卢肇西在下洋公学进步师生中发展了一批党员，并建立了中共金丰支部，由陈正任书记。卢肇西除担任支部委员外，还负责与闽西各地党组织进行联络。金丰大山，山峦重叠，纵横十八个乡、几百个村落。为了打开新的工作局面，卢肇西经常跋山涉水，深入各个村落和群众促膝谈心，传播革命思想。越来越多的人参加了农会组织，农民运动在金丰地区蓬勃发展，声势浩大。

1927年4月12日，蒋介石在上海悍然发动震惊中外的四一二反革命政变，大肆屠杀共产党人和进步群众。为了应对严峻的斗争形势，卢肇西赶往上杭县，与中共闽南特委书记罗明等，在官田李立民家里召开紧急会议，研究今后斗争的方针，部署发展秘密农会的工作，把党的活动转入乡村和地下。此后，在白色恐怖的岁月里，卢肇西不顾生命危险，坚持在金丰地区发动群众，进行艰苦卓绝的宣传鼓动和组织工作。虽然公开的农会活动停止了，但秘密的农会活动却在广大农村更加活跃地开展了起来。

1928年5月，中共永定县委在石岭湖塘小学召开全县党的代表会议，部署发展农民武装、举行永定暴动等重大工作。会议产生了永定暴动委员会，由张鼎丞任总指挥，卢肇西和阮山任副总指挥。会后，卢肇西返回金丰，深入到陈东、坎市、下洋、岐岭等地，帮助和指导基层农会筹集经费，建立人民武装队伍。在卢肇西等人的积极努力下，金丰各乡村普遍建立了农民协会等武装队伍。

1928年6月29日，卢肇西根据暴动委员会的决定，领导和指挥了永定暴动的第一个行动——金丰暴动。他带领广大暴动武装人员，以风卷残云之势，快速地攻打了陈东、岐岭、下洋、八联等村，冲入地主豪绅的宅院，收缴武器，烧毁田契、借约、账本，击败"团防局"的反抗，处决了罪大恶极的土豪劣绅胡生恒等人，革命烽火燃遍了整个金丰地区。

（三）

国民党军队张贞师长派驻永定县城的江湘支队，接到金丰方面的告急后，急忙调动一个营的兵力前往镇压。卢肇西在完成暴动委员会"调虎离山"的意图后，指挥暴动队伍迅速转入金丰大山隐蔽。此后，卢肇西领导的金丰暴动，有力地策应了张鼎丞率领的永定溪南暴动队伍进攻永定县城，并且取得了战斗的胜利。

声势浩大的永定暴动发生后，相继成立了中共闽西特委和闽西暴动总指挥部。参加永定暴动的金丰、湖雷农民武装整编为工农红军第七军第十九师第五十六团，由熊振声任团长，卢肇西任党代表。从此，在张鼎丞、卢肇西等人的率领下，红五十六团、五十七团经金丰下洋、月流、初溪等地向平和县芦溪出击，沿途宣传党的土地革命主张，打土豪，烧田契，开仓济贫，有力地打击了永定、平和、南靖和广东大埔边界的反动势力。

（四）

1929年5月，毛泽东、朱德率领红四军第二次入闽。卢肇西等带领闽西红军进攻湖雷，较好地策应了红四军解放永定县城的战斗。

同年7月，卢肇西出席了在上杭蛟洋文昌阁召开的中共闽西第一次代表大会。会议在毛泽东的指导下选举产生了新的中共闽西特委，卢肇西被选为特委军事委员。8月，以闽西红军为主的红四军第四纵队组建，卢肇西被任命为四纵队二支队队长。同年深秋，卢肇西陪同毛泽东在永定进行社会调查，毛泽东与他讨论了永定苏区的党政军建设等问题。此后，卢肇西在毛泽东游击战争思想的指导下，带领二支队先后攻下了下洋中川、洪坑、古竹等地，歼灭国民党军陈维远部数百人，击毙了作恶多端的金丰"团总"苏逸之，扩大了苏区的土地面积，赢得了反"围剿"斗争的胜利。

同年12月，红四军第九次党的代表大会在上杭古田召开。卢肇西以红军四纵队代表的身份出席了这次具有深远历史意义的古田会议,就红四军建设和党的建设问题接受了深刻的教育。翌年春,卢肇西被任命为第四纵队政治部主任。不久,他随四纵队挺进江西作战,取得了胜利。

红军和红色革命根据地的不断扩大和巩固,成了国民党蒋介石政权的心腹之患。为了把中央红军消灭在苏区以内,蒋介石不断调兵遣将,对中央苏区发动了多次大规模的"围剿",对苏区实行了严密的经济封锁。为了粉碎敌人的封锁,加强中央苏区与上海党中央的联系,1930年春天的一个夜晚,一个身影从闽西工农通讯社悄然而出,他就是中共闽西特委委员卢肇西。此行受毛泽东的委派,他秘密赶到上海党中央所在地汇报,请求中央批准建立一条从上海出发,经由香港、汕头、潮州、大埔、永定等地新的秘密通道和革命联络点。

卢肇西接受任务后,直奔上海党中央机关。他见到了中共中央政治局常委、军委书记周恩来,汇报了毛泽东等首长对加强闽西赣南等交通线建设的思路想法,周恩来深表赞同。接着,卢肇西又根据周恩来的指示精神,回闽西后制定了建立"工农通讯社"作为武装交通机构的设想,开辟了秘密红色交通线。许多中央领导同志和部属,后来都经这条交通线秘密进出中央苏区。

1931年春,卢肇西不幸被错杀,闽西苏区失去了一位优秀的红军指挥员,闽西人民失去一个忠诚的好儿子。

新中国成立后,人民政府追认卢肇西同志为革命烈士。

(杨国栋)

马步周：

智勇双全的优秀战士

马步周，男，1902年出生，福建省福安市城阳乡日山村马厝人。1934年加入中国共产党，1936年4月牺牲。

1902年，马步周出生。马步周家境贫寒，祖祖辈辈均是勤劳善良的农民，租种田地受尽地主欺压和盘剥，一家人挣扎在死亡线上。

1927年，马步周25岁，他一边劳动，一边关注国家和穷苦百姓的命运。这一年，福安各地爆发了进步青年领导的国民革命运动。"抗租，抗税，抗捐。""推翻压迫阶级，实现人人平等。""打倒地主豪绅！"这些事情犹如一记记响锤、一声声春雷，唤醒了这个苦苦思索的青年。

1930年2月，马立峰借小学教书职业作掩护，秘密宣传马列主义、共产主义革命思想，组织各村建立农民协会，举行反压迫革命斗争。马步周年轻有为，拿起家里的鸟铳、菜刀，加入一场场革命运动中，很快崭露头角，成为骨干力量。但农民运动由于没有正规武器，势单力薄，经常受挫，付出了惨痛代价。

1932年11月，马步周联络志同道合的进步青年，共同商议"怎样才能拥有武器"。购买？穷苦农民家家户户揭不开锅，哪有经费？我们没有，敌人有，夺枪！一个大胆的夺枪计划，经过几个年轻人周密思考，准备实施。溪柄丰产粮食，国民党警备队二三十个人驻扎这里，终日横行霸道，欺压百姓。马步周他们设法抢夺警备队的枪支，这个计划非同小可、非常危险，毕竟敌人警备队属半正规军，个个手里持有真枪实弹，但为了穷人得解放，为了革命事业，值得。

1932年11月28日，马步周得知警备队当晚要在河岸旁一家酒馆举行年末聚餐。时机到来，马步周立即召集30多名进步青壮年开始行动。有鸟铳大刀的，提前将武器藏在酒馆附近；有菜刀、匕首的，牢牢隐藏于身上。夜幕四合，大家早早吃过晚饭，按照计划，分批前往酒馆周边。估摸着敌人酒过三巡，警惕放松下来了，马步周派出年龄稍大的两名同志，进入酒馆侦察。由于过度紧张，其中一人在酒馆内将腰藏的菜刀掉在地上，暴露了目标。马步周此刻就守在门外，当机立断，用鸟铳射击，打死一个敌人。顿时，酒馆内外枪声大作，乱作一团。未经正规训练的临时夺枪队，也乱了阵脚。夺枪行动，牺牲了两名青年，以失败告终。

马步周痛定思痛，决定苦练杀敌本领，掌握专业军事技术。当时，驻霞浦国民党海军陆战队正在征兵，他虽然痛恨国民党，但需要弄到枪支闹革命，于是入伍了。青年马步周在国民党海军陆战队里，积极训练技能，刻苦学习军事理论，善于团结队友，很快当上了班长。

1933年冬天的一个夜晚，大雪纷飞，国民党海军陆战队官兵举行年终聚餐。当晚，全连官兵包括执勤哨兵都喝了酒，放松了警惕。马步周假装喝醉了酒，回到营房躺在床上，打起呼噜。等到深夜两三点钟，马步周拎起自己和隔壁床的步枪，绕过岗哨，消失在寒风呼啸的山野中。他身高腿长，一路狂奔，赶在天亮前回到了日山村。当然不能待在家中，他藏匿好来之不易的两杆枪支，躲进了村后山峦石洞中。马步周警惕性极高，交代母亲不要找他，不要送饭。他趁机苦练野外生存本领，几周后，风声过去。他回乡组建农民自卫武装"红带队"，自己担任队长。

1934年，马步周光荣地加入中国共产党，同年5月当选为福安县东区苏维埃政府副主席，带领农民开展土地革命斗争。秋天，国民党反动派调集重兵"围剿"闽东苏区，马步周调任东区警卫连任连长，率领连队开展反"围剿"斗争。1935年初，闽东红军主力转移到外线作战，马步周奉命留在苏区坚持游击战争，领导群众与敌人周旋。

1935年9月，马步周受命重建中共安福县委（隶属中共闽东临时特委，鼎盛时期下辖福安境内的东区、上中区、下中区、黄澜和霞浦境内的坑口，共5个区委），任县委书记，领导红军游击队逐步恢复了革命根据地。

1936年4月，福赛公路重新动工，国民党福安当局在黄澜设立工程处，任命周子仁为主要负责人。周子仁为人心狠手辣，伙同工程处保安班，刁难打骂农民修工，克扣工钱。农民们顶着烈日开山辟路，忍饥受饿，常常有人昏死在工地上。马步周得知情况后，经请示县委同意，准备率领游击队夜袭黄澜工程处。经过实地侦察，他们做出作战方案。那天晚上，马步周集合队伍，仔细宣布作战计划，做足战前动员。二更时分，马步周宣布出发。在夜色掩护下，马步周率领队伍，神龙般行进在山野崎岖小道上。两个小时急行军后，前方出现几盏灯火，目标工程处出现，马步周下令就地隐蔽，队员们悄声埋伏在一片灌木丛里。隐约看得见工程处大门口设有哨位，马步周下令摸掉哨兵。只见尖刀队跃出两名队员，无声无息地消灭了敌哨兵。

马步周带领队员，冲向敌营房。他率先撞开敌首周子仁房门，枪栓一拉，子弹上膛，喝道："红军游击队，缴枪不杀！"平日凶神恶煞般的周子仁，惊吓得从床上掉到地上，一声声求饶："长官饶命啊！饶命！"马步周怒声道："姓周的，平日作恶多端，今天叫你尝尝'花生米'的味道，给我拉出去毙了！"几名游击队员上前，像老鹰抓小鸡，一把将周子仁拖到大门外……另一组游击队员摸到保安班房门口，房门半掩着，大伙一拥而入，收缴了靠在墙边的一排步枪。"不许动！"游击队员们厉声喝道。保安班士兵被正义的呐喊声惊醒，连滚带爬地当了俘虏。

干净利落，这场夜袭战前后15分钟，取得胜利，缴获了敌工程处全部武器装备和所有物资。之后，修路民工的日子好多了。

1936年4月，智勇双全的优秀革命战士马步周，于日山坪岗头开展活动时被敌军包围，在突围战斗中头部负伤被捕入狱。马步周受尽酷刑，坚贞不屈，不久，被敌人押送刑场，双手钉在十字架上。遭受反动分子惨绝人寰的刀割锥刺，从上午残酷摧残至下午，体无完肤，壮烈牺牲，时年34岁。

（张　茜）

缪阿养：

披肝沥胆，坚贞不屈

缪阿养，男，原名缪光养，乳名阿细，1907年出生，中共党员，福建省柘荣县东源乡南广山村人，1934年参加革命，1936年在战斗中牺牲。

缪阿养出生在一个贫苦农民家庭。1934年春，霞鼎苏区革命有了进一步发展。霞鼎县委书记许旺经常到柘荣桃坑、南广山一带开展革命活动，缪阿养平静的心灵激起了革命浪花。在许旺的教育引导下，他懂得了许多革命道理，认识到"从来就没有什么救世主，也不靠神仙皇帝，要创造人类的幸福，全靠我们自己""穷人要解放，必须砸烂旧世界"。缪阿养走上了革命征途，他用浅显易懂的语言向乡亲们宣传革命道理，秘密联系南广山村钟汉太、九埞村郑乃佑和上段村吴阿嫩、吴阿全、吴阿惠等人参加革命，并发动群众，开展"五抗"斗争。

1934年3月，缪阿养担任杨家溪乡苏维埃政府主席。为了解决贫苦农民春荒缺粮问题，他带队没收了地主粮食，分给农民。6月，根据霞鼎县委部署和农民群众的迫切要求，缪阿养认真贯彻闽东苏区"分田大纲"，积极推行福安柏柱洋分田试点经验，领导广大农民进行分田斗争，出色地完成了第一期分田任务。

1934年8月，缪阿养由许旺介绍加入中国共产党，不久，担任霞浦一区区委书记。任职期间，他对党忠心耿耿，对工作满腔热忱，对群众关心备至。他每到一个地方，就深入群众中间嘘寒问暖，当地老乡也喜欢围着他问长问短，有什么困难和要求就找他反映，向他倾诉。尽管工作很忙，他总是热情接待，与群众促膝谈心，常常一谈起来就到深更半夜，使群众深切感受到穷人自己政府的温暖。群众对党和苏维埃政府的感情更深了，很多人在他的影响下走上了革命道路。

1934年12月，缪阿养担任霞鼎县委副书记。次年春，敌人调集大批军队前来"清剿"，闽东苏区大部分沦陷，革命形势十分险恶。许旺率游击队转移到霞、鼎、柘边区的桃坑、上泥、南广山一带，利用有利地形，进行游击战争，经常吃住在缪阿养家里。当地反动"大刀会"风闻许旺是共产党员，便到处搜捕他。为了保卫许旺的安全，缪阿养把他安排在本村深山密林的大岩洞里。

1935年4月，中共霞鼎中心县委在完店成立，许旺任书记；同时恢复霞鼎、福霞、安福、霞鼎泰4个县委。霞鼎县委恢复后，缪阿养坚决贯彻霞鼎中心县委关于积极抓土豪、筹财政的规定，大力解决财政困难，强调抓土豪不单纯是筹备经费，更重要的是扩大革命影响。他叮嘱游击队和肃反队的同志不要到游击区和革命同志来往的要道、村庄去做财政，应到白区去抓大土豪派款。他们先后抓了20多个土豪，筹集款项数百元；此外，还发动根据地内与边缘地区的殷实户向苏维埃政府助粮济款。

1935年7月，霞鼎县委根据上级指示，采取了"白皮红心"策略，派一批共产党员打入敌人内部去当保长、甲长和联保主任，暗地负责"交通"、收集情报，进行革命活动。对原有的保长、甲长，我方采取"争取好的，团结中间的，打击坏的"策略。当游击队长戴炳辉被白匪抓到柘荣宅中山樟炮楼时，缪阿养闻讯赶到该地进行秘密活动，获悉敌人企图诱降戴炳辉的可靠内情，及时向霞鼎中心县委作了汇报。许旺同意将计就计，授意戴炳辉诈降，诱惑敌人，并作内应，于9月初，内外夹攻，杀死山樟伪联保主任、民团团长徐奶养父子和反动"大刀会"头子阮建波，俘敌20多人，缴枪14支，摧毁了敌人设在霞浦、福鼎、柘荣交界要地的中心炮楼。

1935年8月24日，国民党七十八师出动一个营的兵力"围剿"霞鼎西部游击区。缪阿养得知这一情报后，参加了红四团连级以上干部紧急会议，与红四团首长认真研究分析敌情，进行分工和战斗部署，决定在必经之路柘荣桃坑伏击来犯之敌。会后，他召开地方干部会议布置任务，做好"站岗放哨，观察掌握敌情，收集情报，抢救安置伤病员"等工作。战斗打响后，他在枪林弹雨中，冒着生命危险，抢背我军伤员4名到完店就医。这次伏击战歼敌80余人，击毙敌连长1名，缴获步枪30余支、机枪3挺。桃坑大捷打掉了敌七十八师的锐气，粉碎了敌人对霞鼎游击区"围剿"的企图，鼓舞了苏区军民的革命斗志，使霞鼎革命斗争形势得到很大发展。

1935年秋收到来，各乡地主蠢蠢欲动，企图进行逼租讨债，鱼肉人民。霞鼎县委根据中心县委指示，采取的对策是能杀即杀、能拖则拖。如杨家溪村地主杨阿图，上泥村地主缪光徐、缪光辉、缪光黎等带领下属到桃坑、南广山、九埏等地强讨租债，缪阿养请示霞鼎中心县委后，选派游击队和肃反队及时捕杀了这4个反动家伙，打击了反动地主的嚣张气焰。此后，其他地主再也不敢轻易到苏区根据地逼租讨债了。霞鼎地区的"五抗"斗争取得了较大胜利。

1935年冬至1936年春，国民党反动派对霞鼎地区进行重点"清剿"，采取"驻、堵、追、搜"等手段，封锁交通要道，破坏地方组织，截断游击队给养，焚毁游击队借以隐蔽的大片森林，强迫移民并村，实行"自新自首"；同时还用"斩首示众""分四腿""挖心肝""碎割"等惨无人道的手段残害革命同志，导致斗争形势急剧恶化。在如此极端困难的情况下，缪阿养等县委领导坚决贯彻霞鼎中心县委于1935年11月份在桃坑、纸池溪、上后垅一带山上召开的各县委负责人会议的精神，发动和领导群众开展反"清剿"斗争，组织军民察敌情、识内奸、捉叛徒，镇压首恶的保长、甲长；采取分散与相对集中游击队力量相结合的策略，打击与牵制敌人，并广泛采用张贴标语、打冷枪、割电线、挖炮台等斗争形式与敌周旋。如桃坑区所属36村经常能看到地下党张贴的标语；从柏洋通往山樟、上万等地的电话线经常被游击队割断；柏洋至湖头甚至离霞浦城关2.5公里的县下塘等20多处炮台，均被游击队、肃反队和群众挖掉或烧毁；游击队人数虽少，但常分成小队在夜间打冷枪袭击敌人，弄得他们晕头转向。

1935年年底，敌七十八师驻扎在霞鼎部分地区，拆毁老区人民房屋，强迫群众修炮楼，实行"移民并村"，实施经济封锁政策，妄图断绝我军民关系，困死红军和游击队。这时，缪阿养想方设法，把霞鼎县委和游击队转移到柘荣南广山的山板桥和完店的柴桥坑一带的深山密林里，动员可靠的群众搬到苏区边沿的村庄与游击队保持联系。游击队需要粮食，群众设法到白区去购买，从而部分解决了粮食困难问题。与此同时，霞鼎县委带头节衣缩食，拨款200元给当时被敌人烧毁房屋的霞鼎县九埞村群众盖房子，重建家园。这样一来，人民群众更加关心和支持红军、游击队了。如桃坑、完店、南广山等地群众，在1935年冬"移民"时将全部粮食搬上山支援游击队；九埞村地下党员郑乃佑将自家粮食存放地点告诉游击队，然后自己搬到外地住。

1936年春，敌人搜山，山上粮食被抢光，乡亲们冒着生命危险，把地瓜种都送来给游击队吃。柘荣青岚面村群众还利用上山和下田之机，挖了竹笋，捡了田螺，偷偷放在游击队经常出入的地方，让我军及时充饥。由于党群关系亲密无间，乡亲们同心协力拼死相助，霞鼎游击队在反"清剿"斗争中，不断给敌人以有力的打击，求得生存与发展。

1936年3月16日，缪阿养携款到柘荣九埞村再次救济被敌人烧毁房屋的受灾户时，反动民团头子林伏盘带兵包围了该村。在激战中，缪阿养不幸中弹牺牲，年仅29岁。

（黄河清）

缪洪记：
木匠师傅闹革命

缪洪记，又名缪洪冀，男，1887年出生，福建省寿宁县犀溪乡山星村人。曾任福寿中心区（即含溪）区委书记、寿泰县委书记，1937年牺牲。

（一）

缪洪记家里兄弟三人，缪洪记排行第二，人称二哥。缪洪记从小就聪明伶俐，读过几年书，后来被父亲送去拜师学艺。由于勤奋好学，刻苦钻研，他不到三年就满师了，继而成为冈龙一带有名的木匠师傅，请他盖房子、做家具的人很多。

1933年的一天，缪洪记在寿宁东区一带帮助农民盖房子，恰好看见一支闹革命的部队从远处走来，这让他见识了革命队伍轰轰烈烈的热闹场景。于是，他跑到近处看热闹。队伍里的人很和蔼，当场就送给他一本讲述革命斗争的小册子。正是这本宣传红色革命斗争的小册子，让他读得热血沸腾。他下决心放下木工活，到革命队伍里去看个究竟。缪洪记发现这些革命者与他以前见到的兵丁不一样，加上他接触了一些有文化的革命者，于是思想开始倾向革命斗争。

1934年夏天，缪洪记结识了邻村的缪明长，两人很快成为好朋友。他们经常在一起海阔天空地闲聊。缪明长发现缪洪记对反动当局怀有刻骨仇恨，有积极向上的心愿，于是便向组织汇报，在征得组织的同意后，1935年上半年，缪明长便介绍缪洪记参加了红色革命组织。

在秘密革命的斗争中，缪洪记不怕苦不怕累，任劳任怨地做好组织上交给他的各项工作。为了广泛地发动群众参加革命，缪洪记充分利用自己木匠师傅的身份，深入群众家里，找群众拉呱谈天，借此机会传播红色革命道理，引导群众起来斗争。缪洪记正直善良，交际广泛，讲解革命道理深入浅出，赢得了人们的信赖，在群众中享有很高的威信。

缪洪记在走村串户期间，经常给一些赤贫人家送衣送米，甚至为无栖身之地的贫农无偿搭盖简易房屋，安慰这些群众，向他们宣传革命道理，让百姓们对美好未来充满信心。

（二）

由于缪洪记深入群众，工作扎实，对共产党充满深厚感情，由缪明长介绍，他秘密地加入了中国共产党。随后，缪洪记被当时的福寿中心县委书记谢作霖派往犀溪乡从事地下革命工作。犀溪乡当时是一个反动堡垒乡。缪洪记以党的利益为重，将个人安危置之度外，毅然接受任务，深入虎穴开展工作。为了既不暴露身份，又便于掌握敌情，缪洪记经常出入鸦片馆。由于他的巧妙伪装，以至于当地的一些进步群众误以为缪洪记已经"蜕化变质"，背地里大骂他是"坏蛋"。缪洪记没有因群众对他的误解而抱怨，而是更加注意对敌斗争策略。由于积极努力和工作方法得当，他终于打开了犀溪的工作局面，建立起共产党在犀溪的地下组织，因而受到了上级领导的表扬。

在犀溪从事革命活动期间，缪洪记曾经多次在民团的眼皮子底下秘密召集农会会员开会。一次，在下犀溪大王冈叶大户厝的后门湾开会，参加会议的一大批人全是缪洪记发展的骨干，被缪洪记安排各种工作后，大家干起来十分顺手。

由于缪洪记在工作中表现出较强的能力，根据组织上的需要，他于1935年8月被提任福寿中心区（即含溪）区委书记，全面负责冈龙苏区的后方工作。

（三）

1936年1月，闽东特委领导人叶飞、范式人等在郑家坑召开会议，研究寿泰县委书记人选。会议刚刚开到一半，因情况有变，转移到景宁县大坪村继续开会，会上决定缪洪记担任寿泰县委书记。

为了广泛发动群众，组织群众起来与反动当局和地主豪绅作斗争，缪洪记在担任寿泰县委书记期间，不辞辛劳，常常顶风冒雨往返于泰顺、景宁、庆元、福安、寿宁之间，指导地方工作，先后发展了缪明存、缪进发、缪进盛、缪其弟、缪进一等10多人参加革命，随后又介绍他们中的优秀分子加入了中国共产党。

1936年11月，缪洪记受范式人的指派，带领缪明存、缪进发、叶家俊等6人前往泰顺县石岭村开会。到达石岭村之后，发现该村驻扎着许多民团和"大刀会"成员，缪洪记反应敏捷，即刻带领随行同志返回寿宁，走到郑家坑附近的石竹洲村住下。由于叛徒出卖，缪洪记等4人于次日凌晨被敌军和泰顺洲边民团包围。战斗中，因寡不敌众，缪洪记受伤后不幸被捕，旋即被押往泰顺监狱。

在狱中，缪洪记与敌人进行了顽强的斗争。他面对敌人的严刑拷打和威逼利诱，紧紧地咬住牙关，严守党的机密，表现出共产党员高尚的革命气节。

1937年1月，凶狠残暴的敌人看见在缪洪记身上很难获得有价值的情报，便在一个大雪纷飞的夜晚，将缪洪记押送到泰顺县城郊野的跑马坪枪杀。缪洪记牺牲，时年50岁。

新中国成立后，人民政府追认缪洪记为革命烈士。

（杨国栋）

缪明长：
革命信仰永不变

缪明长，男，1904年出生，福建省寿宁县犀溪乡甲坑村人。曾任含溪中心区委书记，1937年牺牲。

（一）

1904年，缪明长出生于福建省寿宁县犀溪乡甲坑村一个贫苦农民家庭。少年时代的缪明长，家庭生活十分艰难。他的父亲在一次翻越陡峭的山坡时不幸跌伤，成为残疾人，家里的困境更加严重。为了救急，他的母亲只好忍痛割爱，将缪明长的四弟卖给仙峰村人为子。不料，次年他的父亲与三弟又因贫病交加而相继离开了人世。接二连三的不幸，让这个家不知道前景在何方。

1933年春天，寿宁县早期红色革命领导人叶秀蕃、范浚、范义生、范铁民等人，先后走进冈龙，进行红色革命宣传，缪明长和一大批青年人积极加入红带会。这年4月份，在范江富、吴阿泰的介绍下，缪明长、缪明利、缪进发、缪进标等10多名贫雇农一道参加了秘密的革命组织。

缪明长参加革命后，由于工作积极肯干，善于为群众办好事，很快在群众中建立了威信。不久，村苏维埃政府成立，缪明长被选为肃反委员，随后又担任了村苏维埃政府主席。他将全部的精力和时间投入到革命事业中，成为名副其实的革命者。他先是介绍自己的哥哥和弟弟加入革命组织，而后又通过亲引亲、邻引邻的方式，介绍了缪科弟、缪阿奎等20多人参加革命队伍。

（二）

1935年5月，范江富奉命到家坑村组织红带会，缪明长第一个报名参加。在他的带动下，全村16岁以上的青壮年纷纷加入红带会。

不久，寿宁县革命委员会和中共寿宁县党部相继成立，党对冈龙一带的红带会进行整编。全县编了三个赤卫队（即红带会），范江富率领一连红带会驻守冈头，负责警戒南阳方面的进犯之敌。缪明长被编入范江富连队并担任班长。

这期间，缪明长跟随范江富连续参加了寿宁县花岭、洋边、天星冈、冈平墩等多场战斗。缪明长总是冲锋在前，勇敢杀敌，打得敌人狼狈不堪，多次赢得战斗的胜利。

1934年元月，县党部和县革命委员会决定趁着敌人调防之机，狠狠地打击敌人。缪明长率领红带会数十人参战，连续两次取得攻打南阳的胜利。缪明长善战的名声很快传遍军中。

1936年夏天，缪洪记被提拔为寿泰县委书记，缪明长接替缪洪记的位置，担任含溪中心区委书记。缪明长上任之后，没有辜负党和人民的希望，勤勤恳恳、任劳任怨地为革命干好工作，动员号召群众参加保田、保粮斗争，发动群众积极筹款、筹粮支援红军作战。在他的努力下，山（磜坑）、诸（天岗）、青（潭渡）村政府，筹集了2万多元款项送到前线，为支援红军作战做出了重大的贡献。

（三）

缪明长对革命忠诚，对敌人斗争坚决，得到了越来越多的群众赞扬，也引起了国民党反动派的极端仇恨。南阳、犀溪两地的反动民团，不惜用重金收买革命队伍中的败类，欲置缪明长于死地而后快。

1936年年底的一天，缪明长奉命由甲坑去含溪召集地下党员开一个重要的机密会议，部署任务。会后，缪明长正要返回甲坑，不幸被叛徒叶木林出卖而被捕。敌人把他关进地下室阴森恐怖的牢房里，让他交代所认识和所知道的革命者名单。缪明长誓死不肯说出党和军队的任何机密。凶残暴烈的敌人无法摧毁缪明长的坚定信仰，就对他施行肉体折磨，残忍地将缪明长的两只耳朵割去。次日，他又被押到斜滩白军教导团团部，再次遭受惨无人道的酷刑，缪明长始终没有低头屈服。

敌人无计可施，于1937年正月初一，将缪明长押赴刑场枪杀。缪明长牺牲时，年仅33岁。

新中国成立后，人民政府追认缪明长同志为革命烈士。

（杨国栋）

聂祖唐：
男儿热血洒战场

聂祖唐，男，1911年出生，福建省武平县十方镇处明村人。曾任福建军区第一作战分区政委兼政治部主任，1934年牺牲。

（一）

1911年，聂祖唐出生于福建省武平县十方镇处明村。那个年代，闽西一带土匪横行，为了自卫防身，聂祖唐从小就跟着有一身武艺的父亲习拳练武，遗传了父亲刚正不阿、正直善良、好打抱不平的倔强性格。他同情受苦人家，憎恨黑暗的旧世道，心里埋藏着铲除人间不平事的强烈愿望。一旦看见穷苦人受到有钱人的打骂，他就会毫不犹豫地出手相助，故而许许多多的贫寒子弟都将聂祖唐当作亲人看待，遇到受人欺负的事就来请他帮忙，对此，聂祖唐从来都不推辞。

1927年9月，南昌起义部队到达上杭城。聂祖唐以武平同乡会会长的身份，得到起义军政治部领导人的接见，听到了许多新道理，受到了一次有意义的新式教育。聂祖唐兴奋地回到就读的学校，立即把同学们召集在一起，挥舞着手臂，激动地说："我们有知识，我们有力量，我们要用知识唤醒民众起来革命……"大家经过商议，决定成立"文艺研究社"，出版油印刊物《海灯》。不久，这份刊物在杭武（上杭、武平）两县慢慢地流传开来。聂祖唐非常高兴，他希望《海灯》能像茫茫夜海中的一盏航标灯，在闽西大地闪耀出未来希望的光芒。

1928年冬天，聂祖唐光荣地加入了中国共产党。他说："我是党的人了。"1929年7月，聂祖唐在上杭县立中学毕业，尽管成绩优异，深造有望，但他毅然接受了党组织的派遣，放弃了升学机会，和练林贤等同学一起回乡积极开展革命活动。

1929年10月，红四军第三纵队来到十方区，县、区、乡的苏维埃政权很快建立，赤卫队也相继成立。革命运动蓬勃发展，聂祖唐在斗争中磨炼得更加刚强坚毅。革命力量的不断壮大，使得当地的反动派惶恐不安，聂祖唐成为杭武反动地主武装头子钟绍葵嫉恨的对象，将聂祖唐放在了主要打击目标上。在红四军第三纵队离开十方后的一天，钟绍葵亲自给聂祖唐送来了连长"委任状"，满脸堆笑地说："聂先生知书识礼，鄙人很钦佩，何不谋个好差事，日后也有腾达之时。"聂祖唐一把抓过递来的"委任状"，哈哈大笑道："我就是一个教书匠，怎么能当连长呢！"他顺手把"委任状"撕得粉碎。钟绍葵恼羞成怒，把他抓到上杭城。十方邻近的百姓愤怒了，举着扁担、扛着锄头高喊："放回聂校长！放回聂校长！"他们把当地土豪钟弼承家围了个水泄不通，吓得富豪钟弼承不得不亲赴上杭城保释聂祖唐。聂祖唐从上杭城回到处明村之后，根据县委指示，在十方七头树下饼店里设立共产党在白区的活动交通点，组织中共十方白区工作队。工作队以肖迪银、聂祖唐、朱琦江为核心，三人分别取号为：云龙、云虎、云豹。他们在这个交通点秘密联络革命骨干，布置白区工作，积极恢复整顿农会。此后，聂祖唐就以聂云虎为名参加革命活动，加入红军队伍。

（二）

1931年，根据组织需要，重新回到地方开展革命工作的聂祖唐，率领朱清江、聂书美等20多人相继恢复成立"青年文化促进会"和"农民协会"。为了开展革命工作的需要，聂祖唐继续担任回澜小学校长。他白天教书，晚上就和青年朋友挤在处明街三角屋店里，一起谈论当下的形势，分析朱毛红军的走向，商讨自己如何组织开展下一步活动。如果商讨的话题比较简单，所用时间不多，就采取老办法，叫来一批年轻的学生，摆好笔墨纸砚，由聂祖唐写出一批口号似的宣传品，趁着夜色，张贴到人流量较大的地段，起到广泛宣传红色革命的作用。

聂祖唐在带领大家做这项工作的时候，考虑到安全性，往往采取"打一枪换一个地方"的做法，有时在县城张贴宣传品，有时转换到乡里张贴，有时和大家一起带着宣传品，神不知鬼不觉地把布告、传单张贴到邻近乡村甚至几十里外的岩前。由于他们的广泛宣传起到了积极正面的作用，获得了广大农民的大力支持。受到标语口号鼓动的农会会员，很快发展到近千人。这时，聂祖唐觉得进行红色革命武装暴动的时机逐渐成熟，于是着手创造条件，伺机举行武装暴动。遗憾的是，暴动消息被敌人钟绍葵部知晓，部分骨干遭通缉，聂祖唐也被迫隐蔽到外乡去。由于聂祖唐的真实身份并没有暴露，他便在乡下隐藏了一段时间，然后回到回澜小学教书。

1932年2月，红十二军罗炳辉部再次攻克上杭、武平两县。不久，中共武平县委重建于武平陈坑。聂祖唐被选为县委委员兼组织部长，兼任武东区苏维埃政府主席、武东游击支队队长。3月初，中堡、武东等地游击队编为福建省军区独立第二团，聂祖唐任团长。17日，聂祖唐率独立团配合红军围攻岩前龙井钟绍葵老巢，钟绍葵部700多人被歼三分之二，剩下不到百人逃向广东。这次战斗，缴获敌人步枪300余支、轻机枪5挺、驳壳枪40余支、子弹3万余发、马4匹，俘敌官兵百余人，给了钟绍葵部歼灭性的打击。周恩来在《红军十二军占领杭武的意义》一文中称赞道："这是革命战争的新胜利，这是闽西苏区的新局面。"

（三）

1932年6月，钟绍葵勾结广东军阀，重占上杭、武平，聂祖唐家乡遭到敌人血腥镇压，许多乡亲遇害身亡，聂祖唐的父母、哥哥被迫害致死。

噩耗传到部队，聂祖唐万分悲痛，他对战友们喊道："同志们，不把敌人消灭光，我们对不起牺牲的亲人！"

大家也呼喊："聂团长，带领我们出击，打回去吧！""是的，打回老家去吧！"

聂祖唐说："我们是共产党领导下的人民军队，我们肯定有机会打回自己的家乡。但是，我们现在要遵守纪律，一切行动听从指挥。"

1932年底，中共福建省委发出号召：扩大百万铁的红军，齐心协力，冲破反革命"围剿"。各乡赤卫队整编为独立团，原独立二团大部分战士归属为工农红军主力。聂祖唐率部和杭武独立团合编为工农红军独立第十师，归属于福建军区，聂祖唐为该师二团团长。红军第十师成立以来，聂祖唐配合各路红军游击队，打通了武北和赣南苏区的联络通道。

1933年1月，聂祖唐调任独立第十师副师长。该师改编为红十九军时，他被选送到红军学校学习。学习结束后，聂祖唐担任福建军区岩永杭武军分区政委，那一年他才22岁。后来，经过战争锻炼和军校的培训，聂祖唐升任正师级，成长为一位能征善战的红军高级指挥员。

1934年10月，中央主力红军被迫实行战略大转移前夕，聂祖唐奉命率独立十团从于都转战闽赣边，担任福建军区第一作战分区政委兼政治部主任。同年12月17日，聂祖唐率领独立十团一部进攻驻扎在小湘坑的白军时，英勇顽强，打死打伤很多敌人，不料，聂祖唐胸部中弹受重伤，经抢救无效而壮烈牺牲，年仅23岁。

新中国成立后，人民政府追认聂祖唐同志为革命烈士。

（杨国栋）

欧阳宽：

一腔热血染征衣

欧阳宽，原名孟泉，化名济民，男，1904年出生，中共党员，浙江省苍南县矾山区南宋坪头人，后移居福建省福鼎市前岐。1936年参加革命，1941年被敌人杀害。

1926年，欧阳宽毕业于福州师范学校，1932年，在前岐小学当教员。其时正当日本帝国主义侵略我国东北，全国掀起抗日救亡浪潮。青年时代的欧阳宽，满怀爱国热忱，和王宏文、陈伯恭等人，在前岐发动群众，开展抵制日货活动。他们把进港船上的日货搜出，当众焚毁。他后来回矾山，经常深入矿区和农村，向工农群众进行抗日爱国宣传，激发群众抗日救国的热情。

欧阳宽的家庭在当地是望族，有几个近亲是当地的反动头子，但他"出淤泥而不染"。他爱憎分明，憎恨旧政府和鱼肉人民的土豪劣绅，同情被压迫被剥削的劳动人民。一天，欧阳宽看到一批壮丁，光头赤足，在烈日下被国民党军队押着，路过他的店门口。他非常不忍，立即将店中卖的斗笠全部送给壮丁。这件事至今还被家乡群众广为传颂。后来，他在家乡领导抗缴苛捐杂税而被捕坐牢。铁窗的苦难，更增强了他的斗争意志和反抗精神。

1936年春，红军挺进师来到闽浙边区。不久，欧阳宽和红军挺进师取得联系。同年12月，他光荣地加入了中国共产党，走上革命征途。他跟随刘英在闽浙边区坚持了8个月的反"围剿"斗争。1937年，欧阳宽任闽浙边区临时省委油印组副组长，1938年5月，调任浙南特委油印组组长。同年冬，他和王烈怡等人去皖南新四军教导队学习，学习结束回浙路上，在遂安县被捕入狱。他在狱中责问："共产党坚持抗战，坚持团结，坚持进步，为什么要反对？八路军、新四军英勇作战，积极抗日，为什么要消灭？进步青年进行抗日救国活动，为什么要逮捕？"与国民党县长进行了针锋相对的斗争，使对方无言以对。后经营救出狱，他仍回浙南特委工作。1940年1月，欧阳宽任鼎平中心县委委员；同年冬，被任命为鼎平县委组织部长。1941年，在县委书记陈伯恭的领导下，他和朱善醉、章志忠等人指挥了下关起义，干净利落地缴获了敌人的全部武器。同年6月，陈伯恭牺牲后，欧阳宽代理鼎平县委书记。

欧阳宽处处以身作则，睡深山草地，吃地瓜丝配泉水，不以为苦。他经常对同志们说："今天我们吃苦，是为了将来人民不受苦。"他常用生动的比喻说："我们穷人要翻身，就要跟敌人斗。斗争好比搬掉一块大石头。只要大家齐心挖、协力推，大石头是不怕搬不掉的！"欧阳宽对革命前途充满乐观主义精神，不仅在生活上关心战士，而且还抽空教他们学习文化和政治理论。他语重心长地说："现在革命斗争需要文化，将来建设国家更需要文化！"

1941年7月初，国民党顽固派"清剿"行动越来越猖獗，革命形势越来越严峻。由于叛徒出卖，地下交通站和党组织遭到严重破坏。这时，欧阳宽和周光达等5位同志从北港转移到南宋土砻坑石笋脚，夜宿在地下交通站，不料竟遭叛徒告密。7月26日天刚拂晓，枪声四起。在突围中，欧阳宽脚底被竹尖戳破，鲜血直流，难以行走。子弹打光后，他当机立断毁了驳壳枪。这时，顽军蜂拥而上，他不幸被捕。

欧阳宽被押到宜山区署，陈国聪妄想以同学关系劝他自首，欧阳宽正气凛然地说："国难如此深重，人民处在水深火热之中，你全然不问，反而拜倒在杀人魔王张韶舞的脚下，破坏抗日，卖国求荣，人民总有一天会跟你算账的！"他慷慨陈词，所讲针针见血，陈国聪被驳斥得面红耳赤，灰溜溜地走了。

第二天，陈国聪把欧阳宽押送到平阳县政府，县长张韶舞一听到押来了共产党首要分子，喜出望外，连忙审问。欧阳宽虽然戴着脚镣手铐，但昂首挺立在公堂上，大义凛然。下面是当年审讯欧阳宽的笔录。

问：你是何时加入共产党的？何人介绍？担任何工作？

答：公元1936年加入共产党。没有人介绍。在刘英部下担任党的工作。

问：你是鼎平中心县委的吗？

答：正是鼎平中心县委。

问：你管辖哪些地方？县委还有什么人？

答：区域多大，我初来乍到不清楚。县委只有我一人。我先告诉你们，共产党员不肯破坏自己的组织。

问：新四军反对中央，你知道吗？

答：共产党新四军并没有打国民党，是中央用20多个师来消灭新四军。

问：你愿为政府做事吗？

答：我头可断、志不可摇。我不愿为政府做事。

上述笔录充分体现出欧阳宽坚贞不屈的革命精神。

欧阳宽身陷囹圄，披戴重镣铁铐，仍继续顽强地战斗着。他对狱吏盘剥刁难难友恨之入骨，暗中联络同监难友，密商对策，发动狱中斗争。因群情激愤，事态扩大，县长不得不稍作让步，假惺惺地当众把狱吏训斥了一顿，以平众怒。有几天看守不敢作威作福，狱中生活也稍有改善。

阴险毒辣的张韶舞对欧阳宽的刑审变本加厉，灌辣椒水，坐老虎凳……凡能用的都用上了。欧阳宽咬紧牙关，决不泄露党的秘密。每次"过堂"回来他都遍体鳞伤，昏倒在地。可是当他觉察到有的同志对革命产生失望情绪时，仍忍着剧痛做难友的思想工作，鼓励大家无论如何都不能向反动派屈服，要百折不挠地斗争下去，随时准备为革命献出自己的一切。

欧阳宽的三哥被捕入狱时，他偷偷地对三哥说："你可能是嫌疑犯，敌人抓不到你的证据，只要你不招供，敌人是没有办法的。你一定要保证地方党员和爱国人士的生命安全，死也要一口咬住是群众，要坚强地战斗下去。"欧阳宽在生命垂危的时候，考虑的还是党的安全，唯独没有自己。他在狱中潮湿的泥地上用食指写下了："国可爱，偏不让爱；国不可卖，偏要卖。爱国者坐牢砍头，卖国者逍遥法外！"这铿锵的诗句竟成为欧阳宽的绝笔。它是照妖镜，照出敌人卖国求荣的丑恶嘴脸；它是投枪，戳穿了敌人卖国投敌的无耻罪行；它是号角，鼓舞了难友们的斗志，激起了广大民众的爱国热情，唤起战友们为争取抗战胜利而英勇斗争的勇气。

敌人妄图在欧阳宽身上打开缺口的梦想已破灭，便决定下毒手。欧阳宽手中拿着一条白毛巾，昂然走向刑场。这条白毛巾是他在长期游击生活中，作为夜里行军联络和指挥战斗的标志。今天，他在完成人生使命的时刻，还是拿着这条白毛巾向敌人示威，向战友们告别。他戴着脚镣手铐，昂首挺胸迈步在横阳铁岭街上，沿街高呼："打倒汉奸卖国贼！""打倒国民党反动派！""中国共产党万岁！"

临刑前，国民党反动派把他押到宜山鲸头，妄图把他枪杀在南港流石一位战友家门口，来个"以儆效尤"。他为了不使敌人诡计得逞，不使战友亲属伤心，巍然屹立在鲸头七字山脚的江岸上，两眼狠狠地瞪着匪兵，大声说道："开枪吧！"

在坚强的共产党员面前，刽子手们吓得发抖了。第一枪没打准，伤了他一只右手，他面不改色，继续高呼："中国共产党万岁！"欧阳宽牺牲时年仅37岁。

（黄河清）

彭马城：

赤胆忠心的领导者、战斗员

彭马城，男，1912年出生，中共党员，福建省霞浦县五车石井村人。1933年参加革命，1935年被敌人杀害。

彭马城出生在一个贫苦农民家庭。八岁时，省吃俭用的父亲把他送到村里的私塾读书。三年后，清贫的家境无法让他继续上学。彭马城小小年纪便承担起家庭重担。艰苦生活的折磨，不仅使他懂得了剥削制度的罪恶，而且练就了他不怕困难、敢于斗争的性格。

1933年9月，彭马城加入石亭村地下党员李阿淋组织的秘密农会，年底加入中国共产党，并负责发展上村片的农会和加强党的组织建设。1934年，下村苏维埃政府成立，彭马城担任军事委员，不久担任小东区（后改为里洋区）苏维埃政府肃反委员。

彭马城参加革命后，坚决执行党的政策。在打土豪、分田地的斗争中，他首先想的是贫苦农民。

1934年3月，闽东红军十六连攻打西家宅反动"大刀会"之后，在洋里一带没收了七八担衣服，挑到后垄村由彭马城负责分发给缺衣农民。彭马城利用这一机会宣传革命道理，发动群众参加革命斗争。后来，他与李阿清等人去赤溪村秘密开展活动，发动赤溪、上洋、山里洋、前洋等村的25名贫苦农民，在赤溪李立银家楼上连续三夜召开会议，讨论研究如何"打土豪、分田地"和开展武装斗争。会后，他们组织成立了赤溪村赤卫队，用梭镖、大刀武装起来打击反动民团和土豪劣绅。同年5月，闽东红军攻打福鼎秦屿，彭马城带领赤卫队随军参战。他勇敢善战，敢闯敢冲。此后，他领导赤卫队在霞鼎地区及浙江泰顺岔路口一带与敌人展开顽强斗争。

1934年底，彭马城担任无岭头中心区委书记。此时，国民党军队占领霞鼎苏区，对贫苦人民进行疯狂的反攻倒算。各种钱粮、无所不包的捐税重新开始征收，尤其是粮胥在各乡横暴勒索，害得群众三餐不继，重新陷入地狱般的生活。为了打击敌人的嚣张气焰，鼓舞群众的斗志，1935年1月，彭马城率领赤卫队10多人神出鬼没地在承天乡湖头村围捕敌军11人，缴获长枪、短枪11支，镇压了两名粮差。此后，他还在水门坑等地发动群众，严惩了税警张阿猴和为地主收租讨债的狗腿子20多人。一天，他在虎龙坑村活动时，被承天乡反动分子林阿宝带队包围，一时难以脱身，幸好被革命老人黄国俊拉入灶腹烟筒中躲藏，才得以脱险。

1935年4月，在桃坑完店村（现属柘荣）举行由许旺召集的会议，会上宣布建立霞鼎中心县委，彭马城被任命为霞鼎县委书记。此时正值敌重兵压境，大片苏区被敌人占领，敌人到处烧杀抢掠，革命处于非常困难时期。彭马城临危受命，按中心县委的部署，积极组织游击队、肃反队，领导苏区人民进行肃清反动派的斗争，先后镇压了承天、里马等乡反动分子数十人。1935年春，黄土丘村地主叶真明去城关带兵"围剿"坑坪、东家山等村，捕去我革命同志多人。彭马城闻讯，立即率领霞鼎游击队，将包括叶真明在内的一伙20多人俘获并予以惩罚，另外还打击了杨梅岭民团团长马亮以及在柏洋乡任联保主任的横江村反动分子林干民及亲属，挫败了反动派的嚣张气焰。

1935年4月至6月，彭马城在霞鼎地区率领干部深入各村寻找老关系，恢复并扩大了柏洋、大洋、桑园、后井、车阳、高山、吴阳山、牛埕等29个乡村的苏维埃政府。在游击队活动重点地区的柘荣桃坑和福鼎的仙蒲、梅洋、龟洋、马兰溪、赤岩等村发展了50多名党员，建立起12个党支部，各村都有秘密的交通站，同时建立了革命武装，使霞鼎红色地区由方圆50余里扩大到150余里，人口有5万余人，除柏洋、上万、东坡等几个白色据点外，其余苏区基本上恢复了革命活动。

1935年7月的一天，彭马城带领70多名游击队员驻扎在竹家坪村山上的秘密楼里，突然接到紧急情报"东坡、溪西、承天丘等处敌人有240余人即将来犯"，彭马城立即下令队伍星夜分散转移，使游击队免受损失。8月，他转移隐蔽在石坂下村金阿文家中，不料遭叛徒出卖被捕，被关押于东坡炮台20多天，备受酷刑。在凶恶敌人面前，他横眉冷对，怒斥反动派的滔天罪行。他说："有我彭马城就没有你们这些狗官，要杀便杀，何必啰唆。"敌人无计可施，10月将他杀害于城关。彭马城牺牲时，年仅23岁。

（黄河清）

阙凤英：
满腔热血的地下交通员

阙凤英，女，1891年出生，福建省连城县北田村人。1929年参加革命，1931年在送信途中中弹牺牲。

阙凤英生在一个贫农家庭。和大多数农家妇女一样，她终日从事繁重的家务劳作和农事耕作，最大的愿望是能过上温饱的生活。但是在封建统治者和反动势力的重重压榨下，她们日复一日、年复一年，何时才能实现愿望呢？

在朋口至新泉之间，连南河把这一带村庄划成天然的南北村，那时沿河的黄石潭、白沙潭、北田、车田等村，每村都有一二十只木船来往于朋口至矶头之间运载木竹等各类农副产品。这样，一支船业工人队伍就自然形成了，在土地革命战争时期成了这一带村庄的坚强革命骨干。

1929年，土地革命的风暴席卷闽西大地。连南是闽西的枢纽，连南人民在当地党组织领导下，开展了轰轰烈烈的打土豪分田地的革命斗争。特别是毛泽东、朱德率领红四军来到连南新泉，推动了连南革命的发展。这时，阙凤英的丈夫和李佛生等13位船工加入了中国共产党，并成立木船工会。北田村成立了苏维埃政府，组织起农会、赤卫队、妇女队、少先队和儿童团。阙凤英和姐妹们一起参加了妇女夜校的学习，懂得了劳动人民为什么会受苦，认识到穷人只有起来革命才能翻身解放的革命道理。当时已30多岁的阙凤英在丈夫的支持下，毅然投身于滚滚的革命洪流中。

阙凤英一投身革命，就显示了坚强的决心。她和丈夫早已做好"随时为革命牺牲"的准备,把子女分别寄养在群众家里。她曾对寄养人说:"我们夫妇随时都有可能被抓被杀。革命如果成功,穷人就有好日子过;如果失败了,那就还要受苦。要大家不受苦,总得要有人牺牲!"她又说:"种田不怕屎,革命不怕死;一切为人民,生命有价值。如果我们夫妻牺牲了,那么孩子长大成人以后,请你告诉他我们是怎么死的,让他继承我们的遗志,完成我们没有完成的事业!"

阙凤英个子不高,但是很精干。她吃苦耐劳,坚毅刚强,虚心好学,对工作高度负责,在斗争中练就一般女同志所不及的勇敢和胆识。她积极宣传革命道理,发动广大妇女参与革命斗争,认真解决妇女们的各种具体问题。有个叫黄子娥的妇女,参加革命的要求非常迫切,可是无奈婆婆阻力大。阙凤英了解情况后,多次登门谈心,做通了婆婆的思想,使黄子娥的愿望得以实现。

阙凤英积极学习文化,经常深入群众,刷标语、作演说,宣传红军的宗旨和任务,讲解《连城县苏维埃政府妇女问题草案》中的"妇女要求纲领"二十一条,因而带动了一批妇女参加革命,如杨春玉、魏秀莲等。

阙凤英是支前扩红的积极鼓动者和组织者。她带领妇女积极分子深入邻近各乡,协助组织口号队、唱歌队、国乐队等,激发了大家的革命热情,有力地促进了支前扩红工作。

阙凤英一边在自己分得的土地上辛勤耕耘,多打粮食,支援前线;一边积极参加革命斗争,特别是在送信、送情报的工作中表现得非常出色,成为新泉区游击队的优秀通信员。当时村里的大批青年参加了游击队,上前线去了,阙凤英就和姐妹们一起主动承担起为部队挑水煮饭和浆洗、缝补衣服等任务,同时还担负着站岗、放哨、检查来往行人的任务。她们还参加了烧毁民团联防局团长李春满炮楼的战斗。在这次行动中,她和姐妹们负责监视外围敌情,有效地配合了暴动队的计划,牵制了敌人。她还直接参加了连南十三乡农民暴动,在斗争中表现出英勇顽强、不怕牺牲的精神。

1930年春,在中共连南区委的领导下,北田所在的黄石潭乡苏维埃政府成立,革命火焰由南向北迅猛发展。1931年春夏期间,共产党内出现了"左"倾机会主义路线,进行所谓肃清"社会民主党"的运动,给我党造成惨重的损失,致使闽西工农红军攻打苦竹山一战失利,新泉赤卫队的许多战士英勇牺牲。朋口以北一带的民团曹半溪、马鸿兴、华仰侨和李春满等纠集的残兵散匪，又兴风作浪。农历六月上旬，黄石潭乡苏维埃政府军事部派出赤卫队一个班，前往车田村一带活动。农历六月十三日晚，乡政府得到情报，说李春满残部要来破坏，乡军事部立即写信告知在车田活动的赤卫队和游击队。当晚11点左右，北田村接到乡政府的紧急通知后，即派交通员阙凤英将急信送往在车田村活动的乡赤卫队领导人。

阙凤英接到任务后立即出发，沿河西岸经牛角屋、上老屋向北走，赶到车田村，但未找到赤卫队，又连夜将信带回。走到村口时，不巧被从上老屋出来的李春满部下三名土匪发现并盘问阙凤英口令是什么。她无法答上口令，就只得设法逃脱，因为一边是河，无法过去，便转身朝路西南的田埂上奔去。此时，凶残的敌人举起手枪朝阙凤英连开数枪，阙凤英腹部中弹后滚落到田中。敌人撤走之后，阙凤英慢慢苏醒了过来，她发现自己满身鲜血，肠子也流出一大截，这时她脑子里只有一个念头：既然信不能送出去，就一定要把它交回村苏干部手中，以便他们再想办法。阙凤英爬起来，捂着肚子蹚过齐胸深的河水往回走。她忍着剧痛在黑夜中时而一步一挪，时而在地上连爬带滚，直到天亮才到达上老屋，昏倒在屋前路坪上。村里人发现后把她抬回家中，阙凤英又一次苏醒过来，立即叫人把村苏干部李金德找来，将路上遭遇到敌人的情况汇报后，把信交还给他，阙凤英握着李金德的手艰难地说："我辜负了组织的希望，没有完成任务，对不起同志们。"李金德边听边含泪对她说："你很勇敢！很坚强！我们钦佩你。"不久，阙凤英由于流血过多，慢慢合上眼，心脏停止了跳动，牺牲时年仅40岁。

（黄河清）

阮伯淇：

投笔从戎干革命

阮伯淇，男，1918年出生，福建省福安市潭头乡棠溪村人，1934年加入中国共产党，1948年被错杀。

阮伯淇，1918年8月13日出生于福安潭头乡棠溪村一个小商人家里，祖辈几代勤劳经营，家境殷实，在那贫穷落后、受压迫受剥削的半殖民地半封建社会，当属小众。到了开蒙年龄，父亲先送他到本村私塾学习两年，再送他进入棠溪完小。毕业后，他于1932年夏天考入福安县立初级中学（福安一中前身），就读期间受新思想影响，积极参加党组织领导的学生运动，同年10月加入中国共产主义青年团。

1934年3月，福安县立初级中学全校罢课，"反对国民党反动派'围剿'中国工农红军""反对军阀混战""反对贪官污吏互相勾结欺压百姓"……一阵阵声讨，怒涛般冲向国民党县政府。阮伯淇、郭树干、郭沉毅、刘伯聪、陈松青、赵伯源和李继贤这7名学生带头闹学潮，被当局开除。4月，阮伯淇经党组织帮助，奔赴福安苏区柏柱洋，进入中共福安中心县委、闽东特委机关报《红旗报》社工作，后调入红军闽东北第二独立团团部。同年，他加入了中国共产党，以铮铮誓言"我须作十二级飓风把人间的一切污秽刮得一干二净"表明自己的坚定决心，遂改名为阮风。10月，阮伯淇以联络员身份，陪同特委书记苏达赴沪向上海临时中央局汇报闽东工作。他将忠诚与才干，奉献于推翻旧中国、建立新中国的革命事业中。

1935年春，革命形势更加艰难，阮伯淇根据党组织安排自沪抵榕，与魏耿建立联系，参加福清、永泰、长乐等地的武装斗争。有一天，阮伯淇得到可靠情报，国民党一艘运载军用物资船，于当晚8点在长乐登岸。党组织指示：劫船，由阮伯淇带领一支游击队执行任务。时间已是下午两点，时间紧，任务重，阮伯淇立即组建一支精干队伍，整装出发。一路急行军，队伍将要抵达目的地时，突然遭遇埋伏在路上的敌人。阮伯淇临危不乱，指挥游击队员奋力还击，一路冲杀。他左腿中弹，血流如注，撕下衣服捆紧，带着队伍突出重围，撤回福州。

1936年，阮伯淇请示组织获批后，返回福安，考入福建省第一行政督察区师资培训班，毕业后，任财洪小学校长，潜伏下来，继续为党工作。抗日战争开始后，他受党组织派遣加入福建省抗敌后援会福安分会，发动民众开展抗日救亡运动。

1938年2月，阮伯淇投笔从戎参军北上，先后任新四军第三支队六团参谋、副营长，在夺取长风岭战斗中立下战功。

1939年清明时节，阮伯淇受命带领一支队伍，加入团部夺取长风岭战斗。那天晚上，阮伯淇集合了150多人的队伍，做战前动员讲话。他拿出细致描绘的图纸，用一盏马灯照着，给战士们详细讲解作战意图。对于行进路线，甚至连隐蔽点，他都用红笔标识出来。他深知，战前部署、动员是赢得战斗胜利的保障。因此，他爱兵如子，格外珍惜每一个战士的生命。动员结束，阮伯淇带队出发，走在队伍最前面，起着表率作用。

次日上午9点钟，阮伯淇带领队伍按预定计划提前20分钟抵达目的地，部署隐蔽在一处断崖下。他悄声命令开饭，炊事班立即打开身上背的干粮袋，发放一袋袋草包南瓜饭。队员们就着凉开水，吃完早餐，顿觉力气倍增。九点半，战斗打响了！阮伯淇指挥战士们各就各位，他们的任务是伏击敌人撤退的队伍。阮伯淇冷静地听着隆隆炮声、阵阵杀声，以及此起彼伏的步枪、手榴弹爆炸声。10点钟，敌人败下阵，向着阮伯淇队伍埋伏点奔来。阮伯淇耐住性子，等到敌人进入伏击圈，一声令下："打！""绝不放走一个敌人！"他率先一枪，撂倒一个敌人。敌人又急忙掉头往回跑。埋伏在半崖上的5个班的战士一起开火，居高临下，打得敌人连喘息的机会都没有。20分钟后，战斗结束，歼敌 50 人，俘虏 15 人，缴获枪支 75 支。

1940 年初，阮伯淇因夜盲症复发，返回福安，先后在柘荣、社口中心校任教。业余时间，他精心研读马列主义经典著作，以"秋影"为笔名发表进步文章。1942 年 3 月，阮伯淇担任中共福安临时工委组织部长；1944 年 3 月后历任中共福安县委委员、县委负责人、书记；1947 年 3 月任闽浙赣区党委城工部闽东临时工委副书记，9 月任中共闽东地委副书记，配合阮英平大力发展农村基层党组织，组建贫农团，开展土地革命斗争和游击战争，迅速恢复了闽东革命根据地。

1948 年 5 月，阮伯淇在南平上明乡竹嵩岭村蒙冤罹难。

1956 年，人民政府追认阮伯淇同志为革命烈士。

（张　茜）

阮朝兴：
青春热血洒征程

阮朝兴，曾用名阮为椿，乳名奶荣，男，1918年出生，中共党员，福建省周宁县咸村镇下坎村人。1935年参加革命，1945年牺牲在苏北抗日战场。

阮朝兴生在一个贫苦农民家庭，兄弟四人，他排行第三，大哥、二哥幼年夭折。父亲阮国潭在40多岁时因贫病交加而早逝。阮朝兴自小过继给伯父阮国蕉为子。由于生活所迫，他从小就上山砍柴换米度日，晚上在私塾读了两年书，14岁那年到梅山一带学宰猪。

1935年春，周墩四区游击队在坪坑村成立，队长黄谢妹率领游击队战士20多人在碧岩、茶广、坪坑、下坎等地活动。阮朝兴耳闻目睹，受到了革命思想的熏陶，这激发了他为穷苦人民谋解放的意念。同年5月，他参加周墩四区游击队，开始了革命生涯。

不久，阮朝兴受组织委派，经常回家乡开展革命宣传活动，动员堂弟阮齐荣等人参加了游击队。

有一次，阮朝兴奉命到下坎村抓土豪。寒冬之夜，他只穿一件单衣埋伏在村头的草寮里，一直等到第二天早晨，土豪谢孙嫩刚走出家门，就被捆住手脚并背上山去。等团兵发现时，他们早已不见踪影。

1936年1月，阮朝兴加入闽东红军独立师第三纵队并担任班长。在闽东艰苦卓绝的三年游击战争中，他参加过葡萄洋、龙亭、七步、洋头等战斗。

1936年冬，国民党对闽东游击区又一次进行大规模"清剿"。国民党福建省保安独立旅一个连驻扎在洋中。阮朝兴和黄谢妹奉命到洋中侦察敌情，他们身穿当地村民劳动时穿的苎麻土布裳，阮朝兴腰别柴刀，黄谢妹带着一支曲九手枪。在洋中城门兜，两个站岗的匪兵责令阮、黄二人举手搜身。正当匪兵搜阮朝兴时，他迅速将一条毛巾塞进匪兵的嘴里，夺过手枪。匪兵刚想反抗，他一拳就把匪兵打翻在稻田里。另一名匪兵拔腿就跑，黄谢妹拔出手枪，一枪将他击倒。敌人做梦也想不到红军游击队敢在白天抢枪。等村里的敌军赶来，他们早已带着缴来的枪支跑得无影无踪。消息一传开，百姓扬眉吐气，都说红军来了一个连。敌人则万分惊恐，急忙向霍童镇团部请求一个连前来增援。

1938年2月，闽东红军独立师改编为新四军三支队六团，在叶飞团长的率领下奔赴抗日前线。

北上抗日之前，阮朝兴回到家乡，他不忍心向年迈的母亲告别，就在家门口对堂兄阮神祥说："我要去很远的地方做工，你替我到家里向我母亲要一升黄豆，让我带去。"他自己则站在后门山上，深情地望着养育他的老母亲，噙着热泪，捧着一升黄豆，离开了哺育他的故乡，走上抗日征途。

六团经过长途跋涉来到皖南岩寺新四军军部，阮朝兴编在一营三连任机枪班班长。由于他对革命事业的赤诚忠心和勇敢顽强的战斗作风，阮朝兴很快就光荣地加入了中国共产党，历任排长、连长、营长、团参谋长、副团长等职。

在阮朝兴当排长时的一次战斗中，他带的排被敌人团团围住，情况十分危急。他身先士卒，硬是用机枪扫出一条血路，带领18名战士突出重围。

1939年秋，阮朝兴跟随部队转战苏北，先后参加了郭村保卫战、姜堰保卫战、黄桥决战、讨伐伪军李长江和攻打东丰利镇等许多重大战斗。

1943年，上级委派阮朝兴到抗大九分校党训队学习。同年10月，他调任江苏泰县独立团任参谋长。这时，根据地斗争形势很好，敌伪军不敢轻举妄动。阮朝兴为了消灭敌人的有生力量，千方百计寻找战机打击敌人。

1945年3月底的一天，阮朝兴接到情报：江苏如皋城里的伪军副团长将率两个连运粮至黄桥据点。征得彭冲政委的同意后，他亲自指挥县独立团两个连和三个区的游击队，于凌晨1点急行军30余里，从雅周赶到加力公路两侧埋伏，第二天全歼伪军两个连，缴获粮食百余车，而我军无一伤亡。

1945年8月12日，泰县、泰兴两独立团合并编为新四军苏中军区独立旅十四团，上升为主力部队，阮朝兴任副团长兼参谋长。几天后，他亲自指挥十四团二营攻打黄桥镇，经过两天一夜激战，取得了重大胜利，消灭日军1个大队和伪军1个团。黄桥镇攻克后，他又带领部队配合独立旅十二团、十三团，摧毁了如黄公路两侧日军3个据点，歼灭伪军3个大队2000多人，使三分区连成一片。

1945年8月15日，日本宣布无条件投降。第二天下午，部队接到命令，阮朝兴带领部队赴洋桥口打了个漂亮的阻击战。

几天后，阮朝兴带警卫班到分区接受任务，顺便看望了在卫生队当队长的爱人和刚出生3个月的女儿。他怀抱着孩子，自言自语地说："爸爸抱抱你，爸爸要去打仗，打个大战役。"他放下孩子，转身看见参谋张译站在身后，便笑着说："张参谋，我是福建人，家中还有个老母亲，以后我如果在战斗中牺牲了，你帮我写封信告诉我母亲……"谁知此话竟成了与爱人、女儿以及战友诀别的遗言。

8月21日，十四团奉命挺进交通要道姜堰至白米一线担任警戒。23日上午，泰北日军1个中队与伪军1个连，分水陆两路东窜，企图撤回南通。敌人在小白米、马沟之间与十四团遭遇。敌人首先踩响了地雷，十四团立即以猛烈的火力正面发起进攻，日伪军仓皇逃窜。阮朝兴拿着望远镜，站在指挥位置上，对身边的战士说："走！到前沿阵地上去看看。"张参谋说："前面打得很激烈，有什么命令我们去传达，你不要去前沿。"阮朝兴无论是当战士还是当指挥员，历来是带头冲锋陷阵，将个人安危置之度外，当即说道："还是去看看吧。"他带头走上公路。这时敌人在我军的猛烈攻击下，沿公路一边仓皇抵抗，一边向西溃逃。阮朝兴一面命令六连连长杨如中带兵冲上前去活捉鬼子，一面沿途察看战况。在奔上公路桥时，突然从斜侧面扫来一排机枪子弹，阮朝兴左胸中弹，伤势十分严重，战士们立即扑向负隅顽抗的敌人，同时组织担架，将他抬回后方医院。阮朝兴在担架上艰难地撑起身子对身旁的教导员倪盈升等干部说："继续追歼逃敌，争取抗日反攻的最后胜利！"由于伤势过重，流血不止，在去后方医院的途中，阮朝兴的心脏停止了跳动。他以27岁的生命为中国人民的解放事业谱写了一曲壮丽的乐章。

（黄河清）

阮 山：
能文能武的革命英烈

阮山，曾用名阮德宽、阮守南，男，1888年出生，福建省永定县湖雷镇上南村人。曾任闽西苏维埃政府财政部长、闽西工农银行首任行长、中华苏维埃共和国临时中央政府中央教育人民委员部秘书长等职务，1934年牺牲。

（一）

阮山小时候家境贫寒，无法上学，他借来别人的书本，晚上在供神桌上的小油灯下埋头攻读，直至深夜。亲友们见他聪明好学，节衣缩食也要资助他上学。阮山珍惜这样的读书机会。1908年，他来到福州的政法学校读书，成绩优异，大家都以为他的志向在于将来到政法部门做官。可是万万没有想到，阮山1912年毕业后励志教育救国。为此，阮山回乡募捐，在上湖雷拱桥头创办了"毓秀学堂"，自任校长，用不同于私塾的教学方法，教育培养那个时代的学生。

1923年，时时关注社会动态的阮山，发现广东各地尤其是广州是革命者云集和发展的好去处，便义无反顾地只身前往广州，开始接受革命思想的熏陶。他在广东接触了一批共产党人，受益匪浅。

1925年冬天，阮山由国民党福建省临时党部秘书温阆先（永定洪山人）介绍赴厦门中山中学任教务主任。1926年春，阮山由罗明、罗扬才介绍加入中国共产党,先后担任厦门党团特别支部干事会书记和中共厦门总干事会书记。同年夏天,他受广东区委指派,回到永定县与林心尧等人一起创建福建省第一个农村党支部——中共永定支部,阮山担任支部书记。阮山以毓秀学堂为活动基地,举办平民夜校。他讲课语言幽默,旁征博引,寓意深刻,许多年轻的男女学员都能够从他的授课中得到启发,受到教育。

阮山多才多艺。他结合当时的革命斗争形势,创作了《救穷歌》《土豪恶》《军阀的罪恶》《耕田苦》等大量具有鲜明阶级性和战斗性的山歌。他创作的山歌通俗易懂,容易学会,深入人心,流传很广。人们赞誉他是闽西的"山歌部长",是把革命战鼓擂得最响的人,是时代的号角吹得最嘹亮的共产党人。

(二)

1927年4月大革命失败后,阮山回到家乡,在永定任过支部书记、永定县委委员,积极组织农民运动。1928年6月,阮山与张鼎丞、卢肇西等人领导了震撼八闽的永定暴动。张鼎丞任暴动总指挥,阮山任暴动副总指挥,组建了当地第一支游击队。经过训练,游击队员的军事素质显著提高。阮山和他带领的游击队员经常寻找各种机会,时不时地对前来"清剿"游击队的地方民团狗腿子进行狠狠的打击,挫败了国民党乡公所民团的嚣张气焰。按照县委的部署,6月29日,阮山率领武装队伍首先在上湖雷举行声势浩大的武装暴动,以引诱永定城内的守敌出来援助,确保攻城的胜利。暴动中,阮山身先士卒,英勇杀敌,取得了暴动的初步胜利。但是,驻守在县城的狡猾的敌人却按兵不动。阮山果断决定,率领暴动武装队伍向金丰地区挺进,与卢肇西等人领导的武装联合举行金丰暴动。城内国民党江湘支队得到金丰告急的消息后,暴跳如雷,立即抽调三分之二的兵力前往镇压。

1927年7月1日,张鼎丞趁机率领金砂、西溪、东溪等地数千名暴动队员举行溪南暴动,队伍浩浩荡荡向县城进发。经过激烈的战斗,队伍攻下了县城。当国民党江湘支队到达金丰时,阮山、卢肇西等人领导的队伍早已远走高飞。

武装暴动之后,阮山率领武装队员在湖雷和金丰大山坚持开展反对敌人的"清剿"斗争。1929年5月,毛泽东、朱德领导的红四军第二次入闽,解放了永定。在湖雷召开的赤卫队和地方干部会议上,毛泽东亲自宣布成立湖雷区革命委员会,推举阮山任主席。随后,毛泽东等人于8月份第二次来到永定,驻在金丰大山,一面养病,一面指导革命斗争。在此期间,阮山多次与毛泽东亲切交谈,汇报工作,反映情况,得到毛泽东许多教诲。

(三)

1929年10月下旬,永定县大部分地区已经解放,第一次全县工农兵代表大会在湖雷召开,阮山当选为永定县苏维埃政府主席。次年2月,在第二次全县工农兵代表大会上,阮山再次当选为永定县苏维埃政府主席,兼任县财政委员会主任,领导全县人民进行了轰轰烈烈的土地革命、武装斗争和经济文化建设工作,取得了很大的成绩。

阮山能文能武。他早年虽然没有在战场上出生入死的经历,却在1929年红四军入闽后,主动介入领导红色武装的战斗,在战争中学习战争,掌握了如何带领武装队伍同敌人进行殊死战斗的技巧和时机。他在担任湖雷乡革命委员会主席期间,同时兼任永定县革命委员会秘书长、县苏维埃主席兼财政委员会主席、中共闽西特委委员、闽西苏维埃执行委员、闽西工农革命委员会委员等职务。

1930年,组织上觉得阮山头脑灵活、责任心强,便派他去筹建中央苏区第一家银行(闽西工农银行)。银行成立后,阮山任银行行长。

(四)

1930年3月,闽西苏维埃政府决定成立中国工农红军第九军(后改为红十二军),阮山兼任红十二军第三团团长,在战场上带领着部队英勇杀敌,战绩辉煌。同年6月,阮山调任闽西苏维埃政府财政部长。在这个岗位上,阮山照样干得风生水起,有板有眼,成绩斐然。比如为了增加财税收入,他主要是通过增加工商税和农业税的办法加以解决。工商税由政府统一收税、市场摊子税一律(按原税额)减半征收,公地私造店面是自己营业的,照土地税法征收店税,所征收的税款主要用于苏区的教育经费补助。农业税,又称土地税,未分田以前土地税分五等,即米谷够吃者收一成,有余者收一成半,有余粮20

担以上者收二成，只有半年粮者收半成，不够半年粮者不收。

1932年，阮山到新的革命根据地工作，任中华苏维埃共和国临时中央政府中央教育人民委员部秘书长、社会教育局局长。

1934年10月，中央主力红军开始艰苦卓绝的长征，阮山根据党的指示精神，留在苏区坚持革命斗争。他参加了中央苏区历次反"围剿"斗争，在硝烟弥漫的战场上，与敌人真刀真枪地干，多次在战斗中指挥部队指战员打了胜仗。是年隆冬，在一个寒气逼人的夜晚，阮山被叛徒杀害于长汀四都谢坊乡，时年46岁。

新中国成立后，人民政府追认阮山同志为革命烈士。

（杨国栋）

沈冠国：
英勇的"和尚"

沈冠国，原名沈和尚，男，1916年出生，福建省福安市松罗乡洋溪村人，1932年参加革命，1934年加入中国共产党，1938年牺牲。

沈冠国，原名沈和尚，1916年10月22日出生于福安市松罗乡洋溪村。他出生时，上有一个哥哥，虽然家中一贫如洗，但拥有两个儿子，给这个风雨飘摇的家庭带来了无限的憧憬与希望。沈冠国三岁那年，哥哥得了天花，父母无力医治，眼巴巴地看着大儿子没了气息。母亲因悲伤过度而昏死过去，父亲紧紧抱着沈冠国，战栗不已，痛苦万分。哥哥的夭折，吓坏了父母。他们看着小儿子，如惊弓之鸟，经过再三考虑，想着无论如何也要保全这个儿子的性命，哪怕送给别人。父母哭着权衡一番，最后决定将沈冠国送给溪柄楼下狮峰寺广义和尚，记名"沈和尚"。至于"沈冠国"之名，是参加革命后叶飞给他取的。

16岁那年，沈冠国走出狮峰寺，加入农民协会，站岗放哨查路条，为赤卫队送信、送饭，成为革命队伍中的一员；后加入"贫农团"，成长为骨干，同贫苦农民一道开展轰轰烈烈的"五抗"斗争。

1933年9月1日，沈冠国由施霖介绍加入共产党领导下的红色武装红带会，先后参加了甘棠暴动、赛岐暴动。

甘棠暴动，威震闽东。那是一场真枪实弹的战斗，对手是国民党海军陆战队。敌人驻扎在甘棠刘氏祠堂里，群情激愤的老百姓数百人，手拿各种土武器，在曾志、任铁峰等领导人指挥下，海啸般冲向敌人。大刀、长矛、鸟铳、步枪……如万箭离弓,歼敌一个排,俘敌二三十人,缴获枪支 20 余支、子弹 1000 多发。随后他们在当地成立了闽东工农游击队第五支队,沈冠国光荣入伍。

在赛岐暴动中,沈冠国机智灵活,作战勇敢。他带领十多个人,看准敌人破绽,冲杀过去,给敌人以沉重打击,由此,脱颖而出。

不久,中国工农红军闽东北第二独立团在霞浦西圣山成立,沈冠国任班长,跟随任铁峰从霞浦西圣山出发,由西北山区进入福鼎,攻打秦屿镇。此役中,他成为陈挺短枪队十八条好汉中的一员猛将。福鼎秦屿一战大获全胜,短枪队功不可没。

1934 年 8 月,经福霞县委书记张宝田介绍,沈冠国加入中国共产党。

1935 年初,敌人疯狂进攻,闽东苏区大部分被敌人占领,闽东独立师由 1400 多人锐减到 500 多人,闽东地区转入艰苦卓绝的"三年游击战争"。这时期,沈冠国担任叶飞的警卫班长,名字还叫沈和尚。一天傍晚,沈和尚点着微弱油灯,趴在一把小凳上练习写字。

叶飞出来查哨看见了,问:"和尚同志,在写啥呀?"

沈和尚立即起身敬礼:"报告首长,我在练习写字。"

"好同志沈和尚,不对,沈和尚,从今天起,我给你取名沈冠国。'冠军'的'冠','国家'的'国'。"

沈和尚再次敬礼:"是!感谢首长,我叫沈冠国。"

两人都笑了起来。

1935 年冬,闽东红军独立师在游击战争中得到恢复和发展,独立师改编为三个纵队。翌年,沈冠国升任第三纵队队长。此后,他与阮英平、缪英弟率领的三纵队转战福安、霞浦、福鼎、古田、屏南、罗源等县,广泛开展游击战争,使宁屏古根据地得到巩固和发展,成为闽东游击战争的重要根据地。在这段艰难困苦的斗争岁月里,沈冠国的战斗足迹遍布闽东、浙南的大片地区,带领第三纵队打了许多胜仗,消灭了大量反动武装。沈冠国的"和尚"英名,威震闽东游击根据地,令敌闻之丧胆。

1938 年 1 月,1300 多名闽东红军奉命北上抗日。闽东独立师改编为新四军第三支队第六团,下辖三个营。沈冠国任二营营长,抵达皖南后,改任一营营长。8月，沈冠国率部跟随陈毅、叶飞挺进苏南茅山地区。茅山地区距南京仅50多公里，处于重要战略位置。江南沦陷后，日本侵略者控制了这块宁泸杭枢纽要塞。新四军初进江南，老百姓担心能否站得住脚。为了解除群众顾虑，沈冠国带领战士们挨家挨户走访，向群众宣传党的抗日政策，喊出一个响亮口号："一切靠打胜仗来解决。"不久，沈冠国的营队和兄弟部队联手，打响了"闽东佬"北上抗日第一仗——北土之战。北土是日军盘踞在茅山地区的重要据点，在此筑有两个碉堡，相距100米左右，驻扎100多人。

战斗打响后，日军凭借墙厚沟深，拼死抵抗。沈冠国举重若轻，镇定指挥一营战士分三路围攻敌人，枪声阵阵，炮声隆隆，硝烟弥漫。一营战士们身背炸药，匍匐前进，硬是炸开敌军一个碉堡。一鼓作气，连续作战，10分钟后，配合兄弟部队拿下了敌人的另一个碉堡。此役歼灭日军80多人，活捉12人，缴获步枪130多支、小炮6门。北土之战打出了"闽东佬"的凛凛威风。

1938年12月，天寒地冻，雪花纷飞。叶飞命令沈冠国带领9人分成3组，化装袭击白兔镇日军。沈冠国带领战士们化好装，奔向白兔镇街区。按照部署，一组向北，一组向南，一组直插镇中心。战斗如期打响，可沈冠国很快发现不对头，敌人越打越多，怎么回事？"敌人再多也要打。"叶飞传来命令：插入敌人背后，端底狠狠揍。为了打乱敌军阵脚，沈冠国率领3名战士冲进镇内，分散开来，东奔西突，打得日寇晕头转向。敌人疯狂起来，召集援军，从四面围攻过来，叫嚣：消灭那个头头。沈冠国为了掩护战士们撤退，引着敌人进入一条死胡同，直至子弹打光，光荣牺牲，时年22岁。

（张　茜）

施 霖：

曙光照得心里亮

施霖，男，1900年出生，福建省福安市溪柄镇田头岗村人。1926年参加革命，1931年加入中国共产党，1935年5月牺牲。

1900年冬月，一个男孩出生在福安溪柄镇田头岗村施家。闽东大山重叠，水流丰沛，一条大河贯村而过。田头村试图握住这浩荡流水，用以灌溉农田，实现丰衣足食的美好愿望。因此，先祖给村子取名溪柄。溪柄，溪水的把儿，颇为有趣，意义深远。就在这一年，八国联军发动侵华战争，中国半殖民地化程度进一步加深。施家男主人有些文化，在私塾教过书，一阵叹气之后，给儿取名昌期，字雨林。

因为家境贫困，施霖到了开蒙上学年龄，便由父亲教他认字读书学算术，以便将来看住生存门户。施霖一边跟着父母做事，一边学习。也许是理论与实践相结合的缘故，他写得一手好文章，打得一手好算盘。施霖18岁那年，和父母租种了邻村一刘姓地主几亩地，收成极差，地主照样强迫收取全租。"一家三口，起早摸黑，忍饥挨饿干了一季，老天不长眼，地里实在没产量。"地主狗腿子听不进施霖的解释，差点将施霖打成残废。这不公平的世道，这不讲理的世道，令施霖感到绝望和愤慨。

1926年，施霖已经26岁，但走进正规学校的梦想依然没有放弃。他生活自立，手中积攒了一些学费，经父亲同意，考入福州私立国学专修学校，也曾在福州的政法学校读书。走进书香浓郁的校园，仿佛久旱逢甘霖，施霖如饥似渴地汲取文化知识。他读书勤奋，乐于助人，深得老师和同学们喜爱。在这里，他接触到了马克思主义学说，阅读了大量的进步书籍，知道了中国正在发生的一系列大事。反帝反封建的革命形势风起云涌，席卷中华大地。这个热血青年目睹深受压迫的祖国，决心为国家崛起而学习、战斗，不惜牺牲生命。

寒假到来了，他回到家乡，联合志同道合的发小张少廉、张宝田等，成立了柏柱乡农民协会，提出"除贼、除赌、除流氓"口号，得到广大贫苦农民的拥护。附近36村、3000多人踊跃参加农会。翌年4月，施霖等人发动农民进行减租减息抗捐斗争，地主恶霸刘福愚、王仙泉，领着武装家丁负隅顽抗。施霖一口气跑上仙宫庙，抓起鼓槌，擂响大鼓。鼓声就是暴动的号角。深受剥削阶级压迫的农民兄弟手持"自领捐额，农民分摊""减租减息，我们要活""打倒帝国主义""打倒贪官污吏"等牌子，排山倒海般涌上山路。

地主恶霸吓得狼狈逃窜，反动政府闻讯前来镇压，施霖在乡亲们掩护下去福州避难，遭到福州警备司令部逮捕。在几次三番刑讯中，他正义凛然，据理力争，一个月后获释出狱，返回福安。

施霖在狱中善于雄辩，无畏军方官府恶势力，义正词严，赢取胜利的消息传遍福安。施霖回乡后，在众友人拥护支持下，于城关挂牌开了一家律师事务所，专为穷人写诉状，鸣不平，打赢了一场场官司，跃居彼时"福建十大律师"地位。这让福安反动当局惶惶不安，暗中加以迫害，律所被迫关门。这一次施霖深切体会到，没有武装，手无寸铁，保不了自己性命，更谈不上闹革命。随后他找到共产党员马立峰，投入真刀真枪的革命洪流之中，加入了中国共产党。

施霖使用化名，以看风水、算命作掩护，走村串街，秘密宣传革命思想，号召挣扎在死亡线上的工人农民，拿起武器，奋力反抗。他编写的《白扇诗》朗朗上口，流传民间，唤醒民众。"一把白扇画牡丹，地主收租太不堪。不管收冬割无谷，一斤半两不让宽。"该诗使用福安方言诵读，简单流畅，妇孺皆知。

1933年春，施霖在甘棠一带组织"五抗"斗争，并参与领导了震惊闽东的甘棠暴动。同年冬，他前往霞浦领导了青胶暴动，还带领红带会配合闽东红军独立团两次攻打霞浦县城，此后担任中共霞浦县委书记，以福安经验参与组建霞浦红带会，协助游击队和闽东红军第十独立团，打击周边反动民团，开展土地革命。

那一年，施霖在外从事我党地下活动时，遭到敌人抓捕，被关进监牢。他说："干革命，死都不怕，还怕坐牢吗？"施霖在狱中秘密组织狱友学习。没有资料，他自己讲述，引导大家从苦难中觉醒，增强建设新中国的信心。

有一天，施霖观察到反动看守长利用放风的时机调戏一个女犯，还自作多情送给女犯一条手帕。这个看守长平时对待入狱穷人凶狠残忍、无恶不作。施霖计上心来，回头悄悄做通女犯思想，合力收拾反动看守长。后来放风时，看守长故伎重演，那女犯趁机大喊大叫、又哭又闹，全狱犯人齐声呐喊起来，把整个监牢搅得天翻地覆。正义的涛声压倒邪恶，看守长引咎辞职，离开了监狱。事后施霖经过党组织多方营救出了监牢，继续开展地下革命工作。

1935年春，红军北上，国民党反动势力卷土重来，派重兵"围剿"闽东苏区。施霖与张少廉等人被迫分散活动，隐蔽在大南区斗米村，以教书作掩护为党工作。1935年4月，施霖义子为了领赏，将其从斗米村骗至大南区界石村前海滩。施霖被盐田民团抓捕，被押送至福安赛岐国民党军新十师师部。

敌师长史宏烈见抓到了施霖，喜出望外，以为从这个身穿长衫、一介书生的共产党员身上是不难打开缺口的。然而，他没有想到，在审讯中，施霖以其出众的辩才，舌战群魔，驳得敌人无言以对。敌师长气急败坏，动用酷刑，刑讯逼供。几次入狱，几次出狱，从参加革命加入中国共产党的那天起，施霖早已将生死置之度外，新中国的曙光已将他心里照得亮堂堂。被敌人折磨得遍体鳞伤的施霖，只字不言。

1935年5月的一个凌晨，施霖被一阵吆喝声吵醒，一伙敌人冲进了监狱。施霖心里明白，穿上长衫，神情自若地让敌人拍了照，昂首走向刑场。来到黄土岗下一口井边时，敌人喝令停下，他面对敌人枪口，引吭高吟："黄泉无客舍，今夜宿谁家……"一阵枪声响过，施霖英勇就义，时年35岁。

（张　茜）

施脓禄：

闽东的"刘胡兰"

施脓禄，女，1903年出生，福建省福安市溪柄镇田头岗村人，1928年加入中国共产党，1934年1月牺牲。

1903年，福安溪柄田头岗村施家生下一个女婴，取名施脓禄。她成年后嫁入霞浦与福安交界的南溪村。在血雨腥风的革命年代，她的身份特殊，为时任福安中心县委书记马立峰的表姐，为县委委员施霖的姑妈。亲戚间常来常往，表弟马立峰、娘家侄儿施霖的革命思想，深深地影响了这个农家妇女施脓禄及其丈夫。国民党、反动民团、恶霸地主欺压剥削百姓的笔笔血泪账都记录在光天化日下，谁好谁坏，施脓禄心里明镜似的。马立峰、施霖干革命十分危险，随时会遭到杀头。她仍说服丈夫，跟着自己一起为他们做些工作。

1928年，施脓禄光荣地加入中国共产党，后来成为福霞县苏维埃政府一名优秀的宣传工作人员。

施脓禄虽然没有读过书，但经过一段时间的学习和实践，结合自身说话轻声细语、没开口先微笑的优势，她的宣传工作开展得颇有成效，党群关系十分融洽。为了行动方便，施脓禄常在家里接待革命同志。但凡有点儿大米、咸猪肉什么的，她都舍不得食用，留在那儿，等着同志们来一起吃。同志们为了贫苦人民利益，四处奔波，危险重重，太需要补充营养了。

1933年10月，中共福安中心县委选定在南溪召开重要会议。叶飞、詹如柏、施霖三人先后抵达施脓禄家。按照事先安排，县委委员郭秀山等同志由交通员施隆弟带路，从另一条路过来。没想到的是，这支小分队在途中遭遇霞浦柘头"大刀会"成员，匪徒们看到陌生人就提刀抓人，听说是去南溪走亲戚，就押着他们直冲施脓禄家。施脓禄和丈夫安顿好叶飞等同志，就一边忙着生火做饭，一边等待后面参会的同志。其实，危险正一步步逼近，可施脓禄丝毫没有觉察，直到"大刀会"成员冲进院内。施脓禄闻声跑出厨房，与匪首谢玉针撞个满怀，她熟悉这个匪首。一看黑压压20多个匪徒凶神恶煞地挤满小院，施脓禄镇定下来，笑着说："老总们快坐，家里今天办酒，你们也来送面子，太好了。"当时革命环境十分恶劣，国民党反动派指使地方反动势力联合"绞杀"红色政权，叫嚣"宁可错杀三千，不可放过一个"。谢玉针黑着脸，右手扬起，几个匪徒进屋搜查。看到叶飞、马立峰等人是陌生面孔，匪徒上前就绑，绑了押走，留下施脓禄伤心欲绝，呆立院中。革命生涯的经验告诉她，越是危难时刻越不能慌乱，要立即设法报信去。

等到天色完全黑下来，施脓禄侧耳听了听门外动静，山野睡着了。她急忙出门，连夜赶了几十里山路，跑到中共福霞县委所在的牛落洋村，向县委委员詹建忠作了汇报。詹建忠立即召集同志们商讨营救对策，有的同志主张武装拦截，以牙还牙；有的同志主张以静制动，以智取胜。经过再三商量，最后定为：先派人摸清情况，再精准营救。

施脓禄和刘新贵自告奋勇一起去摸情况。得到报信，叶飞等同志晚上被暂押在王家濑村过夜，"大刀会"成员自然也守在那儿。煎熬一夜等到天亮，施脓禄、刘新贵、刘新贵的妻子共三人，手提一篮鸡蛋、糕饼，前往王家濑村找谢玉针说情。姓谢的收了东西，嘴巴有所松动，问："你们敢不敢担保？怕不怕杀头？"在入党宣誓的那一刻，施脓禄就将生命交给了党的共产主义事业。"敢！"施脓禄连忙答应。"我们敢担保！"刘新贵夫妇也急忙拍着胸脯应承。谢玉针又提出要求：要保就九家俱保，并拿出500块大洋"草鞋费"担保。

为了营救革命同志，天大的困难也要克服。施脓禄和刘新贵夫妇一口答应后，便马不停蹄地把消息带回党组织。如此苛刻的条件让詹建忠犯了难。500块大洋固然是个难题，想想办法还是能解决的，但是要老百姓拿出身家性命来担保，这风险太大了。万一被反动派查到真相，后果不堪设想。施脓禄和刘新贵点点头说："我们回村同大家商量，看看情况再说。"山路十八弯，两天一夜了，施脓禄一粒米未进，只是焦急地喝水。说完话她起身就走，三人回到村里，挨家挨户说明情况。没想到大家齐声应答：我们联名保。施脓禄、刘新贵、刘学清、刘老仁、谢嫩妹、刘奶连、刘长树、谌荣泰、刘学仁，9个人，等于是9个家庭，在担保书上签了字、画了押。

革命者是鱼，人民群众是水。九家俱结联保，解决了一个问题。接下来要筹措500块大洋的"草鞋费"，这挨千刀的"大刀会"，压榨百姓不眨眼。那时革命经费严重不足，同志们分头想方设法凑钱，施霖的老母亲变卖了家里仅有的几亩薄田，得到120块大洋。县委把购买枪支的经费250块大洋拿了出来，施脓禄和刘新贵发动村里群众你一块大洋、我几个铜板，终于凑足500块大洋。

当施脓禄和刘新贵将摁着9家人红手印的担保书和用红布层层包裹的500块大洋摆在"大刀会"匪首面前时，谢玉针只好下令放人，叶飞、马立峰等一干同志终于安然脱险。

但事隔不久，国民党反动派听到风声，下令"大刀会"复案详细调查。叶飞等同志安全了，南溪村百姓安心了，其余无所畏惧。"大刀会"几十人开进南溪村，进行地毯式全面搜捕，叫嚣一定要把逃脱的共产党人抓回来。谢玉针的"大刀会"将南溪村团团围住，地毯式搜捕，搜捕不到革命同志，就将施脓禄五花大绑押到村口石滩处，把全村男女老少集中押在村子口。

谢玉针挥出铮亮尖锐的梭镖，戳着施脓禄脖颈，大声恐吓要用刑。她高昂着头颅，目光坚定。一顿毒蛇般的鞭子落在她的身上，这个性情安静的革命同志，顿时皮开肉绽、体无完肤，昏倒在地。只见一缕黑发，紧紧地咬在她嘴里。不管敌人怎样威胁、殴打、折磨，施脓禄钢铁般，始终不吐一个字。恶魔谢玉针凶残地杀害了施脓禄，之后又将魔爪伸向无辜的村民。逐一严刑拷打后，点火焚烧了整个村庄。大火烧了一天一夜，南溪村变成一片废墟。

施脓禄把年轻的生命交给了党的事业，老百姓以身家性命担保革命干部。

（张　茜）

施月姿：
革命洪流中的红衣仙女

施月姿，女，生年不详，福建省福安市溪柄镇田头岗村人，施霖烈士的堂妹，1934 年牺牲。

因家贫和孩子众多的缘故，父母没有记下施月姿的出生年月，只知道她小于堂哥施霖。施霖生于 1900 年，施月姿估摸自己或许就是 1902 年出生的。施月姿出生不久，父母便将她送与别人家当童养媳。旧社会，女性地位十分低下，童养媳大多数受尽苦难，施月姿也不例外，繁重的家务、冷言冷脸陪伴她度过童年。

施月姿在苦水里渐渐长大，出落得温婉脱俗、勤劳善良，深得堂兄施霖关心。施霖相貌堂堂，高个子，国字脸，一双眼睛细而长，有文化，深得施月姿敬佩和崇拜。施霖在外读书，假期回乡，常带着同学去看施月姿。同龄人聚在一块儿，有着说不完的话。在施霖的进步思想影响下，施月姿毅然脱离童养媳家庭，投身于革命洪流，成为柏柱洋妇女运动的组织者之一。她长相清丽，性情温和恬静，心灵手巧，在乡邻间人缘极好。施月姿深入妇女伙伴间，积极宣传革命道理，影响力和号召力不断增强。

1926 年，中国共产党在闽东建立了连江、古田特别支部和福安党小组，领导发动农民群众开展"五抗"（抗租、抗债、抗捐、抗税、抗粮）斗争。施月姿带领妇女会会员，手持红缨枪，腰扎红带子，走在游行队伍最前头。她们冲进恶霸地主大宅院，开粮仓，搜地契，毁借据，分粮食，分农具，分衣物；

组织妇女开办夜校扫盲班，决不再做睁眼瞎，决不任人宰割欺负。1931年至1932年，中共福州中心市委先后派邓子恢、陶铸、叶飞等到闽东指导农民革命运动，帮助组建工农武装，开展游击战争。

游击队员在前方作战，施月姿组织妇女会姐妹给队员洗衣、送饭、缝补衣物。战斗一停，她们立即赶上前去迎接伤员，护理、安抚，想方设法做出可口的食物。

1934年秋天，福安上南区苏维埃政府迁至照镜（今松罗乡洋西村），距离当时施月姿暂居处很近。安静、善于思考的月姿，觉得这是冥冥之中的安排。她主动跑到苏维埃政府，找到负责人，毛遂自荐担任交通员，她知道红军留守部队因为遭受敌人"围剿"而潜伏于深山，特别需要可靠的情报。

为了更好地开展掩护交通员工作，施月姿在堂哥施霖等革命者的帮助下，在村口开了一家小吃店，兼售当地土特产。她的小吃店实质上已是革命者的接头地点，亦是附近国民党驻兵常来之地。地下党同志来了，她就招待、掩护、望风；国民党官兵来了，她就假装格外热情招待。滴酒不沾的月姿，为了套取情报，强迫自己练会喝酒。她时常一边陪着国民党军或反动民团团丁喝酒，一边与他们聊天，遇到思想松动的，就策反，遇到顽固的，就了无痕迹地获取情报。天长日久，敌人也不把她当外人了。结果敌人部队一行动，就遭到我军袭击；敌人一出动"清剿"，我军就消失在连绵不尽的大山里。这令敌人气急败坏，嗷嗷号叫：难道这共产党、红军游击队会掐算不成？

1934年10月的一天晚上，一个敌军士兵急急忙忙跑来店里，要取回吃午餐时落下的外套，说明有大行动。施月姿一边进屋给他找衣服，一边磨蹭着思考，她要设法套出敌人行动计划。

"长官，喝口水吧，看您火急火燎的，明早行动，这不才傍晚。"

"好吧，喝口水，这成天抓人，烦死了！"

"到哪儿抓呢？为难你们了，这山野天地广的，哎，真不容易。"

这时，一碗热乎乎的荷包蛋端了上来。敌军感觉到了人情温暖，一边客气一边吃，当然还一边说。"哎，咱在这儿偷偷讲，红军、游击队，也是咱中国人啊。说是得到可靠情报，明早要到天马山去'剿匪'。这谁是匪啊？一天到晚的匪匪匪。"敌军士兵抓起衣服，嘟囔着走了。

明早？"剿匪"？天马山？红军、游击队？施月姿面色涨红，胸口咚咚如擂鼓。她走到小店外，警惕地环视一下，回店拿起一份食物，送去苏维埃政府。这个夜晚施月姿过得有一个世纪那么漫长，她真担心山上的同志是否得到了情报，是否能够及时转移。

一夜未眠，翌日清晨，施月姿怀揣一件红衣服，背起砍柴筐，走向天马山。太阳跃上山巅时，她已经静静地坐在了半山腰，两只眼睛猎鹰般盯着山下。不多时，从山麓转角的地方，冒出一条毒蛇般的队伍，敌人果然如期来了。施月姿取出怀中红衣穿上，理了理一头乌黑秀发，又听远处隐约有水声，她不由抿嘴笑了一下，起身走到一条细流前。小小流水，清澈可鉴，底上石子绯红如花、如胭脂。月姿撩着清水，洗了洗脸，对着水面照了照，水面上映出一张如花似玉的面庞。鹅蛋脸儿，大眼睛，高鼻梁，嘴唇丰满似花瓣儿。月姿嘴角浸出一丝笑意，弯腰采下几朵山菊花，插在乌发上。

"叭叭叭"，敌人开始放枪了！"菊花花开哎哟！山峰峰排排立，小细流水儿清，红衣衫儿身上穿，就做新嫁娘……郎儿、郎儿是大山。"美丽的施月姿如仙女般，一边飘荡山野，一边洒下银珠儿似的歌声。"游击队！"敌人喊叫着追向施月姿。这山里长大的"仙女儿"，跑山路如风飘荡，敌人怎能追得上。那边红军、游击队昨晚已经得到消息，连夜转移了。

几天后，因叛徒告密，施月姿被捕。在敌人的严刑拷打中，她始终坚贞不屈，同年11月中旬，被敌人杀害于柏柱洋山头上。

（张　茜）

汤万益：
青春在战火中绽放

汤万益，又名汤第三，男，1915年出生，中共党员，福建省周宁县玛坑乡玛坑村人。1933年参加革命，1943年在苏北抗日战场牺牲。

少年时代的汤万益因家境贫困，仅上过几年私塾。17岁时，他为生活所迫，只身一人到远离家乡的咸村的一家店铺当店员。

旧中国那满目疮痍、兵匪为患、地霸横行、人民受苦的社会现实，使血气方刚的汤万益萌发了要求改变现状的欲望。1933年，他参加了叶飞率领的红军游击队，投身于共产党领导的闽东工农革命斗争之中。他勇敢作战、积极工作，很快就担任了班长，后又任闽东游击队第五支队队长。1937年，汤万益光荣地加入中国共产党。

卢沟桥事变后，南方八省的游击队奉命改编为国民革命军陆军新编第四军，闽东红军游击队改编为新四军三支队六团，汤万益被任命为六团一营二连一排排长，随军奔赴抗战前线。

六团在江南抗战的一年多时间里，所向披靡，威名远扬。攻打浒墅关火车站、夜袭虹桥机场等一次又一次的著名战斗，都留下了汤万益的战斗足迹。他多次立功，升任营长。

1939年11月，江南抗日义勇军和新四军挺进纵队在扬中合编，合编后仍称新四军挺进纵队，之后挥师苏北，实施向北发展的计划。汤万益也编在新四军挺进纵队内。在苏北，他所带领的部队参加了"东进序曲"的郭村战斗和一决雌雄的"黄桥决战"等著名战斗。由于他在战斗中显示出了卓越的军事指挥才能,1941年7月,他调任如西独立团团长。

1942年冬,日伪军对苏中抗日根据地大举"扫荡"。为保存干部,上级决定抽调一部分体弱的同志到抗大九分校学习后南下办学。那时,汤万益已在一次战斗中失去一只眼睛,还因多年的战斗生涯多次负伤,身体已渐虚弱,也被调至抗大九分校一大队任大队长。

1943年春节后,九分校南渡到溧水的云鹤、芝山地区。

同年春,国民党顽固派第三战区司令长官顾祝同调集了12个团的兵力"围剿"苏南抗日根据地中心区——两溧(溧阳、溧水)地区。对此,抗日军民本着"有理、有利、有节"的自卫原则,给予有力的反击。一场正义的苏南反顽战役打响了。

铜山战斗正是这场战役中的一仗。汤万益奉命率抗大九分校一大队坚守铜山。经过几天的艰苦劳动,他们在乱石嶙峋的铜山上修起了简易的作战工事。随后,汤万益对敌情进行详细分析,作出战斗部署。他亲率一中队坚守铜山的左翼阵地,大队教导员唐昆远、副大队长文有武率三中队防守铜山右翼阵地,二中队作为预备队隐蔽在铜山背后待命。

4月12日,战斗前夕,九分校首长亲临阵地做战斗动员,要求"像保卫斯大林格勒那样保卫铜山",提出了"坚决守住阵地,与阵地共存亡"的口号。下午4时许,国民党第五十二师、第一九二师的部分兵力开抵铜山脚下,这是国民党第三战区武器装备精良的两支主力部队。战斗一开始,国民党军就依仗优势火力,对我铜山阵地进行疯狂轰炸扫射,发动猛烈的进攻。

面对顽军的猖狂进攻,汤万益沉着应战,指挥若定,率领指战员利用有利地形,以革命的英雄气概,用不足国民党军千分之一的兵力打退了顽军一次又一次的进攻。战斗一直持续到黄昏才出现了短暂的间歇。

汤万益和战友们已经一天没有吃饭了,他们一边监视敌人的动向,一边加固工事。突然西侧响起了密集的枪声。原来,狡猾的顽军眼看难以从正面攻上铜山,就悄悄地派出一路人马从侧面爬上来。汤万益立即组织反击,率领战友们跃出战壕,和已经迫近的顽军展开白刃战。正当汤万益勇打猛杀的关头,一颗罪恶的子弹击中了他的身体。顿时,殷红的鲜血洒在乱石草丛中,染红了铜山上的无名小花。大队长牺牲的消息震撼了广大战友，激起了全体指战员更大的愤怒。他们把仇恨集中在枪口刀尖上，杀得顽军尸横遍野，余下未死的逃下山去。阵地保住了，汤万益和一大队的战友们以血的代价为整个战役的胜利赢得了时间。

当天夜里，一大队完成战斗任务后撤出了铜山阵地，战友们抬着汤万益来到山脚下，含泪掩埋了烈士遗体。年仅28岁的汤万益永远地留在了远离家乡的土地上，没来得及给新婚的妻子和未出世的孩子留下只言片语，没有留下一张照片。然而，他的英雄事迹在溧水地区、在他生前所在部队和他的故乡永远流传。

（黄河清）

温昌檀：

血雨腥风的记忆

温昌檀，男，1895 年出生，中共党员，福建省上杭县南阳镇朱斜村人，1934 年 10 月被敌人杀害。

（一）

温昌檀出生在一个世代以种田为生的贫苦农民家庭。在温昌檀 5 岁那年，父亲受客家传统文化的影响，担心儿子长大后娶不到老婆，便从邻村给他抱了一个童养媳。

温昌檀 20 岁那年，父母觉得这抱来的童养媳已经虚岁 16，就按当地的习俗让温昌檀和童养媳"圆房"。

两年后，温昌檀的妻子生了女儿温来凤，接着，又生了几个孩子。

1928 年 7 月，南阳罗屋村人罗化成等人受党组织的派遣，到朱斜村发动贫苦农民闹革命，并秘密组建了党支部及农会，把革命的火种传播到村子。

1928 年临近春节的一天，温昌檀上山砍樵，想挑到圩上卖几个钱，换回过年家里需要的盐和写春联的红纸。

温昌檀刚到屋背头的山上，就遇到比他大十几岁的族兄温昌烟。这时的温昌檀，全然不知堂兄已经秘密加入共产党。温昌烟主动说："老弟，来，坐坐，咱们歇一歇，抽口烟。"两人闲聊一阵，温昌烟告诉他说："我们不能天天都只知道上山下地'做死活'，这样做了还吃不饱穿不暖。"

"那有什么法子啊，都是命。"

"话不能这么说，都是因为我们不懂得道理。"

接着，温昌烟告诉他现在有人领着大伙儿打倒"不劳动"的地主富豪。跟着他们走，大家的日子就会好起来。

这以后，温昌檀晚上一得空就去堂哥家喝茶聊天。

温昌檀在堂哥的启发下，经常参加地下党组织领导的农会和赤卫队活动。不久，温昌檀加入了中国共产党。

堂哥温昌烟看到堂弟温昌檀在政治上慢慢地成熟起来，打心眼里高兴。

一天，温昌烟和温昌檀兄弟俩在长汀涂坊执行完任务后返回朱斜村。那时从朱斜村到长汀，走的全是小道，山高路陡、人迹稀少，有时为了避开人的视线，还得翻山越岭绕着走。

兄弟俩一前一后正走着，翻过一座山坳转到小路时，突然发现前方转弯处似乎有一个行踪可疑者。走在前头的堂哥，顺手就将温昌檀一拉，两人就势滑到路下的草丛中去了，惊险地避开了一次意外。

待可疑者走远后，兄弟俩才去一座矮山头坐下来歇息。堂哥先开口说："我们既然已经都参加了革命，就要随时准备牺牲。如果哪一天我遇到了不测，你一定要帮我照顾好父母。如果你……我一定帮你照顾好家人。"

温昌檀听后默默地点头，两人望着远方沉默不语。

（二）

1929年，朱毛红军进驻闽西后，各地的革命活动如火如荼。特别是毛泽东在南阳龙田书院召开南阳会议后，革命烈火在各地熊熊燃烧，群众打土豪分田地的积极性高涨。

温昌檀看到红军身着统一的军装，肩扛着枪支，感觉特别神气，一心想着参加红军。

可是，天有不测风云，同年10月，温昌檀的堂哥温昌烟在一次党组织的秘密会议中，因叛徒告密被国民党抓到长汀杀害。几个月前的对话一语成谶，心中痛苦的他躲到松树岗上，蹲在涓涓山泉旁悄悄地大哭了一场。这哭声中，有对堂哥的怀念，有对告密者的愤恨，也有对堂哥的承诺。

偏偏在这节骨眼上，温昌檀的父亲外出劳动时跌了一跤，天天要人扶着才能起床，妻子偏又正在坐月子。但他依然牢记对堂哥的承诺，只要在村里，就一定到堂哥家去看他的双亲，家里家外只要他能做的事，全部包揽。

这一年，村里举行"打醮"迎神活动。按习俗，家家户户都要请客来过节，堂哥的家里却没有钱。一天晚饭后，温昌檀从鸡笼里抓了一只自己家里养的小母鸡送去堂哥家，告诉老人说："这是自己养的，你炖口汤过节吧。"老人不肯收。温昌檀解释说家里有一只正在下蛋的母鸡，这只小母鸡是准备杀的，谁吃还不是一样。老人只好收下。

1934年10月初，温昌檀当选乡苏维埃主席。这时的他，身上的担子更重了。

（三）

1934年10月的一天，温昌檀得到红军开始北上的消息，国民党对苏区大举反攻，凡家里有参加革命的，都实行残酷的杀戮政策。

为了防范国民党对革命群众的屠杀，温昌檀根据上级党组织的要求，通知村里的4位同志在自己家里秘密召开党组织会议。

为了掩人耳目，温昌檀以"请人商量还工"的名义，请本村的一位族亲来家里帮助煮饭，同时还安排可靠的人在茶凤塘坳口站岗放哨。

几个开会的人都按约定时间来到温昌檀的家里，温昌檀考虑到当前局势严峻，他便想亲自到坳口检查一下岗哨。

殊不知，这件事被一个早已投靠了国民党的村民"金生佬乌龟"告了密。国民党民团头子得到消息后，立即带着伪民团的所有人马绕道过来，先把正在坳口放哨的温昌檀就地杀害，之后，又直奔温昌檀的家里，把正在大厅饭桌上开会的4个人全部逮捕。

在"金生佬乌龟"的指认下，国民党民团又到村里抓走了4位革命人士的8位亲属，将他们全部杀害在长汀。

其时，温昌檀的母亲陈氏和童养媳正在山上砍樵，突然得知国民党民团冲进了村，母女俩便想等村里平静后再回家。

两人一路小跑着往上村方向去。这时，迎面走来和儿子一样参加革命的上村人许应生。陈氏马上告诉他:"国民党的民团进村了,我们家里出事了,你不能回去,赶快走!"

许应生听说后,马上掉头往长汀四都方向跑去,跟着游击队上山了。

(四)

第二天一大早,国民党民团又直奔温昌檀家"扫荡",把他家的每一堵墙都拆掉,甚至连家里挑水的扁担和所有挑樵的竹杠子都全部砍成两截。

家人陆续回来后,将温昌檀的尸体简单掩埋,全家相依在这凌乱不堪的屋子里艰难度日。

不到一个月,本村国民党反动派的奴才"金生佬乌龟"又找上门,将温昌檀的小女儿抢走,临走前放话说:"按现在(国民党)政府的规定,家里的男丁要'二抽一'。你们家有两个男丁,其中的一个当兵去!"当时,温昌檀的长子温连善虚岁18,次子温香善虚岁15。

一家人不能再承受这样的打击了,只好连夜外逃,直到国民党的军队节节败退逃到台湾后,他们才陆续回到下村。

新中国成立后,人民政府追认温昌檀同志为革命烈士。

(张 茜)

吴 成：

铁骨铮铮的战场英豪

吴成，字自恭，又名吴廷敬，男，1908年出生，中共党员，福建省柘荣县东源乡东源村人，1932年参加革命，1935年在战斗中牺牲。

吴成小时尽管家境艰难，父母仍千方百计地把他送入私塾，5年后因家境十分困难，无力继续读书，只能辍学回家。他一边跟父亲学裁缝，一边继续自学。

他刻苦求学，练得一手漂亮的毛笔字，又会拳术，是当地颇有名气的缝纫师傅。他身材消瘦矮小，浓眉下长着一双炯炯有神的眼睛，眉宇间透出一股英气，显得格外精明灵活。

从小领略生活困苦和世道不平的吴成练就了豪侠仗义、粗犷豪放的倔强性格和对腐朽社会、对豪绅地主的强烈反抗心理。他和村中一批意气相投、好打抱不平的青年伙伴团结在一起，常与当地恶霸地主作对，为贫苦农民伸张正义，在当地群众中威望很高。

1932年春，吴成经常到黄柏一带为人做衣服。在那里，他结识了共产党员周资成。在周资成的启发引导下，吴成懂得了许多革命道理，从此走上革命道路。

1932年春夏之交，吴成在家乡东源一带组织秘密农会、贫农团，发动农民开展抗租、抗债、抗捐、抗税、抗粮的"五抗"斗争。秋后，群众运动发展很快，和霞鼎边区人民的斗争联结在一起，互相支持，互相推动，斗争的浪潮一浪高过一浪。在斗争中，吴成表现出了极大的革命热情。是年10月，由林爱介绍，吴成加入中国共产党，成为无产阶级的一名先锋战士。

1933年12月，柘荣革命蓬勃发展，吴成担任东源乡苏维埃政府主席。他对党忠心耿耿，对工作满腔热忱，积极发动群众进行抗租斗争，给地主豪绅以沉重的打击；在斗争中大力发展红带会组织，创建了在党领导下的农民武装。

1934年1月，根据上级指示，吴成两次带领当地红带队配合福安、霞浦等地游击武装围攻霞浦县城，虽然均未攻成，但农民暴动和攻城的红色风暴不断席卷霞浦乡村，吓得地主豪绅躲进县城，为大片农村建立苏维埃政权、开展土地革命创造了有利条件。同时，地方农民武装经受了战斗考验，吸取了经验教训。

1934年3月，吴成兼任霞浦上西柘洋区苏维埃政府组织部长。4月，民团、"大刀会"等地方反动武装对我霞鼎泰边区根据地进行疯狂反扑，妄图把新生的红色政权扼杀在摇篮中。为了击败敌人的进攻，吴成采取选择重点、主动进攻的策略。中旬，他带领警卫连和红带会200多人连夜袭击了泰顺县茂竹园村反动民团的碉堡，缴枪40多支，摧毁敌人设在泰顺、福鼎、霞浦二省三县交界要地的中心炮楼。

1934年5月，分田运动在柘荣各地蓬勃展开，吴成担任霞鼎泰县委委员和县苏维埃政府主席。他根据县委部署和农民群众的迫切要求，认真贯彻闽东苏区"分田大纲"，大力推行福安柏柱洋分田试点经验，积极领导全县的分田工作，经常奔赴各地巡视指导工作，出色地完成了第一期土地革命分田任务，在柘荣城关召开全县"庆祝分田胜利大会"。

秋收到来，部分不法地主蠢蠢欲动，企图逼租讨债，破坏分田运动。面对阶级斗争的严峻形势，吴成毅然号召霞、鼎、泰人民群众武装保卫革命胜利果实，带领肃反队捕杀了向贫苦农民强收租债、进行反攻倒算的柘荣北街地主流氓袁阿闹等反动分子，把地主的嚣张气焰压了下去，让广大农民扬眉吐气。吴成发动各乡村张贴"五抗"标语，广泛进行"土地还家"的宣传工作，巩固了分田斗争的成果。

吴成曾进过当地武馆，学过武功，有一定的打斗基础，经过艰苦的革命斗争实践，又增长了军事才干和胆略，是霞鼎泰县不可多得的人才。他对自己严格要求，对同志、对部下热情呵护。在战斗中，他身先士卒，灵活勇敢，带领赤卫队等地方武装，多次克敌制胜，为开辟苏区、保卫红色政权、保卫土地革命成果立下了战功。

1934年7月，福寿县委组织攻打上白石村，吴成积极参加战斗准备，并率部前往助战，解放了东北区的重镇——上白石村；还配合兄弟县的赤卫队乘胜攻克了范坑、沙坑、岭头等地反动"大刀会"，推动了福寿县革命形势的发展。

1934年10月，中央苏区第五次反"围剿"失败，中央红军开始长征。国民党反动派调兵遣将，对闽东根据地疯狂反扑。霞鼎泰县委为适应游击战争，率部队进入边区以避开敌军正规部队，同时，开展游击活动，打击各地反动武装。10月初，吴成和林爱带领警卫连和游击队100多人突然袭击了福鼎管阳金沙溪民团团部，消灭团丁30余人；10月下旬，他率部配合霞鼎游击队攻打泰顺岔路口民团，俘团长1人、团丁10余人、土豪6人，缴枪10余支；12月中旬，吴成带领游击队相继摧毁福鼎牛埕头、油坑、后坑和湖林等地反动民团的堡垒，攻占福鼎龟洋保安处，缴获敌人的全部枪支弹药。其中油坑一战，缴获步枪、牛腿枪30多支，缴获轻机枪一挺和大量弹药，击毙团兵10多人，烧毁碉堡2处。

1935年1月，吴成带领游击队在第二次攻打福鼎龟洋民团碉堡的战斗中，不幸被敌人机枪射中而光荣牺牲。吴成正值风华正茂之时，却过早地走完了只有27个春秋的短暂一生。他的形象犹如东狮的巍巍丛山，永远屹立在霞、鼎、泰大地，永远活在闽东人民的心中。

(黄河清)

吴基现：
走出大宅闹革命

吴基现，男，1908 年出生，福建省福安市溪潭镇溪北洋岔口村乌石自然村人。1931 年参加革命，1932 秋加入中国共产党，为闽东北第一支队第一批队员，1938 年 3 月牺牲。

吴基现与李然妹，是一对革命夫妻，同为烈士。

头顶暑天烈日，我浑然不觉，任凭汗水涔涔，亦步亦趋地行走在福安溪潭镇城山村的小巷里。巷子曲里拐弯，现代房屋与古老房屋齐驱并驾于这幽深时光。一排高高的鹅卵石墙基，招呼我停下，它支撑着一处建于清朝的庞大建筑群，将我迎进宅院。这是溪潭镇城山村上城 33 号，由清代福安县丞谢仕伯亲手建成，三进单檐歇山顶规模。浓郁的陈木香气弥漫小院，正堂高悬一面镏金大牌匾，上书"德基起祚"，为林则徐的老师、朝廷监察御史游光绎赠。"德基起祚"——将人引入深深的思考。

宅院的威严与文化氤氲开来。福安市溪潭镇文旅站站长谢贻水，一边泡茶，一边凝重道来：这是我家老宅，是红色年代宁屏古中心县委书记、中国工农红军闽东独立师红四团代团长吴基现革命烈士的故居。

谢站长姓谢，吴基现姓吴，这座古宅是革命烈士吴基现的外公家，但吴基现在这里长大，这里也算是吴基现的家。

谢站长永远记得，小时候奶奶（吴基现的舅妈）只要带他爬到二楼，一定会停下脚步，指着窗口外的一楼屋顶，说："看那一排排的碎瓦片，是你表伯吴基现闹革命时踩掉的。他和他老婆都是革命烈士，是为革命牺牲的。他们年纪轻轻，遭了老罪。"奶奶说，那时候，每到晚上表伯吴基现就悄悄带来一些人，据说叶飞、曾志等革命领导人都来过。表伯带着革命同志，夜里潜进我们家火厢房。革命同志风餐露宿，疲惫不堪，个个腿上打着绑腿，脱下鞋子，满脚都是血泡。奶奶急忙烧水煮草药给他们治疗、洗澡，接着端出热饭热菜热茶犒劳他们。战士们吃饱饭后，就住在我家。有时半夜突然枪响，表伯立即带着领导和战士们，爬出二楼窗口，踩着一楼连绵屋顶，跳进另一条临河街巷。他们或钻入小巷子，或乘小船，甚至游水，销声匿迹。我们这座老宅子，其时承担着革命驿站任务。

我坐在安静的老宅里，仿佛听见革命者的呼吸声此起彼伏，我多么希望他们能够安然地睡上一觉。

1908年，吴基现出生于溪北洋岔口村乌石自然村，母亲从镇上嫁到乌石村，外公是有用意的。溪北洋地肥水美，盛产糯米，是他制酒作坊的原料地，也是富足之地。可在那半殖民地半封建社会，外国列强欺压中国人民，各路军阀混战，国民党反动派、民团压榨百姓，全中国的老百姓都生活在水深火热中。好在外公在镇上经营酒坊、杂货店，挣下一些资产，吴基现家的生活好于一般人家。他五岁开蒙上学，聪明勤奋，善于思考，学习成绩一直名列前茅，深得老师器重和喜欢。

吴基现读初中时，接触了革命思想，如饥似渴地阅读进步书籍，渐渐弄懂了一些百思不解的问题：为什么穷人拼命劳动，还是吃不饱、穿不暖、面黄肌瘦？为什么富人终日游手好闲，却肠肥脑满，穿着绫罗绸缎？原来存在着压迫阶级、剥削阶级。因此，要想实现人人平等，必须起来闹革命，推翻这个弱肉强食、人吃人的不平等社会；要以马列主义为指导，跟随共产党领导拿起枪杆子，建立新中国。有了方向，说做就做，他积极参加学校组织的秘密革命活动。印制传单、集中活动、外出执行任务等都需要经费，吴基现一边积极参与活动，一边跑回家动员外公。见多识广的外公自然理解外孙的志向，懂得不平等的社会现实必须有人来改变，自己和外孙也要加入改变中国社会的队伍。有了外公支持，吴基现的革命活动有了资金保障。

1931年夏秋时节，田野里的稻子眼看着黄澄澄的，很快就可以收割了，可种田的农民只能眼巴巴望着稻子变成地主富农家的新粮，而自己家中老小只能忍饥挨饿，吃糠咽菜，吃了上顿没下顿。哪里有压迫，哪里就有反抗。中共福建省委农村巡视员邓子恢受党组织委派，秘密下到基层，带领福安、连江两地发起了声势浩大的农民"五抗"斗争。由于闽东党组织没有自己的正规武装力量，仅靠临时组织农民兄弟手持大刀、长矛和鸟铳等武器开展暴动，使当年的秋收斗争和翌年的春荒分粮斗争，付出了惨痛代价。

吴基现积极出资，购买武器，购买服装，组织力量参加了"五抗"武装斗争。斗争的过程异常艰难，吴基现意识到了武装力量所需的专业性和团体性。他一边思考，一边琢磨下一步该怎么做。

1932年6月，中共福安中心县委根据陶铸的指示，成立了闽东北工农游击第一支队。吴基现得知消息，积极报名加入闽东北工农游击第一支队，成为第一批队员和骨干力量。

吴基现所在的溪北洋有个兰田村，距离城关20多公里，村子里有个大地主陈氏，在庄园里竖着炮楼，养着20多个团丁，配备长短枪支18支，几乎人人都有武器，十分嚣张。这个恶霸地主，欺压乡民，抢田占地，全村的大多数土地都属于他家。村民家家种田为陈家，却忍饥挨饿，甚至卖儿卖女。稍有微词，陈家团丁便对村民随意打、骂、关押，甚至枪杀。村民仇恨满怀，但只能忍气吞声，屈辱活命。群众的悲痛与苦难，使刚成立的闽东北工农游击第一支队展开革命行动。虽然武器装备还是很落后，大刀长矛鸟铳占多数，但冲破压迫的革命信念如熊熊烈火，照亮闽东山野。

1932年中秋节前一天，游击队员和挑选出来的农会骨干30多人，由詹如柏带领，秘密集中于马山村地下党员家，吴基现就在其中。大家悄声蛰伏着，等待夜幕降临。当晚深夜，三名游击队员冒充警察叫开陈家大门，后续队员趁势蜂拥冲进。"叭叭！"正义的枪声响起，"举起手来！缴枪不杀！"守院团丁刚看完中秋社戏回来，睡得正香，猛然惊醒，恐惧万分，早已忘了拿枪，个个做了俘虏。吴基现身手敏捷，抢先夺取团丁放在床头墙边的枪支，跑到大门外，扔进草丛里。战斗结束后，他取出枪支，交给领导，队员们纷纷夸他机智聪明。

兰田暴动，打响了闽东北工农游击第一支队反抗当地反动民团的第一枪。

这个秋天，吴基现光荣地加入了中国共产党，做出了随时为党和人民的事业献出生命的准备。

国民党反动派的报复行动来得很快，吴基现在乌石自然村的老家被抄洗一空，母亲因惊吓、悲愤而自杀，父亲一病不起，很快病故。哥哥弟弟妹妹受到牵连，难以生存，只好跟着舅舅谢耐善回到城山村上城33号外公的大宅院生活。

吴基现在参加革命期间，由组织引荐，与马山村姑娘李然妹结为夫妻。其实，李然妹加入中国共产党比吴基现还早。二人同为革命战友、志同道合。

1934年2月，吴基现担任闽东红军第二团四连连长，负责警卫特委机关。他狠抓军纪，增强了部队战斗力，使红四连在与国民党地方武装的作战中接连获胜。是年8月，国民党调动新十师阻击红军北上抗日先遣队。红四连在坂中铜岩岭设伏，沉重打击敌人，掩护红军北上抗日先遣队顺利撤离。同年9月，吴基现率红四连在柏柱洋作战中胸部负重伤。

1935年1月，吴基现枪伤未愈，重返前线，任闽东独立师第四团代理团长、安德（福安、宁德）县委书记，率部冲破敌军重重包围，转入周墩东区开展游击战争，恢复了周墩东区革命根据地。

1936年2月，吴基现调任宁屏古（宁德、屏南、古田）中心县委书记，在周宁、建瓯和泰顺边界发动群众、培养干部，开创新区革命斗争局面。

1938年3月3日，吴基现因奸细告密在周宁被捕，受尽敌人严刑拷打、非人折磨，宁死不屈；3月7日凌晨，被敌人活埋于浦源吴厝村，年仅30岁。

（张 茜）

吴南启：
忠诚守信的游击战士

吴南启，男，1911年出生，中共党员，福建省宁德市蕉城区洋中镇北洋村人。1934年参加革命后改名吴兰棋、吴国雄，1944年3月牺牲。

（一）

吴南启的祖上都是没有文化的农民，但世代口口相传着"守信富家"的家风。

吴南启的父亲吴来15岁那年到黄家村去走亲戚，路过一个山坳时，看到一个衣衫褴褛的老人昏倒在地。他扶起来一看正是黄家村亲戚家的叔公。他一边呼喊着叔公，一边掐他人中。叔公缓过来之后，吴来将他背起来送回家。

叔公感念吴来的救命之恩，动员他留下来学制作蒸笼的手艺。黄家村制作蒸笼的工艺向来"传男不传女，更不传外人"。叔公说："凭着你救了我，我马上去央求族长破例，族长会肯的。"族长破例同意了，但要求吴来当学徒要满6年！

民间学徒历来是3年。吴来与家人商量，觉得多门手艺多条生路，多学几年也无妨。

不到3年，吴来就学会了制作碗、盘、碟、瓶、甑等工艺品。但他坚守着学满6年的承诺。

第4年，吴来赢得黄村族长的宠爱，族长将家中的婢女嫁给他。婚后，夫妻恩爱，接连生了七八个孩子，但存活下来的只有兄弟四人，吴南启排行第四。

吴来虽然最终学得了一门好手艺，但经不住财主的一再盘剥，全家依然艰辛度日。

吴南启9岁那年，父亲因为不识字，在向一家商户结算年终商品费用时，对方故意拖欠货款，写了一张欠条说是半年后结清，并让吴来在欠条上按了手印。

谁知半年后这商户却拿着那欠条上门来催债。全家得知被商家陷害，事实被颠倒，但又无处申冤。

两夫妻从此痛下决心，再穷再苦也要咬牙送一个儿子去读书，至少家里有个人识字，以后就不会再被人欺负。

父母话一出口，家中四兄弟你推我让。最后，全家一致同意让年纪最小的吴南启去上私塾。

接下来，全家省吃俭用、东挪西借，终于送吴南启进了私塾。吴南启也不负家人的重托，读书非常用功，常常挑灯夜读。

进私塾第二年，吴南启的父亲因积劳成疾，离开了人世。懂事的吴南启不得不中断学业。

之后，母亲为了躲避村霸的欺负，带着全家移居偏僻的龙潭头，靠开荒种田、挑柴砍竹为生，苦命的母子相依为命。

龙潭头是一个偏僻的山村，人口不多，识字的人更少。吴南启全家迁来这里时，全村只有吴南启会识字。于是，邻居们家有需要记账的，都请吴南启帮忙。在这一来二往中，吴南启成了教孩子们认字的"半个先生"。

（二）

1934年，闽东各地革命运动风起云涌。吴南启虽然已经是二十出头的男子汉了，但是因为贫穷，他无法娶妻成家。

1934年7月，宁德县苏维埃政府在坑头成立，各区、村苏维埃政权也相继建立。贫苦农民在地下党组织的领导下，开展了以抗租抗债为中心的土地革命运动。革命的春风吹到了偏僻的山村龙潭头，吴南启跃跃欲试，但苦于没有人"牵线"。

同年底，刘有甫、陈华松带领的游击队在龙潭头、邑堡、长湾一带村庄活动。

一天，吴南启去舅舅家帮农活。在路上，几位化装成农民的游击队员一看吴南启，就觉得他是知书达理之人。其中一位有意地靠近了吴南启，试图与他拉家常。吴南启也放慢了脚步，似乎觉得今天遇到的这几位农民不太一样。

"是不是山上下来的人?"吴南启在心里盘算着。他曾听人说山里来了"带穷人闹革命的人"，却不知道这些闹革命的人是什么样子。

其中一位"农民"问吴南启："敢问先生是到哪儿去串门?"

吴南启回答说去亲戚家帮工。

聊着聊着，"路人"就开始开导吴南启：穷人为什么天天辛苦地劳动还吃不饱穿不暖，就因为受财主的盘剥……之后，还问了吴南启的家庭情况，吴南启如实回话。

走到一个三岔路口，分手前，"路人"亮出身份说："我们是山上的游击队，组织穷人闹革命的。"

吴南启登时眼前一亮，对方却说："你回去好好地想想，若想好了，明天早上太阳升起时，咱们再在这个路口见面。"

回家后，吴南启不敢把这事向家人透露。晚上躺在床上，联想到自己家里这几年发生的事和村里大家的生活，他失眠了。

第二天一大早，吴南启借口舅舅家的活没有干完，早早就出门了。他快速来到昨天约定的三岔路口，当时没有见到任何人，心里正在嘀咕时，不远的林子中走出来昨天遇到的其中两个人，吴南启大喜。

两人拉着吴南启的手说："兄弟，看来我们都是守信的穷人弟兄。"说完便带着吴南启往左边那条道走去。

三人走出不远，到了一座破烂的小草寮前。他们告诉吴南启自己是跟着共产党为穷苦人民打天下的游击队。如今，游击队里缺少识字的人，动员他来参加。

吴南启激动地说"我早就盼望着这一天了"，便满口答应。就这样，吴南启秘密地加入了游击队，并改名吴兰棋。

(三)

吴南启参加游击队之后，受党组织的委派，趁着走亲访友的时机，深入农村各地从事秘密串联活动，发动穷苦民众起来闹革命。

吴南启召集丁叶忠等人建起一个"内线人"组织，并通过他们再发展"下线联系人"。在发展下线时，吴南启总忘不了嘱咐自己和战友：我们是党组织的人，对党的事业必须忠诚守信。这个时期，吴南启改名为吴国雄。

不久，他们通过联系人摸清了当地国民党民团的兵力部署。游击队在内线人的联系下，把咸村各地的民团打个措手不及，不仅夺取枪支补充游击队的武器，还慢慢地让群众对游击队有了进一步的了解。

1941年初，闽东游击队队长雷成太叛变投敌，党组织和游击队面临极大的危险。闽东特委为了保存革命力量，通知宁德县委和游击队向闽北转移。

8月，吴南启和游击队的几位战友接到上级通知，又从闽北返回宁德继续领导人民开展"抗日反顽"游击战争。

吴南启和战友回到龙潭头、邑堡、长湾一带，如鱼得水，革命活动开展得红红火火。吴南启找机会悄悄地回家看望母亲。

母亲欲让他留下，吴南启耐心地告诉母亲："当年阿爸即使学会了手艺，也没有放弃承诺。今天儿子答应了人家，等承诺的时间一到期，我马上就回来陪伴你。"

1941年冬，闽东各地发生数千人的"大刀会"暴动。吴南启、吴安秀和丁进朝等趁机于1942年初在华镜下院将参加暴动的部分老区群众和原有游击队组织起来，成立了由100多人组成的闽东游击纵队，下设三个支队，由吴安秀任纵队长兼第七支队长，吴南启在第七支队从事政治、宣传工作。

1942年11月，国民党顽固派为扑灭日益发展壮大的闽东抗日武装力量，在霍童成立"宁屏周边区剿匪指挥部"，调动一〇七师三一九团的一个营进驻霍童，企图置游击队于死地。

此时，纵队队长吴安秀为营救被抓走的妻子，即将落入敌人圈套。吴南启识破敌人妄图消灭游击队的险恶计划，劝告吴安秀要以革命大局为重，切勿落入敌人圈套。在劝告无效的情况下，吴南启只得带领七八个队员连夜逃离虎口，凭借对地形的熟悉，巧妙地摆脱了尾追的敌人。

接着，"霍童惨案"发生，闽东陷入腥风血雨的白色恐怖之中。面对顽固派的残酷暴行，吴南启坚定革命信念，毫不畏惧地坚持革命活动。不久，吴南启同林彭保等组织领导了一支二三十人的游击队，出没于赤溪龟山、院前、九都黄土岭和八都岭头土亭岗一带，给国民党顽固派以沉重打击。

1943年冬，吴南启率游击队到洋中省溪集中开会整训。会后，游击队开赴龟山一带开展分散的游击斗争，以保存革命力量。

1944年3月27日，吴南启和游击队在洋中邑堡一带被敌冲散，他只身隐藏到龙潭头长门里。因叛徒告密，吴南启和战友被保安队包围，不幸被捕。

在押往洋中的途中，他们路过一个陡峭的山坳，吴南启带领战友趁机突围。就在吴南启掩护战友跳下山涧时，他不幸中枪，牺牲时年仅33岁。

（何　英）

吴 胜：
军政委员的常胜秘诀

吴胜，原名吴如升，男，1910年出生，福建省永定县湖雷镇石坑村人。曾任闽西南军政委员会委员，1936年牺牲。

（一）

吴胜，原名吴如升，1910年出生在福建省永定县湖雷镇石坑村一户贫农家庭。父亲吴修山是当地的名医，不仅医术高超，而且医德很好，广受方圆百里百姓们的赞誉。1929年秋，吴修山老先生曾经为毛泽东治病，毛泽东为表酬谢，特意送了他一匹马。吴胜11岁那年，由舅舅阮山资助进入湖雷公学读书。他在努力学好功课的同时，还利用课余时间，在湖雷街日新店里卖小吃，以弥补学习生活费用的不足。

1928年6月，18岁的吴胜参加了永定暴动，顺利地完成为湖雷武装暴动运送枪支弹药等军用物资和侦察敌情的艰巨任务，保证了永定暴动在湖雷成功地打响第一枪。

1929年5月，红四军第二次入闽解放湖雷时，吴胜积极地参加了湖雷赤卫大队，先在第四连当战士，很快就因为杀敌有功而当上了班长、排长，曾多次参加攻打龙潭、抚市、羊水坑等地民团的战斗。不久，吴胜随湖雷赤卫大队编入永定赤卫第三团。

1930年5月，赤卫团编入红十军，吴胜担任副连长、连长职务。这期间，吴胜带领战士们打了多次胜仗。同年6月，吴胜光荣地加入了中国共产党。

1934年3月，吴胜领导的红九团计划解放宁洋县城。他们采取里应外合的办法，以迅雷不及掩耳之势，把敌人打了一个措手不及，快速攻克宁洋城。接着，吴胜亲自挑选20多名干部战士，组成一支精干的侦察队，于3月16日清晨潜入宁洋城进行侦察，并做好里应外合的准备。

3月17日黎明时分，吴胜带领第二营先头部队，经过一夜急行军，抵达宁洋城西门的大桥上，当即按照预定的作战方案，指挥部队迅速包围宁洋城。与此同时，先期化装进城的侦察员正好打开了城门。吴胜立即带领部队冲进城。经过三个小时的激烈战斗，吴胜所率部队歼灭敌保安团及警察600余人，缴获枪支300余支、子弹3万余发、食盐200担，还有其他军用物资，不仅为部队补充了大量军需用品，还为根据地输送了100多担食盐，较好地解决了根据地军民缺盐的困难。

智取宁洋城不久，吴胜率领红九团与红七军团密切配合，一举解放了永安城，全歼敌师一个团，缴获步枪900多支、轻重机枪20余挺、平射炮三门，俘敌官兵千余人。解放永安后，红七军团转移，红九团接受驻守永安的任务。因敌人随时可能卷土重来，而永安城内尚有缴获的食盐、布匹等当时苏区的急需用品，根据中央军委命令，这批物资必须安全转运。为了争取时间，吴胜一方面派部队进行主动出击，牵制敌人；另一方面指挥部队突击进行抢运。当时，部队进行游击活动和抢运物资，常常遇到童子兵的进攻。这些人作战时喝了大量掺有朱砂的酒，神经紊乱、赤着双脚、全身袒露，仅围着一条红肚兜，拿着大刀、念着咒，不顾死活地往前直冲。吴胜根据童子兵的作战特点，决定打击少数、争取多数。在童子兵冲锋时，部队开始一枪不发，待他们进入伏击圈后，由狙击手击毙他们的师父，然后齐声呼喊："师傅被打死了！""师傅被打死了！"这一招果然灵验。童子兵认为刀枪不入的师傅都被打死了，便乱成一团，全部被俘虏。

部队要在三县边界地区建立根据地，必须消灭连城和古田的民团所部。民团头子华仰侨仗着手下有四五百人的武装力量和千名"大刀会"成员，平日里横行乡里，鱼肉百姓，无恶不作，对此，人民群众十分痛恨。更有甚者，红军小分队或干部经过古城时遭其袭击，造成损失。吴胜领导的红九团决定拔掉这颗钉子。但华仰侨非常狡猾，因过去吃过红九团的苦头，知道红九团的厉害，一听到红九团到达上杭古田，就慌忙带着团丁窜到深山里去躲藏。红九团开进古田驻扎了两天，仍打听不到反动民团的消息。吴胜估计，部队再驻扎下去，华仰侨肯定不敢带人出山；而一旦撤走，他可能马上回来。为了消灭敌人的有生力量，摧毁这股反动黑恶武装，吴胜决定将计就计，杀他个回马枪。于是，他便指挥部队假装撤退，以此迷惑敌人。下午，部队离开古田后，悄悄地在离镇十多里的山林中隐蔽起来。华仰侨果然中计，带着民团大摇大摆地回到古田。当天夜里，吴胜指挥部队朝着华仰侨所部的老巢猛烈地扑了过去。一路上虽然大雨滂沱，道路泥泞，但在吴胜身先士卒的鼓舞下，战士们个个精神抖擞。当部队抵达古田镇外围时，吴胜命令第一营营长和第二连连长带领一个加强连，连夜摸进古田的祠堂里埋伏起来。天刚亮，吴胜带领队伍先在古田镇南面发起攻击，内外夹击，打得敌人死的死、伤的伤，溃不成军。华仰侨见大势已去，只身逃入深山。此役俘虏了福建省保安处派来收编华仰侨部的上校参谋和团丁300多人，还缴获了许多武器弹药。从此，红九团军威大震。

1934年9月，敌人加强对中央苏区的进攻，以三个主力师和一个纵队，三路并进，并配合筑垒修路围困红军，甚至还出动飞机进行侦察和轰炸，情况非常危急。这对吴胜领导的部队来说，又是一次生死考验。福建军区第三作战分区司令朱森，因在闽西连城南部朋口地区失利，带着明光独立营转移到敌后活动。朱森原是从白军俘虏来的，参加革命后旧军官恶习尚未得到改变，对敌人发动第五次"围剿"的严重性缺乏认识。为加强兄弟部队的团结，吴胜到驻地看望他们，并送给他们不少粮食和武器弹药，鼓励他们坚决执行军委命令，互相策应，开展游击战争。朱森听了点点头，却没有明确的态度。这时，敌人纠集精兵由连城窜至赖源，配合由宁洋来的保安团，向红九团、明光独立营根据地发起全面进攻。在形势极为紧急的情况下，朱森主张将部队撤回苏区。事实上，敌主力正摆在苏区中心地带，还建起许多碉堡，此时回去，无异于自投罗网。为研究敌兵进"剿"情况和确定部队去向，红九团和明光独立营在油水地开会，吴胜在会上指出朱森对形势的错误分析，主张部队突围向闽南挺进，打通与红三团的联系，到会同志一致表示支持吴胜的观点和主张。

当吴胜获悉张鼎丞到达金砂后，立即派人前去联系。张鼎丞即派永定县委书记郭义为前来慰问,并要吴胜带红九团和明光独立营到金砂休整。于是,吴胜便带领部队开赴金砂与张鼎丞会合。此时,敌人已把原"清剿"中央苏区在腹地长汀、瑞金的八个正规师转向杭永岩等县,斗争形势日益严峻。红九团到达金砂后,张鼎丞与方方、吴胜等人商量,决定红九团向金丰挺进,配合红八团行动,以便在金丰地区打开新局面。这时候,吴胜率领先头部队,抓住战机,先后攻占了陈东坑、大溪洋等民团据点,与红八团会师。会师后,张鼎丞以中共福建省委代表的身份,在月流主持召开了两个团的领导干部会议。为了统一领导,坚持长期游击战争,会议决定成立闽西南军政委员会,吴胜被选为军政委员会委员。会后,为了进一步打开永东局面,吴胜指挥红九团在南溪岐扇山李子崀与粤军陈济棠部激战三天两夜,在大溪湖背、湖坑与粤军翰屏部激战三次,打退了敌人的进攻,迫使粤军乖乖地缩回广东,从而开辟了以金丰大山为中心的永东游击队根据地,为日后闽西南军政委员会驻扎在金丰大山的两顶坪和下洋,指挥闽西南红军游击队坚持艰苦卓绝的三年游击战争,奠定了坚实的基础。

后来,吴胜还率领红九团主力部队进入闽南,英勇善战,历尽艰辛,闯过无数险关,取得不少胜利,震慑了敌人。但是,由于行动不够隐蔽,加上朱森叛变投敌,带着敌人前来跟踪、追击、堵截,红九团弹尽粮绝、人困马乏,敌众我寡,战斗失利,兵员损失过半。吴胜率领部队转移到石坑小方村内,再度被敌人包围。最后,吴胜在战斗中身负重伤而被俘,被押至龙岩关押。

1936年早春的一天,天色灰蒙,狂风呼啸。吴胜被敌人押送到刑场。他高呼着"共产党万岁""红军万岁"等雄壮的口号,英勇就义。

新中国成立后,人民政府追认吴胜同志为革命烈士。

(杨国栋)

吴显淮：

英勇就义不屈服

吴显淮，又名吴阿淮，化名梁一清，男，1898年出生，福建省寿宁县大安乡人，1933年加入中国共产党，1935年牺牲。

（一）

吴显淮生于寿宁县大安乡一个贫苦农民家庭。根据史料记载，吴显淮年轻时身强力壮，可以徒手倒拔比他高一倍的柳树，众乡民称呼他为大力士。吴显淮在家里手脚勤快，犁田、插秧等各项农活样样精通，因而自以为居家耕作、自食其力、吃饱饭没有问题。谁知，在这个山高路陡、交通不便、信息闭塞的小山沟里，穷人照样免不了被土豪劣绅、贪官污吏搜刮盘剥和欺压蹂躏。尽管他终年披星戴月、勤勤恳恳，风里来雨里去，忙得腰酸背痛，干得天昏地暗，到头来依然是吃不饱、穿不暖，还要被人瞧不起。

1931年冬天，范浚在大安一带组织秘密农会，宣传革命道理。吴显淮由金达普介绍，秘密地参加了赤色农会组织，并担任了碳山片（包括桐仔楼、碳岔头、鼎盖梁）组长。由于工作的关系，吴显淮接触了叶秀蕃、范浚、范义生等领导同志，不断地受到他们倡导的革命思想和言论的深刻影响，政治思想觉悟得到很大的提高。

1933年，经范义生介绍，吴显淮光荣地加入了中国共产党。此后，他就专心致志地从事革命宣传工作。由于吴显淮肯跑腿、肯动嘴，搞宣传有一套，许多乡村的老百姓都赞扬他说：这个吴显淮，不但人长得帅气，嘴巴子也利索，是个搞宣传、做鼓动的料。受到吴显淮的宣传鼓动，不少青壮年人都愿意参加农会组织。为了散发传单，吴显淮住过山洞，啃过草根，还时不时地冒着风霜雪雨、顶着酷暑严寒，跋涉于乡间小道，认真地完成组织交给他的任务。由于工作积极，吃苦耐劳，能力强，有担当，吴显淮不久就被选拔为寿宁县西区区委书记。

1934年春，闽东地区革命形势复杂，国民党反动派四处搜山，大肆捕杀共产党人和革命群众。组织上考虑到吴显淮的个人安全，指派交通员吴进信前往接应吴显淮转移。不料，此时福寿总交通员夏朝西已经叛变革命，将吴显淮当作抓捕对象，为的是邀功请赏。幸亏吴进信等人及时觉察，果断地临时改变计划，才免遭敌手祸害。后来，吴显淮等人几经周折，进入福安北区，这才脱离了危险。

1934年春，吴显淮担任中共福安北区区委书记，同年5月改任中共福寿县委书记。其时，兼任福寿县委书记的叶秀蕃被选为闽东苏维埃政府副主席，吴显淮遂被任命为福寿县委书记。他深知自己肩上担子的重大，于是加倍努力工作，常常为了一个文件或者一份报告而通宵达旦。在敌人的严密封锁和疯狂追捕下，从事革命活动极度困难，然而吴显淮立场坚定，机智勇敢，为恢复和扩大寿宁苏区做出了重要贡献。

（二）

1934年冬天，国民党反动派向福寿苏区大举进攻，对革命群众实行惨无人道的"三光"政策，白色恐怖笼罩着福寿地区。在此生死存亡之际，县委书记吴显淮深感身上的担子沉重，遂向闽东特委请示，要求带兵应战。当时的特委领导人叶飞、范式人认为，吴显淮擅长做思想工作，搞军事工作困难重重，但是鉴于他求战心切，又找不到更好的理由加以拒绝，只好同意调拨二团一部合计200余人的兵力，让吴显淮带回寿宁县开展革命斗争。

吴显淮率领这支革命队伍由福安山头出发，经院洋插入泰顺岭北，然后取道地源向云和挺进，一路上遭遇几股零星敌军，都被吴显淮领导的队伍打得七零八落，逃之夭夭，吴显淮从中缴获了一批枪支弹药。可是，敌人的军事行动越来越猖獗。吴显淮在银拓遭到敌人八十四师一部的阻击,被迫撤回寿宁。当队伍快到地源村时,突然又遇到敌人八十四师另一主力部队700人阻击。面对敌强我弱的态势,缺乏战争经验的吴显淮指挥部队盲目硬拼,结果导致自己的队伍遭受重大伤亡。翌日,吴显淮带着部队返回福安太逢住下,自己立即跑到首长的住处检讨,请求给予处分。叶飞、范式人听了吴显淮的汇报,考虑到当时的情况,并没有对他进行处罚。

(三)

1935年春节过后,特委决定吴显淮回到寿宁继续从事革命活动。吴显淮二话没说,打起行装就出发。到了新的工作地点,吴显淮深入群众,了解情况,然后沉下心来,秘密发动群众加入农民协会组织。不到一个月,一度停止活动的西区农民运动又渐渐地活跃了起来,许多已经脱离了革命的同志陆陆续续归队。对于日益壮大的革命力量,国民党反动政府惶恐不安,于是派出庞大的力量四处查找,对化名梁一清的吴显淮如大海捞针般搜索,却毫无所获。于是敌人发出悬赏令:"谁能取得老梁首级,赏大洋五百。"面对艰难的处境,吴显淮镇定自如,凭借自己的机智勇敢和群众的支持,在冈面一带继续同敌人周旋了四个月之久,为恢复寿宁苏区做出了重要贡献。

1935年端午节那天,吴显淮潜回桐仔楼对面的灰寮过夜。到了夜里10点钟左右,叛徒带着民团悄悄地摸进了灰寮,吴显淮猝不及防,不幸被敌人围困。他凭借力大无比的优势,先后消灭了五六个团丁,却不料敌人开了黑枪,击中了他的右臂,导致鲜血直流。他忍受着剧烈的疼痛,继续与敌人搏斗。终因敌我力量悬殊,他不幸被捕,连夜被押到了县城的监狱。

在狱中,吴显淮坚贞不屈,面对严刑拷打,毫不畏惧,表现出一个革命者的坚定信仰和坚强意志。敌人得不到任何口供,便于1935年8月杀害吴显淮于寿宁狱中。吴显淮英勇就义,年仅37岁。

新中国成立后,人民政府追认吴显淮同志为革命烈士。

(杨国栋)

项振隆：
甘洒热血的黑牛娃

项振隆，男，1909年出生，福建省连城县文坊（原温坊）人，1933年参加革命，1934年被敌人杀害。

项振隆生在一个贫苦的农民家庭，他没有得到父母过多的宠爱，没有享受过学堂读书的滋味，是个地地道道的黑牛娃子。他从小就有一个争强好胜的性格，只要他认定了要做的事，就不达目的决不罢休，因而也不时地招惹周围的孩子们，人人对他望而生畏，即使是富家子弟也怕他三分。

1933年夏秋间，新泉县苏维埃政府新区工作团进驻温坊村，帮助恢复苏维埃政权，发动群众参军参战。这时，项振隆从外地做生意回来，耳闻目睹苏区的一切新鲜事，从来没见过眼下这个社会是这么顺意，群众是这么的兴奋，到处一片光明景象。他感到这正合自己的心愿，这才是人们追求的目标。项振隆积极向工作团靠拢，帮助工作团发动群众开荒种地，增加收入，广泛宣传革命主张，鼓舞群众革命信心，巩固新区革命政权，深得工作团同志的赞赏。工作团的同志吸收他进了工作团。不久，工作团撤出，他随工作团到新泉县时，组织上认为他有多年做生意的经验，便分配他到池溪区苏维埃政府任粮食科科长。

项振隆担任粮食科科长后，积极发动池溪苏区人民群众努力生产，多打粮食，支援工农红军。他经常到群众家中或田边地头引导群众充分利用冬闲农田多种蔬菜、萝卜和蚕豆，并给他们定出任务，每户要交200斤以上菜豆瓜类送给前线子弟兵。由于他的努力引导，苏区群众的生产热情高涨，积极地把自己生产的杂粮蔬菜源源不断地送到红军、赤卫团手中，有力地支援了革命战争。

1933年9月，国民党反动派对中央苏区发动了第五次"围剿"，龙岩、上杭一带苏区逐渐缩小。1934年4月，国民党第三师占领龙岩、上杭后，攻陷新泉。池溪苏维埃政府和赤卫队转入地下，这时上级命令项振隆回家乡温坊任温坊赤卫队队长，配合红军阻击敌人，以保卫省苏所在地长汀和红都瑞金。

1934年8月下旬，中国工农红军第一军团、第九军团和独立二十四师一万多人，为了打击敌人的嚣张气焰，扫清障碍，打开北上通道，兵分四路，包围消灭了驻扎在温坊的国民党第三师的一个旅和一个团，取得了重大胜利。在这次战斗中，项振隆带领的温坊赤卫队也一展风采。他们为红军带路。根据红军首长的部署，赤卫队分为三个小组，配合红军从三路包抄敌驻点。项振隆自己带一个组配合红军一个营由黄沙坑至洋背直下马埔头到彭屋，直插下林坑口截住敌人，不让其往朋口方向逃跑。由于赤卫队员个个熟悉道路地形，勇往直前，使红军指战员如鱼得水，所向披靡，取得温坊战斗的大捷。

红军长征离开福建以后，国民党反动派卷土重来，恶霸地痞、还乡团等嚣张至极，杀人放火、无恶不作，苏区遭到残酷的洗劫。此时，项振隆只得带领游击队转战在长汀和连城交界的大山中。由于敌人的严密封锁，他们中断了对外联系，特别是游击队员们衣食无着，饥寒交加。项振隆便决定分散游击队，各自寻找生路，以保存有生力量。但由于敌人的严密封锁，游击队员除少数人巧妙下山外，其余都被敌人抓住，有的被送往漳州监狱，有的被当场杀害。

1934年12月，项振隆从山上下来之后，隐藏在池溪群众家，但被池溪土豪发现并转报温坊匪徒。温坊恶霸地主、匪首项信彰即派人和当地土匪头目赖云彪联系。项振隆到下奋甲时被抓回温坊，关进德笃公祠堂里。这帮匪徒把项振隆双脚紧绑倒吊在屋梁上，还逼迫他的妻子儿女到场观看项振隆受刑。匪徒用扁担狠狠地抽打吊在屋梁上的项振隆，把铁链在火中烧红后套在他身上，项振隆被折磨得死去活来，全身青一块、紫一块，皮焦肉糊、血迹斑斑。项振隆咬紧牙关，任凭匪徒们百般折磨，也不出卖组织，不出卖战友，只是怒目而视。这帮匪徒见撬不开项振隆的口，便在他的孩子身上打主意，将他年幼的儿子项源亨抓住，用铁钻子在他身上乱钻，项振隆见状拼力大喊："孩子……"

幼小的孩子遗传了父亲刚强的性格，瞪着仇恨的双眼，咬紧牙根，强忍着剧痛，一声不吭。项振隆怒不可遏，大声喝道："畜牲！大人做事大人当，与小孩无关，冲我来吧！"但因倒吊着，又经残酷折磨，声音渐渐嘶哑。在场群众不忍目睹，议论纷纷，都谴责匪徒惨无人道的暴行。这帮匪徒深知众怒难犯，只好将项振隆的妻儿放回家，但不准他们乱走乱动，还派四个匪徒看守。

一天上午，匪徒们将乡里男女老少都逼赶到老屋厅戏台坪，把项振隆拉到戏台上之后，疯狂地喊叫："要把游击队斩尽杀绝！今天要把项振隆活埋，看你们谁还敢去参加游击队！"他们声嘶力竭地乱吼一通之后，吹号引路游街。走到林坑口小桥上时，项振隆拼尽全力跳到小溪里想逃跑，无奈绑他的是两根新棕绳，牵着他的是两个体壮的匪徒。项振隆被匪徒们七手八脚地从小溪拉上来。匪徒们狠毒地用砍刀把他的左臂和左脚砍断，边砍边狂喊："看你还往哪里逃！"项振隆昏死过去，血如泉涌。之后，伪保长项拔魁等继续对项振隆施以酷刑，并扬言："不准埋尸，暴尸三天！"最终，项振隆被这帮匪徒惨无人道地杀害了。当天晚上，几个群众趁着夜色掩埋了这位英雄。项振隆牺牲时年仅25岁。

（黄河清）

谢佑莲：
信仰坚定的女英烈

谢佑莲，女，1910年出生，中共党员，福建省武平县象洞乡岗背村人，1927年参加革命，1931年被杀害。

（一）

1910年冬天，北风呼啸，天寒地冻，大地阴暗，山川苍茫，谢佑莲诞生在武平县象洞乡岗背村一个贫苦农民家庭。她的父亲因病早逝，她从小就跟随母亲过着贫困而又辛酸的日子。稍长，她就跟随母亲终日劳作在地主的租耕田里，辛辛苦苦一年下来，仍然不能够吃饱穿暖，常常是食不果腹，补丁旧衣蔽体。所幸的是，谢佑莲长得眉清目秀，聪明伶俐，很小的时候就跟着母亲学唱山歌，到了十几岁，她的山歌唱得响遍象洞各地。只要嗓子一亮出，总会给她带来欢愉和快乐。

年轻时候的谢佑莲有自己独到的见识。她看不上小山村里那些平庸而没有能力、缺乏远见的男子。她要找一个有文化、有志向的男儿。1926年夏天，一位关心谢佑莲的媒婆告诉她，邻村有一位在大地方读过书的青年后生，条件不错，建议她去见面认识一下。

谢佑莲回答说：关于婚嫁的事情，我得听我娘的意见和想法。媒婆说，你娘那里我已经打过招呼了。媒婆又说，男大当婚女大当嫁，自古如此，你不妨去认识认识。谢佑莲听了，脸上飞起红晕，并没有表示反对。媒婆就当谢佑莲同意了。

两天后,在亲戚家里,谢佑莲第一次见到了在厦门集美师范学校读书的本乡洋贝村人练宝桢。两人交谈起来,谢佑莲立刻就被他的渊博学识和侃侃而谈的机灵所吸引,又因他的宏伟志向而敬佩。此前,谢佑莲从来没有听过其他人讲外界丰富精彩的人和事。尤其是练宝桢谈到乡村劳动人民累死累活,也不能吃饱饭、穿暖衣,还要经常受人欺负时,当即就触动了谢佑莲内心深处柔软的地方。谢佑莲快人快语,谈起乡村贫苦百姓的生活,说着说着就眼泪滴落。练宝桢直接表白,说愿意娶她。谢佑莲内心欢喜,他们定下了终身情缘。

(二)

1927年,练宝桢从学校毕业之后回到象洞宏远学校担任教师。这年冬天,练宝桢和谢佑莲结为伉俪。一个热心于教育事业,一个勤劳操持家务,夫妻相亲相爱,和谐美满。练宝桢考虑到他和谢佑莲要长久生活在一起,便鼓励她拿起笔来认真读书学习。他以老师的身份,时不时地辅导谢佑莲学习小学课文,耐心地教她认识汉字。谢佑莲的人生获得了华丽转身,认知也明显地得到了一次升华。

练宝桢回乡后,以宏远学校教员为掩护,参加中国共产党领导的革命活动。谢佑莲积极支持练宝桢的革命工作,颇有些夫唱妇随的意味。在练宝桢的鼓励下,谢佑莲一方面继续参加夜校的文化学习,提高自己的文化水平,提升同外界交流的能力,另一方面积极参与到农民协会的工作中,成为象洞第一批秘密农会会员,她家也成为中共地下党的秘密联络点。

练宝桢利用教书之便,发动学校的老师参加农会组织,搭建起教师与农民协会的桥梁。每当家里有老师们来聚会,谢佑莲就主动承担起"望风"的重大任务。在房屋里一旦听见了外面的谢佑莲唱山歌,那就表明"有情况",屋子里开会的练宝桢当即停止会议,让参会人员从他家后山撤退。

(三)

经过一段时间的刻苦学习,谢佑莲的文化知识丰富起来,又因为长时间跟在练宝桢身边开会做演讲,革命理论水平也日渐长进。为此,谢佑莲充分利用拉家常、闲谈闲聊的机会，甚至利用到河边洗衣服的机会，秘密联络青年妇女，向她们宣传革命道理，给她们灌输"妇女要翻身，必须闹革命"的思想，引导她们走出家庭，参加学习和革命活动，做一个对社会、对家庭、对自己有用的人。经过谢佑莲的宣传教育，钟细妹等一大批知心女友很快地加入农会的组织中。她们带头打破几千年遗留下来的封建陋习，拆下盘龙髻，剪掉长头发，为劳动妇女们树立了清新靓丽干练的崭新形象。不久，谢佑莲和钟细妹光荣地加入了中国共产党。

1929年象洞暴动后，谢佑莲被选为象洞区妇女部长；同年10月，谢佑莲被选为武平县苏维埃政府妇女部长；1930年加入武南游击队；1931年春调杭武第二区任区苏维埃政府妇女部长。在严峻的形势下，她住进山寮，协助多病缠身的丈夫做好工作，组织上多次提出为练宝桢派出交通员和护理员来帮忙，都被谢佑莲以各种理由推辞拒绝。

1930年春节过后，练宝桢等人迎接红四军主力部队再次入闽，并且率领武平籍干部战士回到武平，练宝桢担任中共武北区委书记。谢佑莲得知丈夫的真实情况后，欣喜若狂，很快就来到练宝桢身边团聚，此后与战友们一道南征北战，打击敌人。

谢佑莲21岁时被误杀。

新中国成立后，人民政府追认谢佑莲同志为革命烈士。

（杨国栋）

颜阿兰：
青春无悔的霍童书记

颜阿兰，男，1912年出生，中共党员，中共霍童区委书记，福建省宁德市蕉城区霍童镇霍童村人。1931年参加革命，1933年7月5日被敌人杀害。

（一）

颜阿兰出生前，家里几代男丁都是单传。母亲生他的那天早晨，父亲颜秉秀得知添了一个男丁，自言自语道："刚才出大门的第一眼，看到的是湛蓝的天空，儿子就叫'阿兰'好了。"就这样，他的大名就叫颜阿兰。

阿兰父亲是当地出了名的勤快人，务农之外还学得一门石雕手艺，又兼加工米粉。颜阿兰从8岁开始，就和姐姐一起帮父母干活。

颜阿兰13岁那年，父母觉得一群孩子总要有一个"识字的"，就将颜阿兰送去一家私塾读书。

1926年正月，作为"优等生"，颜阿兰被兴文公立小学校推荐到县城最负盛名的莲峰书院读书。

当时农村苛捐杂税严重，乡间民团经常"派夫抓丁"。父母商量后，决定叫颜阿兰退学。颜阿兰退学后，报名参加了本地的民众夜校，一边帮家里干活，一边继续读书。

民众夜校的创办人是曾在福州华侨中学求学、思想进步的本地人潘于光。

潘于光见颜阿兰好学，便向他推荐了《新青年》《共产主义 ABC》等进步书刊。从此，他们结下了超过师生之外的友谊。潘于光推荐他去福州继续读书，同时指点他秘密寻访进步人士。

不久，颜阿兰加入了中国共产党，从此走上了革命的道路。

（二）

颜阿兰从福州回来的第二年开始，经常带一些朋友回家。父母看到儿子带回的朋友"不一般"，便动起了让他成亲的心思，想借此"拴住他的心"。

为了不让父母起疑心，颜阿兰敷衍道："婚姻大事，凭父母做主。你们看上哪家姑娘，来封信，我马上回去成亲。"

几个月后，颜阿兰收到了家里来的信，说已经为他定亲。1930 年 2 月初，颜阿兰与比他小两岁的邻村姑娘陈嫩嫩举行了婚礼，婚后第二年生了孩子。

1931 年农历二月二，这是霍童本地传统的迎灯节，颜阿兰被党组织派遣回家乡开展革命工作。颜阿兰借求学需要经费为由，要求家人帮助筹措经费。

这时，革命的火种已在霍童的桃花溪一带展开，各地相继成立了贫农团、妇女会、抗租团、儿童团等群众团体。颜阿兰看到时机成熟了，便选择了一些进步青年作骨干，借组织习武练拳的名义成立"王子会"，向他们秘密传授共产主义思想，启发他们跟着共产党走。

家人虽然感觉到颜阿兰去福州读书后"变化很大"，但出于对他的爱护，都在默默地支持他。

不久，中共福州市委决定，颜阿兰返回霍童，负责筹建宁德县党的组织，并组建党组织领导下的工农武装队伍。

颜阿兰了解到霍童的民团对本地的甘蔗、烟叶等农产品又开征所谓的"保护税"，便秘密组织群众发起"抗捐抗税"斗争。

1931 年 5 月 3 日，颜阿兰召集谢炳成、黄如芹等 12 名骨干，在双峰书院附近的山仔湾墓坪召开了第一次全体会议。

农历八月十五晚上，父亲颜秉秀特意叫上颜阿兰去霍门宫为已怀有 6 个多月身孕的陈嫩嫩烧香许愿。颜阿兰虽然不愿意去做这事，但是出于对父亲的尊重，还是跟着父亲一起去了。

在回家的路上，父亲颜秉秀突然停下脚步很严肃地对颜阿兰说："你从福州回家后，做了很多'要杀头的事'，你要小心啊！"

颜阿兰知道父亲为人处事一直非常谨慎，出于对父亲的尊敬，他索性把在福州读书时参加革命活动并加入了共产党的事全部告诉了父亲。之后，他坦然地对父亲说："阿爸，现在大家生活得那么苦，必须有人站出来为穷苦人民说话。为了我们未来的幸福生活，穷苦人民要团结起来跟共产党走。"

"这是有生命危险的。"父亲说。

"阿爸，我们必须抗争。这对我这读书人来说，青春无悔！"

"青春无悔？我不懂你心中想的什么是无悔。但是，你现在已为人父，希望你要为家庭着想。"

颜阿兰回了声"我会的"，却仍然攥紧拳头重复一遍"青春无悔"，这是他参加革命时的誓言。

稍稍沉默了一会儿，父亲似乎理解了儿子，继而轻声说了一句："你既然走上了革命这条路，为贫苦老百姓谋利是对的，我支持你！只是你千万要注意安全，先不要告诉你娘和嫩儿！"

颜阿兰抬头凝望天空一轮皎洁的明月，再望望父亲，眼泪情不自禁地夺眶而出。

（三）

1933年6月底，闽东工农游击队第三支队正式成立。叶飞在成立大会上宣布由颜阿兰任支队长，黄尚灼任政委，谢炳成、颜雷寿任副支队长。这个支队，后来成为名震八方的英雄连队"杨根思连"的前身。

支队成立后，宁德县国民党调来了海军陆战队1个营的兵力，分别驻扎进霍童溪一线的霍童、八都、赤溪三地；同时，贴出了通缉颜阿兰的告示，紧接着又抄了颜阿兰的家。

顿时，霍童笼罩在一片白色恐怖中，老百姓厌恶地戏称海军陆战队为"姬连"（连长姓姬）。同时，咸村民团也加入了通缉颜阿兰的围捕中，到处张贴告示，对提供颜阿兰信息的人给予重赏。

一天晚上，颜阿兰和地下党组织的领导人陈如庚带领战友们正在咸村一幢僻静的院子里研究工作。为了隐秘，大家都不用明火，说话压低了嗓音。

突然间，门外的哨兵发现似乎有异样，正准备转身向屋内发出信号时，只见大批团丁在100米外亮起了火把，很快上百人将房子围得水泄不通。颜阿兰指挥陈如庚带队先行从后门突围，自己带两名队员殿后，还嘱咐先撤离出村的同志，立马销毁身上的所有财物，佯称是本地群众。

时间在一分一秒地过去。颜阿兰发出沉闷的嗓音："估计他们已经撤到安全地了，你们跟着我冲出去。无论谁倒下，都不能相救！"黑暗中他正欲转身，突然发现陈如庚没有撤离。颜阿兰知道，他这是在履行自己的使命！

接着，院外响起了枪声。紧接着，陈如庚和一名队员壮烈牺牲。

颜阿兰亲眼看着陈如庚倒下，内心悲恸，但这还不是发泄情绪的时候，他和战友们一边顽强抵抗，一边往山脚下撤退。

第二天傍晚时分，颜阿兰挑选了50名骨干队员，集中在大石村，准备连夜再次攻打咸村民团，为陈如庚报仇。

霍童"姬连"的巡逻兵，当时正沿着霍童溪的支流大石溪溯流而行，寻猎溪流上的野鸭。他们首先发现了大石村口的游击队员，便立即开枪。

颜阿兰听到枪声，立马组织队员还击。"姬连"的士兵慌忙逃跑。游击队员一直追到霍童街下洋堂的敌兵据点，战斗持续了3个多小时。这时，颜阿兰得到情报，邻县的几支国民党民团正同时向这里赶来增援。情况万分危急，颜阿兰下令撤回大石村。

（四）

为了保存力量，颜阿兰下令将队伍分成三路，边还击边撤离隐蔽。

颜阿兰带着几个队员有意暴露踪迹，将敌人引向自己。

这时，天正下着雨，战友们已经一整天没有吃东西了。一位正在田里干活的农民抬头看见颜阿兰，脱下身上的蓑衣要给他穿上，让他赶紧往寿宁方向撤，自己来引诱敌人。

颜阿兰不赞同这种"换角色"的做法。农民执意将自己带的午餐饭包塞到颜阿兰的怀里，大声说："快走！"

这时，迎面一个"财霸"带着两个狗腿子路过，颜阿兰两年前在这里组织过抗税,"财霸"因此记住了颜阿兰的相貌。"财霸"一面围堵,一面叫狗腿子迅速向"姬连"报告。

"姬连"和几支民团将颜阿兰团团围住,颜阿兰不幸被捕,被押回霍童下洋堂。

姬姓连长抓捕到颜阿兰如获至宝,准备"先兵后礼",让颜阿兰"先尝尝苦头",便派人连夜对颜阿兰进行审问。谁知,颜阿兰意志非常坚定。敌人得不到想要的情报,便把颜阿兰绑在吊柱上轮番进行毒打,再次威胁说:"如不投降,就马上枪毙你!"

不管团丁对颜阿兰进行怎样的严刑拷打,他只回一句:"为了信仰,死而无惧!"

最后,姬姓连长恼羞成怒地吩咐:"押赴刑场,让他的家人来现场看!"

1933年7月5日上午9时,年仅21岁的颜阿兰衣衫褴褛、满身伤痕、大义凛然地走向刑场。敌人罪恶的枪声响起时,"打倒反动派!中国共产党万岁!"的呼声震天动地。

颜阿兰以年轻的生命践行了为劳苦大众抗争而青春无悔的誓言。

(何 英)

杨雅欣：
赤胆忠心映日月

杨雅欣，又名杨昌维，男，1915年出生，中共党员，福建省福鼎市贯岭茗阳半岭头村人，1934年参加革命，1944年被错杀。

杨雅欣的父亲杨仁银以务农为生，租种地主数亩贫瘠山田养活家中七口人。家道虽贫，但穷而有志，作为长子的杨雅欣，自幼被父母送进学堂学习。

杨雅欣上学期间，酷爱阅读古代英雄精忠报国的故事，常绘声绘色地向家人复述；养成独立思考、追求正义的性格，对恶霸地主欺凌百姓、作威作福的行径尤其痛恨。

1932年，杨雅欣家境愈加贫困，只好辍学务农。翌年，为躲避地主催粮逼债，杨雅欣随父去福州当筑路民工。时值国民党十九路军发动"闽变"，福州抗日反蒋浪潮日益高涨，劳苦大众纷纷参加斗争，杨家父子的思想受到了巨大震动。眼前的一切引起杨雅欣强烈的求知欲，他寻根究底，找来进步书刊认真阅读，从中受到启迪。"闽变"失败后，时局动荡，父子俩无处谋生，只好踏上了归乡的道路。此时，强烈的革命风暴席卷福鼎，"五抗"斗争摧枯拉朽。

1934年4月，中共闽东临时特委筹建鼎平县委。不久，下东区委按照上级部署，派遣地下党干部王老五利用表亲关系，来到杨雅欣家进行秘密联络活动。他以补鞋挣钱为掩护，辗转于茗阳牛栏岗附近及鼎泰等地，给村民宣传革命道理，介绍革命形势。杨雅欣听了之后，深受启发，他回顾了福州"闽变"的斗争情景，万分激动，决心跟着共产党探寻拯救劳苦大众的道路。从此，他与家人时常配合王老五，往返于平阳伍岱、泰顺柘坑下和福鼎前岐等地，传递情报，联络党组织。

1934年秋后，收回的粮食还未晒干，地主张元记就带领家丁前来催逼，在大岗头几户佃农家行凶作恶，大打出手，全村百姓惨遭荼毒。这时，在山里劳动的杨雅欣闻讯怒火中烧，他与山边砍柴的村民迅速组织了几十人，手持扁担、锄头和棍棒，愤怒地冲进村里，把这伙恶棍团团围住。地主张元记见势不妙，在一片怒吼声中仓皇逃窜。杨雅欣等斗志正旺，奋起直追，直至这伙吸人血、披人皮的恶魔哭喊着滚至楼下岭头才收兵。聚众抗暴的胜利，使杨雅欣看到团结斗争的巨大力量，思想产生了新的飞跃。

1936年春，杨雅欣加入鼎泰区王志方游击队任文书。在杀捐棍、抓敌探、打土豪、筹粮款的战斗中，他机智果敢，善于制造声势迷惑敌人。在声援群众抗租、抗税、抗丁、抗捐的活动中，他充分发挥特长，运用讲故事等形式，搞好宣传鼓动工作，激发群众的斗争热情。随着革命形势的发展，急需一批熟悉当地情况，善于做群众工作并初具斗争胆略的本地干部。杨雅欣在郑丹甫、邓质玉、陈德胜等人的引导下，成长很快，光荣地加入中国共产党，从一个单纯激进的革命青年逐渐成长为自觉的革命战士。

1936年6月，中共泰顺县委成立。不久，杨雅欣任泰东北区委书记，他与县委书记周钦明等人一起，以解救人民的苦难为己任，深入飞云江上游的广阔区域，联络贫苦农民，宣传革命道理，号召他们团结一致，跟剥削、压迫穷苦人民的地主恶霸作斗争，启示他们要翻身，就得参加共产党领导的红军队伍。与此同时，杨雅欣等人抓紧基层建党工作，先后建立起钧山、塘山、龙斗等基层党支部，领导泰东北人民的革命斗争。

1937年春，闽浙边大地笼罩在血雨腥风之中。国民党纠集反动势力，烧杀掠夺，利用叛徒破坏我党各级组织。同年4月4日，杨雅欣与县委书记周钦明、组织部长谢庆城、共青团县委书记李永生等6人到达泰东北岩上的南山头村。晚饭后，他奉周钦明的指示外出执行侦察任务。这时，留在村中的周钦明等人因房东出卖，遭到东湾坑驻敌的包围袭击。密集的枪声表明事态的严重性。赤手空拳的杨雅欣无法挽救危局，只好撤离险境。沿途，他机智地摆脱敌人的追击，回到瑞平泰中心县委所在地鼎泰区，与郑丹甫等人一起开展艰苦卓绝的反"围剿"斗争。

1937年4月和5月间，闽浙边临时省委机关保卫队在浙南泰顺遇敌"围剿"，部分人员与组织失去了联系。杨雅欣受郑丹甫委派，四处探寻，一连几天，他栉风沐雨，辗转于荒山野岭，终于在泰顺杨梅潭找到了失踪人员。随即，他凭借人迹稀罕的险要地形，攀崖拨棘，带领同志们巧妙地避开敌人的视线，将失踪人员安全地护送到预定的地点。这期间，坚持斗争在泰平区的陈辉、余龙贵、蔡爱凤等人，经费断绝，处境危急。为了支援战友，杨雅欣冒着极度艰险，奉命与温德奎等人一道送钱送物，全力帮助他们。

七七事变以后，闽浙边国共两党和谈成功，斗争形势起了根本变化。1937年10月，按闽浙边临时省委通知，杨雅欣随郑丹甫等一起赴浙江平阳北港与省委会合。接着，他参加了省委举办的"党政干部训练班"，认真领会党的建设理论和抗日民族统一战线政策，积极讨论关于利用当前形势开展群众工作等课题。

1938年1月，泰顺县委恢复，杨雅欣担任县委书记。此后，他利用空前好转的形势，带领县委成员不失时机地做好党的工作。同年初，他与陈辉等到达泰东北的翁山、横坑、五十五、东湾坑、百丈镇等地，宣传党的方针政策，讲解抗战形势，组织开展抗日救亡运动。他态度和蔼，平易近人，坚持党的原则。然而，百丈警察所的军警却无端阻挠，蛮横查问，杨雅欣与陈辉等当即以我方合法的公开身份，向国民党军警慷慨陈词，宣传我党的抗日主张，阐明抗日救国大义，动员他们多做爱国爱民好事，维护国共合作。

1938年5月，杨雅欣受组织派遣，赴武汉长江局参加政治学习。这使他对全国抗战初期的形势和党的抗日民族统一战线政策有了更深的了解和领会。回到泰顺根据地后，他满怀激情，继续带领县委成员全力投入到恢复发展泰顺党组织、领导抗日救亡等各项工作中去。他把建党工作与抗日救亡宣传紧密结合起来，大力培养积极分子、发展党员。同年冬，泰顺县委所属的泰平区、泰东南区和泰东北区，先后恢复建立了30多个党支部和党小组，发展了500多名党员。

1939年2月，杨雅欣调任浙南特委武工组组长。他带领队伍紧随特委机关行动，在平阳赤沙、水万一带开辟抗日游击根据地；遵照特委指示，深入驻地了解情况，运用党的有关政策，争取、团结一切赞成抗日的进步力量，发动群众支持我党工作，并建立党支部，直属特委领导。

这一年，杨雅欣先后作为浙南特委党代会的正式代表和浙江省党代会的列席代表，分别于同年5月26日和7月21日出席会议。会后，他牢记省委提出的党的七项主要任务，带着崇高的责任感，加倍努力工作。

浙江国民党当局加紧实施"溶共、防共、限共、反共"政策，浙南形势开始逆转。杨雅欣率领武工组配合各地党组织，深入基本地区（指政权直接控制和管理的主要区域），开展防止国民党顽固派突然袭击、巩固我党的立脚点等宣传活动。翌年初，他带队到平阳山门的岭降村、孙坑、进士坑等地，依靠党支部，逐村召开群众大会，讲解抗战以来的形势，传播抗日军民在全国战场上的胜利消息；同时，告诫乡亲们提高警惕，严防敌人反共破坏，并结合当地情况，领导群众开展经济斗争，反对国民党借抗战名义派丁派税，加重盘剥人民。随后，他找来乡长余有三，向他说明我党的严正立场，并指出："谁保护群众利益，为抗日做好事，我们决不会忘记；谁反对革命，就将自取灭亡！"

1940年4月，浙南基本地区遭到自抗战以来的第一次大规模"围剿"，特别是皖南事变之后，形势进一步恶化。

1941年8月，杨雅欣奉浙闽边区办事处指示，带鼎平县委宣传部长朱善醉前往泰顺，加强泰顺党的领导工作。他们到达福鼎官下龙潭面兰洪潮（地下交通员）家时，恰遇福鼎保安队"清剿"，在突围战斗中，朱善醉不幸中弹牺牲。面对敌人的猖狂进攻、战友的英勇献身，杨雅欣心情极其沉重，他深感斗争的严峻、责任的重大。

1942年7月，杨雅欣赴泰顺黄畲村，出席闽浙边区委召开的干部会议，学习上级党组织关于进一步贯彻执行"隐蔽精干、长期埋伏、积蓄力量、以待时机"等指示精神和边区委"改变策略，坚持斗争"的具体措施，受到了极大的鼓舞。杨雅欣再度承接泰顺县委书记一职，迎着腥风血雨，投入新的战斗。尔后，泰顺党组织以党员守则"十四条"整顿组织，以确保党内纯洁；准确掌握"隐蔽精干"政策，避免公开暴露；广泛开展统战工作。因而，组织得到有效保护，基本地区得到恢复发展。这期间，杨雅欣夫妇遵照上级指示，借口逃壮丁，隐蔽在洪口岱山头。杨雅欣以牛贩子的身份同穷苦山民结成盟友，用传闻的方式向群众传播革命道理，开辟新区，达到"隐蔽推动工作，工作促进隐蔽"的目的。彼时，泰东北保安队曾三番五次侵扰我基本地区，杨雅欣与邱荣玉等利用一切社会关系开展统战攻势，卓有成效。同年冬，他们在西山活动时陷入敌围，在群众的协助下，准备化装转移，但敌兵已挡住去路。随着一片吆喝声，敌兵冲到跟前。带队的保安队排长（我统战对象）认出他们后，立即机警地通过"白皮红心"的伪保长向杨雅欣暗示，巧妙地掩护了我方。这一年，遭敌摧残较严重的泰东北区基本上得到恢复。党组织保存较好的泰平区和泰东南区，工作开展得更加蓬勃兴旺了。

1943年12月，为了进一步扩展泰东北的革命斗争局势，边区委拟将泰东北区与泰顺县委分离，另建中共瑞平泰县委，派杨雅欣担任书记，与林志东等坚持原地区，开展"保存老区、发展新区"的斗争。翌年11月，青景丽县委书记赵传斌叛变，浙南局势骤然紧张，瑞平泰地区敌情猖獗，险象环生。然而，杨雅欣等人认真执行上级紧急应变方针，凭着机智勇敢和革命群众的精心掩护，终于化险为夷，继续为革命而斗争。

杨雅欣投身革命已达9个年头，他把全部心血倾注在党的事业上，为了革命利益，他牺牲了无数次与家乡亲人团聚的机会，即使听到自己的父亲为保护党的秘密而遭敌摧残致死的消息时，也表现得十分坚定、刚强。他鼓励小弟杨义容：只要我们坚持革命，就一定会取得成功。

杨雅欣注重学习党的方针政策。他有个装满文件、书籍的包，一年到头从不离身，无论是开会宣传，还是行军打仗，只要有空，就抓紧学习、做笔记，同志们婉言劝他注意身体、多休息，他总是含笑作答："不学不行，离开上级的指示，我们就什么也干不成了！"

杨雅欣待人谦逊热情，态度温和，尤其是对那些上了年纪的同志，他特别尊重。在平阳陆井从事地下斗争的老妈妈苏珠莲，饱经封建压迫之苦，一双早年缠裹的小脚，给她的行动带来重重困难。杨雅欣常资助她，并特地要求当地党员干部对这位老妈妈给予大力帮助。

杨雅欣思想通达，在繁忙的革命活动中，他常用生动风趣的语言与同志们调侃攀谈，即使在启发教育基层工作人员时，也是如此。他曾形象地用"尖""卡""斌""傀"四个字，耐心开导文成县珊溪镇交通员刘炳文："尖"字先

"小"后"大",表示革命力量从小到大,苏维埃革命就是从小到大,最后获胜的。别以为交通员只身送信是小事,其实是干翻天覆地的大事业。当交通员要善于同大人和小孩打交道,小孩口中实话多。"卡"字上、下相连,交通工作是为了党的上下级及时互通情报。情报准确与否,关系到革命工作的成败。我们党内要像"卡"字那样,上下关联,团结一致,绝不能像国民党那样,上级欺压下级。"斌"字文武同排,意味着革命必须文武相济。有时,我们用文章揭露敌人,而紧要关头,要使用武力,打击敌人,保卫自己。"傀"字人鬼依傍,它告诉我们在斗争中,谨防人鬼不分,人被鬼迷。是人,我们要团结;是鬼,我们要打倒。

1944年8月,杨雅欣被误杀。

新中国成立后,人民政府追认杨雅欣同志为革命烈士。

(黄河清)

叶步兴：
奋战在斗争一线

叶步兴，别名叶启端，男，1912年出生，福建省寿宁县武曲镇西塘村人。曾任连江独立师第三团政委、中共寿宁特支委员、闽东工农游击队第七支队南区游击队政委、闽东工农红军独立师第三团政委。1934年牺牲。

（一）

在那个风雨飘摇的黑暗年代，寿宁县交通闭塞，老百姓货物集散的唯一工具就是河流上的木船。由于斜滩通往福安赛岐的一条河流经过西塘村，故而村里不少人靠水吃水，既是农夫也是船夫。叶步兴出生在西塘村一个普通农民家庭，兄弟四人，他排名第三。四兄弟都吃苦耐劳，浑身上下洋溢着青春气息。他的长兄务农，父亲带着其他兄弟整年在大河里搞运输，年景好的时候能维持温饱，遇到灾年则勒紧裤带，倒也能挺得过去。

可怕的是，万恶的旧社会名正言顺地将剥削压迫当作正当的行为规则，以致劳有所得不如巧取豪夺；侵吞瓜分土地获得政府认可；老实巴交的贫苦农民没有话语权，也不敢随意造反，获取生存的出路唯有忍气吞声。

叶步兴的父亲为了摆脱生存的困境，下决心送一个儿子去读书，希望学到文化知识而改变身份，不再受人欺负。于是，聪明伶俐的叶步兴被父母送到村里念私塾，由于学习成绩不错，父亲又带着他到霞浦读小学，毕业后他考进霞浦作元中学初中部学习。作元中学是英国基督教堂创办的，对中国学生实行免费教育，但是必须信奉基督教。闽东革命领导人马立峰当时也在这所中学学习。马立峰个性很强，对英国人强行要求中国学生信奉基督教的做法强烈不满，因此受到英国人校长和牧师的处罚。第二年，马立峰极其愤慨地离开了这所学校。

1926年，叶步兴考入福安师范学校，求学期间接触了民主革命思想，觉得新鲜。到了寒暑假，闽东的学生从北京和福州回来，叶步兴看到了他们带回的《唯物史观》《共产主义ABC》《新青年》和《向导》等进步书刊，阅读后受到了极大的启发和教育。此后，革命思想在叶步兴的心里萌芽。

（二）

1927年暑假期间，叶步兴与进步同学施霖等人一起从福安返回西塘村，从事革命宣传。

1928年初，叶步兴在闽东农村开展革命宣传活动，以唤起广大民众尤其是以唤醒农民觉悟为主旨。他的这一行动，被敌人武曲民团觉察。于是，一场场惊心动魄的追击叶步兴的反革命行动实施了。好在叶步兴机智灵活，多次在农民朋友们的保护下，巧妙地躲过了反动民团的追捕。家里人得知叶步兴的情况后，十分紧张，要求叶步兴停止秘密活动，及早回到学校读书，完成学业。迫于家庭压力，叶步兴不得不离开西塘转回福安继续求学，同时加入了马立峰组建的进步青年组织。

1929年正月初一，詹如柏、叶步兴等30多人，按照马立峰的安排，以送礼的方式，进入福安上白石的佳浆村，找到土匪何金标营，做好他们的收编思想工作。没有想到，何金标收了礼就翻脸，使得叶步兴等人险遭不测。这件事给了叶步兴极大的刺激，让他深刻地意识到：要取得革命的成功，不能依靠有着武装力量的山匪土匪，而必须紧紧地依靠深受剥削压迫的广大农民。

1930年，叶步兴加入中国共产党。此后受命回到寿宁，以教师身份为掩护，在寿宁南区宣传革命斗争，秘密发动群众，组建秘密农会，开展"五抗"（抗租、抗债、抗捐、抗税、抗粮）斗争，取得了胜利。

这一时期，闽东党组织将斗争的重点从城镇转移到了乡村，建立党的武装队伍成为重要话题。面对一无钱、二无枪、三无武装队伍的现状，叶步兴提出了白手起家的思路。他和詹如柏、陈挺等7人在福安溪潭双峰河道上截获了几艘地主的货船，缴获了500块银圆，加上詹如柏从亲戚那里借来的款项，购买了1支驳壳枪、3支曲九枪和部分子弹，建立了闽东地区较早的一支游击队。当时这支游击队的主要任务是：袭击下乡逼迫广大农民交租交粮的反动税兵和地主狗腿子；抓土豪、做财政；坚定地支援农民开展抗击各种苛捐杂税的斗争；帮助农民建立农民协会组织。叶步兴领导的游击队赢得了广大翻身农民的一片叫好，极大地推动了农村革命斗争的开展。

（三）

1931年年底，福安中心县委派叶步兴回到他所熟悉的西塘村开展革命活动。从那以后，马立峰、詹如柏、詹嫩弟、施霖、曾志等人，时常到叶步兴的家里落脚，研究安排革命工作，或者分析当下的斗争形势，或者传达上级的指示精神。叶步兴的父亲叶允寿积极支持和协助叶步兴开展革命活动。后来，叶允寿凭借他娴熟地撑船于斜滩和福安之间的本领，当上了地下交通员。叶步兴和父亲叶允寿，同时成为两代革命者。

叶步兴父子的活动，被武曲反动民团察觉。于是敌人的暗探对他们父子俩进行跟踪侦察。

1932年正月的一天夜里，武曲反动民团团总刘照庭，派出40多名荷枪实弹的民团狗腿子包围了叶步兴的家。幸好叶步兴未在家中躲过一劫。但是这样一来，马立峰、叶步兴等人的联络点不能再使用了，马立峰、詹如柏等只好转移到福安东溪一带进行活动。

1932年6月，福州中心市委书记陶铸前来闽东部署开展武装斗争工作。同年9月14日发动了著名的蓝田暴动，狠狠地打击了国民党反动派的嚣张气焰。在这次武装暴动中，叶步兴乔装成国民党警察，机智勇敢地让城楼里的国民党民团兵卒赶紧打开大门。随后，他进入民团驻守的前院，大胆地冲进兵卒们晚上睡觉的房间，先是缴了17支步枪和1支短枪，然后打死了负隅顽抗的民团教练黄祖寿。蓝田暴动是闽东共产党人武装反抗国民党反动派的重大斗争，直接动摇了国民党反动派在闽东地区的黑暗统治基础。

1933年年初,马立峰去福安北区出席党的会议,途经太逢被国民党海军陆战队逮捕,被押到福州审判。叶步兴获知这个情况后,主动担负起马立峰当时尚未完成的一些革命工作。后来,叶步兴又和同志们一道,借助蔡廷锴、陈铭枢发动"福建事变"的有利时机,将出狱的马立峰日夜兼程地送回福安。

(四)

1934年1月7日,在马立峰、詹如柏、叶飞、曾志的率领下,叶步兴及游击队和赤卫队数千人,一举占领了闽东水路交通要道赛岐,缴获了土豪劣绅郭文波等埋藏在地下的各种枪支83支,并将其仓库的粮食、盐巴分给广大群众,深受群众拥护。

同年2月,闽东苏维埃政府正式成立,领导全区人民打土豪、分田地,赢得了广大老百姓的称赞。同年9月,闽东工农红军与寻淮洲率领的北上抗日先遣队留在闽东的部分指战员,合编成闽东工农红军独立师,下设三个团,叶步兴担任进驻连江的独立师第三团政委。他工作兢兢业业,任劳任怨,深受官兵们的爱戴。叶步兴十分重视部队的思想政治理论学习教育,曾经派出共产党员兰元进到飞竹开展劝降民团的工作。经过宣传发动,该团陈玉云等10余人果然携带长枪12支,投奔了红军。

叶步兴还担任过中共寿宁特支委员,参加组建寿宁南区红带会(中国共产党领导的农民自卫武装)。同年夏天,叶步兴任闽东工农游击队第七支队南区游击队政委,率部转战寿宁、福安边界地区,开辟南区革命根据地。是年底,叶步兴奉命调到福建省连江县工作,担任工农红军闽东独立第十三团政委,率部转战于连江、罗源等地。

1934年底,叶步兴在连江与敌作战中壮烈牺牲,时年22岁。遗体被安葬在老家武曲。

新中国成立后,人民政府追认叶步兴同志为革命烈士。

(杨国栋)

叶家笃：
奋力抗争为革命

叶家笃，字应考，男，1910年出生，福建省寿宁县犀溪乡郑家坑村人。曾任中共寿宁县党部财政委员，1936年执行任务时下落不明。

（一）

叶家笃兄弟7人，他在家中排行老大。父亲叶德富是一个勤俭持家的忠厚人，栽种、犁田、耙地、插秧无所不能。叶家笃的母亲持家有方，家中人口虽多，但终年吃穿不愁，甚至略有积余。叶家笃14岁那年，父亲送他到上杭县南阳读书。由于叶家笃勤奋好学、记忆力强，学习成绩一路领先。

20世纪30年代的寿宁，军阀盘踞，土匪横行，官绅为非作歹，导致民不聊生，哀鸿遍野，贫富差距越来越大，原本不愁吃穿的叶家笃一家，变得温饱难继。叶家笃的父亲不得不忍痛让他放弃上学读书的机会，令其回到家中跟着父母到田地间莳弄秧稼。从此，叶家笃的心里埋下了与黑暗世道强烈抗争的种子。

数年之后，几个弟弟略大，叶家笃选择了去拜师学习泥瓦匠手艺，主要在本县境内的坑底和浙江景宁一带做工谋生。他虽然竭尽全力，起早贪黑拼命地干活，但依然维持不了家庭的温饱生活，一气之下入了周营为匪，企图以绿林好汉的气概为穷人打抱不平。谁知，他入匪后才知道，土匪处处欺凌百姓，无恶不作，叶家笃接受不了这样的人生，趁着周营被打散的机会，机智地逃出来了，回到家乡以手艺兼务农为生。

1932年，叶秀蕃和范浚点燃的寿宁农民革命烈火迅猛地传遍全县各地，革命的浪潮一浪高于一浪。11月，枫叶飘飞，浸染满山。范浚从大安到赤陵洋一带进行革命活动。叶家笃做泥瓦匠活计正好也在赤陵洋一带。经人介绍，叶家笃认识了范浚，叶家笃被顺理成章地吸引到了革命阵营里，在南山加入了范浚、范铁民领导的秘密农会，秘密宣传革命道理。叶家笃以亲引亲、以邻引邻，先后介绍了叶大桂、叶大修、叶阿举、叶大柳等人加入秘密农会，给大家分配了不少契合现实的宣传任务。

（二）

1933年6月，范江富率领的游击队驻扎在孙家岭设坛教"法"。叶家笃主动叫大家来郑家坑，并与范江富一道挨家挨户做好宣传，发动农民参加红带会。经过两个多月的努力，郑家坑红带会成立，叶家笃被推举为队长。

由于叶家笃在革命斗争中表现出较强的工作热情和能力，同年8月，他奉命担任中共寿宁县党部财政委员。叶家笃办事认真负责，自己从不乱花钱，对别人用钱也控制很严，除了伤病员的医药费和购买枪支弹药的费用外，其他费用倡导厉行节约。

虽然叶家笃的主要工作不是打仗，但是带领游击队武装人员参加作战却是他义不容辞的责任。他先后参加了渡家洋、冈平墩、东坑和南阳的多次战斗，并取得胜利。

1934年1月初，寿宁县党部和县革命委员会决定趁南阳之敌调防之机，再次发起攻打南阳的战斗。战前，叶家笃认真做好大家的思想动员工作，布置贫农团做好攻城所需的架长梯、扎火把、绑担架工作，安排妇女会的女同志做好救护伤员的准备工作。战斗打响后，在叶家笃带领下，东区的红带会会员配合七支队向南阳守敌展开猛烈的攻势。

1935年初夏，叶家笃率领20多名游击队员到泰顺竹坪村，抓到大地主恶霸徐茂修等人。当夜，泰顺周边反动民团跟踪而来。其时，游击队正在郑家坑溪边洗衣服，反动民团从东岸袭击。叶家笃闻讯立即拿起机关枪，朝着东岸狠狠扫射，吓得敌人狼狈逃窜。

（三）

1935年5月，福（安）寿（宁）边委改为福寿县委，叶家笃继续担任县委委员。他在石头岗举办"七部"人员训练班，组织革命骨干学习分田政策。随后，寿宁全县开展了分田运动，苏区人民欢欣鼓舞，拍手称快。

1935年10月，寿宁红色革命形势日益高涨，苏区一片生机盎然，闽东特委办事处迁回冈龙一带，时任中国工农红军闽东独立师政治部主任兼闽东特委福寿办事处主任的范式人，指派叶家笃兼任上北区区委书记。上北区曾经是叶家笃走村串户卖苦力的地方，他深知这一带的人民群众长期以来深受兵匪的祸害，也受地主和土豪劣绅的盘剥，每家都有一部难言的血泪史。叶家笃深入群众，与苦大仇深的农民兄弟一道痛说受压迫、受剥削的历史，以诉苦、回忆、对比的方法，宣传共产党的为民政策，揭露国民党反动派的恶行，启发大家跟着共产党，团结起来保卫自己的胜利成果。

叶家笃还告诉大家，只有建立自己的游击队武装，才有反抗国民党反动派的军事力量，才能将打土豪分田地的革命成果保护好。

1936年春，叶家笃继续将发展武装力量当作一件大事来抓，积极建立各个乡村的苏维埃政权，发展和巩固根据地。

4月中旬，叶家笃接到范式人的通知，亲自送一笔经费给特委急用。叶家笃带上筹集到的400余元，连夜动身前往特委驻地。途经东区花岭村，为了不暴露目标和掌握敌情，叶家笃在花岭村同宗叶大连家里住了一夜，次日凌晨由叶大连护送到王家垄后门。叶大连目送着叶家笃走向前往冈龙苏区的道路。没有想到，叶家笃就此失踪，一直下落不明。

新中国成立后，人民政府追认叶家笃同志为革命烈士。

（杨国栋）

叶茂迁：

独当一面的革命者

叶茂迁，男，1910 年出生，福建省寿宁县托溪乡圈石村人，1935 年被敌人杀害。

（一）

叶茂迁出生在一个贫苦的雇农家庭。他的父亲叶大庄长年累月给地主当长工，靠着极其微薄的血汗钱，勉强维持一家四口的生计。叶茂迁的母亲常年患病，因为家贫如洗无力医治，在叶茂迁 7 岁那年不幸离开了人世。此后，叶茂迁的家境更加困难，悲苦不堪。他的父亲只好将未满 10 岁的叶茂迁带到地主家当童工。

叶茂迁 10 岁那年，地主安排他上山放牛，规定每天放牛回来必须带一担木柴，下雨天也不能例外。为此小小的叶茂迁常常饿得晕倒在地。有一次，叶茂迁从山上挑柴赶牛回来，还没有吃早饭，地主的孩子硬要叶茂迁趴在地上让他当马骑，并且还要叶茂迁一边爬一边学狗叫，叶茂迁忍受不了这样的侮辱，一气之下将这个地主的孩子从背上摔在地上。地主的孩子号啕大哭。地主的老婆听见哭声，如母老虎似的，不问青红皂白，拿起一根木棍，劈头就朝叶茂迁打去，叶茂迁顿时头破血流，晕倒在地不省人事，从此在他的额头上留下了一道深深的伤疤。在地主家里放牛砍柴 5 年间，叶茂迁挨饿挨骂不计其数，但也只得忍气吞声，全身遭受殴打留下的伤疤多达 50 余处。

叶茂迁进入青年时期，国民党政府到处抓壮丁，说是"三抽一，五抽二"。

叶茂迁家里仅有两兄弟，因为没有钱送给乡绅保长，乡绅保长就早早地到他家里喊话，要抓他家的壮丁。他的父亲十分害怕，将两兄弟送到南阳下洋仔村亲戚家躲藏。国民党政府联保处一次次派兵到叶茂迁家里要人，父亲交不出人，这些兵痞就敲诈勒索，要钱要物，家里仅有的几件旧衣和一床旧棉被也被抢走。父亲实在忍受不了这种压迫，心一横，撇下叶茂迁兄弟两人，逃往政和一带，加入了闽北土匪卢兴邦的匪部何金标的营里，与盗为伍。然而，在那个弱肉强食的黑暗时代，运气不好的叶茂迁父亲加入的何金标营，在土匪的火并中败北，他被民团抓住并押送到县城，枪杀于寿宁城关。噩耗传来，叶茂迁兄弟悲痛万分。

这个时候，共产党人开始在闽东一带传播马克思列宁主义。

1930年2月，范铁民受福安地下党的派遣，打入周玉光匪部进行策反与瓦解。他看中了苦大仇深、武艺高强的叶茂迁，与之接近后，发现他对黑恶势力极为痛恨，于是启发他反抗旧制度，与剥削压迫穷人的黑恶势力进行斗争。叶茂迁冒着风险，积极主动地配合范铁民开展瓦解土匪的工作。遗憾的是，范铁民突然被捕，叶茂迁不得不另寻出路。他跑到清源村找到了秘密农会会员卓宝山，经其介绍认识了福安革命领导人詹如柏。詹如柏喜欢叶茂迁的性格和为人，启发并引领他参加革命斗争活动，叶茂迁欣然同意，决定永远跟着共产党走。

（二）

由于积极参加农民运动和革命斗争，叶茂迁光荣地加入了中国共产党。寿宁县农民运动风起云涌的时候，叶茂迁担任了寿宁县溪底村秘密农会负责人，发动和组织农民积极开展"五抗"（抗租、抗债、抗捐、抗税、抗粮）斗争，取得成功，充分展示了他的能力和水平。

1932年，叶茂迁受命组建了寿宁南区工农游击队，任工农游击队队长。不久，由于组织上的需要，叶茂迁调任闽东工农游击队第一支队副队长。

1933年春天，叶茂迁被任命为代理支队长，率部转战于福安、寿宁边界地区并开辟革命根据地。同年初夏，第一支队转战至外线，在福安、霞浦、福鼎边界地区开辟新区。叶茂迁受命整编留下来的少量部队，重建工农红军南区游击队，配合南区党组织，以布罗林为中心建立了南区苏维埃政府和贫农团、红带会

(共产党领导的农民自卫武装)、工农赤卫队，开辟了方圆近百里的革命根据地。

这期间，叶茂迁还负责南区苏维埃政府的军事工作，积极借鉴主力部队（第一支队）的成功经验，全面改造和推进南区游击队的思想建设、武装建设和作风纪律建设，加强部队的思想政治工作、组织纪律教育、军事技战术训练和实战锻炼，以机动灵活的游击战术活跃在福安、寿宁边界地区，使重新组建的南区游击队从10余人的小分队，迅速发展成为有9个分队近200人的具有较强战斗力的主力游击队。其中有三个分队相继升格为闽东工农游击队第三支队、第十支队和第十一支队。叶茂迁成为独当一面的游击队主力领导人。

（三）

1934年4月，国民党政府有10多担军用物资准备用木船运到斜滩，然后需要肩挑送往寿宁城关。叶茂迁闻讯后立刻率领一批游击队员，在敌人必经的梧岗亭进行截击，得手后马上转移到北山、青垄一带。国民党福建省保安三团获悉情报，纠集了斜滩、武曲、凤阳一带的反动民团及浙江兵500多人，分兵三路将游击队包围于高墙下。叶茂迁率领队伍勇敢地杀出一条血路，经大韩、西塘到福安后洋苏区。从此，叶茂迁率领的游击队在福安北区活动，不断打击敌人。

1935年初，闽东红军主力跳出敌军的包围圈转战至外线之后，叶茂迁率领南区游击队转移到福安、寿宁边界山区，利用良好的地理环境和当地民众的支持，顽强地开展游击战争，牵制了敌人的大批兵力，有力地策应了主力红军的战斗行动。

1935年5月，叶茂迁受中共福安中心县委派遣，前往福州购买枪支弹药和军需物资。进入福州以后，叶茂迁在寻找地下党人佬三哥的时候，路经福州的寿宁会馆，被住在会馆中的寿宁反动头子龚启銮、龚成统发现，因为地形不熟，未能逃脱，被国民党福州当局逮捕。在狱中，叶茂迁受尽了敌人的严刑拷打，却并未透露我党我军的任何机密。敌人十分恼怒，将年仅25岁的叶茂迁残忍地杀害于福州南门兜。

新中国成立后，人民政府追认叶茂迁同志为革命烈士。

（杨国栋）

叶少琴：

寿宁县女中豪杰

叶少琴，女，1908年出生，福建省寿宁县鳌阳镇蟾溪村文山里人。1932年加入中国共产党，曾任闽东区政治委员、福鼎南区妇女会主席，1934年牺牲。

（一）

寿宁县出男英雄，也出女英雄。叶少琴就是一位具有奉献牺牲精神的女英雄。

1908年，叶少琴出生在一个工商业户的大家庭。随着年龄的增长，叶少琴出落成聪明伶俐的大姑娘，家庭条件也稍微好转，父亲决定将叶少琴送到城里的新办女子国民学校读书。

在学校里，叶少琴勤奋好学，学习成绩优异，时常得到老师的表扬。

1924年秋天，秋风阵阵，枫叶浸染山野。叶少琴的大哥叶明炳在福州念书，因为参与闹学潮而被学校开除，积忧成疾回到寿宁家乡，不久含恨去世。在县里教育局担任局长的三叔也被人咒骂和围攻殴打，愤慨地出走他乡。面对家庭的种种困境和不幸，叶少琴萌生了对国民党黑暗统治的不满。

1931年夏天，叶少琴的堂叔叶秀蕃从省立福州第一高级中学师范科毕业，受中共福州中心市委的派遣回到寿宁，担任鳌阳小学校长。叶秀蕃以教书为掩护，秘密进行革命活动。由于他博学多才、平易近人，城里许多年轻人都喜欢到他那儿聊天。颇有些男子汉气概的叶少琴也常与同学魏奶妃相约,一道去叶秀蕃那里攀谈。思想敏锐的叶少琴懂得了许多革命道理,敢在堂叔叶秀蕃面前发泄对国民党反动派的不满情绪。叶秀蕃将这位堂侄女列为重点培养对象,介绍叶少琴加入秘密农会小组。叶少琴成为寿宁县城关第一个走上革命道路的女青年。

当时秘密农会小组的主要任务是印写传单、张贴标语、作宣传、当交通员,通过串联发展新的成员。叶少琴每一次都勇敢地站在前头,出色地完成任务,常常受到表扬。有一次,叶少琴在秘密活动中得知,她的大姐叶秀玉、姐夫李敔咸,都在党组织的安排下建立起共产党的联络交通站,她为亲属纷纷走上革命道路感到非常快乐。

从此,叶少琴经常在鳌阳小学门口的一侧小房屋里帮助叶秀蕃、范浚等印制传单、书写标语,在夜幕的掩护下,将写好的革命标语贴到县衙门附近。

除了贴标语撒传单,叶少琴将更多的时间精力用于妇女工作,积极主动地向广大妇女宣传马列主义,传播只有苏维埃才能救中国的思想,鼓励有条件的妇女参加革命斗争。在叶少琴的宣传引导下,城里的范志英、叶允罗等10多名妇女相继参加了秘密农会小组,从此走上红色革命道路。

(二)

为了筹集革命经费,叶少琴变卖了父母给她准备的嫁妆,全部用到革命事业之中。

由于工作努力、表现积极,叶少琴被组织上列为红色革命的主要骨干,参加了许多秘密会议。为了避开敌人的注意,机智灵活的叶少琴将自己10岁的弟弟带在身边,完成了许多次紧急传递秘密情报的任务。

1932年冬天,由叶秀蕃介绍,叶少琴光荣地加入中国共产党。此后,叶少琴更加努力地积极向穷苦妇女宣传革命道理,发动农民群众开展"五抗"(抗租、抗债、抗捐、抗税、抗粮)斗争,取得了重大成果。

不久,中共寿宁县特别支部在叶秀蕃租住的房子里成立。这让叶少琴更加坚定了对革命事业的信心和信念。她在这里接连参加了两次秘密会议。此后,叶少琴又鼓动自己的父亲参加革命活动。她的父亲在白鹇墓村建造了山寮,成为极其隐蔽的绝密活动的接头点。

寿宁共产党组织召开了桐山庵会议后,叶少琴与韦银英、范延芝、魏奶妃等人,分别奔赴城关周围的茗溪、安章、竹梅洋、后洋仔、大安、碳山、交溪、亭溪、花岭、仙峰等乡村传达会议精神,继而发动妇女积极参加秘密农会和红带会,计划发动秋收暴动,对国民党反动派发起进攻,展示寿宁妇女的伟大力量。

秘密农会和红带会的迅速发展壮大,动摇了寿宁国民党反动派的统治基础。1933年3月,反动民团调兵遣将,到处搜捕革命党人和革命群众。刚从福州汇报工作回到寿宁的叶秀蕃,第一时间在三峰寺召开紧急会议研究应对策略。叶少琴和寿宁县党部工作人员韦银英等列席会议,她们在讨论中献计献策,希望红色革命斗争来个先下手为强。她们派出红带会成员,出其不意地向较为边远的敌人发动进攻,国民党地方民团被袭击后,方寸大乱。

不久,有人向国民党寿宁县县长罗华夫告密,叶少琴不幸被敌人抓捕,并被关进了监狱。与她一道被捕的还有范式人、叶秀荃、魏奶妃、叶培丞等人。叶少琴的父亲听到女儿被捕的消息十分着急,却也十分无奈。

这时,叶少琴还得知一个坏消息,她的亲姐姐、姐夫被敌人抓捕后,很快就被押到寿宁城关南门外枪杀。

(三)

1933年11月,国民党十九路军在福州发动"闽变",释放了许许多多的所谓"政治犯"。叶少琴、范式人等6人同时被释放,获得人身自由。根据中共福州中心市委的意见,被释放的叶少琴暂时留在中共福州中心市委组织部从事秘密工作。同年底,叶秀琴以中共福州中心市委特派员的身份,受命返回闽东革命根据地工作。

1934年6月,时任闽东区政治委员的叶少琴,化名叶秀英,随同福鼎地下党人黄淑宗取道水路,走进福鼎县南区开展革命工作。叶少琴担任福鼎南区妇女会主席。

叶少琴根据叶秀蕃、黄丹岩、黄淑宗等人的安排,主要做好妇女运动工作。她挨家挨户走访,宣传反对买卖婚姻的思想,倡导男女平等,教妇女们唱革命歌曲，努力提高她们的思想觉悟，尤其是会同当地有着发展前景的青年妇女一道建立起乡村妇女协会，有力地促进了福鼎妇女运动的深入发展。

叶少琴在福鼎的活动，引起了福鼎反动派的注意。他们抓住叶少琴不懂福鼎方言的细节，突然间对叶少琴施行抓捕，将她关押在铜山镇监狱。黄丹岩和黄淑宗立即组织人员迅速筹集款项进行保释。可是，狡猾的敌人不肯将叶少琴放走。在狱中，面对敌人的严刑拷打、威逼利诱，叶少琴丝毫不为所动。她始终保持着共产党员和革命者的崇高气节，后来因为遭受敌人酷刑在监狱里患上疫病而牺牲，年仅 26 岁。

新中国成立后，人民政府追认叶少琴同志为革命烈士。

（杨国栋）

叶秀蕃：

寿宁早期领导人

叶秀蕃，男，1904年出生，福建省寿宁县鳌阳镇蟾溪村文山里人。福建省寿宁县最早的革命者之一，1935年牺牲。

（一）

少年叶秀蕃酷爱历史书籍和名人传记，尤其敬仰岳飞、文天祥、史可法等英雄人物，对民不聊生、战乱不断、破败不堪的现实社会极为不满。

1920年8月，叶秀蕃以优异的成绩从鳌阳小学毕业，父亲要求他经商做生意，叶秀蕃却瞒着家人私自去往武夷山，数天之后又前往浙江青田，参观了刘伯温的故里。接着，他又去杭州拜谒了岳坟，矢志从古代英雄的身上汲取精神力量。

1926年，马列主义开始在闽东地区传播。叶秀蕃在进步教师潘修民的引导和指点下，阅读了《新青年》《向导》《马克思主义浅说》《共产主义ABC》《唯物史观》等书刊，并且参加了抵制日货的斗争，组织同学们抄了贩卖日货的平阳客栈，将日货当众焚烧。这一爱国壮举在闽东地区一时传为佳话。

1928年夏天，叶秀蕃以优异的成绩从中学毕业，考进了省立福州第一高级中学师范科。他凑足12块银圆，告别父老乡亲，前往省城福州。叶秀蕃和他的同乡校友范浚等，常到福州的"浪花""左海"等书店阅读《拓荒者》等进步书刊，接受革命思想的启迪和洗礼，坚定了参与革命斗争的信心和勇气。

不久，叶秀蕃由马立峰介绍参加了共产党的外围组织反帝大同盟。他通过参加革命活动的锻炼，思想趋向成熟。

1929年，叶秀蕃秘密地加入了党组织，成为一名立场坚定、旗帜鲜明的共产党员。

随着革命形势的发展，一方面，叶秀蕃在校内秘密地宣传革命思想，鼓励和介绍同班同学何文成、杨庭英、林勋贻等人参加革命活动；另一方面，深入社会，积极参加党组织的集会、游行、罢工、结社等一系列活动，壮大革命力量。

（二）

1929年5月1日，叶秀蕃参加了由黄孝敏、叶飞等人组织的福州人力车工人大罢工。在中共福州市委的领导下，叶秀蕃和范浚等1000多人，集队从达道路经中亭街到南台。他们一路高呼口号，一路有人加入游行队伍，烧毁资本家的车辆，焚烧日货，勒令日本不法奸商关闭店铺，销毁假货，获得了广大市民的支持和赞扬。

1931年夏天，由于有人举荐，叶秀蕃回到家乡当上了鳌阳小学校长。他干的第一件事情，就是聘请比他早一年回到寿宁的范浚为该校教导主任。此后，他们两人肝胆相照，矢志革命，开始在蟾溪两岸广泛地传播红色革命火种，先后引来了范式人、叶少琴、吴祖武、吴组洲等一批更加年轻的同志参加革命。

1932年10月，陶铸领导的中共福州中心市委选派巡视员谢庭清到寿宁县检查工作，看到叶秀蕃等领导的农村革命斗争如火如荼，不断地发展壮大，认为有必要建立县级领导机构，统一管辖和领导全县的农民运动。叶秀蕃等人听了十分高兴。不久，经中共福州中心市委批准，中共寿宁特别支部成立，隶属于福州中心市委，叶秀蕃任特支书记兼组织委员，地点设在叶秀蕃的家中。

为了筹集革命活动经费，叶秀蕃毅然卖掉自己家里的大部分田产和妻子的嫁妆，换来200块银圆，全部交给党组织，为此大家对他肃然起敬。

1933年1月，随着革命形势的发展，叶秀蕃辞去鳌峰小学校长职务，全力投身红色革命事业。他在三峰寺组织召开支部大会，提议举行武装暴动，引发大家的热烈讨论。会后,支部成员分别下乡组织红带会。叶秀蕃根据会议决定,到三角林一带活动。不久,国民党寿宁县县长罗华夫两次派出军队到大安火烧房屋,第一次将几间房屋化为灰烬,第二次敌人刚刚动身,叶秀蕃及时派人将掌握的情报送到大安。范浚接到情报后,立即率领大安红带会200多人,在大安桥头垄袭击前来骚扰的敌人,打得敌人丢盔弃甲,狼狈逃窜,歼敌10余人,缴枪7支,取得胜利。大安伏击战掀开了寿宁县西区农民武装暴动的序幕,打响了寿宁农民武装反抗国民党反动派的第一枪,得到广大人民群众的热烈拥护。

(三)

1933年端午节期间,叶秀蕃进入福鼎指导工作。他来到铜山镇,设想在此建立党的组织,经过考察衡量,觉得敌人戒备森严,且自己人地生疏,决定放弃;而后通过当地粮官梁祥生引导,决定到有群众基础的福鼎南区秦屿开展革命斗争。在秦屿的屯头麟江小学,叶秀蕃找到共产党员、校长黄丹岩等人,共同了解了福鼎南区群众斗争的现状,参观了1933年南区人民抗烟苗税的斗争现场,即兴写下一首诗:

> 翻腾碧海欲倾塌,吓得龙王心胆寒。
> 拍岸涛声朝夕急,闽东响应井冈山。

1933年7月,叶秀蕃在斗门后山竹林里秘密召开会议,与会同志有黄丹岩、黄昌缄、林振昌、李龙鼎等人。会上,叶秀蕃向大家宣传抗租抗税、分田分地等革命道理,进行思想鼓动。半个月后,叶秀蕃亲自介绍黄昌缄入党。接着,叶秀蕃又在福鼎组建了第一个党小组,由黄淑宗担任小组长。

1933年10月,叶秀蕃和黄丹岩、黄淑宗等人在斗门、紫阳山、外宅等地召开会议,讨论筹备武器、成立游击队、举行武装暴动、抓土豪、做财政、分粮抗租等事项;继而又论及清算国民党县级官员无恶不作的滔天罪行。大家在叶秀蕃带领下,镇压了鱼肉乡里、为非作歹、仗势欺人,群众深恶痛绝的"第二县长"、秦屿大地霸林步蝉,充分彰显了叶秀蕃善于吸纳民众意见、勇于为民除害的执政风格。

长期艰苦卓绝的革命战争生涯，使得叶秀蕃身体变得非常虚弱。1934年12月，他患上了极其严重的大肠出血症状。组织上不得不叫停他的工作，将他安排到福安沙坑带茶湾养病。

由于敌人不间断地"围剿"，闽东苏区相继沦陷，马立峰、詹如柏等先后牺牲。寿宁县的党组织也受到了严重破坏。面对严酷的斗争形势，叶秀蕃没有丝毫的悲观失望情绪。他鼓励大家说：黑暗终将过去，光明很快出现。他的乐观主义精神，直接影响到大家的情绪，很多人精神为之振奋。

由于闽东临时特委书记詹如柏牺牲了，身体慢慢见好的叶秀蕃主动担负起闽东临时特委书记的重任。他在着手建立地方党组织的同时，与前来寻找闽东党组织的北上抗日先遣队取得了联系，就当时闽东革命形势和开辟闽浙边游击区的想法，给首长刘英和粟裕写了回信。

1935年4月初，国民党福建省保安三团组成以卢建勋为首的"剿共"便衣队，进入寿宁苏区。5月中旬，狡猾的敌人化装成赣籍红军，诱骗安寿、霞（浦）（福）鼎交通员说出我游击队的活动地点。敌人便衣队在福安的北斗洋抓到了游击队长缪矮擂。

缪矮擂被捕后意志不坚定，经不起敌人的严刑拷打，很快就投降叛变了革命。1935年5月20日晚上，缪矮擂带着敌人前往叶秀蕃的秘密住地搜查，但是他们费了很大的力气，都没有发现叶秀蕃的身影。这时，叶秀蕃正在草寮中养病，发现敌人突然出现并且搜山，立刻警觉到可能出了大问题，于是设想从草寮左边撤出，尚未迈出几步，就与一个敌兵相遇。叶秀蕃举枪击毙这个敌兵，枪声惊动了隐蔽于树林中的敌人。叶秀蕃在最后的奋战中被敌人击中数枪，壮烈牺牲，年仅31岁。

新中国成立后，人民政府追认叶秀蕃同志为革命烈士。

（杨国栋）

叶允宝：
身先士卒，冲锋陷阵

叶允宝，又名叶祖清，化名马致宝，男，1911年出生，福建省寿宁县大安乡交溪村人，1933年牺牲于敌人监狱。

（一）

叶允宝家境一般，主要靠上山砍柴、下田种地维持日常生活。

1931年初，叶允宝由寿宁县红色革命主要领导人范浚介绍，毅然决然地参加了革命，担任寿宁县第一个秘密赤色农会小组长。叶允宝跟随范浚一道走进小东、地洋、后溪头（今浩溪）一带开展革命活动，张贴标语，散发传单，发动广大贫苦农民参加农会组织。

1932年春天，为了组织农民革命武装打击国民党反动派，经过组织安排，叶允宝与大安村的金达普等9名青年农民，跟随庆元县法师学"法"，实际上是在大安村秘密建立第一支农民革命武装组织——红带会。在西区的楒垱洋、小东、地洋等村落，叶允宝通过亲戚朋友的关系，秘密宣传武装斗争建立革命根据地的故事。叶允宝告诉乡亲们：穷人要翻身，只有一条路可走，那就是跟着共产党，建立红色革命武装，这样才能打倒国民党反动派和地主土豪的反动统治。听众多了，叶允宝便亲自设坛教"法"，引得许多群众前来听讲。在他的组织领导下，楒垱洋一带和南区的禾溪、半村等地贫困农民很快参加了红带会组织。

1932年10月，中共寿宁特别支部（以下简称"特支"）成立之后，叶允宝成为第一批党员。他在寿宁西区和南区创建了红带会，先后参加了特支在后洋仔、桐山庵、三峰寺召开的三次重要会议。根据会议的决定，叶允宝协助时任特支宣传委员范浚在西区领导红带会开展的打土豪、筹财政和镇压反革命的斗争。

（二）

1933年初春，叶允宝率领大安红带会活抓了大熟村土豪吴桂桂兄弟三人，打下了犀溪的"粮柜"，为革命筹集了大批的经费和粮食。他们还先后镇压了地痞金长龙夫妇、半岭村土豪劣绅叶奕而等一批反动派，有力地打击了反动黑恶势力的嚣张气焰，客观上推动了西区、南区、东区镇压反革命的斗争。

叶允宝领导大安红带会先后多次机智勇敢地粉碎了反动派妄图暗杀范浚的阴谋诡计，为保卫寿宁县革命领导人的生命安全做出了重大贡献。

有一次，国民党鳌阳镇联保处主任范志曼收买了大安村地痞流氓范继平，图谋暗杀范浚。其阴谋被叶允宝察觉之后，他一面向范浚汇报请示，一面布置红带会会员秘密监视并抓捕范继平。经过审讯证实了敌人的暗杀阴谋后，范浚、叶允宝等人即刻将无恶不作的范继平押回大安村的担豆岔予以处决。

叶允宝是范浚的得力助手，他们两人结下了深厚的革命情谊。就在这年春暖花开的季节，叶允宝和范浚的胞妹范延芝，经过一段时间的恋爱，步入了婚姻的殿堂。从此，夫妻俩跟着哥哥范浚一道出生入死，战斗在为广大老百姓求解放、闹翻身的战斗中。

（三）

1933年4月，叶允宝率领大安红带会参加了著名的竹梅洋伏击战。他英勇顽强，身先士卒，带领战士们冲锋陷阵，击溃了敌人海军陆战队一个连。范延芝作为后勤人员，听说了自己丈夫的出色表现，内心喜悦。后来她还听丈夫说在这场战斗中大安红带会击毙了7名敌人，俘虏了3名敌人，缴获了部分枪支弹药。范延芝为自己的丈夫感到骄傲和自豪。

叶允宝对革命无限忠诚，带领大家英勇作战，多次取得胜利，在全县红带会中享有很高的威信。这年夏天，叶允宝被特支任命为西区红带会总队长。

1933年6月，中共寿宁县党部在仙峰洋头底成立，叶允宝被选为县党部委员。

1934年1月4日，县党部和县革命委员会决定，趁着南阳驻扎的敌人调防斜滩的有利时机，再次发起攻打南阳的战斗。叶允宝、范文生和范铁民等人，吸取第一次攻打南阳、坑底失利的教训，事先安排人员对南阳敌兵的防务进行周密的侦察，确认南阳驻敌主力部队已经调防斜滩，只剩下一个连的兵力和七八十名团兵驻守，当即调遣闽东工农游击队第七支队战士和千余名红带会会员，以绝对优势的兵力，从四面八方包围南阳村。经过两个多小时的激烈战斗，彻底打败敌人，俘虏20多人，缴获部分枪支弹药，占领了东区的反动堡垒南阳村。

攻占南阳的胜利消息鼓舞了广大指战员的信心和斗志，也让老百姓拍手称快，尤其是打土豪、分田地、烧地契、烧账本之后，贫苦农民更是喜气洋洋。半个多月后，以国民党八十四师为主力的4000多名敌人进驻寿宁县之后，对东西苏区进行了疯狂的大"围剿"。为了保存革命力量，闽东工农游击队第七支队战士和部分红带会会员转移到了福安。

叶允宝受命集中影响较大的农会干部和红带会会员转移。他和妻子范延芝带领最后一批人员路经南阳南岔三步岩时，由于叛徒夏朝西告密，突然间遭到大股敌人的包围袭击。叶允宝沉着机智地指挥红带会会员们浴血奋战，凭借有利的地形，多次击退敌人的进攻。奋战中，范延芝不幸壮烈牺牲，叶允宝也身负重伤最终被敌人俘虏。敌人将叶允宝关押到浙江泰顺县的监狱里，先是用金钱美女进行诱惑，不起任何作用，就惨绝人寰地施以各种各样的暴行，但始终没有从叶允宝的口中得到任何情报。敌人无计可施，便将叶允宝转押到浙江杭州的监狱关押。不久，叶允宝壮烈地牺牲在敌人的监狱里，年仅22岁。

新中国成立后，人民政府追认叶允宝同志为革命烈士。

（杨国栋）

余鲤家、吴美秀：
革命路上手牵手

余鲤家，又名余其雷，男，1905年出生，福建省连城县赖家畲村人，1929年参加革命，1933年被敌人杀害。

吴美秀，女，1907年出生，福建省连城县朋口镇马埔村人，1930年参加革命，1933年被敌人杀害。

余鲤家出生在一个贫穷家庭。吴美秀也因家庭贫困，从小卖给温坊一户姓项的人家为奴婢，村里人都叫她项美秀。

他们的孩童时代都是苦难的。余鲤家的家乡人少偏僻、贫穷落后，他从小吃不饱穿不暖，村中没有小学，更谈不上读书了。吴美秀的家乡虽然有学堂，但她作为奴婢，过的是牛马不如的生活，时常挨打受骂，吃残汤剩饭。他俩的家乡仅一山之隔。

1929年春，毛泽东、朱德率领的红四军入闽，闽西大地掀起了如火如荼的革命斗争，打土豪，分田地，建立苏维埃政权。在连城县，红四军多次开赴各地发动群众。7月，连城县南部十三乡的农民举行暴动，势如破竹。10月，池溪农民暴动成功，从而使连城县大片地区成为红色区域。

1929年11月，池溪游击队开进上莒溪，在这里宣传发动群众，组建赤卫队和少先队，群众的革命热情高涨。赖家畲村离上莒溪仅5公里，属上莒溪管辖，余鲤家兄弟两人闻讯后非常兴奋，他们盼望的穷人翻身的日子终于来到了！兄弟俩赶到上莒溪，报名参加了赤卫队。由于长得高大、聪明灵活，余鲤家被留在队长身边当通讯员，深得领导器重。

1930年入夏以后，上莒溪、温坊两村赤卫队经常联合起来打土豪、分田地，土地革命风暴席卷两个山村。此时，吴美秀所在村庄的土地革命也搞得轰轰烈烈。在红军的帮助教育下，吴美秀剪掉了发髻，毅然参加赤卫队，投身革命洪流之中。

余鲤家跟随赤卫队长在上莒溪、温坊两村间穿梭来往，与温坊赤卫队员吴美秀经常见面。两村赤卫队和工农红军经常举行联欢晚会，吴美秀、余鲤家等纷纷上场施展才华，一展歌喉。由于两个村的赤卫队一起打土豪、分田地，开展革命活动，使得余鲤家、吴美秀相互间留下了深刻的印象。在每次联欢会上，大家都要求他们两位来一个二人对唱。自此，余鲤家和吴美秀之间因革命而相识，因对歌而相爱。

1931年春夏间，连城县自南至北连成一片，成为坚强的革命根据地，成为重要的中央苏区县，革命力量不断壮大。为适应形势不断发展的要求，壮大武装力量，上莒溪赤卫队和温坊赤卫队合并，余鲤家担任排长。此后，余鲤家和吴美秀的接触机会更多，他们确定了恋爱关系。这年冬天，他们正式结婚了。他俩决定：他们是自由恋爱，婚礼也要不落俗套，既不在新郎的家乡，也不在新娘的家乡，而是在池溪赤卫队队部举办。婚礼没有喜糖、喜酒，没有父母兄弟参加，只有到场的全体队员和那一曲曲革命山歌。一曲山歌就是一杯喜酒，一曲山歌就是一颗喜糖，赤卫队员就是他们的亲人和兄弟姐妹。这是一个特别的婚礼，在战斗中的婚礼，更是一个革命的婚礼。这两个有着共同命运、共同追求的志同道合的赤卫队员结合了。喜悦之情溢满心头，全体到场的赤卫队员也都为他们的结合而高兴。因为，这是他们所求的自由而又幸福、志同而又道合的婚姻。

1933年7月，中央主力红军进驻莒溪，准备攻打驻在朋口的国民党十九路军，这是一场重要战役。彭德怀亲自率领东方军，分三路包围朋口。在战斗发起之前，上级苏维埃政府就通知池溪苏区人民做好这次战斗的支前准备工作。当东方军经过池溪时，池溪赤卫队立即跟随红军主力参加战斗。新泉县苏维埃政府集中全体地方武装，全力支援前线。各赤卫队以区为单位组织发动群众组成向导队、担架队、慰劳队等后勤队，特别是池溪、渔潭、竹溪、上营溪、温坊等村群众更是全体发动，积极投入。温坊（包括上莒溪）赤卫队除一部分人担任向导外，其余队员带领群众组成担架队。余鲤家、吴美秀夫妇及胞弟余松树等组成后勤队，冒着危险到火线上抢救伤病员，为红军送米、送菜，表现非常出色。战斗结束后，他们帮助红军清点枪支、押送俘虏。余松树在这次战斗结束后，被安排押送俘虏到新泉县苏维埃政府，不料途中遭到敌人伏击而牺牲。余鲤家、吴美秀夫妇俩在这次战斗中一边做好后勤工作，一边与敌周旋战斗。他们出生入死，全力以赴，深得大家称赞。在得知胞弟牺牲后，他们并没有被悲伤所压倒，而是化悲痛为力量，继续投入战斗。

不久，赤卫队辗转于金龙山的云仙岩、八仙岩一带活动，组织上安排余鲤家夫妇俩潜回家乡为赤卫队寻找粮食。两人到达上莒溪时，被余满利民团发现，遭到包围。在突围中，吴美秀因身怀有孕行动不便未能逃脱，被余满利匪徒抓获，关押在祠堂里。匪徒们放出风来，准备诱捕余鲤家等赤卫队员。余鲤家只身突围后，直奔长汀南山的扩背村而去，他知道不能把敌引到赤卫队员藏身的金龙山、云仙岩等地。但不幸的是，他不知道扩背村赤卫队的秘密接头地点已被叛徒泄露，余鲤家刚进村就被捕了。余满利立即派民团将余鲤家押回上莒溪，同吴美秀关押在一起。

余鲤家参加赤卫队以来，担任过通讯员、班长、排长等职，对赤卫队及队员的情况极为熟悉，而吴美秀是在温坊村地主恶霸项信昭家中逃脱出来的奴婢，因此，当项信昭和赤卫队的叛徒项开世等得悉余鲤家、吴美秀被余满利抓获后，随即向余满利要人，然后将其夫妇一同押到文坊，把夫妻两个各绑在文坊老祠堂门口河边的一对大石块上。他们对余鲤家夫妇软硬兼施，说他们夫妻俩只要悔过自新，交代"罪行"，交代赤卫队员的名单和下落，做项信昭的手下，就可以保住性命，至于过去的"罪行"及婚姻情况不予追究。但余鲤家、吴美秀夫妇不吃这一套，两人革命信念坚定，宁可牺牲自己，也决不出卖战友。余鲤家夫妇对地主恶霸、匪徒破口大骂，历数他们的恶行。匪徒见在余鲤家、吴美秀身上捞不到什么油水，就用最野蛮、毫无人性的手段来折磨他们，先是对吴美秀说："看你年纪轻轻的，又刚结婚，且怀有身孕，我们实在不忍心杀掉你。现在只要你把丈夫的耳朵割下来吃下去，就不杀你们，还可以把你们夫妇放回去。"余鲤家夫妇听后怒斥匪徒。匪徒们面对余鲤家和吴美秀的厉声痛骂，恼羞成怒，一名匪徒走上去抓住余鲤家的头发，往其脸上左右横扫了几个巴掌后，操起杀猪刀就把余鲤家的一只耳朵割下来。吴美秀亲眼看着丈夫的耳朵被割下，悲愤交加，怒骂道："你们不是人，是禽兽！"匪徒拿着余鲤家的耳朵，强行塞进吴美秀的嘴里，吴美秀紧闭嘴巴，残忍的匪徒用铁钳撬开吴美秀的嘴，硬是把其丈夫的耳朵塞进了她嘴里，使得吴美秀大呕大吐。余鲤家满脸是血，不顾疼痛，一边大声痛骂这些匪徒，一边鼓励吴美秀决不出卖同志，要共患难、同生死、义无反顾。匪徒们恼羞成怒，大发淫威，操起枪上的刺刀直往余鲤家的身上乱捅，连续捅了几十刀。余鲤家被残忍地杀害了。吴美秀目睹一切，悲痛欲绝。匪徒把吴美秀押到文坊口，在东山凹的路上，也残忍地将怀有身孕的吴美秀杀害了。更加泯灭人性的是，叛徒项开世把余鲤家的头颅割下来，挂在长枪刺刀上，大摇大摆地走在文坊的街道上，以表对主子的效忠和向人民群众示威。余鲤家的人头被挂到了文坊村村尾河边的树尖上示众，匪徒不许村民收尸掩埋。

余鲤家和吴美秀夫妇为革命、为保护战友献出了年轻的生命和腹中的孩子。他们将永远活在人们的心中。

（黄河清）

俞炳荣：
连城热血好男儿

俞炳荣，男，中共党员，1900年出生，福建省连城县新泉镇良坑村人，1927年参加革命，1931年被错杀。

俞炳荣生在一个贫困家庭，他出生不久，父母为养活全家，便迁往芷溪坪头村的大道口居住，以磨豆腐等为业，维持最低的生活水平。后来，由于过路兵匪的敲诈勒索和官府横征暴敛，几年后只好迁回良坑村。由于家境贫寒，上不起学，俞炳荣很小就跟随父亲学做木匠活儿，后改做篾器。在他10多岁时，由于债务累累，逼债的人很多，到了过年时全家便逃往外地。因此，余炳荣幼小的心灵萌发了反抗思想，立志要推翻这吃人的社会。他常常对小伙伴们讲：我们这个社会，有钱有势的人是上等人，无钱无势的人是下等人。余炳荣20岁左右，由朋友介绍，到芷溪崇实小学看守校门、扫地、敲钟。他聪明机敏，工作勤勤恳恳，校长袁祖周对他十分器重，让他免费上学并兼做原来的工作。由于他的天赋和刻苦努力，他半工半读只念了三年就小学毕业了（当时学制六年），且成绩名列全校第二。

小学毕业后，经校长袁祖周的推荐，俞炳荣到厦门一所中学勤工俭学。在厦门期间，他开始接受民主主义新思想，对当时国无宁日、民众遭殃的现状深为不满，决心走向社会，投身革命。在学校里，他经常参加有革命内容的学术演讲会、音乐会和戏曲游艺表演会等课外活动，参加声援五卅惨案反帝斗争和抵制日货的游行示威等爱国救亡运动。俞炳荣热心追求真理，勇于革命实践，思想进步很快。

1926年10月,北伐军先克龙岩,长驱直入闽西各地,闽西各县先后组建了国民党县党部,其骨干主要是共产党员和左派人士,公开领导各地的农民暴动,开展革命斗争。俞炳荣受党组织派遣,毅然从厦门回到家乡,在庙前、芷溪、新泉一带积极开展革命活动,宣传北伐,宣传孙中山先生的"联俄、联共、扶助农工"三大政策,组织农民协会。

1927年4月,正当国民革命军挥师北伐节节胜利,各地农民运动形势大好的时候,蒋介石却公开叛变革命,在上海发动了四一二反革命政变,在各地对共产党员和革命群众进行血腥屠杀。白色恐怖同样笼罩着闽西连城,当时俞炳荣由县党部派往厦门警官学校学习。

厦门警官学校是共产党员活跃的地方,俞炳荣在这里结识了许多志士仁人,积极从事革命活动,并加入了中国共产党。

1928年春夏之交,龙岩、永定、上杭等地举行了大规模农民运动,威震闽西各地,特别是与连城南部接壤的上杭蛟洋暴动,更使连城劳苦大众欢欣鼓舞。连城南部和东部地区也酝酿着一场革命风暴。年底,中共闽南特委决定派俞炳荣回连城开展建党工作和领导连城人民的革命暴动。

俞炳荣回到连城后,首先在自己的家乡向乡亲们进行革命宣传,在青年农民中结交知己,先后秘密发展了同村的俞佛达、俞联六、俞联福、俞南辉等四人为中共党员,建立起连城最早的党组织——中共良坑支部,俞炳荣任书记。此时,新泉地区以张瑞明、张斌、张文炎等一批在长汀省立第七中学念书的学生为主,建立起中共新泉支部。后来,良坑、新泉两支部先后发展了李斯元、陈德辉、罗子仁、黄孟伊、江锡明等人入党,并与邻近的上杭北四区、北五区的党组织取得联系。

1929年春,连城县在良坑、新泉、芷溪三个党支部的基础上建立了中共连城临时县委,俞炳荣担任临时县委书记。不久,中共闽西特委派工作队整顿和改组县委,俞炳荣被任命为县委委员和良坑支部书记。

1929年3月,毛泽东、朱德率领红四军入闽,在长汀长岭寨打死匪旅长郭凤鸣,解放了汀州城。消息传来,群情振奋。此时俞炳荣接到闽西特委对连城县下达的"时机成熟,准备暴动"的指示。俞炳荣根据县委决定,在其家乡附近东坑石洞里主持召开了连城、新泉、良坑等党支部负责人参加的县委工作会议。会议分析了连城形势，决定采取以小村为基础，先组织队伍，收缴地主土豪武器，然后逐渐向大乡发展的方针。

1929年5月的一天，俞炳荣、官近玖、李荣贵等在良坑纸橡里召集了10多个小村庄农民协会领导骨干会议，由上级巡视员作报告。会上，大家喝血酒盟誓，决心在党的领导下，同生死、共患难、革命到底、永不背叛；之后，布置了各村的行动任务和分工负责方案，俞炳荣负责良坑村暴动。

1929年端午节过后，俞炳荣率领50多名良坑村的青年农民，在良坑至仙坪间的润下坑宣布暴动。他说："今天，我们举行暴动了！为什么要暴动呢？就是要打倒土豪，打倒劣绅，平分土地，过去的一切旧账不用还！我们要联合起来，团结一致，向有钱人讨还血债。我们这些人过去被地主豪绅压迫、剥削得太多了，今天要向他们讨回来，大家要勇敢、积极，决不后退，决不投降……"

第二天，俞炳荣率领暴动队伍冲进民团头子俞国珍家。俞国珍是土生土长的良坑村人，是良坑的绅士头和恶霸，平日勾结地主豪绅恃强凌弱，横行乡村，人们早已对他恨之入骨。俞炳荣和俞佛如、俞佛炎率领暴动队伍，将俞国珍抓起来装进猪笼，丢下涂坑潭，除掉了这个恶霸，受欺压的群众个个扬眉吐气。接着，暴动队没收了宗族谷子50多斗，课罚了其他劣绅共200多块银圆，收缴了宗族公买和私人的长短枪支17支。随后，俞炳荣带领这支武装起来的有50多人的暴动队，到岭下没收了富农陈佛如、陈德先共100多斗谷子，用作军粮。此后，俞炳荣带领这支队伍接连在附近的连大坪、昌坊、大垄坪等大小村庄发动和组织群众举行暴动。

1929年6月，红四军一部分队伍到杨家坊打土豪筹款，俞炳荣和李斯元、罗万春、罗子仁等人带领良坑、大垄坪两个村暴动队紧密配合，在杨家坊抄没土豪李函珍、杨悦兴的家产，打开土豪控制的园公太、常济纲等四个谷仓，把囤积的2000多斗谷子分给贫苦农民，同时收缴了土豪、宗族的步枪7支，放火烧了李函珍、杨悦兴的房子。在这场斗争中，杨家坊涌现出一批由勇敢青年组成的暴动队，俞炳荣对暴动队队员进行政治教育，鼓励他们发扬勇敢战斗、不怕牺牲的精神。7月，在俞炳荣、李云贵、张瑞明、李斯元、罗万春等人的领导下，已经开展斗争的十三个乡（村）暴动队负责人聚集在岭下罗家祠召开会议，决定组建成立连南十三乡暴动总队，总队长由罗万春担任。随即，暴动队浩浩荡荡在连城南部各地掀起打土豪分田地的革命斗争，谱写了连城人民对敌斗争的壮丽篇章。

连南十三乡暴动以后，由于工作需要，俞炳荣被调往新泉区革命委员会担任领导工作。此后，俞炳荣将主要精力用于苏维埃政权建设和发展工农业生产。为了保卫胜利果实，俞炳荣在各乡组织农民赤卫队、少先队、儿童团，动员广大青年踊跃参军参战，做好支前工作。

1929年7月下旬，红四军四纵队在新泉、庙前一带活动，俞炳荣动员了俞炳辉等暴动队队员13人参加了四纵队七支队。红四军四纵队在这一带活动时，俞炳荣积极为部队筹措军粮，经常带队为部队送去一担担腊肉、黄瓜、大米等物资。红军指战员受到地方干部和人民的大力拥护，无不激动万分。

1929年7月底，新泉马背乡成立农民协会，俞炳荣带领连南十三乡暴动队前往助威。正当大会召开时，李春满民团突然对会场进行袭击。俞炳荣指挥队伍沉着应战，后在红四军四纵队七支队的增援下，顺利撤出，转移到上杭北四区的桃坪进行休整。休整期间，俞炳荣组织暴动队队员认真总结经验教训，并进行耐心细致的政治教育，鼓励队员们为了穷人的翻身解放而英勇奋战。通过休整，队伍重新振奋了精神，投入新的战斗。

身为连城县委主要负责人之一的俞炳荣，经常深入各乡村，发动群众搞好农业生产，组织农民开荒种粮，多交军粮。他多次深入儒畲区各个乡村，开展群众工作，使这些乡村各项工作都走在前头。同时他还在儒畲区培养了一批革命骨干，使这个区涌现出许多好干部，特别是妇女干部。

1931年春，俞炳荣被误杀，年仅31岁。

（黄河清）

张宝田：
闽东的革命土龙

张宝田，男，1899年出生，福建省福安市溪柄镇柏柱洋山下村人，1931年加入中国共产党，1941年2月牺牲。

柏柱洋正如其名，一马平川，方圆数十里，群山层叠，相围四周。这里盛产稻黍，也是曾经的"闽东延安"。1899年，张宝田出生在柏柱洋山下村一户贫穷农家，又名则梅、乃义。家有兄弟四人，他居长。一家六口，六张嘴巴要吃饭，仅靠父母租种地主田地过活，常常吃了上顿没下顿。看到母亲经常暗自垂泪，张宝田小小年纪就学习干活，砍柴放牛，下田劳动。跟着父母种田，他携带小背篓，挖野菜，捡拾田螺，抓黄鳝、小鱼。家里没有粮食，他上山挖取野山药，母亲回家拌和起来，做出一顿颇有营养的晚餐。

张宝田手脚勤快，聪明好学，七八岁时父亲将他送到施霖的父亲那里，利用农闲时间学习文化知识。没承想他领悟力极强，读书几乎过目不忘，提笔写得一手好字。过年为乡亲写对联，13岁能为柏柱洋题字"风景诗云""冲霄巨笔倚哲庐，玉版全无半点污，图海翻沙龙前近，视田种果上皇都"。张宝田14岁时辍学务农，由于做事专注，肯动脑子，肯下功夫，干啥成啥，两年后竟成为当地"土龙"种田手。

虽然种田很得手，但张宝田发现无论怎样拼命种田，无论种得多好，一家老小依然食不果腹。他萌发了要读书、要寻求生存道理的想法。

1924年，张宝田以25岁的年龄，进入正规小学系统读书。后考入福建省立国学专修班。1926年进入福州私立交学会讲习所学习，同年又考入省立农业学校。在校期间他加入"反帝大同盟"，假期回乡组建农会。

1927年，柏柱洋农会成立，会员遍及36个村庄，人数3000多人，张宝田被乡亲推选为副会长，他提出"除贼、除赌、除流氓"的口号。当时，农田掌握在少数地主恶霸手里，地主们为了压榨农民，获取更多利益，勾结国民党政府、贪官污吏，蛊惑租田农民种植鸦片。虽然种植鸦片收入高于种植稻谷，貌似有利可图，但鸦片坑害社会，农民并不愿意种植。农民在地主逼迫下种植鸦片，地主不管农民收成好坏，坚持按亩收税。结果，农民含辛茹苦地种了，白白地要纳许多捐税。"哪里有压迫，哪里就有反抗"，群众不服、不愿，就自然要抗捐抗税。张宝田等借机领导农会，拿起大刀、长矛、棍棒、鸟铳，进行抗捐、抗税、抗租武装运动。

仙宫庙的鼓声咚咚响起，犹如战鼓，犹如号角。"三抗"队伍数百人，浩浩荡荡涌上村间道路。欺压农民的恶霸地主刘福愚，仓皇而逃。他逃向了县城，寻求主子救援。几天后，县长乘坐轿子，带着20多个警备队员，威风凛凛地来到柏柱洋，扬言要抓人。张宝田等闻讯冲到县长面前，把刘福愚的所作所为悉数讲给他听，提出应该依法枪毙刘福愚。

当天晚上，农民协会召开紧急大会，商量出对付办法。一夜之间，各村子四周贴满大字报，贴满标语，白纸黑字将刘福愚的罪状揭露在光天化日之下。"打倒帝国主义！""打倒贪官污吏！""打倒地主豪绅！""取消一切苛捐杂税！"这些犹如一把把利剑刺向压迫者。县长勾结地主，决意抓人。农民一拥而上，你一言我一语，义愤填膺："刘福愚是土匪，犯了大罪，应该枪毙，县长不能捕人去。"农民越聚越多，像愤怒的潮水一样将县长团团围住，将其吓得面如土色，冷汗直流，掉头就逃。农会会员们举着红旗追赶上去，县长慌不择路躲进仙宫庙，把大门赶紧关起来。几个守在门口的狗腿子，眼见农民队伍蜂拥而至，吓得往山里跑去。示威农民齐喊口号："打倒贪官污吏！打倒土豪劣绅！"找来一根大木梁，合力一撞，砸开木门。

农民冲进了仙宫庙，县长翻墙逃走了，留下的一顶坐轿被砸个稀巴烂。逃走的恶霸地主刘福愚被抓了回来，张宝田集中了农会队伍，押着刘福愚，浩浩荡荡游行示威了十五里，斗争取得胜利。

1931年，张宝田光荣地加入中国共产党。他以私塾教书先生为掩护，宣传马克思主义思想、中国革命思想，发动群众起来闹革命；联合骨干力量建立革命武装，经过周密策划，打入卢兴邦匪部，实施"拖枪"战斗。因为缺乏经验，此次战斗以失败告终，但失败乃成功之母，他们积累了与敌对垒的实战经验。为了进抵革命前沿，张宝田打入附近村庄财主家任教。

张宝田种田好，文笔更好。同学刘谦当了国民党联保主任，四处抓壮丁，张宝田写诗规劝道：

> 同窗今日到吾乡，
> 满眼蓬蒿事可伤。
> 但愿征夫能免祸，
> 留此善政后人扬。

张宝田的思想觉悟和行动能力得到上级领导和战友的广泛认可。1933年，张宝田担任中共福霞边委副书记、福霞县委书记，领导福霞县革命群众进行反"清剿"斗争，在血雨腥风里，为了党的解放事业，为了推翻旧社会、建立新中国，抛头颅洒热血。1935年，受执行特委指示，张宝田率领福霞县区人员紧急撤退，途中被捕。在牢中被关押整整一年，面对敌人各种酷刑折磨，张宝田坚决不叛党。翌年经党组织营救出狱，返回福安继续革命斗争。1937年，张宝田担任福安县委委员，组织成立抗日后援会甘棠支会，展开抗日救亡运动。1939年兼任凤塘区委书记，1940年再次遭到国民党反动派抓捕入狱，受尽牢狱之苦，次年遭敌注射毒药暗杀，时年42岁。张宝田被誉为"闽东的革命土龙"。

（张　茜）

张涤心：
革命重心在农村

张涤心，男，1909年出生，福建省武平县湘店七里村人，1931年被错杀。

（一）

1909年5月，张涤心出生在福建省武平县湘店七里村一户刘姓人家。因为家里穷得揭不开锅，大人都吃不饱饭，现在突然间多出来一个嗷嗷待哺的孩子，尽管是男娃，但全家仍然愁眉苦脸。思来想去，父亲决定将这个男孩卖到桃溪小澜一户张姓人家。张家虽然也不宽裕，但是没有子嗣的他们咬紧牙关，借钱买下这个看上去十分可爱的男婴，为他取名叫张玉衡，后来改名叫张世权，最后他以张涤心的名字被世人叫响。

张涤心天资聪颖，勤奋好学，在学校的成绩一直领先。到了13岁那年，家里实在无力供张涤心继续上学，便让他去长汀一个乡村做了私塾先生。

1926年深秋，枫叶飞落，满山红遍，景色美艳。思想活跃、志向高远的张涤心，与邹济苍、梁心田、钟用宾、李玉裕、李文华等一帮热血青年，告别父母乡亲，先后踏上了前往广东海陆丰的征途，参加了早期共产党人彭湃主办的农民运动讲习所，进行系统的学习。张涤心在这里认真学习马克思列宁主义的基本原理，积极参与农民运动，学到了许多革命理论和组织农民闹农运的经验。张涤心积极参加军事训练，努力提高军事素质，投身农民运动，光荣地成为一名合格的共产党员。

张涤心回乡之后,目睹贫困穷苦的广大农民脸朝黄土背朝天地拼命干活,却依然不能吃饱穿暖,还要深受土豪劣绅的剥削和压迫,愤愤不平,毅然投入到反帝反封建的革命洪流之中。他在武北秘密开展革命活动,学习彭湃老师的经验做法,组织开展农民运动,在短时间内就建立了农民协会。经过3个月的精心筹备,张涤心和练文澜、钟武等人一道,先后建立了8个农民协会,数月后又有10个农民协会创办成功。为了扩大影响,练文澜、张涤心等人趁热打铁,有意在县城南门坝召开隆重的成立大会,宣告武平县农民协会正式成立,包括张涤心在内的多人均被选为正式委员。张涤心等人还创办了《武平农民》刊物。该刊物采用通俗易懂的白话文编成诗歌和短文,向群众广泛宣传革命道理。他们深入农村,高喊"扫除封建势力""铲除贪官污吏""打倒土豪劣绅"等口号,唤起民众响应,进而实行了"二五"减租,并且在农村开展"拒绝栽种罂粟、反对吸毒、保健康"运动,铲除了歪风邪气,树起了正气正风。

(二)

1927年1月,张涤心担任武平县农民协会筹备委员;1928年冬,任中共武平临时县委委员;1929年6月,担任中共武平县委委员,8月被选为县委执委;同年冬天,担任中共武北区委书记,12月组织发动小澜农民武装暴动,担任总指挥。

小澜农民武装暴动获得成功,极大地打击了乡村地主们的嚣张气焰,让那些从前骑在贫苦农民头上作威作福的大地主和土豪劣绅颜面扫地。广大贫苦农民遇到不平的、受欺压的事情,可以直接找农民协会反映,使得无恶不作的大土豪们不敢欺压穷人。

1927年4月12日,蒋介石在上海发动反革命政变,福建各地的国民党右派蠢蠢欲动,也在许多城市搞起了反革命事变。他们以"清党"为名,大规模捕杀共产党员和革命群众。为了保存党的力量,张涤心、李长明、刘克模等共产党人及时地将革命工作的重心从城市转移到乡村,继续在乡村秘密开展宣传活动,发动群众、组织群众,做好准备迎接新的革命形势的到来。

1927年8月7日,中共中央在武汉召开著名的八七会议,确定了实行土地革命和武装反抗国民党反动统治的总方针，号召党和人民继续开展革命斗争。张涤心、李长明、刘克模等革命者，迅速将革命的重心转移到了广大辽阔的农村。他们与武平县党的主要领导人练文澜取得联系后，达成了一定要在农村发展革命力量进而举行农村暴动的共识。

（三）

1930年3月，练维民（林贤）、练世桢率领40多名红军战士充实武北四支队，在4月间于桃地蓝家祠堂进行整编，练维民担任支队长，张涤心担任武平红军武装四支队政委并被选为闽西苏维埃政府候补委员。与张涤心一道被选为闽西苏维埃政府候补委员的还有练宝桢、刘克模等人。1930年5月，张涤心领导的武北四支队，积极配合红军王胜所部，对驻扎在汀州城的卢新铭旅之王月波部，展开了巧妙的、出其不意的攻击，缴获了敌人10多支步枪和许多弹药，部队士气旺盛，战斗力得到提升。

1930年6月，毛泽东离开武平县城，进入福建长汀地界。有一次，时任武北特委书记的张涤心，在长汀向毛泽东汇报武平革命斗争最新情况后，毛泽东深情地说："一年前我们两次进出武平，有了大柏地的伏击胜仗和长汀城的解放，武平是一块福地嘛。"如今，毛泽东说过的这段话，在梁山书院的展览馆里有专门的展板展示，可见毛泽东对武平有深刻印象。

1930年6月，张涤心在汀城南寨坝参加了红军第一军团成立的授旗大会。当朱毛首长得知张涤心的武北四支队武器弹药不足，有些战士还背着大刀同敌人顽强拼搏时，便送给了张涤心所在部队几十支好枪。此后，张涤心领导的武北四支队多次与敌人作战，战功卓著，威震汀杭武边，队伍不断地发展壮大，鼎盛时期达到近400人。

1931年的秋天，张涤心不幸被误杀于上杭县白砂乡。

1953年，人民政府追认张涤心同志为革命烈士。

（杨国栋）

张华山：
威震敌胆的游击英豪

张华山，原名张先梨，绰号柴头梨，男，1907年出生，中共党员，福建省周宁县七步乡梧柏洋村人，1933年参加革命，1939年在战斗中牺牲。

张华山在五兄弟中排行第三，因家庭贫寒，小小年纪就给人放牛，但他聪明好学，自学了一些文化知识。

1932年，中国共产党领导的农民革命运动的风暴波及周宁县。党组织派吴华禄等共产党员到梧柏洋开展革命活动。这时，张华山正处于青年时期，目睹国民党反动派的黑暗统治，阶级反抗意识十分强烈，向往着参加农民革命运动。1933年，梧柏洋苏维埃政府成立时，张华山被吸收为成员。1934年1月，张华山参加安德县游击队。1935年2月，由吴华禄介绍，他加入共产党，并担任周墩南区区委书记。同年9月，县委部署秋收抗租抗粮斗争，张华山带领农民，采取各种巧妙的办法开展斗争。他根据碧岩村农民每年要向王宿的地主交纳200多担稻谷田租的情况，发动佃户们将谷子藏到非佃户家里，佃农们全部避开，结果王宿的地主折腾了多日，一粒稻谷也拿不到。在新岭尾，他发动农民把粮食藏到山上，在村里伴装粮食被土匪抢劫了的"现场"，骗过民团，把100多担的租粮"抗"了下来。

与此同时，张华山经常带领区游击队30多人，配合红军打击敌人，保卫抗租抗粮的斗争成果。1935年9月，他带领游击队和群众配合中国工农红军闽东独立师第三纵队攻打杉洋王贵生警察队；10月在王宿截击伪独立旅，缴获大批子弹；12月攻打玛坑民团，抓获地主汤奶德，财政收入460元。有一次，张华山带领8名游击队员在三十六坡伏击40多名匪军，匪队长聂社光脚胫被打断，匪兵乱成一团，游击队趁乱安全转移。当晚，在张华山的带领下，游击队又出现在咸村芝田后门山上，向咸村驻敌打冷枪，搅得敌人彻夜不得安宁。

1936年4月，张华山担任县委重新划区后的一区区委书记。在县委领导下，他大力开展建党工作，在1935年已建立芹太丘、桐子坑、天门3个支部的基础上，到1936年7月，新建碧岩、茶广、梧柏洋等20个党支部，发展党员88人，并建立梧柏洋、吕斗两个中心支部，分别领导这23个党支部，把农村建党工作推向新的阶段。

1936年3月20日，敌人以保安独立旅一个团和杉洋王贵生警察队一个营的兵力，配合附近民团、"大刀会"，向根据地大举"清剿"，各地地主也趁机"反攻倒算"。此时正值农民粮食春荒，红军游击队给养十分困难。对此，县委决定在反"清剿"的同时，继续进行"五抗"斗争，破仓分粮，打土豪做财政，以解决农民的口粮和红军游击队的给养问题。1936年5月至7月，张华山在一区发动了2500多名群众，没收了数十户地主、反动派的粮食2300多担，分给贫苦农民和供给红军游击队。

1937年1月，国民党独立旅以宁屏古周墩一区为中心，对根据地发起了第二次疯狂的"清剿"，敌人在一区周围要隘村落驻扎军队，筑炮台、架电线，团团包围了根据地。每天四处"清剿"，查户口、挂门牌、编保甲、订联保，再加烧、杀、抢，大有黑云压城之势。在此残酷的环境中，张华山领导各党支部采取"白皮红心"和"骚扰敌人"的对策开展反"清剿"斗争。他们动员干部群众用假年龄、假姓名、假分家等办法参加敌人的户口登记，迷惑敌人；派出党员和积极分子充当保甲长，掩护革命活动，粉碎敌人的阴谋；同时，组织党员群众骚扰敌人。敌人强迫群众架设梨坪至咸村全长20余公里的电话线，电话线刚架通，县、区委就率领岭头、溪底、高际头、茶广、碧岩、车岭等13个村的党员干部和贫农团的积极分子，在漆黑的夜晚，分头出击，分段包干，砍倒电杆，割走电线。敌人强迫群众再架，不久又被毁。如此反复，仅1937

年2月至7月,电杆、电线先后被毁5次。敌人在沈洋筑起了炮台,张华山在10余天的时间里就带领桐子坑、沈洋的群众5次将其挖毁。不断的扰敌活动,搅得敌人日夜不安,疲于奔波。

斗争越来越艰苦。有一天,张华山带领区游击队护送范式人到闽北去,返回时途经徐家山岗顶,夜间遭受敌人袭击。他率队奋力还击,不幸胸部中弹,受重伤倒地。敌兵来擒拿时,他佯装死去,把手枪压在身下,待敌兵走后,根据地人民发现了他并将他送往宁德坑头白岩后方医院治疗。伤愈后,他又回县委投入战斗。

1937年冬,闽东红军和地方干部在宁德桃花溪集中,张华山也奉命到桃花溪,准备北上抗日。张华山等一批干部和少数武装部队被指定留下来坚持抗日后方根据地的斗争,转入了地下秘密活动。

1938年3月底,张华山在炉里召开区委、中心支部书记、村党支部书记会议,部署巩固党组织和老区开展抗日救亡运动的任务。4月,张华山担任闽东特委委员兼任周墩县委书记。此时,国民党福建当局背信弃义,肆意践踏合作抗日协议,制造了"宁德事件",使新四军三支队六团宁德留守处和闽东特委机关遭到破坏。特委机关移驻周宁。4月下旬,闽东特委负责人郭文焕和雷成太、吴安秀、阿发、"福鼎"等人来到周宁,与罗富弟、张华山、郑一成会合。特委机关常驻在碧岩、茶广之间的横坑秘密寮,这里成为闽东革命斗争的指挥中心。自此,以张华山为核心的周墩县委在特委的领导下,带领群众开展罢耕、减息和反抓壮丁的斗争,反击了土豪劣绅的"反攻倒算",维护了群众的利益。1939年6月,特委与周墩县委联合召开有周墩、宁德、福安边界各党支部党员干部60多人参加的紧急会议,进一步宣传党的方针政策,揭露国民党反动派破坏抗日民族统一战线的阴谋,部署加强抗日根据地建设,将农村团体改名为"农抗会"。

革命活动的开展,使敌人坐立不安,不断进行疯狂的反扑。

1939年9月13日,敌省保安八团一个连和周墩保安队突然袭击横坑秘密寮,正在参加闽东特委会议的人员仓促突围,结果2人牺牲,左丰美脚部中弹负伤。横坑事件后,以陈英为首的国民党周墩特种区保安队更是凶残至极,到处搜寻党的地下组织,杀害革命同志。面对复杂的斗争局势,特委领导感到,没有武装就不能有效地开展反顽抗日斗争，于是左丰美带领张华山等12人到省委领回12支枪和十几颗土制手榴弹，在下茶广村成立了一支由40多人组成的闽东主力游击队，活跃在周墩、宁德、福安等地。

不久，我后方管理排长陈银弟到咸村买米，被三个联保处丁盯梢，幸遇"白皮红心"保长魏承习及其嫂嫂的掩护才脱险。为了打击反动派的嚣张气焰，当晚，罗富弟、张华山带领游击队将这三个联保处丁捕杀于枣岭水尾，此事使敌人大为惊恐。

斗争越来越残酷。1939年11月1日，特委书记罗富弟、县委书记张华山及其妻子罗桃妹、交通员张先德隐蔽在梧柏洋赖头岗秘密寮，被保长林启星发现，密报保安队长陈英。张华山等4人被敌人包围而遭杀害，敌人还残忍地砍下罗富弟、张华山、罗桃妹的头颅送周墩、宁德示众和请功。张华山牺牲时年仅32岁。

（黄河清）

张茂煌、张茂春、张茂荣：
泽东楼的诉说

张茂煌，男，1906年出生，中共党员，区苏维埃主席，福建省龙岩市永定区抚市镇五湖村荷坳头人。1928年6月参加革命，1932年被国民党民团杀害。

张茂春，男，1910年出生，福建省龙岩市永定区抚市镇五湖村荷坳头人。1932年参加红军游击队，1945年10月执行任务时病故。1959年12月被追认为革命烈士。

张茂荣，男，1914年出生，福建省龙岩市永定区抚市镇五湖村荷坳头人。1930年参加红军，1950年5月在解放东山岛战役中牺牲。

（一）

金丰大山重峦叠嶂、奇石累累，沟壑纵横绵延到天地交接的深处。面积近500平方公里的金丰山脉由23座山峰组成。全长50多公里的金丰溪孕育其中，曲曲折折迂回后注入广东的韩江。

土地革命时期，金丰大山树起了"红旗不倒"的党组织——中共金丰支部（后改为"金丰区委"）。毛泽东、周恩来、朱德、陈毅等老一辈无产阶级革命家，都在金丰大山进行过重要的革命活动。从闽西三年游击战争时期至全国解放，金丰大山里一直是中共永定县委、闽西南军政委员会、中共闽西特委等机关驻地。在革命岁月里，金丰大山的人民为革命的胜利付出了沉重代价，牺牲的英烈近千人。

当年在金丰大山战斗过的国家领导人谭震林曾感慨万千地说："江西有井冈山，闽西有金丰大山，都是有着光荣历史的大山啊！"

荷坳头是位于抚市镇五湖村上寨的革命基点村，与老楼下、陂子头的卢屋相邻。山下的泽东楼就伫立在那里，静静地等待着前来探寻的人们，默默地诉说这里曾经的历史。

这座泽东楼据说是目前为止国内唯一以毛泽东命名的楼。

1929年，毛泽东化名"杨先生""杨子任"几次到永定，在金丰大山深处的虎岗、坎市、湖雷、抚市等地养病并进行社会调查。

荷坳头地处抚市、湖雷、陈东3个乡镇的接合部，村里分张屋和卢屋，是当年国民党反动统治比较薄弱的地方。因此，在革命战争年代，山上是红军活动的核心区域。

荷坳头张屋是一幢1896年建成的四方土楼，楼主人姓张，当地人称张家四方楼。张屋的对面则是卢屋。

1929年8月下旬，毛泽东由中共地下党组织秘密护送转移到这里时，张家父母逝世，留下尚未分家的张茂煌、张茂春和张茂荣三兄弟。当时，毛泽东患严重的疟疾，由闽西特委指定当地的赤卫队员用担架从上杭大洋坝一路抬到荷坳头张屋，在乡苏维埃主席张茂煌家作临时休养，大约停留了10天。

（二）

荷坳头，村里传统的谋生手艺是做竹麻纸，家家户户都有纸槽，所生产的草纸一般会挑到陈东街头的圩上去卖，同时换回生活必需品。

至今在村民中间还口口相传着一个与毛泽东有关的感人故事。

当年，出生在湖雷镇上湖雷的永定地下党领导人、金融家之一阮山的侄女阮唐嬷，在很小的时候就被送到张家四方楼当童养媳。在阮山的影响下，四方楼的三兄弟都参加了革命。

当时对面卢屋有人娶了湖雷平水坑的张细妹为妻。由于当年的荷坳头交通非常偏僻，张细妹的娘家实在太远了，便认张茂煌家为娘家。张茂煌父母只有三个儿子，没有女儿，因而非常乐意。

毛泽东入住张家四方楼后的一天晚上，张细妹吃过晚饭收拾好家务事之后，点着火把到邻居家去玩。

听到邻居家正在议论今天挑纸去陈东圩，看到圩上贴了国民党的宣传单，说有"赤匪头目"到了陈东躲藏在山上，如知情举报，可以奖励10个大洋。在议论中突然有人说：好像对面张屋这几天来了客人，那客人的样子和平常来的客人不太一样。

这时候有人插话，那客人是不是国民党要抓的"赤匪头目"？有人又马上提议说明天挑草纸去陈东圩，告诉国民党头目，也许可以获得一笔奖金。

张细妹听后心里一怔，万一连累到娘家人怎么办？但她表面上仍然装着一副淡定的样子，坐到人们差不多打算睡觉时，便起身点着火把回家了。

回到家里，张细妹先故意把大门"砰"的一声关上，又摸黑悄悄地从后门绕到菜地，再摸到了对面张屋，把这消息告诉了张家人。

张茂煌得到消息后，马上让大弟张茂春连夜用竹床子做成担架，沿着后山的羊肠小道把毛泽东安全护送到岐岭青山下的赤卫队员陈添裕的家里。第二天，卢家果真有人到陈东圩，把张屋来客人的事，向陈东国民党头子卢九连举报。卢九连得到消息后，如获至宝，马上与广东大埔的民团联合，包抄荷坳头，企图围捕毛泽东。结果扑空了，他们没有抓到毛泽东，也没有找到张家有任何"通匪"的证据。

（三）

1932年，党内领导因"左"倾错误，对隐藏在金丰大山里的闽西特委领导和革命群众进行剿杀，国民党的地方势力扬言要彻底地剿灭共产党。在撤退中，张茂煌为了掩护战友不幸被抓捕。永定国民党民团得知，张茂煌是三年前转移"赤匪头目"的关键人物，现在又是苏维埃的领导，当即将他五花大绑进行严刑拷打，逼他招供。

张茂煌誓死不从，残忍的国民党民团把他杀害后，砍头示众，并扬言不让收尸。

几天后，地下党组织秘密收买了国民党民团，张茂煌的尸体才得以妥善掩埋。张茂煌的大弟在下葬了哥哥后，也参加了红军。

万恶的国民党民团在杀害张茂煌后,又把阮唐孅也抓到乡公所去严刑拷打,要她交代"赤匪头目"的去向。但她始终不说半个字。敌人没有获得想要的消息,便组织民团将张家四方楼的财物抢光,并放火烧毁了其他民房。阮唐孅被关押了一个月后得到营救。

1934年,中央主力红军实行战略转移,部分红军就地隐蔽在大山里开展游击战争。

1936年,三年游击战争最艰苦的时候,国民党为消灭红军,对革命基点村实行惨无人道的"三光"政策和"移民并村"的残忍手段。张屋曾6次被强迫移民并村,经历了一次次烧杀抢掠。其时,这幢楼和周边的房屋全部遭国民党民团烧毁。

张家老二张茂春是地下党的交通员,长期为活动在金峰大山里的红军游击队送医、送药、送情报。1945年,在地下交通战中,他光荣牺牲。

老三张茂荣参加革命后,1930年10月跟着红军参加了著名的漳州战役,后跟随红军转战南北。1950年5月,他在解放福建东山岛的战役中光荣牺牲。

1951年,永定县政府全额拨款按原貌重建了一幢四方的土楼(即现在"泽东楼"院中的主楼)。当时,永定县委请示时任中共福建省委书记张鼎丞,征得其同意后,将该楼取名为"泽东楼"。为了褒扬张家祖辈为革命作出的贡献,有人为此楼作对联一副:"泽水长流革命宅,东风争放和平花。"

后来,张茂煌、张茂春、张茂荣三兄弟都被追认为革命烈士;阮唐孅任五湖公社的妇女代表和荷坳头生产队队长。1978年,阮唐孅将自己的儿子张万和送往部队。1979年3月,张万和在对越自卫反击战中牺牲后,阮唐孅把国家给的400元抚恤金直接捐给了生产队用于水利建设。随后,她又让儿子张万汀参军入伍。

泽东楼诉说着:领袖和人民,鱼水相依,生死与共。

历史不会忘记永定抚市荷坳头张屋一家四口先后为国捐躯!

(何 英)

张瑞明：

富商家庭出身的革命者

张瑞明，字亚凤，男，1910年出生，中共党员，福建省连城县新泉镇人。1927年参加革命，1932年被错杀。

张瑞明生在一个商人家庭。祖父张伯莘是清光绪年间的武人，秉性刚直，深受乡亲敬重。父亲张世源有兄弟四人。张瑞明出生第三年，正值辛亥革命成功，清王朝垮台，随后是军阀混战，连年不休。自此，张伯莘立意经商，与其子经营广丰号酒店和木筒生意。他把长孙张瑞明视如掌上明珠，望他有朝一日光耀门庭。

张瑞明天资聪明，十岁就读新泉县立高等小学堂，开始接受新文化教育。由于军阀官僚和豪绅地主的残酷统治，闽西人民生活极端贫困。张瑞明自幼目睹家乡穷苦人家的凄惨生活，对贫困农民十分同情。从他懂事起，就经常与周围的农民打交道，怜贫惜苦，对农民的同情心越来越强烈。

1927年，张瑞明小学毕业，考进设在长汀的省立第七中学，当时全国各地风起云涌的学生运动和北伐战争引起他的关注。1927年发生的四一二反革命政变，使张瑞明认清了国民党蒋介石之流的反革命狰狞面目，从此埋下憎恶国民党反动势力的种子。

张瑞明与邻乡傅开业同学，在学习中建立了友情，他俩对当时动荡不安的局势有同感。于是，抱着改造社会、振兴中华的愿望，他们经常利用课余或假日时间，到长汀城里城外做社会调查，对社会现状的了解愈加深入。从此，他们更加关心时局动态，对生活困难的同学常给予帮助。这些行动深得共产党员、老师吴炳若的赞赏。在吴老师的熏陶和影响下，张瑞明如饥似渴地阅读《向导》《新青年》等进步书刊，其中革命先驱李大钊"试看将来的环球，必是赤旗的世界"的预言，更加坚定了张瑞明对共产主义的信仰。

在秋收起义和南昌起义的影响下，闽西的政治局势发生了根本的变化。长汀党组织也秘密宣传共产党的主张，积极策应农民运动。张瑞明经吴老师介绍，认识了长汀特别支部负责人段奋夫、黄亚光、张赤南等同志。党组织有意识地引导张瑞明利用课余时间，跟随黄亚光到新桥乡村师范学校开展革命工作。经受了一段时间的考验与锻炼，同年7月，张瑞明被正式吸收为中国共产党党员。

1927年暑假，张瑞明怀着满腔的革命热情回到新泉。为了开展连城县农运工作，他组织发起回乡青年学生"社会主义宣传小组"，参加者有10余人，其中张斌、张育文、张永诚等，后来都成了张瑞明从事农民运动的得力助手。社会主义宣传小组以访问和演说的方式进行宣传。张瑞明深入农村，对农民进行艰苦细致的宣传和组织工作。他说："私有财产制度造成了种种社会罪恶：贫者耕田不得粮，工人织布缺衣裳，造屋木匠住破房。而有钱的人呢？住的是高楼大厦，吃的是佳肴美酒，穿的是绫罗绸缎。因此，必须改造社会，推翻私有制度。"这些革命道理，对广大贫苦农民启发很大。但许多农民认为张瑞明出身于富裕家庭，如果要革命，势必会革到他自己头上，所以，总认为张瑞明讲的是谎话。

1929年2月，福建省立七中校长何雨因在聘用教师和经济问题上，激起新旧两派学生的争论。学校中罢课风潮长达半年之久。3月，红四军向闽西进军，首战长岭寨告捷，打死军阀郭凤鸣，解放了长汀城。这时，张瑞明虽中学尚未毕业，但他的心早已奔向革命洪流，向党组织请缨回籍，决心为红四军进入闽西扫除障碍，创造有利条件。4月，党组织派遣张瑞明回乡开展革命活动，与李云贵、俞炳荣等同志取得联系，开展宣传群众和发展秘密农会等工作。

张瑞明与李云贵、俞炳荣等同志共同磋商，确定采取以小村为革命活动中心，逐渐向大乡发展的方针，组织了一支由30余人组成的农民武装队伍。这支队伍活跃于儒畲山麓、连南河畔,领导农民开展抗租抗捐、反剥削斗争,从而激发了连南劳苦大众向往革命的热情。

1929年5月21日,张瑞明日盼夜盼的红四军首次来到新泉。他得知这一消息时,心情万分激动,积极做好迎接红军的工作。这天中午,他组织了100多名劳苦工农群众到岗头参加群众大会,聆听毛泽东的亲切教导。会后,张瑞明立即带领这些群众到西村去打开了地主家的谷仓,分粮分物,从此揭开了连南农民运动的序幕。

连南区苏维埃政府成立后,张瑞明担任主席,工作十分繁忙。他办事公正,敢想敢干,把工作立足点放在扩大苏区建设、壮大革命力量上。

1929年7月中旬,张瑞明和李云贵作为连城的代表,出席了具有历史意义的中共闽西第一次代表大会,聆听了毛泽东的亲切教导。毛泽东在会上提出的巩固和发展闽西革命根据地的"六个有利条件"和"三个基本方针",使张瑞明明确了今后斗争的方向,更加坚定了胜利的信心。会后,张瑞明高兴得几夜不能入睡,他对爱人邓德兰说:"这次会议开得十分好,给我们指明了革命工作的方向。"

1929年冬,李满春、李七孜等民团土匪趁红四军开向闽中、出击东江之机,勾结连城的军阀马鸿兴、华仰桥,把枪口对准了连南边区,在儒畲、百鱼岭、陂头、五坑等村实行烧光、杀光、抢光的"三光"政策。在这紧急关头,张瑞明决心消灭民团,保卫胜利果实。他把折扇打开,奋然挥笔,写了一首诗留给他爱人:"挥毫题扇意义深,借此留情你怀中。当思环境转严重,岂惧敌人来围攻。"这首诗表明了他誓死捍卫苏维埃政权的决心,同国民党反动派血战到底的坚强意志,也表现了他大无畏的革命英雄气概。张瑞明带领全区军民浴血战斗,在红军十九大队的增援下,打退团匪的三次进攻,赢得了反"围剿"的胜利。

1930年4月,中共连城县委在新泉成立,张瑞明任书记,领导四区(儒畲、芷溪、池溪、南阳)、一市(新泉)的人民进行苏区政权、经济、文化、卫生等建设。特别是在领导人民分田斗争中,张瑞明遵循闽西苏维埃政府的指示,抵制党内"左"的"地主不分田,富农分坏田"的主张,坚决贯彻"以乡为单位,按人口、男女老幼一律平分,抽多补少,抽肥补瘦"的正确合理的分配政策，解决了农民的土地问题，受到广大人民的热烈拥护。之后，连城赤卫总队、连城独立四团以及红军部队攻朋口、攻连城，转战姑田等地，苏区范围不断扩大。

1930年7月8日至24日，张瑞明到龙岩参加中共闽西特委第二次代表大会，并当选为大会主席团的九名成员之一。在会上，张瑞明代表连城县委作了工作报告，对当时面临的救济、水灾、政治问题，今后之任务，土地、组织、宣传苏维埃政权等问题进行了认真的讨论。

1932年4月，时年22岁的张瑞明遭误杀。

（黄河清）

张生仔：
随儿奔向革命路

张生仔，女，1895年出生，地下交通员，福建省龙岩市新罗区曹溪坑头村人。1938年参加革命，1945年牺牲。

在龙岩市新罗区退伍军人事务局的档案室里，在烈军属登记卡上，张生仔、陈炳寿两人的名字填写在一张卡上、一个姓名栏里，他们是母子关系。后人说他们以这种方式，母子永远相依在一起。在他们旧居石粉村陈厝堂屋后山上，并肩矗立着张生仔、陈炳寿两尊烈士墓碑，墓碑上两颗红星交相辉映，母子以这种方式紧紧相依在家乡的红土青山间。1954年7月6日，毛泽东签发了张生仔、陈炳寿烈士光荣纪念证。2021年，母子二人迁葬于新罗区烈士陵园，名字刻在了纪念碑上。

张生仔16岁嫁入石粉村，在逃难离村时生下唯一儿子陈炳寿，在龙岩见到已是红军战士的儿子那一次后，竟成永别。

那一年，她带着年轻儿媳赶到龙岩儿子驻地。分别后，儿子跟随部队开始二万五千里长征，壮烈牺牲在湘江战役中。

那一年，她要跟随儿子留在红军部队，因腿疾没能如愿。

那一年，她带着年轻儿媳与红军儿子分别后，回到石粉村。对革命、对推翻旧社会、对老百姓能过上好日子的新中国，她充满了憧憬。她决定学习儿子，加入革命洪流当中，为新中国的建立贡献自己的一份力量。"太奶奶当时思想就是这么进步，她真是这么想、这么说的，村人都有传说。"张生仔的曾孙子陈文云对我说。

1934年,中央红军开始二万五千里长征后,闽西各路反动力量卷土重来,留守红军和闽西游击队陷入了极端困境。由于国民党军和反动民团的疯狂"围剿",留守红军和游击队隐蔽在闽西大山茂密丛林中,昼伏夜出,伺机打击敌人,坚守革命根据地,进入艰难困苦的三年游击战争时期。

石粉村坐落在天马山、翠屏山、奇迈山三山交界处的小三角皱褶里。张生仔居住的陈厝堂屋,推开后门,就可以抬脚上山。一个冬天的深夜,沉睡的天空乌黑阴暗,睡梦中却洒下洋洋雪花,大地叹息道:太冷了。张生仔睡在冰冷的木床上,迷迷糊糊听着万物呓语。轻轻敲窗户的声音响了三声,又响了三声,她惊讶地坐起身来,侧耳倾听。"谁呀?"张生仔小声问道。她心态平和,永远相信世道再恶劣也有好人。"大娘,开开门好吗?我们是留守红军,想找您帮忙。"红军——儿子的战友,张生仔不由分说,跳下床打开了门。漆黑的夜色、冷风、雪花裹着红军战士进了屋。一个伤员,一个背伤员的战士,瘫软在屋子地板上。伤员疼得浑身颤抖,背伤员的战士汗水湿透破衣烂衫,一头长发湿漉漉贴在脑袋上,面红如火。张生仔立即明白过来,仿佛看到自己的儿子。她思维清晰,立即点燃平常舍不得用的木炭火,避免炊烟引来麻烦。她烧热水给伤员清洗,给背伤员的红军洗澡。她将家里仅有的两斤米拿出来给他们充饥。

从这晚起,张生仔加入了革命队伍。

1938年,张生仔家正式成为中共闽西特委红色交通线上的一个站点,张生仔成为地下交通员,模式为单线联系。

张生仔的儿子陈炳寿刚成婚就出门参加了红军。两年后,张生仔虽然带着儿媳妇找到龙岩红军部队与儿子住了两天,但儿媳终究没能怀上孩子,她只好做主将女儿的儿子过继给儿媳。在做接头站地下通讯员时,她经常带着小孙子作掩护。

1949年后,陈文云的父亲,也就是张生仔的孙子亲口讲过:"我清楚地记得,奶奶带着我送信送到天马山庙里。她四下看看没人,便把一张纸条折叠成最小块,埋进香炉灰下;也曾经送信到乌石庵尼姑庵里,将信件也折叠成最小块,压在香炉底下,或者扒开香炉灰埋进去。"

共产党员邱锦才和母亲郭金菊为了躲避敌人追捕，藏匿在天马山上狭窄的石洞里，张生仔按照党组织指示，机智地绕开敌人耳目，设法送去食物、衣物。冬天夜晚山上太冷，张生仔便勇敢地将母子二人带回家中，隐蔽在猪圈里，用隔层竹筒装好食物，佯装喂猪送饭，帮助二人渡过危险期，顺利完成任务。

一个个夜晚，张生仔都坐在松明子灯下，一边给红军战士做草鞋，一边竖起耳朵，听到敌人进村了，便抱起手中草鞋，跑到后山上，躲进装了骨骸的棺材里。她说："怕国民党，不怕死人。"

三年游击战争结束后，张生仔继续投入闽西革命根据地的抗日反顽游击战争。1942 年至 1945 年，她先后三次被捕入狱，受尽折磨，但守住了机密；第二次出狱后，被敌人打残左腿；1945 年，在反"清剿"斗争中被捕，6 月 21 日于龙岩城关后北门被敌活埋，壮烈牺牲。

陈文云的父亲、张生仔的孙子刻骨铭心地记得：那天奶奶带着他外出执行任务，被叛徒告密而入狱。陈文云的父亲说，"那年我 6 岁，敌人把我和奶奶关进'宽仁堂'监狱，在狱中遇到了邱锦才的母亲郭金菊和同村人倪哥仔，敌人称她们三人为'共匪'。"三个女"共匪"轮番被敌人严刑拷打，电击、灌辣椒水、抽皮鞭……一个礼拜后，敌人一无所得，便将三人拉到龙岩城关后北门山坡上，用粗大的套牛绳将三个手无寸铁的弱女子牢牢捆绑在一起，残忍地活埋了她们。

1949 年后，人们挖开三女埋坑，捆绑她们的粗大套牛绳已腐烂如絮，三个女人的骨骸依然紧紧搂抱在一起。

（张　茜）

张思垣：

福建省首任工会委员长

张思垣，男，1905年出生，中共党员，福建省首任工会委员长，福建省上杭县旧县镇水东村人。1929年参加革命，1938年6月牺牲。

（一）

从小生性活泼、果敢坚毅的张思垣，是贫苦农民张培玉的第二个儿子。

1929年，朱毛红军进驻闽西。穷苦农民在中国共产党的领导下，打土豪分田地，纷纷成立农民协会和赤卫队。张思垣在丘棣华等领导人的带动下参加了赤卫队，同年加入中国共产党。

1930年7月，根据闽西特委的指示，旧县成立闽西篷船工会筹备委员会。11月，在回龙正式成立闽西篷船工会，张思垣被选为委员长。篷船工会归闽西总工会领导，领导汀河、旧县河、永定河、黄潭河、连南河等基层工会开展工作。

1931年秋，闽西篷船工会改称闽西木船工会，之后，闽西木船工会改称福建省木船工会，张思垣继续任委员长。翌年初，根据上级指示，各级工会改称职工联合会，福建省木船工会改称福建省船工联合会，张思垣任委员长。

1932年2月13日，闽赣两省工人代表大会在江西瑞金叶坪村黄家山胜利召开，正式成立两省职工联合会，选举张思垣为福建省职工联合会第一任委员长，有13位同志为执行委员，5位同志为候补执行委员。会后，福建省职工联合会办公点设在汀州镇水东街204号张家祠,张思垣回到长汀开展工作。

张思垣领导福建省职工联合会制定了中央苏区第一部《劳动法》,创建完整的工会组织体系、系统产业工会、第一批中央苏区国营工厂、第一张苏区工人报——《苏区工人》,创建惩治贪腐的"工会轻骑队",创建工人参加的企业管理"三人团",形成劳资纠纷的科学解决方式,最早组织生产突击队和劳动竞赛,以及中国工农红军工人师等,彰显工人阶级开拓进取跟党走的革命精神。

在中华苏维埃全国总工会的重视领导和全体会员的鼎力支持下,张思垣领导工人粉碎反革命"围剿",福建工会运动得到蓬勃发展,有力地支援了革命战争,为苏区革命根据地的建设和巩固作出了重要贡献。

(二)

1932年3月18日,福建省第一次工农兵代表大会在长汀县城汀州书院隆重召开,福建省苏维埃政府正式成立,张鼎丞任主席,张思垣任副主席兼劳动部长;下设国家政治保卫局福建分局,张思垣任局长。

1934年10月,由于党内"左"倾错误路线,第五次反"围剿"失败,中央红军被迫进行二万五千里长征。根据组织的决定,张思垣与张鼎丞留在闽粤赣边界开展游击战争,继续领导地方群众开展革命斗争。

当时,敌人长驱直入长汀,张思垣留在旧县崖下山一带坚持游击战争,住在叫"电壶子里"的狭小石岩洞中。这个岩洞仅能容纳3人左右,张思垣配合张鼎丞在这个小岩洞里指导革命工作。当时,山上游击队的日常生活物资大多由本地革命基点村里的接头户游太禄为他们送上山。张思垣和游击队员有时也把自己在山中采摘到的各种野菇和山果给大家分享。

1934年11月底,张鼎丞、张思垣等游击队领导率领几十名队员途经才溪、旧县到达双髻山,在双髻山传达中央指示,要求代英县发展武装开展游击战争,牵制敌人行动,恢复中央苏区。

之后,张思垣带领游击队在南阳障云岭附近的燕子塔频频开展游击活动,给敌人以沉重打击。

1935年4月,闽西南军政委员会成立,首任主席为张鼎丞。五六月间,杭代县军政委员会成立，廖海涛为主席，张思垣为副主席。

在这异常艰难的游击战争期间，生活也是异常艰苦的。冬天，山中寒冷，一条破毯子成了游击队战士集体取暖的重要工具。一个特别寒冷的冬夜，张思垣把这条破毯子让给了胡辉昌，自己忍受着严寒。

当时，山上游击队物资实行"日给制"，胡辉昌带人下山联络群众，不幸被敌人俘虏。胡辉昌当场被砍头，壮烈牺牲。

接着，敌人放出风声说游击队已经被剿灭，要群众不要上山去联系"赤匪"，否则也将被砍头示众。

张思垣的大哥张思永闻讯痛心地赶到现场辨认。这时才得知原来是临城白玉村的叛徒出卖了游击队，敌人从与水东村交界的白玉村翻过园山，趁着黑夜潜入崖下山，欲将张思垣所带领的游击队全部围歼。

1935年秋，根据工作需要，张鼎丞在平和县小芦溪粗坑的陈海澄家设立了一个秘密交通站，生活在永定金丰大山里的游击队常利用这个站点秘密开展工作。

1936年1月，闽西南军政委员会在双髻山召开成立后的第二次全体会议，决定在闽西南地区建立国共合作统一战线。为适应新的形势，这次会议对闽西南军政委员会进行了调整充实，同时对红军游击队进行改编。

全面抗战爆发后，按照上级指示，张思垣继续留在闽西山区坚持斗争。

(三)

张思垣带领游击队在山上利用灵活的山地游击战，不断地给国民党反动派以打击，敌人把他视为眼中钉。1937年初，凶残的敌人将张思垣的妻子孔先娣和两个孩子一起逮捕，以此威逼利诱张思垣下山。此举无果后，又逼着张思垣的妻子孔先娣改嫁，结果"逼改嫁"也不成。国民党反动派最后将他的家人交给人贩子卖到了武平县，还交代人贩子"若孔氏不从，则全家杀头"。

为了给张家留下血脉，孔先娣只好不再反抗，一心盼望着上山打游击的张思垣在革命胜利后能找到他们并将他们接回老家。

谁知，在半路上执行任务的敌人，又歹毒地将张思垣的养女陈五妹单独贩卖到武平县城相镇文溪村，所得的钱款私自独吞。陈五妹与养母孔先娣分别时，孔先娣含泪悄悄地吩咐养女"一定要好好地活着，等待着那一天"。

最后，孔先娣母子被卖到了武平县东留镇中坊村赵家，孔先娣被改名为蓝福秀，儿子张成福被改名为赵德学，以让他们"死了那份心"。

（四）

1938年6月6日，张思垣带着警卫到上杭中都河坑村的山头执行任务时，警卫告诉他说："河对面那个小村子就是我的家。村里有一曾姓民团头子很坏，这人是'两面派'，经常欺压群众，群众对他非常愤恨。"接着，这名警卫还绘声绘色地说："这个民团头子今天在家里请人喝酒，全村的人都去他家帮忙了。这一带我很熟悉，汀江岸边的茅丛中藏着一艘小竹筏，是供人们在紧急情况下用的。"该警卫便向张思垣提出"母亲病得很重，想回去看一眼"的要求。

张思垣知道，这名警卫是这一带人，是参加农民暴动后加入赤卫队的。红军北上后，这名警卫跟随部队上山打游击，但那时山上的生活条件极为艰苦，他对革命失去信心，时不时开小差想跑回家。张思垣发现了他的这个思想苗头，对他进行了耐心细致的思想教育，之后又将他带在身边当警卫员。但现在的情形不一样，母亲病重回去看一眼是合理的，就吩咐他不要带枪，快去快回。

让人想不到的是，这位警卫得到张思垣的批准后，在张思垣毫无防备的情况下，转身就对张思垣开了罪恶的一枪，子弹打中他的心脏。后来，山上的游击队没有得到张思垣的任何消息，通过秘密组织才了解到这名警卫已经叛变了革命。张思垣牺牲时，年仅33岁。

（何　英）

张希铭：
年过半百走上革命路

张希铭，又名阿铭，男，1874年出生，中共党员，祖籍浙江省泰顺县，后迁居福建省霞浦县渔洋村，1934年参加革命，1936年被敌人杀害。

张希铭早年丧妻，携带儿子背井离乡，流落浙南和闽东一带山乡走家串户，以铸造犁、锄、镰刀等农具糊口，生活艰难。后来曾在福鼎西洋乡天竹里村住过较长时间。张希铭为人忠厚朴实，吹得一手好唢呐，常在恬静的夜晚吹起悦耳动听的曲子，抒发人生道路坎坷不平的情感。

1924年，张希铭年过半百，已是两鬓斑白，长须垂胸，儿子也成了亲。家境虽贫寒，但一家人和睦相处，相依为命。当时军阀割据，地方连年不靖，福鼎一带盗匪猖獗，地主恶霸敲诈勒索，一家人终年劳累不得一饱，加之担惊受怕，第二年只好搬迁到柘荣东源岚山村居住。这个小山村坐落于霞浦、福鼎、柘荣交界的交通路口。为了维持生活，张希铭除铸造农具外，在家门口开个小店，做些豆腐、粽子、酒等小买卖。

1931年，闽东地区革命运动蓬勃发展，革命火焰燃遍各个山村。当时领导革命运动的马立峰、谢作霖（后叛变）等人，经常来往于福安、福鼎之间。他们路经岚山村时，常在张希铭的小店歇息喝茶，谈时局变化，谈劳动人民受剥削压迫，共产党领导人民闹翻身求解放，连江组织发动了"透堡暴动"，福安发动了兰田暴动……这使张希铭一家懂得了一些革命道理。从此以后，张希铭就主动为过路的革命同志提供方便，转达口信或递送信件等。

1934年初，张希铭投身革命，并光荣地加入了中国共产党。三四月间，他带领岚中、桃坑、岭头店、杨家溪一带的贫苦农民进行抗粮、抗债、抗捐、抗税和打土豪分田地的斗争。为了巩固红色政权，保卫胜利果实，他同乡干部们一起常去各村宣传发动群众，建立赤卫队。这时，闽东革命正处于鼎盛时期，革命运动如火如荼，乡村的地主恶霸、土豪劣绅闻风而逃。红军来去频繁，先后来到岚中的有叶飞、陈挺、许旺、陈宝洲等。为了支援红军作战，张希铭经常带领赤卫队员到附近的杨家溪村杨阿旺、杨阿禄等地主家里派饷，挑粮食。5月，张希铭带领大家分掉了几家地主的谷子100多担，并按照苏维埃政府的土地法没收了地主的田地，分给贫苦农民耕种。广大农民欢欣鼓舞，秋后收获了胜利果实。

国民党反动派对革命运动的蓬勃发展惊恐万状。1934年10月起，先后调新十师、七十八师、八十七师和省保安旅，配合地方民团"围剿"我霞鼎苏区，以致大部分苏区先后被敌占领，许多革命组织受到严重破坏。逃亡地主豪绅卷土重来，反攻倒算，催租逼债，抢粮夺地，桃坑乡重陷黑暗。年过花甲的张希铭眼看革命形势急剧变化，许多革命干部和群众惨遭敌人屠杀，万分悲痛。在这敌强我弱的恶劣环境中，为了保存革命力量，张希铭根据上级的指示，决定留下儿子、媳妇和孙儿，把自家小店作为秘密联络站，自己带领乡村干部和游击队员40多人转移到离岚中20多里的何胶边山区，建立秘密楼，发动群众开展游击战争。

1935年春，敌人再次"围剿"苏区，张希铭跟随许旺带领的林良周、陈桂春游击队，坚持在霞鼎柘边区的桃坑、上泥、南广山、大洋、马兰溪、梅洋一带活动，并深入浙江泰顺地区，依靠群众，利用山区优势，与敌周旋，开展游击战争，恢复了部分苏区，开辟了新区。

1936年1月，中共霞鼎泰县委恢复，林细胡任县委书记，张希铭任县委副书记。这时正是闽东三年游击战争最艰苦的岁月，福建省保安二旅黄苏部3个团的兵力联合地方民团，全面"围剿"、大肆屠杀我红军游击队战士。游击队几经战斗，终因寡不敌众，战斗失利，部队化整为零。8月，张希铭和秘书两人转移到柘荣坑里村棺材洞秘密楼，在这一带山中艰难地辗转了两个月。10月的一天，反动保长获悉他们在秘密楼附近挖野菜，即带领几十个团丁包围了秘密楼，张希铭和秘书同时被捕，被押送到柘荣溪坪里。敌人用严刑拷打逼张希铭说出许旺等人的下落。张希铭怒视敌人，宁死不屈，守口如瓶。敌人无计可施，最后用粗绳子将他的双手反绑起来高高地吊在大树上，十几个匪兵持枪瞄准，把他当作活靶子射击。枪声过后，但见他的鲜血顺着躯体一滴滴地流在地上，惨不忍睹。张希铭英勇就义，时年 62 岁。

（黄河清）

章登黄：
"皇狮"的碧血丹心

章登黄，又名阿黄，男，1890年12月出生，中共党员，福建省霞浦县水门乡乌岩村人，1934年参加革命，1935年被敌人杀害。

章登黄出生在一个贫苦农民家庭。他家世代务农，父亲章进法兼营青草医。四个兄弟，章登黄为大。父亲见他生性聪颖，便寄予厚望，一家人克勤克俭，送他到西山村读私塾夜学。仅仅读了一年又三个月，家里便无力供他学习了。章登黄一边参加农业生产劳动，一边到仙宫后村跟人学做"皇狮"（即巫师），出师后在乡村中为人"驱邪赶鬼"，旱天替人"祈雨"等，一度颇有名气。章登黄20岁娶亲，婚后生有两个儿子。这时家里劳动力充裕，加上父亲又是青草医，本可成为小康之家，但由于反动政府的黑暗统治，苛捐杂税名目繁多，一家人含辛茹苦，终年劳动却不得温饱。对此，章登黄极为不满，他借外出做"皇狮"之便，到处探听消息，寻求真理，并幻想用自己学到的"法术"，把人世间一切妖魔鬼怪统统驱除干净。

1934年，闽东革命的熊熊烈火已燃遍霞浦大地，闽东党组织领导人马立峰以及范式人、许旺、罗烈生、陈宝洲等，经常率领红军到十一笋一带活动。同年2月，在罗烈生的引导下，章登黄参加了革命，并经许旺介绍加入了中国共产党。章登黄入党后，经常活动于山后、小溪、十一笋、大池、下山溪、西山、东坡、柏洋一带，宣传发动群众，组织赤卫队开展抗捐、抗税、抗粮斗争，并在"三抗"斗争中培养积极分子，建立苏维埃政权，抓土豪、筹财政。

同年4月，中共霞鼎县委在上西区陈罗洋村成立，郑宗玉任县委书记，章登黄任县委秘书。这时，霞鼎县委从农民群众的切身利益出发，领导苏区人民开展分田运动。章登黄负责具体事宜，书写分田大纲和标语口号等，并经常来往于柏洋、上万、小竹湾、十一箩一带，宣传发动群众，召开会议，按照分田大纲讨论具体细则，进行插标认领，使这些地区胜利完成分田任务。他编写的革命山歌"四月二十闹纷纷，要想革命当红军，红军就是共产党，领导穷人把地分"，在霞浦十一箩一带广为流传。

在分田斗争取得胜利的同时，霞鼎地区各级苏维埃政权普遍建立，工农武装迅速发展壮大，县有独立营，区有警备连、赤卫队，乡村有赤卫队。由于政权初建，加上武装队伍的迅速发展壮大，一时间财政给养出现了很大困难。这时，章登黄经常带领赤卫队或警备连进行打土豪、筹财政。他先后带领队伍攻打霞鼎油坑民团、乌杯民团，缴获土铳2支；攻打水门坑民团，抓来水门地主郑玉生的儿子，通知他家用钱赎回，同时又抓来大路下一土豪，共筹款1000块银圆，用作政府、红军和赤卫队的经费。

国民党反动派对霞鼎地区革命运动的蓬勃发展惊恐不安，从1934年10月起，先后调集大批军队，对霞鼎苏区进行全面"围剿"。为了保卫土地革命的胜利果实，中共霞鼎县委在柏洋董墩村召开千人"保卫秋收斗争动员大会"。会后，章登黄回到十一箩地区，组织发动群众日夜轮流站岗放哨，规定没有苏维埃政府通行证不准进入苏区。为防止敌人来犯，他带领群众在十一箩通往福鼎赤溪的唯一通道——赤溪岭（亦称乌岩岭）建造石坝，就是在岭头的悬崖上用牙藤垫底，牙藤上垒石成坝，一旦发现敌人来犯，只要砍断牙藤，即可滚石打击敌人。由于章登黄工作成绩显著，同年11月，霞鼎县委书记郑宗玉外调，许旺接任县委书记，章登黄接任县委副书记。

后来，敌人多次增兵，由于敌众我寡，大片苏区被敌人占领，革命被迫从公开转入秘密。章登黄带领红军和赤卫队，辗转于小竹湾、十一箩、洋边、香菇山、山里坑、小溪城等地，坚持艰苦卓绝的游击战争。尽管革命形势险恶，生活十分艰苦，但章登黄坚信革命一定会成功。

1935年2月的一天，章登黄只身从小竹湾回到乌岩村，为部队筹集给养，作敌情调查，不料，刚进村就被叛徒陈阿祖发现并向里洋民团密报。里洋民团头子刘忠恒如获至宝，亲率民团前往围捕。翌日清晨，章登黄刚起床，便发现民团，即向西山坝头方向突围，但已来不及了，只跑到西山坝头溪就不幸落入敌手。敌人把他押回乌岩村，逼他招供红军和赤卫队的情况，章登黄怒目而视，决不泄露党的秘密。敌人恼羞成怒，把他押到乌岩村佛塔前面，用厨刀割其身体肌肉，血流如注，惨不忍睹。章登黄被残害致死后，穷凶极恶的敌人还不罢休，又将其砍头示众。

（黄河清）

钟树敬：
铁骨铮铮的"山哈"战士

钟树敬，男，畲族，1913年出生，福建省福安市松罗乡孟尾村人。1933年参加革命，1936年牺牲。

1913年夏天，钟树敬出生在松罗乡孟尾村一户畲族人家。畲族又称"山哈"，就是早先穿梭于大山丛林之中的一支少数民族。随着历史发展，他们渐渐走出瘴雾深锁的深林，落户于山间陆地。但畲族人的凤凰色彩、勇敢彪悍，永远流淌在基因血液里。钟树敬出生的时代，是中国受外国列强欺辱、受封建统治阶级压迫的时代，中华大地遍布黑暗，饿殍遍野。

钟树敬家和大多数人家一样，极为贫寒。一日三餐、一年四季，难得吃一顿白米饭。父母亲每天都在辛苦劳作，收获的粮食，无论多少，悉数交给地主老财。年成不好时，竟欠债。债务利滚利，永远还不清，日子穷到极致，精神也悲哀卑微到极致。

一家人实在饥饿难挨时，父亲显露"山哈"本色，提起猎枪，背上散弹，钻进浩荡森林。几个夜晚过去，在钟树敬的眼巴巴期盼中，父亲回来了。背袋子里有野鸡、山兔、坚果、蘑菇，母亲一边迎接疲惫不堪的父亲，一边露出久违的笑容。

钟树敬八九岁时，父亲每次进山，都会带上钟树敬。生机勃勃的森林，迷宫一样使钟树敬痴恋。父亲枪声响过，他就跟着猎犬一起追寻猎物。父亲休息，他爬树采野果，辨认毒蘑菇。父亲带着他跑遍周边沟沟岔岔、一个个岩洞石穴。

1927年，乡里组建农会，钟树敬积极加入。他体魄强健，常跑山里，走路如跑步，极具野外生存能力，村人不称他"山哈"，佩服地喊他"山猴子"。他的特长在农会里发挥了极大作用，翻山越岭送信件，爬上高树做瞭望，落地查路条……钟树敬终于有了组织，有了共产党领导，他看到了生活改变的希望，看到了贫穷中国的未来曙光。

1933年8月，中共福霞边委在孟尾村成立，孟尾苏维埃政府随之诞生。曾志和任铁锋极力推荐钟树敬参加苏维埃政府工作。为了壮大革命力量，钟树敬叫上志同道合的池石头弟、罗富弟等人，一起筹建了福霞边区红带会。红带会有近百名队员。他们纪律严明，训练有素，集体参加"五抗"斗争、反鸦片税斗争，以及多项农民暴动。

1934年1月，钟树敬根据上级指示，多方联络福霞边区红带会，一起配合闽东红军攻打霞浦县城，占领柘荣和秦屿，攻打寿宁南阳镇，取得胜利。1934年底，国民党调集重兵"围剿"闽东苏区，钟树敬随闽东党组织和红军游击队，转移到山区坚持革命斗争，参加了闽东苏区艰苦卓绝的三年游击战争。

1936年2月，闽东游击战争进入异常艰难阶段。敌人一边纠集大批武装力量进山"剿匪"，一边封锁各山村，严禁各种物资进入山林。山上的游击队，夜宿潮湿山洞，白天躲藏在雾水弥漫的林间，抓住机会便摸黑下山袭击敌人，搅得敌人不得安宁。留守红军、游击队蛰伏于莽林深处，伤病缺医少药，生活缺粮少衣，购买武器弹药十分艰难。上级下达任务，命令钟树敬秘密联络附近各村庄，组织支前小组，设法帮助"山上"。接到任务后，钟树敬装扮成猎人模样，先进山打下几只野兔子背在身上。这样，遇到盘查，他既可以说打猎，也可以说售卖猎物。

松罗地处福安东南部，东与霞浦县崇儒乡相邻，南与溪尾镇接壤，西与赛岐镇、溪柄镇毗邻，西北与溪柄镇为邻，北与霞浦县柏洋乡相连。钟树敬根据各村群众基础情况，先联络安全的村子，把危险些的放后面，经过几天走访，颇有成效。

那天早上，钟树敬又背起褡裢走上山道，准备走访一个村庄，途中遭遇一支国民党巡逻队。对方不由分说将他捆绑起来,拖拉着就走。钟树敬被敌人不分青红皂白地捕去,关进县衙大牢。敌人对他用尽酷刑,却始终没有得到一句有价值的话。十多天后,他被敌人押至松罗乡岭头村杀害,年仅23岁。

　　诚如叶飞所说,"在闽东三年游击战争最艰苦年代,畲族人民作用很大:第一,最保守秘密,对党很忠诚;第二,最团结"。

(张　茜)

周继英：

生来属于天下人

周继英，原名周桂香，男，1896年出生，中共党员，福建省上杭县城关人，参加革命后改名周继英，1927年被杀害。

（一）

周桂香出生于上杭城关中街的一个手工业者家庭，父亲周荣光、母亲丘端秀都是诚实厚道的裁缝工人，婚后生了好几个孩子，存活下来的仅周芹香、周桂香和周兰香三个儿子。

父母按客家人秉承的"一门手艺走天下"的传统习惯，打算送三个儿子学艺，但学什么好，他们心里没底，只是不要学同一门手艺，以免"抢饭吃"。

一天，老大周芹香去邻居家玩耍带回一张印有油墨的纸，说是"外面"已经有"油印"行业了，想去学这门手艺。

父母觉得孩子大了，应该放手，便同意了。至于老三尚小，届时让他挑着货郎担走街串巷"卖兜汤（小吃）"也行。于是只把老二周桂香带在自己的身边学祖上传承下来的裁缝手艺。周桂香五六岁开始就跟在父母亲身边"打下手"，从扫地、烧炭热熨斗开始，再慢慢地学剪线头、翻布扣、缝扣子。

"人生不识字，就等于'白目子'（瞎子）。"生活在县城的客家人通常会送孩子去上学。周荣光夫妻挣钱不多，孩子们上学的事暂时搁置。

周桂香九岁那年，有一天东门的一个有钱大户郭大让周荣光去给他的家人量身，打算定制过年的衣服。

郭大是县城有名的地头蛇，居民都怕他三分。周荣光当即放下手中的活跟着仆人到了郭大家，细致周到地给他们家的所有人都量过尺寸，恭恭敬敬地按裁缝行家记载制衣的笔法，用"画笔"在布匹上一一标记后便回家，夫妻俩日夜赶制年衣。

半个月后，周荣光亲自将衣服送到郭大家时，郭大家人却百般挑剔，不是嫌这条裤子短了，就是嫌那件袖子短了。

一句话：不愿付工钱。

郭大还扬言："要封了你家店！"周荣光夫妻白白地给郭大家忙了半个月不说，还得向郭大赔礼道歉，说了一番好话。

回家后，周荣光气得吃不下饭。晚上夫妻俩商量说："砸锅卖铁也要送孩子去读书！"就这样，周桂香9岁那年成了三兄弟中唯一被送去上学读书的。

周桂香上学后，学习非常努力。15岁那年，他在崇真小学毕业后，由于家境贫寒，父母决定不再让他继续升学，他又跟随父母一起学做裁缝。

有了文化的周桂香，不仅待客特别热情细致，还把客人的需求用账本记得非常详细，同时他的裁缝手艺突飞猛进，很快就可以单独接活了。

两三年后，周桂香奉父母之命与广东大埔的刘氏结为夫妻。婚后的周桂香迫于生计，到龙岩很有名气的郭耀盛成衣店去做工。

（二）

在郭耀盛成衣店，周桂香进一步目睹了社会的黑暗。老板对员工处处苛刻盘剥，不少员工辛辛苦苦做一年，年终只能空手回家过年，他心中充满了愤懑和不平。

1924年，宣传新思想、新文化的刊物从广东源源不断地传入龙岩。同时，由邓子恢和郭滴人组织的进步青年经常在龙岩公民学校开展演讲。在龙岩街头举行的反帝反封建的罢工、罢课和示威游行激发了周桂香的兴趣，引起了他的关注和思考。

1925年冬季的一天，周桂香前往公民小学听进步人士的演讲。正听得津津有味时，一个青年学生递给周桂香几份《新龙岩季刊》和《岩声报》。他翻了翻，发现刊登的都是宣扬国民革命、谴责帝国主义侵略中国、抨击北洋军阀黑暗统治的文章，便悄悄地将刊物塞进裤腰，打算带回去好好地琢磨。

不久，周桂香认识了从集美学校师范部毕业的进步学生郭滴人。他后来了解到，《岩声报》是邓子恢、郭滴人等进步人士依托龙岩小池的龙池书院创办的、引导闽西革命的进步刊物。他决心投身到国民革命的洪流中。

1926年，郭滴人参加了毛泽东在广州主办的第六届农民运动讲习所并加入中国共产党。同年9月，郭滴人回到龙岩，秘密建立中共基层组织，同时准备在闽西培养勇于为革命奉献的进步人士。

在几次的示威游行中，周桂香被郭滴人秘密吸收为农民运动骨干进行培养。之后，郭滴人又指派周桂香回上杭秘密开展工人运动。之后，他改名为周继英。

其时，上杭不少外出求学的进步青年纷纷从厦门、广州等地返回上杭，周继英参与了秘密建立于上杭的中共党组织。

党组织建立后，他们通过组建群众喜闻乐见的文明话剧团秘密开展革命活动。周继英利用自己的手艺，给话剧团制作戏衣、道具等，借以组织民众参加工会活动，还利用上杭党支部秘密组织的奋斗社，参与《奋斗》刊物的编印工作，让革命火种悄悄地在杭川大地迅速传播。

（三）

1927年初，上杭工农革命运动蓬勃发展。当时，盘踞在上杭的北洋军阀李凤翔的残余势力卢鸣凤、田得胜部勾结土豪劣绅、贪官污吏，对广大工农群众横征暴敛、残酷搜刮。党组织发动工人，联合四乡农民协会展开了赶走军阀卢、田部的斗争。

不久，郭滴人、陈庆隆等在上杭创办湖洋乡农民协会，开展减租减息斗争。经李力人、蓝维龙介绍，周继英加入了中国共产党。

接着，上杭筹备成立县总工会，周继英感到无比兴奋，他跟随地下党组织的领导人深入各行业工人中间开展活动，更加忘我地工作。很快，经过周继英等人的努力，缝衣工会建立起来了。随后，雨伞、码头、篷船、店员、小贩等十多个行业也相继建立了工会，并在此基础上成立了上杭县总工会，周继英被推选为县总工会委员长。

在周继英的带动下，胞弟周兰香也参加革命并改名为周之鼎。

1927年3月上旬，驱逐卢、田军阀部队的战斗打响。周继英率领工人纠察队出城与农民队伍并肩作战，把整个上杭城包围起来。经过3天的对峙，慑于工农群众的力量，卢、田部队于第四天清晨弃城而逃。当时，帝国主义分子在上杭城内修建了许多教堂，他们勾结军阀、官僚，以强买、强占和欺骗等手段，霸占土地、民房，所侵占的土地竟达全城面积的六分之一。

这时，根据上级党组织的决定，周继英组织县总工会等团体召开群众大会，举行示威游行，驱逐残害上杭人民的传教士。游行队伍烧掉了城东门的美华园，又砸烂了西门教堂，吓得侵华传教士仓皇逃命。

1927年4月12日，蒋介石在上海发动四一二反革命政变，闽西也笼罩在白色恐怖中。郭滴人立即向各地党组织和革命骨干秘密发出通知，要求迅速转入农村开展工作。

正当上杭反帝反封建的革命浪潮进入高潮时，上杭的国民党右派反动军队、贪官污吏和土豪劣绅勾结在一起，准备"清党"反共。周继英根据中共上杭党支部的指示，计划于5月8日以召开工人大会为名，组织工人把国民党上杭保安局的40多支枪夺过来，用以武装工人纠察队。一个叫王牯子的工人回家看病重的母亲，他的妻子担心老人有不测，欲将他留在家里。王牯子为表明自己无法在家侍奉母亲，情急中无意透露了准备组织工人袭击县保安局的事。王牯子妻子的哥哥刚好在县保安局工作，因担心哥哥有生命危险，待王牯子前脚一出门，他的妻子后脚也跟着出门赶到娘家将这消息告诉她的哥哥。结果袭击事件泄露，敌人提前下了毒手。

5月6日晚，国民党上杭驻军头目蓝玉田调集全县警察将县总工会包围得水泄不通，周继英被捕。

是夜，敌人对周继英进行审问。敌人先是利诱，还讥笑说"生命只有一次，死了可惜"。周继英投以蔑视的笑声后，敌人对他用了酷刑。

周继英坚贞不屈，力数国民党右派背叛革命、屠杀革命人士的罪行，大声疾呼："我生来属于天下人！死而不惜！"这铿锵有力的话语展现了一个共产党员威武不屈的英雄气概。

5月7日8时（被捕的第二天早晨），刽子手将周继英五花大绑押到南门码头，面对酷刑，周继英大义凛然，临刑时还奋力高呼："中国共产党万岁！工人阶级大团结万岁！"

国民党反动派将周继英的头颅挂在东门城楼示众三天。周继英牺牲时，年仅31岁。

（四）

周继英被国民党杀害后，他的妻子刘氏正在月子里。凶残的国民党得知后便要斩草除根，遂下令追杀她们母女。

周家悲愤地紧急商榷，连夜让刘氏带着刚出生的女儿周凤英到广东大埔的娘家避难。

紧接着，国民党警察局查获革命者周之鼎就是周继英的胞弟周兰香，遂又下令追杀。所幸在地下党组织的安排下，周兰香逃离上杭，到江西南昌投靠从事印刷的大哥周芹香。

刘氏在娘家避难的过程中，因过度悲伤劳累，几天后便含恨去世。周兰香离开家乡后，很快通过秘密渠道得知在广东大埔的嫂子悲愤离世，侄女周凤英的生命安全极度危险。他又通过党组织的秘密渠道冒险到广东大埔接回幼小的周凤英，对外称是"桥头捡来的弃婴"，由家族成员共同精心抚养。

后来，周兰香在党组织的安排下，返回上杭当老师，并倾其全力抚养周凤英。

（何 英）

朱发古：

红心向党，矢志不渝

朱发古，男，1899年出生，中共党员，赤卫队大队长，福建省武平县武东乡张畲村人。1928年8月参加革命，1930年被敌人杀害。

（一）

朱发古家境贫寒，世世代代以给富人家种地为生。为了不受他人欺负，父亲想尽各种办法让朱发古上学读书，指望有朝一日他能够有较大的出息。可是，朱发古才读了两年书，就因为家中实在困难而不得不辍学，跟随父亲下地劳动，以减轻家庭负担。

1928年秋，中共闽西特委蓝维龙和武平县委练世桢来六甲张畲一带进行红色革命活动，宣传群众，开辟革命新区。朱发古成为首批被蓝维龙和练世桢发展的红色革命对象。由于工作努力，积极参加革命活动，做出了贡献，朱发古很快就在练世桢等领导者的培养介绍下，加入了中国共产党。不久，朱发古组织起读书会，将附近18名进步青年团结在一起，向他们宣传革命道理，在村头书写革命标语，发动群众起来闹革命。

1929年春，敢作敢为的朱发古串联了30多个贫苦农民，经过上级批准，建立了赤卫队，在壮畲打出"劫富救贫"的红旗。8月，赤卫队发展到70多人，拥有20多支枪。朱发古率领队伍开进六甲圩，开展打土豪分田地斗争。

（二）

1929年9月，赤卫队遭到国民党钟绍葵保安团的突然袭击，牺牲了20多人。不久，红四军第三纵队来到六甲开展革命活动。朱发古带着队伍迅速回到六甲，很快在六甲成立了区革命委员会。朱发古担任委员会主任兼区赤卫队队长。他率领队伍配合红军进入武平城。在武平县苏维埃政府成立大会上，朱发古被选为县苏维埃政府委员兼县赤卫队大队长。凡是组织上交代的革命任务，朱发古都能积极认真地带领大家努力完成，得到好评。

其时，毛泽东和朱德领导的红四军，巧妙地出击广东梅州，取得了战斗的胜利。朱发古领导的地方革命武装，参与了策应红军部队的军事行动。任务完成得很好，彰显了他组织指挥赤卫队的素质和能力。

朱发古率领赤卫队，积极响应朱毛红军首长的号召，进入武平县象洞一带，进行筹粮筹款，支援红军，做得也很出色。

国民党武平县地方保安团发现朱发古率领的农民武装力量又在武平一些地方活跃起来，十分痛恨，便组织一大批队伍对朱发古领导的赤卫队展开疯狂的反扑。朱发古获得这一军事情报后，决定率部转移到上杭县中都一带，埋伏在国民党保安团可能经过的地域山头上，狠狠地打击进入口袋阵的保安团，打得保安团鬼哭狼嚎，丢盔弃甲，纷纷逃跑。

国民党保安团头目钟绍葵没有抓到朱发古领导的赤卫队队员，便凶残毒辣地打起了老百姓的主意，将上屋村23户农民的房子全部烧毁，群众无家可归。部分队员在白色恐怖面前害怕了。这时，朱发古召集大家开会说："这样吧，怕死不革命的人，把枪交出来可以走，去留自便。但是回家后绝对不能说出赤卫队的机密，否则被我朱发古知道了，叫你没有好下场。"又说："现在，敢革命的跟我走，我们一定会见到胜利的曙光。"大家听了朱发古的话，大多数人选择留在赤卫队。

（三）

朱发古带着留下的人和部分家属转战在帽村、中堡一带。白天，他们隐蔽在深山老林里。没有粮食，他和妻子林营妹带头吃"朱腿笋""硬饭头""苍子树叶"，夜间又深入农村散发传单，张贴标语，串联群众，还请来铁匠在山洞里打造武器，加强武装力量。

1930年1月，敌人又来侵扰武东北根据地。朱发古把队伍拉到武西的油心地、背寨、上峰、岭下一带休整。不久，朱发古领导的队伍与当地赤卫队合编为武西游击大队，到东留一带开展打土豪、分田地工作。这期间，朱发古发现并处理了煽动队员逃离的内奸，粉碎了敌人企图瓦解游击队的阴谋。

1930年4月的一天，朱发古根据上级领导的指示，带领所在部队的指战员，紧密地配合武南游击队与敌人作战，消灭了武平县东留乡的敌人钟永才保商队，获得胜利。

1930年6月2日，陈道、朱发古带领游击队、赤卫队800多人，在武所与毛泽东、朱德、陈毅率领的红四军主力部队会合，并消灭了驻在武所城的吴德隆部。6月6日，在第二次全县工农兵代表大会上，朱发古再次被选为县苏维埃政府委员兼县赤卫队大队长。8日，红四军在南门坝举行全县赤卫队大检阅。朱发古指挥赤卫队走过检阅台，接受首长检阅，并聆听毛泽东、朱德的讲话，深受鼓舞，赤卫队员们的士气大振。

国民党"救乡团"团长钟绍葵发现自己没有能力在军事斗争中抓获神出鬼没的朱发古及其赤卫队，通过武力的方式，也无法打垮朱发古的赤卫队，便改用收买游击队中的叛徒进行诱杀。他的这一想法得到军师刘香亭的赞同。于是，刘香亭想出了一条毒计：充分利用他的同宗亲属关系，暗中写信给在赤卫队主管钱粮的刘荣宗，许诺给刘荣宗重金。刘荣宗接到信件后，觉得数十万的重金诱惑力极大，便偷偷地下山，进入县城，与刘香亭见面。在钟绍葵和刘香亭两个人的威逼利诱下，刘荣宗叛变投敌。

刘荣宗返回山上后，暗中联系与他臭味相投的刘赞兴、王兴盛、刘桂贤、王兴有等几个败类一道叛变革命。他们找准时机，借口说要到山下筹粮筹款，便在刘荣宗的带领下下了山。

第二天，朱发古正在山寮门前踱步思索打土豪、筹粮款等事宜，突然就见到刘赞兴、王兴盛、王兴有等几个人走到他的面前说："朱大队长，我们已经筹到了一批粮食和款项，刘荣宗说请你去商讨一下如何分配。"朱发古出于对跟随他这些年南征北战的战友们的信任，表示同意跟着眼前几个"赤卫队员"

一道下山。朱发古跟随着刘荣宗等人来到上坑刘氏宗祠，刚一进门，就发现气氛紧张，还没有思索是怎么回事，就看到刘荣宗和刘氏宗亲数人冲到朱发古的眼前，企图缴获他的手枪。朱发古终于明白这是个圈套，便飞起一脚将刘荣宗踢倒在地，正准备对付刘赞兴、王兴盛等家伙时，被叛徒从不同方向开枪射击，左腿中弹。紧接着，几个叛徒一拥而上，缴了朱发古的枪，并将他五花大绑押送到武平县城。

被害那天，朱发古意志坚定，视死如归。他一路高喊："我是被叛变革命的叛徒出卖的。大家要吸取我的教训，干革命不能轻敌麻痹。""对敌人不能心慈手软！对叛徒也不能心慈手软！""只有跟着共产党闹革命，穷人才有出路、才能翻身！""中华苏维埃万岁！""共产党万岁！"

随着数声枪响，英勇顽强的朱发古缓缓地倒在了血泊中。牺牲时，年仅31岁。钟绍葵、刘香亭、刘荣宗等人为了镇压革命者，恐吓人民群众，残忍地将朱发古的头颅割下来，悬挂在武平的东门城楼上。

新中国成立后，人民政府追认朱发古同志为革命烈士。

（杨国栋）

邹裕坤：
能文能武的勇士

邹裕坤，男，1909年出生，红十二军政治部宣传员，福建省龙岩市新罗区曹溪街道石粉村人，1929年参加革命，1934年于湘江战役中牺牲。

1909年11月，大山夹缝中的石粉村已是天寒地冻。村子里家家贫穷，吃不饱饭，穿不暖衣，似乎为常态，也是当时中国半殖民地半封建社会的一个缩影。村西头邹家媳妇十月怀胎，眼看着要临盆，可家里没有一粒米。破旧木床上也没有御寒的棉被，只胡乱堆积着一团破衣烂衫，白天遮体，夜里当被。11月的一天，小邹裕坤降临这个家庭，来到了这个世上。

渐渐长大的邹裕坤，用疑惑的眼光审视着这个人压迫人、人剥削人甚至人吃人的世界。穷人就该世代受穷，富人就该世代富裕？穷人披星戴月劳动，却吃糠咽菜；富人游手好闲，却吃香喝辣。穷人的命，掌握在地主恶霸手里，朝不保夕。邹裕坤百思不得其解。他天生喜爱绘画，给邻村地主放牛时，牛儿在山坡上吃草，他就拿块石头，找一小片平地，把树枝当画笔。他画地主肥头大耳，手持皮鞭；画劳动人民瘦骨嶙峋，背朝毒日面朝红土，弯腰耕田。画面落款是一连串问号。

1928年，死水一般的村子，像是投入了一块巨石，泛起涟漪，渐渐涌动起来。城里有文化的进步人士，秘密来到了村里。他们秘密召集可靠的村民，促膝谈心，启发大家的革命意识，同时宣传马列主义，讲述革命道理。后来，村里陆续传来长乐暴动、后田暴动和金沙暴动的消息。村民觉醒了，邹裕坤觉醒了，大家纷纷参加秘密农会，展开抗捐、抗租、反高利贷斗争，震慑打击国民党反动派、土豪劣绅。在党组织领导下，大家开展了打土豪分田地行动。邹裕坤善于作画，将区、村的一次次革命行动画出来，张贴在街巷屋檐下，助力农民运动，让地主豪绅看见就心惊肉跳，打击了他们的反动气焰。邹裕坤毛遂自荐，担任了新罗乡苏维埃政府宣传员。

1929年，朱毛红军首次入闽，打垮长汀长岭寨国民党郭凤鸣旅，击毙头目郭凤鸣。红军领导红土地人民拿起武器，反封建、反压迫、反剥削，一场场革命斗争如火如荼。当年5月至6月，红四军三打龙岩城，邹裕坤放下画笔，加入赤卫队，协助红四军作战。他送物资上前线，抬担架上前线，需要作战就拿起刀枪杀敌人。他当过乡苏维埃政府宣传员，不仅能绘画，还能做动员，有时加入红军宣传队，喊口号，作鼓动，奔波于战火硝烟里，和红四军一起获得三战三捷之经典胜利。

1930年，邹裕坤随乡工农赤卫队编入红十二军，担任红十二军政治部宣传员，投入中央苏区反"围剿"战斗。五次反"围剿"战斗结束，邹裕坤的政治思想、军事能力日渐成熟。

1934年10月，中央红军开始举世闻名的二万五千里长征，邹裕坤感到他这只雨燕要插上鲲鹏的翅膀了。他一路行军，一路和宣传队员们热情高涨地工作。队伍休息下来，他们就自编自导，表演节目。邹裕坤那几年在部队学会了认字，学会了书写，圆了他的读书写字梦。他编写的《红军之歌》，朗朗上口，广为流传。部队行军休息时，他一定要亲自唱一遍：

> 我们是红军战士，我们听党话，跟党走；我们是红军战士，听指挥，打胜仗；我们是红军战士，热血五尺男，拿起刀枪，杀向敌人，无畏无惧，让红旗插遍中华大地。嗨嗨嗨，我们是中华儿女，我们愿为祖国洒尽满腔热血。滴滴热血，化作朵朵英雄花，装扮祖国大地如晨星。闪闪亮，闪闪亮。

1934年11月，按照上级指示，邹裕坤所在的红三十四师担任中央红军渡湘江的后卫。国民党反动派心狠手辣，对前进的中央红军围追堵截。大部队想方设法绕开敌人，绕不开就开战。后卫部队想方设法拖住敌人，消耗他们的战斗力。作战时，邹裕坤和宣传队员们拿起武器投入战斗。那天，他们奉命阻击一股敌人，敌人进攻受阻，双方各找掩体，隔着一块开阔地互相射击。我红军战士一个个猛虎般冲向隐蔽在石头和树木后面的敌人，为了节省子弹，展开白刃战。杀声喊声，刀戟铿锵，威震山野。邹裕坤年轻气盛，个子高挑，身手敏捷，冲进敌群，挥舞刺刀，跳转腾挪，酣战忘我。突然间，从一块巨石背后冒出四个敌人，邹裕坤被贴身包围了，顿时浑身血流如注，倒在地上，长眠于湘江之畔。邹裕坤牺牲时，年仅25岁。

（张　茜）

邹作仁：
奉献者不畏艰险

邹作仁，男，1900年出生，福建省龙岩市永定区城郊镇桃坑村人。曾任大埔地下党委负责人，1933年牺牲。

（一）

1900年夏天，在福建省永定县一个僻远的小山村，邹姓人家添了一个男丁，父母和爷爷奶奶高兴得合不拢嘴。父亲为这个男孩取名邹作仁。

邹作仁长到10多岁的时候，认识了张鼎丞。张鼎丞1898年12月出生在永定县一个贫农家庭。由于张鼎丞读书多，青年时期在家乡永定的一所小学当老师。他们二人相识富有传奇色彩。有一天，邹作仁进城办事，回家的路上看见郊野有一个地主豪绅的儿子欺负一个穷人的孩子，打得穷人的孩子哭哭啼啼，当面讨饶了还不肯放人，还要追着打。邹作仁非常气愤，跑过去阻止富家孩子，不允许他乱打人。这一幕被路过的张鼎丞看见，他主动走上来赞扬邹作仁见义勇为的行为。由此，两人认识了，成为要好的朋友。

后来，张鼎丞秘密地参加了革命斗争。为扩大队伍，吸引众多穷人加入反帝、反封建和反地主老财苛捐杂税的斗争中，他将邹作仁和其他一些青年人，引入青年运动和农民运动的斗争行列，既发展了志同道合的革命者，又壮大了队伍和力量。正是在张鼎丞的循循善诱和不间断的点拨下，邹作仁义无反顾地走上革命道路，不久就加入了中国共产党。

（二）

1928年，张鼎丞同邓子恢等人一起，领导福建西部的龙岩、永定、上杭等县农民举行武装暴动，开展游击战争，进行土地革命，建立红色政权。张鼎丞成为闽西革命根据地的主要创建者和卓越领导者。邹作仁跟随张鼎丞闹革命，多次体验到革命斗争给穷苦百姓带来的福音，同时也深刻地体会到，在极其残酷的战争年代，要革命、要奋斗，就会有牺牲。邹作仁自己的家族中，就有人为革命献出了生命。从1930年开始，邹作仁组织和动员了整个家族参与建立红色交通线的革命工作。

1928年秋冬季节，邹作仁在大埔县清溪的宝灵寺和张鼎丞一起，以教书的名义筹办农会组织，成功地策划和发动了广东大埔县的埔北暴动，取得了丰硕的战果。

邹作仁较早就是大埔地下党委负责人之一。1927年，邹作仁在青溪镰子敦教书，和张鼎丞（当时在宝灵寺教书）、郑醒亚（当时在长治公学教书），以及谢快能（当时在长教教书），抓住有利时机，共同筹办了农民协会，准备开展土地革命运动。

1928年，张鼎丞回到永定组织发动了金沙暴动。1929年，邹作仁等人发动了埔北暴动，可以说是遥相呼应。当时，大埔分成埔北、浦东、浦南、浦西、埔五共五个区，伯公凹即埔五区，是当时的苏维埃政权所在地，曾玉棠任区苏维埃主席，四十八团十二连驻扎在此地，连长是张国栋。从1930年秋天开始，卢伟良到伯公凹秘密组织国际交通线（坐船从上海到香港再到汕头，经过大埔的青溪，走陆路经过铁坑到达伯公凹，住一夜后到达永定）。当时的交通员就是邹作仁、邹端仁和邱辉如等人。他们亲自护送过周恩来前往江西瑞金苏区。当时，周恩来到达伯公凹的时候，由于走路太多，双脚起泡疼痛不已。邹端仁、邹作仁兄弟俩烧了一桶热水为周恩来泡脚，同时还杀了一只母鸭炖汤，给周恩来留下了深刻的印象。

(三)

根据邹作仁的嫂子赖三妹的回忆，性格有些倔强的邹作仁一直没有后代。

1933年秋冬季节，邹作仁在广东大埔不远的三河坝，为地下党人护送一大批军需物资。或许是有预感，临行前，邹作仁专门将自己的妻子叫到一边，突然提出让她改嫁。他的妻子流着眼泪坚决不答应，客家女人哪里有随随便便同自己男人离婚的？

邹作仁坦诚地对妻子说："我这一趟远行有极为重要的公务，少则半个月，多则一个月，甚至说不准有去无回，或者被敌人捕获，或者战死沙场，无论是哪一种结局，都会影响到你的生活和未来。"

邹作仁的妻子虽然明白丈夫的良苦用心，但也不愿离他而去。所幸，邹作仁这一趟广东执行任务还算顺畅。回来后，夫妻二人一起将购买回来的枪支弹药用于新的武装暴动，狠狠地打击了气焰嚣张的国民党反动派。

1933年春夏季节，邹作仁又一次在生死线上护送军需物资的时候，在广东大埔三河坝一带被敌人抓捕，敌人深知邹作仁是一个誓死不变节的共产党员，在多次严刑拷打后，将他残忍地杀害。邹作仁牺牲时，年仅33岁。

1966年1月，人民政府追认邹作仁同志为革命烈士。

（杨国栋）

参 考 资 料

1. 《武平人民革命史》，中共武平县委党史研究室编，北京广播学院出版社出版，1995年12月。

2. 《风云激荡的年代》，中共武平县委党史与地方志研究室、中共武平县象洞镇委员会编，2021年2月。

3. 《永定党史》，中共龙岩市永定区委党史和地方志研究室编，2022年12月。

4. 《寿宁地方革命史》，中共寿宁县委党史研究室编，厦门大学出版社出版，1993年2月。

5. 《寿宁县革命老区发展史》，寿宁县老区建设促进会编，海峡文艺出版社出版，2021年4月。

后　记

习近平总书记多次强调："要讲好党的故事、革命的故事、根据地的故事、英雄和烈士的故事，加强革命传统教育、爱国主义教育、青少年思想道德教育，把红色基因传承好，确保红色江山永不变色。"编著出版《八闽英烈故事》，是福建省退役军人事务厅继深入开展"烈士亲友讲烈士故事"巡回宣讲活动之后，认真贯彻习近平总书记重要指示精神的又一重要工作。书中一个个生动、感人的革命英烈故事，既是对福建红色历史的有益补充，又是传承红色基因、弘扬英烈精神、激扬奋进力量的鲜活教材，将对优化英模人物宣传学习机制，推动全社会崇尚英雄、缅怀先烈、争做先锋起到独特作用。

本书由福建省退役军人事务厅统筹策划，福建省烈士纪念设施保护中心组织实施，并得到福建省退役军人关爱协会的大力支持和赞助。全书由福建省退役军人事务厅党组书记、厅长罗庆春任主编，知名作家何英、黄河清、杨国栋、张茜等同志具体采写。编写过程中，坚持不虚构、不苛求、不溢美，力求基本事实准确，信而有征。其间还得到中共福建省委党史研究和地方志编纂办公室、福建教育出版社有关同志的大力支持、精心指导和核校审定，在此一并致谢。书中难免有挂一漏万之处，敬请读者批评指正。